货币政策转型问题研究

闫先东　齐结斌　张鹏辉　著

中国财经出版传媒集团
中国财政经济出版社

图书在版编目（CIP）数据

货币政策转型问题研究／闫先东，齐结斌，张鹏辉著．—北京：中国财政经济出版社，2019.11

ISBN 978－7－5095－9241－0

Ⅰ．①货…　Ⅱ．①闫…　②齐…　③张…　Ⅲ．①货币政策－研究－中国　Ⅳ．①F822.0

中国版本图书馆 CIP 数据核字（2019）第 197692 号

责任编辑：李筱文　　　　　　　　　　　　责任校对：胡永立

封面设计：思梵星尚

中国财政经济出版社 出版

URL：http：//www.cfeph.cn

E－mail：cfeph@cfeph.cn

（版权所有　翻印必究）

社址：北京市海淀区阜成路甲 28 号　邮政编码：100142

营销中心电话：010－88191537

北京财经印刷厂印刷　各地新华书店经销

710×1000 毫米　16 开　18.5 印张　334 000 字

2019 年 11 月第 1 版　2019 年 11 月北京第 1 次印刷

定价：76.00 元

ISBN 978－7－5095－9241－0

（图书出现印装问题，本社负责调换）

本社质量投诉电话：010－88190744

打击盗版举报热线：010－88191661　QQ：2242791300

目　　录

第一章 总 论

一、研究目的与意义

我国经济进入新常态后，货币政策操作环境更为复杂。一方面，货币政策不仅要调节总量上的“量”“价”关系，实现“稳增长”的目的，还要全面优化利率体系结构以及信贷投向结构，助力实体经济“调结构”。另一方面，货币政策不仅需要时刻保持货币市场、信贷市场、外汇市场流动性处于合理区间，还需要防止资产价格、杠杆率等变量过快攀升，以实现“防风险”的目的。“稳增长、调结构、防风险”是经济新常态背景下货币政策至关重要的目标，也是货币政策操作实践中的重要外在约束，这对传统的货币政策操作框架提出了新挑战。因此，本书认为有必要在新的约束条件及多目标框架下，详细梳理货币政策传导机制、探究新的货币政策操作模式，进一步做好预调、微调及预期管理工作，提升货币政策执行效率。

在新的经济发展阶段，需要对经济运行机理进行理论层面的归纳、提炼与升华，而升华后的理论反过来可为新阶段的经济发展提供更好的理论指导。

从学术层面看，本书一是在金融稳定视角下对货币政策的目标规则与工具规则进行筛选、比较，深化货币政策规则理论；二是从银行加杠杆角度切入，并从多个维度探讨银行风险承担问题，丰富了货币政策银行风险承担渠道方面的理论；三是对价格与数量型工具相互支撑的货币政策框架展开探讨，拓展了货币政策工具理论的研究边界；四是对通货膨胀（以下简称通胀）预期进行量化，并探讨其与中央银行信息披露的关系，为中央银行预期管理理论提供了新证据；五是探讨“双支柱”调控框架对传统货币政策目标及金融稳定的影响，充实“双支柱”调控框架方面的研究；六是建立了货币政策与财政政策、宏观审慎政策、结构性货币政策及产业政策协调配合的一个统一分析框架，具有一定理论开创性。

从实践层面看，一是随着经济进入新常态，曾经的经济金融扭曲累积的风险正处于逐步暴露期，因此开展货币政策是否应同时关注“货币稳定与金融稳定”双目标问题的实证及模拟研究，对当前及今后一段时间的“防风险”工作有一定的实践指导意义。二是从历次金融危机表明，金融不稳定因素都有银行加杠杆的前奏，因此从银行杠杆率角度探讨银行风险承担问题，为实践中观察货币政策银行风险承担渠道提供了一个新视角。三是关于价格与数量型工具孰优孰劣的争论在我国从未间断，但在实践中两者并非完全取代关系，因此对价格与数量型相互支撑的货币政策框架的探讨更具实践意义。四是在实践中中央银行与公众沟通是畅通货币政策传导路径不可或缺的一环，对该问题的探讨能够为更好地管理公众预期提供操作指引。五是党的十九大提出要“健全货币政策和宏观审慎政策‘双支柱’调控框架”，金融危机的爆发也使越来越多的学者与决策当局意识到微观审慎并不能代替宏观审慎政策，因此需要对“双支柱”不同调控组合的经济金融效应进行探析。六是作为我国宏观经济管理的支柱之一，货币政策的重要性虽不言而喻，但离不开其他相关政策的协调配合，本书建立的动态随机一般均衡（DSGE）模型为实践中分析多部门政策配合效应提供了一个量化平台。

二、研究框架与内容

（一）研究框架

本书共分为七部分，每部分独立成章，第一章为总论，从第二章开始层层推进对新常态下我国货币政策转型问题展开研究。具体思路与框架如下：

在经济进入新常态背景下，货币政策操作环境发生了深刻变化。一方面，我国经济增长速度将由高速增长转为中高速增长，经济结构不断优化升级，而经济增长模式的变化离不开货币政策的有效配合，货币政策因此需要在调控节奏、力度上做出改变，为新形势下的经济增长、充分就业目标服务，更需要提高货币政策执行效率，促进资金“脱虚向实”服务好实体经济转型。另一方面，我国在前期经济发展过程中被忽视的宏观杠杆率过高、资产价格（房价）涨幅过快等问题在新形势下逐步显化，这些问题的背后都活动着“货币”的影子，为防范系统性风险，货币政策因此也迫切需要转型。

传统观点认为，货币政策的首要目标是保持价格稳定，无需考虑金融稳定。原因在于，货币政策维护金融稳定是通过影响资产价格实现的，但在现实操作中，货币政策缺乏应对资产价格的有效手段。然而从历次金融危机得出的教训看，货币政策不能忽视资产价格快速上涨带来的隐患，更不能对资产价格的暴涨暴跌置之不理。难以区分基本面因素还是泡沫因素导致的资产价格波动不能作为中央银行不关注资产价格波动的理由，传统观点虽然认为以资产价格作为货币政策的目标可能导致产出、通胀的异常波动，然而提倡货币政策对金融稳定的关注并非意味着必须全面、高强度地对资产价格反应，而是有重点、有条件地对资产价格做出反应，所以货币政策对资产价格反应不意味着产出与通胀的过度波动。在经济新常态背景下，我国大中型城市房价节节飙升，大量资金脱离实体经济进入房市“套利”，“脱实向虚”严重，不仅严重阻碍我国经济结构优化升级的步伐，而且房价“泡沫”化可能会加大系统性风险发生的概率。在这种形势下，研究货币政策如何应对资产价格波动是一项迫切的任务，一方面引导资金流向并提高配置效率是货币政策调控的应有之义；另一方面恰当的货币政策调控可能抑制房价“泡沫”，因此有必要将货币政策与金融稳定关联起来，多角度、有重点地探讨货币政策是否需同时关注货币稳定和金融稳定，本书第二章将重点对该问题进行探讨。

货币政策是否应关注货币稳定与金融稳定双目标属于货币政策目标制的讨论范畴，侧重于宏观。然而货币政策与金融稳定之间并非简单的调控与被调控的关系，实际的情况是微观经济主体会对货币政策做出反应，也就是说中央银行的货币政策并非风险中性，货币政策的调整会改变金融中介的风险容忍度。如果忽视微观经济主体风险承担渠道的存在无疑会影响到货币政策对金融稳定的调控效果。在我国向市场经济转型后，几乎所有经济活动都离不开金融而孤立存在，金融体系对金融稳定具有显著的放大器作用，而长期以来我国属于银行主导型金融体系，因此在维护我国金融稳定的过程中银行的作用不言而喻。关于货币政策银行风险承担的探讨，目前国内文献主要借鉴国外研究构建银行风险承担指数开展实证研究，但这种研究方式有两方面的不足：一是不同的文献构建的指数不尽相同，同时这些指标都属于间接指标；二是传统的计量回归模型属于“简约式”模型，对传导机制的分析容易过度演绎。因此，本书第三章在讨论货币政策与银行风险承担关系时，采用了银行杠杆率这一直接指标，事实上无论是金融与实体经济的失衡、房地产与实体经济的失衡，还是资金在金融体系内部“空转”等问题都会直接反映在银行杠杆率的变化上，因此抓住银行杠杆率这个指标相当于抓住了分析银行风险承担问题的“牛鼻子”。本书第三章采用 DSGE 模型对货币政策与银行杠杆率的关系展开分析，DSGE 模型属于结构化模型，可以精准分析模型传导机制。

在讨论完货币政策目标与传导机制后，第四章开始讨论货币政策工具选择问题，一个完整的货币政策框架最终要落到使用具体的政策工具去实施。到底使用哪类货币政策工具更为合适，在我国仍没有定论，实际上在西方发达市场经济体价格与数量型工具也并非完全是替代关系，在实践中恰恰存在相互支撑的关系。所以直接套用泰勒规则或麦科勒姆规则会产生一系列问题，一是单一规则并不符合实际；二是西方发达市场经济体与我国微观基础并不一致，个体行为差异会导致总量数据的性质存在差异。在这种情况下无法得出价格型与数量型工具到底哪个更优，同时作为研究货币政策工具的经典范式，在进行相关研究时仍然无法绕开泰勒规则或麦科勒姆规则，所以一个两全的办法是对泰勒规则或麦科勒姆规则进行拓展，并用我国的数据对多套规则进行估计，在不同情景下选择不同的货币政策工具。在经济新常态背景下，经济发展面临的约束增多，货币政策需要关注多重目标，多目标的实现需要多个工具相互支撑，因此有必要探讨不同情景下价格与数量型工具相互支撑问题。

第四章涉及的价格与数量型工具属于传统的货币政策调控工具，然而价格与数量型工具并非各国货币政策调控实践的全部内容，近年来全球央行与公众交流越来越频繁，因此信息沟通逐渐被视为一种新的货币政策调控工具。各国中央银行之所以如此重视信息沟通，是因为其在预期引导、形成方面具有重要作用。预期理论在宏观经济学中具有重要地位，因为在短期预期会快速影响各类名义变量或价格变量，在中长期预期则进一步会对实际变量产生重大影响。而在货币政策实践中央行最关心通货膨胀预期，一方面通胀预期会直接影响央行物价稳定目标的实现；另一方面通胀预期会通过利率、汇率等变量影响货币政策传导，即通胀预期对货币政策执行效果有显著影响。在经济新常态背景下，面临内外部驱动力重构与新旧动能转换，宏观经济金融运行更具不确定性、脆弱性与复杂性，提高与公众沟通的频率与效率，可以更为有效地对通胀预期加以管理，拓展传统货币政策工具边界，给市场提供一个稳定、可预期的货币环境，促进金融改革与经济转型的顺利进行，第五章将就央行如何提升预期管理效率问题进行重点阐述。

经济系统是复杂多变的，货币政策虽然能够为经济运行提供一个良好环境，但不能指望货币政策能解决一切问题，甚至金融领域本身的很多问题也不是依靠货币政策就能一劳永逸。2008 年金融危机的爆发使人们更加深刻地认识到宏观审慎政策的重要性。微观审慎监管并不足以防范系统性风险，微观审慎并不能代替宏观审慎。宏观审慎政策与货币政策使用的工具并不相同，根据丁伯根法则，两者所要达到的目标在理论上存在差异与互补的可能，这为“双支柱”调控框架的协调配合提供了理论基础。从美国《多德—弗兰克法案》的实施与修订可进一步看出，过于严厉的金融监管虽可抑制风险，但也存在损害货币政策目标的可能性，这意味着宏观审慎政策与货币政策既存在相互协调的一面，也存在相互冲突的可能。在我国经济进入新常态背景下，金融环境不同以往，经济脆弱性牵连着金融脆弱性，在新的经济环境下政策效果可能存在不同之处，这既给宏观调控带来了挑战，也为政策优化提供了可能，因此在新的经济发展阶段有必要探索“双支柱”调控框架下的政策协调配合问题，第六章将重点对这一问题进行探讨。

无论从理论还是实践角度看，货币政策并不总是能覆盖经济发展的所有目标，即货币政策效应发挥是存在边界的，需要加强与其他经济政策的协调配合。在我国的政策体系中，货币政策与其他政策（如财政政策、产业政策等）虽然在具体功能属性上分工明确界限清晰，但也存在协调配合的需求。一方面，由于政策外溢效应的存在，各项政策之间存在冲突的可能，如积极的财政政策虽然可以促进就业与经济增长，但也可能引起物价水平的过快上升，从而与货币政策目标相冲突；另一方面，其他政策效应的发挥可能需要货币政策提供适宜的环境，如为降低财政政策挤出效应，需要货币政策提供低利率环境。因此为更好地发挥政策合力，各政策之间不能各行其是。在我国经济进入新常态背景下，面临的经济金融形势更为复杂，亟需货币政策与其他主要宏观及结构性政策的有机配合，以培育和维护良好的经济金融环境，从而为改革与发展创造更多的时间和空间，为此本书的最后一章将建立一个可以讨论多种政策协调配合的量化模型对此问题进行探讨（如图1－1所示）。

（二）研究内容

第二章，货币政策应关注货币稳定与金融稳定双目标。本章构建了一个存在家庭、生产部门异质性，中央银行存在多种可选货币政策操作范式的DSGE模型。在对模型参数校准与贝叶斯估计后，比较货币政策目标规则与工具规则的福利损失大小，分析货币政策的资源配置效应以及金融加速器机制对家庭部门产生的结构性影响。然后本章集中比较了不同情景下货币政策关注金融稳定与否时房价、通货膨胀、经济“脱实向虚”的动态差异。最后本章还提供了主要变量的向前一步预测、样本外预测、条件预测结果，考察模型结构的稳健性和分析的前瞻性。

第三章，货币政策与银行风险承担。本章构建了一个内生化银行杠杆率的基准DSGE模型，揭示货币政策银行风险承担的传导机制。在基准模型基础上，进一步将股票市场与房地产市场纳入分析框架，利用产出、通胀与货币供应量增速作为观测变量对模型进行贝叶斯估计。随后利用方差分解考察了2000年第一季度至2016年第四季度不同类型冲击，以及同一冲击在不同历史时期的波动效应，通过观察脉冲响应的变化分析各类冲击的宏观经济效应。最后利用Z指数测算我国实际银行风险承担水平，并利用微观银行面板数据实证研究了货币政策与银行杠杆率的关系。

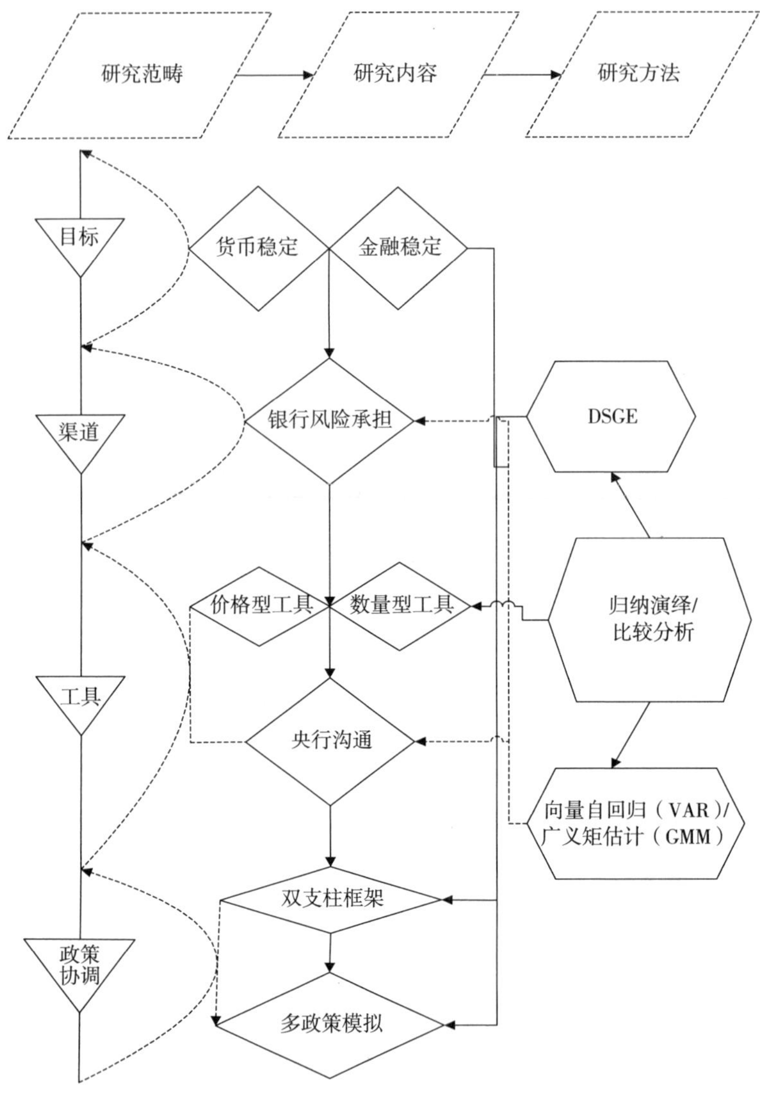

图 1－1　本书研究框架示意图

第四章，构建价格与数量型工具相互支撑的货币政策框架。本章详细阐述了美联储、欧央行、日本和巴西央行价格与数量型工具相互配合的主要做法，并提炼出具有一定普适性的经验启示，然后分析了我国构建价格与数量型工具相互支撑货币政策框架的现实性与必要性。最后基于这些国家的实践经验并结合我国货币政策具体特征，构建包含居民、非金融企业、政府等三部门的 DSGE 模型，对比分析了价格型、数量型等六种组合下的货币政策工具效果，并依据量化结果给出了价格与数量型工具相互支撑的货币政策框架运用的前提条件。

第五章，中央银行预期管理。本章详细阐述了预期对货币政策传导机制的影响、全球重要中央银行预期测度与评估的主要方法、中央银行信息沟通与前瞻性指引操作，在此基础上总结归纳了主要经济体中央银行预期管理的经验启示。随后介绍了我国中央银行预期管理实践，利用调查数据与国债收益率期限结构法对我国通胀预期进行量化，从中国人民银行各期货币政策执行报告中筛选出有关物价判断的措辞，通过方差分析法构建我国中央银行信息披露指数。最后构建结构向量自回归（SVAR）模型，验证我国中央银行信息披露指数与通胀预期的关系。

第六章，构建宏观审慎政策与货币政策的协调配合框架。通过将贷款价值比动态化引入宏观审慎规则，建立了一个包含生产率冲击、利率冲击、住房需求冲击以及信贷供给冲击的新凯恩斯 DSGE 模型，在此基础上，分析不同冲击下，不同类型货币政策与宏观审慎政策相互协调配合效果。随后本书进一步阐述了欧盟、英国、美国宏观审慎监管框架的主要架构，介绍了三大央行常用的宏观审慎监管工具，并提炼了三大央行可供借鉴的宏观审慎监管实践。

第七章，货币政策协调与优化问题研究。本章构建了一个包含房地产业及其上下游产业的 DSGE 模型，分析了货币政策与财政政策、宏观审慎政策、结构性货币政策、产业政策协调搭配的宏观经济效应，并对模型涉及金融加速器机制、上下游产业关联机制作了进一步探讨。随后根据货币政策关注目标不同，对四十项具有代表性的货币政策规则展开福利分析，并从货币政策关注金融稳定与否两个维度，比较了货币政策与财政政策、宏观审慎政策、结构性货币政策、产业政策协调搭配下的福利损失情况。

三、研究方法

（一）归纳演绎分析法

一是通过梳理既有文献，归纳总结近年来相关研究成果，鉴于既有研究的缺憾和新常态下经济金融形势的变化，提出本书的研究视角；二是梳理美联储、欧央行、日本银行、巴西央行的货币政策操作实践，总结归纳主要国家价格与数量型货币政策工具相互支撑的经验启示；三是梳理全球主要中央银行预期管理手段、前瞻性指引操作实践，总结提炼主要经济体中央银行预期管理经验启示；四是梳理和总结了欧盟、英国、美国宏观审慎监管框架的架构、工具与主要做法。

（二）实证分析法

一是利用时间序列数据建立 VAR 模型，分析 GDP、银行杠杆率与 M2 之间的动态关系；二是利用微观银行面板数据，采用面板 GMM 模型克服内生性问题，分析货币政策与银行杠杆率的关系；三是构建我国央行信息披露指数，运用 SVAR 模型研究央行信息披露行为对通胀预期的影响。

（三）贝叶斯估计法

利用贝叶斯估计将先验信息与时序数据相结合，得到参数的后验估计，通过单因素、多因素诊断以及对数数据密度的对比，筛选出符合诊断条件的参数结果。

（四）动态随机一般均衡模型

通过构建 DSGE 模型，对经济主体的行为进行优化并求解模型稳态条件，在参数校准法与贝叶斯估计法的基础上，模拟不同类型冲击、不同政策工具组合下，货币政策的传导机制及效果。

（五）规范分析和比较分析法

对比各种货币政策组合的实证模拟效果，展开福利分析，做出价值评判，并提出政策改进建议。

四、主要创新

（一）有关货币政策是否应关注金融稳定目标的争论由来已久，目前尚未得出一致结论。本书则从多个维度比较货币政策关注金融稳定与否引致的影响，避免单一维度下结论过于片面的不足。

（二）建立 DSGE 模型探讨货币政策与银行杠杆率之间的传导机制，并利用贝叶斯估计提取相关潜变量，测算银行风险承担水平，为运用结构性模型研究货币政策银行风险承担渠道提供了一种新范式。

（三）构建价格与数量型工具相互支撑的货币政策研究框架。结合国内外经验与我国货币政策操作实践，提出我国价格与数量型货币政策工具相互支撑的现实性与必要性，并建立 DSGE 模型对价格与数量型工具的组合进行分析，是对现有相关研究的重要拓展。

（四）利用城镇储户问卷调查数据构建通胀预期指数，对中国货币政策执行报告进行文本挖掘，构建我国央行信息披露指数，借此研究央行信息沟通与通胀预期之间的关系，为相关领域研究提供了更多新证据。

（五）构建了一个可以探讨货币政策与财政政策、宏观审慎政策、产业政策与结构性货币政策相互协调配合的研究框架，并分析了不同政策协调配合时的福利损失情况，拓展了政策协调方面的研究框架。

（六）运用 DSGE 模型对货币政策传导过程中涉及的重点机制进行详细剖析。

随着方程数量的增加，DSGE 模型复杂度迅速提高，某一变量的最终动态变化可能受多条渠道传播影响，所以很有必要对重要的传导机制进行分析，比如对货币政策的银行风险承担渠道的分析，以及金融加速器机制如何产生“繁荣—萧条”周期的分析等。

五、主要结论

第一，通过对目标规则与工具规则下的福利损失比较发现，工具规则具有更好的福利特性。当货币供给为引起通胀与房价上涨的因素时，关注金融稳定的货币政策规则有助于抑制通胀与房价上涨；当住房偏好为引起通胀与房价上涨的因素时，关注金融稳定的货币政策规则甚至可能逆转通胀与房价上涨；当土地供给为引起通胀与房价上升的因素时，关注金融稳定的货币政策规则可能会导致通货紧缩并抑制房价上涨。货币供给增加时，关注金融稳定的货币政策规则有助于减轻经济“脱虚向实”的程度。从条件预测结果看，不控制好货币供给冲击会导致通胀高企，政府对经济增长目标设定过低容易加剧通缩风险，未对货币供给增速加以控制会导致房价大幅上涨。

第二，银行杠杆率的变化与信贷供求曲线的移动以及弹性密切相关，考察银行杠杆率变动的驱动因素不仅需要关注资产端收益变化，还要关注负债端成本变化，同时政策引起的均衡信贷变化对银行杠杆率也有重要影响。土地供应冲击、货币政策冲击、技术冲击为银行杠杆率波动的主要驱动因素。货币政策与银行杠杆率、银行风险承担协同波动性较强，从测算结果看，货币政策收紧时，银行风险承担下降，货币政策宽松时，银行风险承担上升。微观面板数据支持货币政策会显著影响银行杠杆率的观点，同时发现资本充足率越低的银行越不容易抑制杠杆率的上升。

第三，无论在何种货币政策框架下，价格型工具和数量型工具两者不可偏废。需要认真把握价格型工具和数量型工具配合使用的时机、力度、节奏等。要注重对货币政策框架下的工具品种创新和使用方法创新，更好地发挥政策工具的作用。对我国而言，不同货币政策工具及其组合对最终目标的影响确实存在着较大的差异。一是如果央行调控目标更加注重国内生产总值（GDP）目标，使用数量型工具为主价格型工具为辅的调控（QP）效果相对较好。二是如果央行调控目标更加注重通货膨胀，那么价格型工具为主数量型工具为辅的中长期调控（LPQ）效果较好。三是如果央行调控目标更加注重就业目标，运用价格型工具为主数量型工具为辅的短期调控（SPQ）效果较好。

第四，透明度是预期管理的制度保障，货币政策的可信度是预期管理的关键，按照一定的规则制定和实施货币政策是预期管理的前提，发达的金融市场是实施预期管理的基础，中央银行预测和分析能力是预期管理的技术支持。我国央行各期的货币政策执行情况报告中，有关物价判断以及货币政策操作的一些措辞具有较强的区分度，可以被市场认知和识别。除物价水平、产出缺口、传统型货币政策工具以外，央行信息披露行为同样可以对通胀预期产生显著的影响，且其影响时间持续更久，影响效果要优于传统的货币政策工具。我国央行通过及时的信息披露可以有效减少央行与市场主体之间的信息不对称，降低异质性预期，起到引导预期的作用。

第五，宏观审慎政策可以在不损害实体经济的情况下，维护金融稳定化解系统性风险，特别是在信贷供给冲击下，宏观审慎与货币政策的相互配合更有利于实现货币政策目标。同时，逆周期的贷款价值比可以有效地缓解金融加速器机制所引起的信贷波动，实现宏观审慎目标，而纳入宏观审慎目标的货币政策则有可能加剧经济波动。研究的潜在政策含义是：可以通过引入宏观审慎政策解决金融市场失衡问题。与“丁伯根原则”所建议一致，政策目标与政策手段数量应当一致，货币政策应该区分政策目标性质，集中于实现宏观目标，而利用宏观审慎政策解决金融泡沫。

第六，当货币政策不关注金融稳定，财政货币政策的搭配可以有效实现物价稳定与金融稳定；当货币政策关注金融稳定时，政策搭配不存在占优策略，需要在“稳物价、保增长、控风险”之间进行权衡。货币政策与财政政策、宏观审慎政策、结构性货币政策、产业政策都可以独立的用于调节经济，但在政策搭配运用时，经济效应可能会发生变化。随着引发金融不稳定的因素增多，需要引入其他政策的配合实现多维目标，但政策搭配并非越复杂越好。由于经济系统相互影响，太复杂的政策设计有时反而会加剧政策冲突。

第二章 货币政策应关注货币稳定与金融稳定双目标

传统观点认为，货币政策的首要目标是保持价格稳定，无需考虑金融稳定。原因在于，货币政策维护金融稳定是通过影响资产价格实现的，但在现实操作中，货币政策缺乏应对资产价格的有效手段。然而从历次金融危机的教训可知，货币政策不能忽视资产价格快速上涨带来的隐患，更不能对资产价格的暴涨暴跌置之不理。本章构建了一个存在家庭、生产部门异质性，中央银行存在多种可选货币政策操作范式的 DSGE 模型，集中比较了不同场景下货币政策关注金融稳定与否时房价、通货膨胀、经济“脱实向虚”的动态差异。最后本章还提供了主要变量的向前一步预测、样本外预测、条件预测结果，考察模型结构的稳健性和分析的前瞻性。

一、引言

传统经济理论中，货币的供求关系直接决定市场利率水平，而市场利率又构成金融产品定价的基础因素，因此货币不稳定会导致金融产品定价基础发生动摇，不利于保持金融体系及金融机构的稳健性。值得注意的是，货币稳定不代表利率水平保持不变。Schwartz（1995）认为货币稳定可给市场提供一个稳定、可预测的环境，有利于金融稳定，而货币环境不稳定时容易引起预期紊乱，导致无法形成有效的投资回报率，引发金融不稳定。也就是说，维护货币稳定不一定能够保证金融稳定，但至少有助于降低金融不稳定。

从金融危机的历史看，金融不稳定往往表现为流动性的枯竭，而在此之前通常伴随着信用的过度膨胀与金融杠杆的急剧上升，从信用的过度膨胀到信用的急剧紧缩，这种“过山车”般的变化往往对货币稳定构成威胁，甚至直接意味着货币不稳定。

《中国人民银行法》明确规定中央银行具有“制定和执行货币政策”与“维护

金融稳定”两大职能，而一直以来对传统四大货币政策目标的充分关注，导致市场经济主体忽视央行“维护金融稳定”的职能。鉴于货币稳定与金融稳定之间这种无法割裂、相互影响的关系，中央银行在制定货币政策时不应忽视“金融稳定”。2008 年金融危机以前，货币政策是否应对资产价格变化做出反应，或者更为直接地是否应该将金融稳定纳入货币政策目标，这一问题较少受到关注和重视。但金融危机以后，这一问题开始变得现实而严肃。虽然中央银行可以在资产价格泡沫破灭带来金融不稳定后采取相关措施，进行事后补救，但清理资产价格泡沫，恢复金融稳定所付出的代价是巨大的。因此，中央银行有理由更加主动、更加积极地关注资产价格变化，并将资产价格纳入货币政策决策函数中，采取前瞻性的政策措施，抑制和消除资产价格泡沫，维护金融稳定。

二、文献综述

货币政策是否应关注金融稳定一直是宏观经济研究中的焦点话题，也一直尚无定论。但 2008 年金融危机的爆发可以视为一个分水岭，尽管部分经济学家仍坚持货币政策应该关注传统的宏观经济稳定，如物价（货币）稳定、产出稳定等，但越来越多的学者开始主张货币政策还应关注金融稳定目标的观点。

（一）货币政策规则

货币政策应该相机抉择还是按规则行事的争论由来已久。相机抉择的政策是指中央银行每期仅根据当期条件进行最优化（即仅进行单期优化），认为过去的条件（以及过去形成的预期）不可改变，因而不考虑历史以及预期因素（Fischer，1990；McCallum，2004）。而规则型政策则认为未来的条件取决于当前的预期，而当期的条件又会被历史预期所影响，所以需要把决策当成一个连续的过程，规则型政策并非意味着一成不变，而是可以根据对经济运行的理解与政策偏好进行调整，但是这也并不表示政策可以随意变动，政策每次更新需要以一种系统且永久的方式进行（Fischer，1990；McCallum，2004）。

最早认为货币政策应该按规则行事的学者可以追溯到弗里德曼，Friedman 和 Schwartz（1960）认为，由于货币政策发挥作用时滞较长，所以在短期货币政策与价格（或其他经济指示变量）的变化没有必然关系，同时由于需要满足的条件苛刻，不主张建立依赖当期经济状态的货币政策规则①，而是提出了著名的 K 百分比

---

① 弗里德曼认为，价格水平或者其他表征经济好坏的指示变量能够为货币政策提供有效参考需要满足三个条件：一是在将来很长一段时间内可能预测其他非货币因素对价格水平或相关指标的影响；二是在每一具体情景下可能预测货币政策发挥作用所需时间；三是能够预测不同货币政策（工具）的数量效应。

货币增速规则，即倡导货币存量匀速增加以满足经济周期性需要。在 McCallum (1987、1988 和 1993) 的基础上，McCallum (2000) 进一步对数量型货币政策规则进行了完善，提出麦科勒姆规则①，即基础货币增速应对名义 GDP 目标增速、基础货币流通速度的变化以及名义 GDP 增速对目标值偏离度进行响应。与货币数量规则相对应的是利率规则，Taylor (1993) 认为在真实的货币政策环境中，中央银行不可能机械地遵循任何量化公式形成的政策规则，但可以将某种具体的政策规则作为决策的参考②，比如 $i_t = r^* + \pi^{Target} + \varphi_x x_t + \varphi_\pi(\pi_t - \pi^{Target})$③。随着经济金融的发展，西方许多国家发现货币数量不容易控制，所以泰勒规则在后期得到了更多学者的认同，并逐步对泰勒规则进行完善。部分学者认为，为稳定通胀以及使模型存在确定性均衡，利率规则需要满足“泰勒定理”（taylor，1999；Woodford，2001），并且需要引入工具利率的滞后项以反映政策工具的历史依赖性（Rotemberg 和 Woodford，1997；Woodford，1999）。还有些学者认为政策工具对影响目标变量的重要因素进行响应要好于对目标变量本身作出响应④（Svensson，1997；Rudebusch 和 Svensson，1999）。同时考虑到模型不确定性，需要在不同的宏观模型中找出表现较好的规则，称之为稳健工具规则（Levin 等，1999；Rudebusch，2002）。

最初的麦科勒姆规则以及泰勒规则基本都是直接通过实证视角刻画中央银行的货币政策操作行为，而未涉及任何优化程序。后期学者则提出了另外一种范式研究中央银行行为，即通过优化中央银行受约束的目标函数实现对中央银行行为的动态刻画，由于各国中央银行普遍重视通货膨胀，这类规则被统称为通胀目标制。Svensson (1997) 认为通胀预测可以成为中央银行的中介目标，而货币增速目标制容易导致更高的通胀波动，只有极少数情况货币增速与汇率能够成为最好的中介目

---

① 麦科勒姆规则，可表示为：$\Delta b_t = \Delta x^* - \Delta v_t + 0.5\ (\Delta x^* - \Delta x_{t-1})$，其中 Δb_t 为基础货币增速，Δx^* 为名义 GDP 目标增速，具体为 $\pi^* + \Delta y^*$，Δy^* 为真实 GDP 的长期平均增速。$v_t = x_t - b_t$ 为基础货币的对数流通速度，所以 Δv_t 是基础货币流通速度的增长率。$\Delta x^* - \Delta x_{t-1}$ 前面系数为正，表明当名义 GDP 增速低于目标增速时，则需要提高基础货币增速。早期 McCallum (1988)、McCallum (1993) 提出的规则没有要求 $\Delta x^* - \Delta x_{t-1}$ 前面的系数为 0.5，同时基础货币增速对水平值响应，而非对增速变量进行响应。

② Taylor (1993) 提出了被后来诸多文献广泛引用的“泰勒规则”，Taylor (1999) 进一步指出，泰勒规则可以从货币数量方程中推导得出（保持货币增速不变，同时把货币流通速度写成利率与产出的函数）。

③ 即泰勒规则，r^* 是自然利率，可以近似等于平均短期实际利率（Svesson，2003）。$x_t = \log(y_t) - \log(y_t^*)$，$y_t^*$ 为真实产出的趋势值，由于 i_t 为央行可操作的工具利率，所以泰勒规则属于工具规则，同时也由于该利率规则仅仅是可观测变量的函数，并且不要求模型的参数取值方面的任何准确的知识。

④ 如对当期通胀与产出的响应好于对通胀预期的响应，因为当期通胀与产出是影响预期通胀的重要因素。

标。在开放经济条件下，灵活 CPI 型通胀目标规则①不仅能够成功限制 CPI 的波动，同时还能限制产出缺口与真实汇率波动（Svensson，2000）。Svensson（2003）认为目标规则②允许使用决策者的判断以及模型外的信息，相对最优的工具规则更加稳健并容易验证。实际上没有中央银行承诺使用泰勒规则或其变体，也没有一家中央银行宣称将某一工具规则作为政策指导，因此通过优化中央银行目标函数得到的政策规则可能更符合中央银行操作实践（Svensson，2004）。

在学术研究上大多数学者支持中央银行按规则行事，Kydland 和 Prescott（1977）认为，规则可以增加中央银行事前承诺的能力，从而避免意外的货币供给，同时可以提高中央银行的政策透明度。但部分学者认为相机抉择并非无可取之处。Fischer（1990）则认为相机抉择政策允许中央银行更为灵活地应对突发事件。Bernanke 和 Mishkin（1992）从美国、英国、日本等国家中央银行的货币政策操作实践中发现这些国家有时会使用纯粹的相机抉择政策，但绝不会坚持严格的规则政策，实际上这些国家使用的共同策略是相机抉择与规则的混合体，即在中长期运用规则型政策，在短期则保留对经济进行相机抉择操作的可能。

虽然中央银行在中长期会按规则行事得到了学术界及央行工作者的认同，但关于具体规则的讨论从未间断过。Orphanides 等（2000）认为基于存在产出缺口测度误差的货币政策会导致产出和通胀的波动性增加。McCallum（2001）认为由于产出缺口不可观测并且难以测算，所以对产出缺口反应过强难以得到预期的结果。货币政策规则设定应基于数据可获性及易于修正的现实，泰勒规则虽然引起了广泛关注，但实际上泰勒规则涉及的潜在产出、名义产出与实际产出等变量在当期并不能精确得知，所以该规则并非美联储实际遵循的规则（Orphanides，2001）③。基于美联储员工编制的实时数据，Orphanides（2001）构建了泰勒规则并比较了基于公开修正数据的泰勒规则，认为两者差异甚大。基于美联储的数据显示，对通胀与产出预测数据反应的规则比对滞后期或当期数据反应的规则能更好地描述 1987—1992 年的货币政策，但基于修正数据规则之间的比较难以得出清晰的结论。

（二）货币政策目标

货币政策应关注哪些目标一直没有定论，从货币政策实践看，各国货币政策关

① 值得注意的是，灵活的通胀目标规则并非对产出不关注，而是在损失函数中赋予的权重较小，当损失函数中只有通胀变量时文献常称为严格的通胀目标规则。

② 与目标规则相关的概念是进入损失函数的目标变量，最小化损失函数即“命中”目标的过程。

③ 为使泰勒规则可操作，一个基本的做法是使用季度内预测数据或当期可获得的最新的前期数据，但数据修正也会对泰勒规则的准确度产生影响，因为数据修正会带来新的噪音，使得泰勒规则的残差反映的不再是货币政策冲击。

注的目标也处于动态变化之中。20 世纪 70 年代后期，美国的通货膨胀从两位数降至稳定的个位数水平，反映了货币政策向通胀目标制转变。许多经济学家认为在沃尔克之前的 15 年间美国的货币政策并未得到很好管理，Clarida 等（1998）通过计量检验表明，其中关键差别在于利率规则中对通胀预期的响应强度，在沃尔克—格林斯潘时期，美联储采取了反通胀立场，对预期通胀响应更强；而前沃尔克时期的货币政策规则，美联储提高名义利率的程度小于通胀预期增加的程度，真实利率随之下降，通胀具有自我实现特征，孕育了宏观经济不稳定的种子。Clarida（1998）发现美国、日本、德国的中央银行在 1979—1990 年间追求隐含通胀目标制，并发现通胀目标制优于固定汇率制。然而对通胀的关注也不是无条件的，Orphanides 和 Wieland（1998）的研究发现，美国 20 世纪 80 年代和 90 年代不同的通胀目标下零利率下限约束的影响是非线性的，当通胀目标率为 2% 时，零利率下限的影响可忽略不计，但当通胀目标率介于 0—1% 之间时，零利率下限的重要性明显增加，在如此低通胀目标时经济表现会显著恶化。

Bernanke 和 Mishkin（1992）梳理了 6 个工业化国家的货币政策，认为这些国家的中央银行似乎追求多重经济目标，不仅关注通胀与就业行为，有时也关注汇率和利率，并且在任何时候都会给予正“陷入麻烦”的变量更多权重[①]。Bernanke（1997）基于向量自回归（VAR）技术将外生冲击的经济效应分解为冲击的直接效应以及政策引起的间接效应，发现石油价格冲击引起的衰退大部分是由内生的紧缩性货币政策而不是油价上涨本身引起的，这意味着通货膨胀对石油价格反应反而使得经济更糟糕。Bernanke 和 Gertler（2001）通过构建一个动态宏观模型，模拟了货币政策关注资产价格时的影响，认为在短期货币政策管理中，灵活的通胀目标制[②]能够同时为宏观经济稳定与金融稳定目标提供一个有效、统一的框架；而资产价格不宜引入利率规则，货币政策只需应对股市波动对通胀和产出的预测效应，而不是股市泡沫本身。Mishkin（2001）阐述了通过股价、房价、汇率途径传导货币政策的具体机制，认为尽管资产价格在货币政策传导中具有显著作用，但由于货币政策对资产价格的响应取决于资产价格冲击的性质以及持续性，所以把资产价格作为中介目标很可能导致经济恶化。更进一步地，Orphanides 和 Williams（2004）在不完全知识框架下对货币政策展开了研究，认为进行严格通胀控制的政策便于公众学习并为预期形成提供更好的指引，同时对通货膨胀目标展开清晰有效的沟通，有助于公

---

① 另外，还发现在通胀上行时，这些国家更倾向于诉诸货币供应量控制通胀，因为通过控制货币增速更有助于中央银行释放抗通胀的信号、管理公众预期。

② Walsh（2003）把通胀目标规则称之为通胀目标制，使之与其他货币政策规则区分开来。

众聚焦通胀预期并减少不完全知识引发的成本①。

实际上，20 世纪 80 年代中期到 2008 年金融危机以前的“大缓和”（The Great Moderation）时期，Bernanke 和 Gertler（2001）与主流经济学家的观点是一致的，一方面，以保持货币稳定为目标的货币政策不仅为经济发展提供了稳定且可预期的利率环境（段小茜，2006），也有利于保持金融体系和金融机构的稳健性。另一方面，由于货币不稳定会推动价格上涨预期的形成，这将刺激投机行为引发金融不稳定（Shwartz，1995）。正是基于货币稳定与金融稳定一致性的认识，学术界和货币当局在货币政策框架上达成广泛共识，即“杰克逊—霍尔共识”（Jackson Hole Consensus）②。

然而在处理经济危机或预防经济危机时期，实践中中央银行的政策目标往往会发生剧烈转变。Svensson（2009）认为，在正常时期金融稳定不会制约货币政策，但在危机发生时会对货币政策产生制约并迫使中央银行改变行动，并且由于情况复杂，金融稳定不宜直接进入中央银行的损失函数，但可以作为一系列约束条件对中央银行的货币政策优化行为施加影响③。同时 Svensson（2009）也认为在短期内提高工具利率可以达到压低资产价格涨幅及降低泡沫破裂风险的目的，并有助于通胀与产出缺口的稳定，所以在资产价格会对通胀与产出缺口产生影响时，货币政策需要对资产价格进行反应④。Clarida（2012）认为为稳定产出与通胀设计的货币政策不足以反映资产价格泡沫所引致的风险，所以需要对 2007 年危机前达成的杰克逊—霍尔共识进行反思。Bernanke（2012）回顾了 2007—2008 经济危机时期美国的货币政策，认为在联邦基金利率接近其有效下限时，美联储通过扩展其资产负债表有效促进了经济复苏。值得注意的是美联储在危机期间更多的是使用非常规的货币政策，同时经济危机期间由于通货膨胀维持在低位，通胀目标制不再适用，所

---

① Orphanides 和 Williams（2007）的研究表明，在完全知识下得到的最优模型在知识不完全环境下的效果不佳。

② “杰克逊霍尔共识”反对将资产价格纳入货币政策框架，主要原因有四个方面：一是中央银行难以识别资产价格泡沫；二是中央银行缺乏有效的工具对资产价格泡沫进行调控；三是市场上存在很多资产价格，货币政策不能精准定位，会给总体资产价格带来影响；四是与识别、判断、抑制资产价格泡沫相比，在泡沫破裂后，中央银行具有更多的工具来清理泡沫，在短期内促使经济复苏（Issing，2009）。

③ 假设有如下损失函数 $L_t=\frac{1}{2}[(\pi_t-\pi^*)^2+\phi_1 y_t^2+\phi_2(f_t-f_{t-1})^2]$，在其他约束条件下可以对该式进行优化，目的是实现通货膨胀对目标值 π^* 的偏离、产出缺口 y_t 以及资产价格（股价、房价、汇率等）f_t 波动幅度的最小化。但 Svensson（2003）认为，由于情况非常复杂金融稳定不应在损失函数中简单体现。

④ 对资产价格反应不是因为资产价格本身，而是因为资产价格会影响货币政策的最终目标（通胀与产出）。

以危机期间美联储实际上展开的是相机抉择操作以维护产出和金融稳定。Kannan 等（2012）利用一个 DSGE 模型发现货币政策对影响金融稳定的因素进行响应时能够起到稳定宏观经济的目的，因此为防止资产价格泡沫，货币政策需要关注金融稳定目标。

（三）中国的相关研究

在实践中，中国央行往往会使用多种货币政策工具调节经济。Hou 和 Wang（2013）通过检验发现，随着银行自由化程度的逐步提高，中国货币政策信贷传导渠道的作用逐步减弱，为减少对信贷渠道的依赖，中央银行需要实现货币政策工具的多样化。然而到底哪类货币政策工具更为有效，现有研究没有给出一致结论。He 等（2013）利用 FAVAR 估计了中国货币政策工具的有效性，发现回购利率、基准贷款利率以及市场型的货币政策立场几乎对中国经济没有影响，而非市场化的手段，诸如对总贷款增长率以及货币供应量的控制能有效调整真实经济与价格水平。Ma（2014）在 DSGE 框架下利用贝叶斯估计技术发现 1992 年第 1 季度—2013 年第 3 季度，中国央行采用了非线性数量型货币政策规则，并且在 1999 年第 1 季度—2013 年第 3 季度转向了更为严格的通胀目标区制。然而 Fernald 等（2014）将大量数据运用于 FAVAR 模型估计了中国货币政策效应，认为中国的利率变化对经济有很大影响，中国的货币政策传导渠道越来越接近西方市场经济体国家。近年来对混合规则的研究逐渐兴起，Sun（2015）利用两阶段 VAR 模型抽取出了货币政策指标，发现中国的货币政策既不是纯粹的利率制，也不是纯粹的准备金制，而是两者的混合。Berkelmans 等（2016）认为中国的货币政策与其他国家的一个显著差异在于能运用更多的货币政策工具，基于存款需求响应函数的测算表明，准备金率与存贷款比率在调控货币总量方面要优于利率工具。Li 和 Liu（2017）在 DSGE 框架下比较了利率规则、货币增速规则以及包含货币的泰勒规则，发现包含货币的泰勒规则能够最好地拟合数据。

关于货币政策目标的研究也一直没有定论。Xiong（2012）认为由于中国央行在实践中使用多种政策工具，所以没有一种工具能够代表中国央行的货币政策，通过构建一种新的货币政策立场指数发现，中国央行的货币政策具有前瞻性，虽然中国央行没有官方明确中央银行的目标，但通胀是中央银行非官方但一直在盯住的目标。Sun（2013）利用中国人民银行发布的文件推断货币政策的真正目标，并认为货币政策冲击能够对产出产生持续影响。部分学者还研究了货币政策与资产价格的关系。Guo 等（2013）利用 MSVAR—EGARCH 模型发现，有证据显示中国的货币政策在不同时期与市场周期下对股票市场有显著的非对称性影响。Chen 等（2017）利用

QVAR 技术提取了中国货币政策的紧缩与宽松压力指数，发现货币政策条件的放松能够推高股票价格，但紧缩却不能对股票价格产生影响，因此货币政策不适宜作为稳定资产价格的工具。郭红兵等人（2014）认为为了保持物价稳定，中央银行更需关注长期金融稳定，做出前瞻性的安排。马亚明和刘翠（2014）认为房地产价格波动对宏观经济的影响不可忽视，货币政策应关注房地产价格的波动，建议将金融稳定作为货币政策的第五个目标。近年来部分学者认为中国央行货币政策目标存在非线性特征。Shen 等（2016）利用一个内生区制转移模型发现，中国央行在高通胀区制时货币政策反应函数会赋予通胀更大的系数，而在低通胀区制时货币政策反应函数会赋予产出更大的系数。Ma（2016）的研究表明，1998—2013 年中国央行采用了非线性泰勒规则，追求的通胀区间为［1%，5%］而非严格的通胀目标制，并且似乎采用了非线性规则实现经济稳定而非传统的线性规则。Klingelhöfer 和 Sun（2018）为克服直接使用泰勒规则与麦科勒姆规则引致的测算不确定性与模型选择问题，构建了一个复合货币政策指数研究中国的货币政策，发现中国央行的政策反应函数在 2000 年后具有明显的非对称性，即对高通胀与低产出反应，但对低通胀和经济过热采取容忍态度。

总的来看，金融危机后虽然金融稳定已经逐渐上升到和货币政策并列的重要地位。但金融稳定和货币稳定应该怎样融合，应该怎样共同置于货币政策框架之内，即货币稳定和金融稳定双目标是否有可能取代货币稳定单一目标成为货币政策框架的主流仍有待深入研究。

三、模型

本部分我们借鉴 Iacoviello（2005、2010）与侯成琪和龚六堂（2014）的做法，将生产部门一分为二，即包含房地产生产部门和消费品生产部门，并将货币引入家庭效用函数，考虑不同场景下中央银行的货币政策调控行为，建立动态随机一般均衡模型。

模型主要由两类家庭（耐心家庭与非耐心家庭）、两类生产部门（房地产与消费品）、中央银行等三大类主体构成。耐心家庭为贷方，并进行资本积累，非耐心家庭向耐心家庭借贷。两类家庭均向两类生产部门提供劳动，劳动力市场完全竞争，商品市场垄断竞争，中央银行可以有多种货币政策执行方案。

（一）家庭部门

1. 耐心家庭。耐心家庭通过选择消费、房地产服务、劳动时间和实际货币等变量最大化自身的效用函数：

$$\max E_0 \sum_{t=0}^{\infty} \beta_1^{\,t} \left[\ln C_{1t} - \nu \frac{N_{1t}^{1+\kappa}}{1+\kappa} + \chi \ln m_{1t} + j_t \ln H_{1t} \right] \qquad (2-1)$$

其中，β_1 为耐心家庭的贴现因子；C_{1t}表示消费，N_{1t}表示劳动时间；m_{1t}为实际货币余额；H_{1t}为房地产持有存量。κ 为劳动供给弹性的倒数，ν、χ、j_t 为反映住户部门对劳动时间、实际货币余额、住房的偏好参数。其中，住房偏好以外生冲击形式给出：

$$\ln j_t = (1-\rho_j)\ln Jss + \rho_j \ln j_{t-1} + \nu_{jt} \tag{2-2}$$

上式中 ν_{jt}为冲击项，服从 iid 分布。耐心家庭的收入来源除了自身的劳动收入外，还有资本租金，以及收回的上期贷款的本金、利息以及来自生产部门的分红等等。收入除用于消费、投资外，还用于购买房地产、贷款以及作为现金保留，因此有①：

$$N'_{ct}W'_{ct} + N'_{ht}W'_{ht} + K_{c,t-1}R_{ct} + K_{h,t-1}R_{ht} + \frac{R_{t-1}b_{1,t-1}}{\Pi_t} + Q_t(1-\delta_h)H_{1,t-1}$$

$$+\frac{m_{1,t-1}}{\Pi_t} + Div_t = C_{1t} + m_{1t} + b_{1t} + Q_tH_{1t} + I_{ct} + I_{ht} \tag{2-3}$$

其中，Q_t 是 t 期房地产价格；b_{1t}是 t 期出借资金；R_{t-1}是 $t-1$ 期名义存款利率；W'_{ct}、W'_{ht}是向消费品、房地产生产部门提供劳动获得的实际工资；R_{ct}、R_{ht}是向消费品、房地产生产部门出租资本获得的回报率；Π_t 是通货膨胀率；δ_h 是房地产存量的折旧率；Div_t 是分红收入。两类资本存量积累方式如下：

$$K_{ct} = (1-\delta_k)K_{c,t-1} + I_{ct} - \frac{\gamma_c}{2}\left(\frac{I_{ct}}{K_{c,t-1}} - \delta_k\right)^2 K_{c,t-1} \tag{2-4}$$

$$K_{ht} = (1-\delta_k)K_{h,t-1} + I_{ht} - \frac{\gamma_h}{2}\left(\frac{I_{ht}}{K_{h,t-1}} - \delta_k\right)^2 K_{h,t-1} \tag{2-5}$$

在约束条件成立的情况下，存款家庭最大化其一生的效用函数，记 λ'_t、λ_{ct}、λ_{ht}分别为预算约束、两类资本积累的拉格朗日乘子，依次对消费、住房、劳动供给（向消费部门与房地产部门）、出借资金、资本存量、投资、真实货币余额进行优化，得到的一阶条件如下：

$$1/C_{1t} = \lambda'_t \tag{2-6}$$

$$\lambda'_tQ_t = J_t/H_{1t} + \beta_1E_t\{\lambda'_{t+1}(1-\delta_h)Q_{t+1}\} \tag{2-7}$$

$$vN_{1t}{}^{\kappa}\,(\varepsilon_c^N N_{1t}/N'_{ct})^{-1/\tau} = \lambda'_tW'_{ct} \tag{2-8}$$

$$\nu N_{1t}^{\kappa}(\varepsilon_h^N N_{1t}/N'_{ht})^{-1/\tau} = \lambda'_tW'_{ht} \tag{2-9}$$

---

① $N_{1t} = [(\varepsilon_c^N)^{-1/\tau}(N'_{ct})^{(\tau+1)/\tau} + (\varepsilon_h^N)^{-1/\tau}(N'_{ht})^{(\tau+1)/\tau}]^{\tau/(1+\tau)}$ 为 N'_{ct}、N'_{ht}分别为向消费品生产部门、房地产部门提供的劳动，ε_c^N、ε_h^N 为两者稳态时占比。

$$\lambda'_t = \beta_1 E_t\{\lambda'_{t+1} R_t / \Pi_{t+1}\} \tag{2-10}$$

$$\lambda_{ct} = \beta_1 E_t\left\{\lambda'_{t+1} R_{c,t+1} + \lambda_{c,t+1}(1-\delta_k) - \frac{\gamma_c}{2}\lambda_{c,t+1}\left(\left(\frac{I_{c,t+1}}{K_{ct}} - \delta_k\right)^2 - 2\frac{I_{c,t+1}}{K_{ct}}\left(\frac{I_{c,t+1}}{K_{ct}} - \delta_k\right)\right)\right\} \tag{2-11}$$

$$\lambda_{ht} = \beta_1 E_t\left\{\lambda'_{t+1} R_{h,t+1} + \lambda_{h,t+1}(1-\delta_k) - \frac{\gamma_h}{2}\lambda_{h,t+1}\left(\left(\frac{\tilde{I}_{h,t+1}}{K_{ht}} - \delta_k\right)^2 - 2\frac{\tilde{I}_{h,t+1}}{K_{ht}}\left(\frac{\tilde{I}_{h,t+1}}{K_{ht}} - \delta_k\right)\right)\right\} \tag{2-12}$$

$$\lambda'_t = \lambda_{ct} - \gamma_c \lambda_{ct}\left(\frac{I_{ct}}{K_{c,t-1}} - \delta_k\right) \tag{2-13}$$

$$\lambda'_t = \lambda_{ht} - \gamma_h \lambda_{ht}\left(\frac{I_{ht}}{K_{h,t-1}} - \delta_k\right) \tag{2-14}$$

$$\chi / m_{1t} = \lambda'_t - \beta_1 E_t\{\lambda'_{t+1} / \Pi_{t+1}\} \tag{2-15}$$

其中，(2－6)、(2－7)、(2－10)、(2－15) 式分别是消费、房地产持有量、存款、实际货币需求的欧拉方程。(2－7) 式意味着在 t 期用价格 Q_t 购买住房带来的用消费衡量的效用等于 t 期住房本身提供的效用与持有至下一期住房价值带来的用消费衡量的贴现效用之和。(2－8) 式、(2－9) 式，(2－11) 式、(2－12) 式以及 (2－13) 式、(2－14) 式分别是劳动、资本存量以及投资的欧拉方程。由以上各式可知，稳态时投资的影子价格等于收入的影子价格，并且稳态时家庭内部劳动工资相等。

2. 缺乏耐心家庭。缺乏耐心家庭的效用函数与耐心家庭一致，也通过选择消费、房地产服务、劳动时间和实际货币余额等变量最大化自身的效用函数：

$$\max E_0 \sum_{t=0}^{\infty} \beta_2^t \left[\ln C_{2t} - \nu \frac{N_{2t}^{1+\kappa}}{1+\kappa} + \chi \ln(m_{2t}) + j_t \ln H_{2t}\right] \tag{2-16}$$

其中，β_2 为非耐心家庭的贴现因子；C_{2t}表示消费；N_{2t}表示劳动时间；m_{2t}为实际货币余额；H_{2t}为房地产持有存量。

缺乏耐心家庭的收入来源除了自身的劳动工资之外，还有从耐心家庭那里得到的借款。收入除了用于当期消费外，部分用于偿还上期借款的本金和利息，部分用于购买房地产，并保留部分现金。因此，其预算约束可表示为①：

$$N''_{ct} W''_{ct} + N''_{ht} W''_{ht} + b_{2t} + Q_t(1-\delta_h) H_{2,t-1} + \frac{m_{2t-1}}{\Pi_t} = C_{2t} + \frac{R_{t-1} b_{2,t-1}}{\Pi_t} + Q_t H_{2t} + m_{2t} \tag{2-17}$$

① 其中，$N_{2t} = [(\varepsilon_c^N)^{-1/\tau} (N''_{ct})^{(\tau+1)/\tau} + (\varepsilon_h^N)^{-1/\tau} (N''_{ht})^{(\tau+1)/\tau}]^{\tau/(1+\tau)}$，假设耐心家庭与缺乏耐心家庭的比例分别为 α、$1-\alpha$。通过这一比例关系可以获得稳态时两类家庭消费占比。

同时，缺乏耐心的家庭借款额度还受到抵押限制的约束：

$$b_{2t}=d_{ss}E_t\{Q_{t+1}H_{2t}\Pi_{t+1}/R_t\} \tag{2-18}$$

（2-18）式中，d_{ss}表示贷款价值比，即通常所说的贷款抵押率。

设定预算约束、抵押约束方程的拉格朗日乘子分别为λ''_t、λ'''_t，在约束条件成立的情况下，缺乏耐心家庭最大化其一生的效用函数，对消费、真实货币余额、住房需求、借款额度、劳动供给求偏导，得到最优的一阶条件如下：

$$1/C_{2t}=\lambda''_t \tag{2-19}$$

$$\chi/m_{2t}=\lambda''_t-\beta_2E_t\{\lambda''_{t+1}/\Pi_{t+1}\} \tag{2-20}$$

$$J_t/H_{2t}=\lambda''_tQ_t-\beta_2E_t\{\lambda''_{t+1}(1-\delta_h)Q_{t+1}\}-\lambda'''_td_{ss}E_t\{Q_{t+1}\Pi_{t+1}/R_t\} \tag{2-21}$$

$$\lambda''_t=\lambda'''_t+\beta_2E_t\{\lambda''_{t+1}R_t/\Pi_{t+1}\} \tag{2-22}$$

$$vN_{2t}^{\kappa}(\varepsilon_c^NN_{2t}/N''_{ct})^{-1/\tau}=\lambda''_tW''_{ct} \tag{2-23}$$

$$vN_{2t}^{\kappa}(\varepsilon_h^NN_{2t}/N''_{ct})^{-1/\tau}=\lambda''_tW''_{ht} \tag{2-24}$$

（二）生产部门

1. 消费品生产部门。消费品生产部门由连续统（0，1）上的垄断竞争厂商组成，第i个厂商租借资本、雇佣劳动并在一定技术条件下进行生产：

$$Y_{ct}^i=A_t\,(K_{c,t-1}^i)^{\alpha_c}(N_{ct}'^i)^{\alpha\beta_c}(N_{ct}''^i)^{(1-\alpha)\beta_c} \tag{2-25}$$

上式中，α_c为资本产出弹性；$\alpha\beta_c$为耐心家庭的劳动产出弹性；$(1-\alpha)\beta_c$为缺乏耐心家庭的劳动产出弹性，$\alpha_c+\beta_c=1$。生产技术以外生冲击形式给出：

$$\ln A_t=(1-\rho_a)\ln A+\rho_a\ln A_{t-1}+\nu_{at} \tag{2-26}$$

上式中ν_{at}为冲击项。消费部门总产出由上述微观厂商产品复合而成：

$$Y_{ct}=\left(\int_0^1(Y_{ct}^i)^{(\varepsilon_c-1)/\varepsilon_c}di\right)^{\varepsilon_c/(\varepsilon_c-1)} \tag{2-27}$$

其中，ε_c为消费品间的替代弹性。定义消费品部门的价格指数为，$P_{ct}=\left(\int_0^1(P_{ct}^i)^{(1-\varepsilon_c)}di\right)^{1/(1-\varepsilon_c)}$，则$Y_{ct}^i=\left(\frac{P_{ct}^i}{P_{ct}}\right)^{-\varepsilon_c}Y_{ct}$。由厂商的成本最小化问题可得资本租金与劳动工资之间的关系：

$$\frac{R_{ct}K_{c,t-1}^i}{\alpha_c}=\frac{W'_{ct}N'^i_{ct}}{\alpha\beta_c}=\frac{W''_{ct}N'''^i_{ct}}{(1-\alpha)\beta_c} \tag{2-28}$$

进一步可得厂商的边际成本①：

① 厂商的总成本$S_{ct}=R_{ct}K_{ct}+W'_{ct}N'_{ct}+W''_{ct}N''_{ct}=\lambda_tY_{ct}$；边际成本$\partial S_{ct}/\partial Y_{ct}=\lambda_t$，其中$\lambda_t$为生产函数（2-25）式的拉格朗日乘子。

$$MC_{ct}=\frac{1}{A}(\frac{1}{\alpha_c})^{\alpha_c}(\frac{1}{\alpha\beta_c})^{\alpha\beta_c}(\frac{1}{(1-\alpha)\beta_c})^{(1-\alpha)\beta_c}(R_{ct})^{\alpha_c}(W'_{ct})^{\alpha\beta_c}(W''_{ct})^{(1-\alpha)\beta_c} \quad (2-29)$$

由 calvo（1983）定价机制，可得下述菲利普斯曲线：

$$\hat{\pi}_t=\beta_1 E_t\{\hat{\pi}_{t+1}\}+\frac{(1-\beta_1\theta_c)(1-\theta_c)}{\theta_c}\hat{m}_{ct}^c \quad (2-30)$$

上式中，$\hat{\pi}_t$ 为通货膨胀对其稳态的偏离；$\hat{m}_{ct}^c$ 为边际成本对其稳态的偏离；θ_c 表示厂商中不可重新定价的比率，反映了价格黏性的强度。

2. 房地产生产部门。与消费品部门略有差异，房地产部门除需投入资本与劳动外，还需以土地作为投入要素进行生产：

$$Y_{ht}^i=L_t(K_{h,t-1}^i)^{\alpha_h}(N_{ht}^{'i})^{\alpha\beta_h}(N_{ht}^{''i})^{(1-\alpha)\beta_h} \quad (2-31)$$

其中，α_h 为房地产生产部门资本产出弹性；$\alpha\beta_h$ 为耐心家庭的劳动产出弹性；$(1-\alpha)\beta_h$ 为缺乏耐心家庭的劳动产出弹性，$\alpha_h+\beta_h=1$。其中土地供给以外生的形式给出：

$$\ln L_t=(1-\rho_l)\ln L+\rho_l\ln L_{t-1}+\nu_{lt} \quad (2-32)$$

上式中 ν_{lt} 为冲击项。同样，记 ε_h 为替代弹性，则房地产部门总产出可复合为，$Y_{ht}=\left(\int_0^1(Y_{ht}^i)^{(\varepsilon_h-1)/\varepsilon_h}di\right)^{\varepsilon_h/(\varepsilon_h-1)}$，定义房价指数 $P_{ht}=\left(\int_0^1(P_{ht}^i)^{(1-\varepsilon_h)}di\right)^{1/(1-\varepsilon_h)}$，则 $Y_{ht}^i=\left(\frac{P_{ht}^i}{P_{ht}}\right)^{-\varepsilon_h}Y_{ht}$。由房地产生产部门最小化成本问题可得：

$$\frac{R_{ht}\tilde{K}_{h,t-1}}{\alpha_h}=\frac{W'_{ht}\tilde{N}'_{ht}}{\alpha\beta_h}=\frac{W''_{ht}\tilde{N}''_{ht}}{(1-\alpha)\beta_h} \quad (2-33)$$

假设房地产部门不存在价格黏性，第 i 个厂商利润最大化，使得边际收益等于边际成本可得①：

$$Q_t=\frac{\varepsilon_h}{\varepsilon_h-1}MC_{ht} \quad (2-34)$$

上式表明，房地产商的定价行为是在边际成本上收取了一个额外加成。

（三）中央银行

根据 Svensson（1999），货币政策关注某个目标变量通常包含两种含义：一是使用所有可获得信息使得目标变量 x_t 与目标值 x^* 相一致，即在约束条件下最小化

① 房地产商利润函数可写成 $P_{ht}Y_{ht}-P_{ct}S_{ct}$，对 Y_{ht} 求一阶导数，可得 $P_{h,t}(1-\frac{1}{\varepsilon_h})-P_{c,t}MC_{h,t}=0$，定义 $Q=P_{h,t}/P_{ct}$，进一步整理可得（2-34）式。

$E_t\sum_{\tau=0}^{\infty}\delta^{\tau}(x_{t+\tau}-x^*)^2$；二是政策工具需要对目标变量与目标值之间的缺口响应，即 $A(L)i_t=B(L)(x_t-x^*)$，其中 $A(L)$、$B(L)$ 为滞后算子。利用第一种方法得到的规则称为“目标规则”，第二种方法给出的规则称为“工具规则”。接下来本书依次给出这两种范式下的货币政策规则。

1. 目标规则。首先，在不考虑金融稳定目标的情况下，中央银行的损失函数可设定为：

$$E_t\sum_{i=0}^{\infty}\beta^i(\hat{\pi}_{t+i}^2+\omega\hat{y}_{t+i}^2) \tag{2-35}$$

上式中 $\hat{\pi}_{t+i}$ 为通胀对稳态的偏离；$\hat{y}_{t+i}$ 为产出对稳态的偏离；ω 为中央银行对产出的相对偏好。当 $\omega=0$ 时，中央银行执行严格通胀目标制；当 $0<\omega<1$ 时，中央银行执行灵活通胀目标制；$\omega=1$ 时，中央银行执行通胀产出混合目标制。

（1）相机抉择的情形。中央银行相机抉择时，在受菲利普斯曲线的约束下对（2-35）式进行单期优化，使得中央银行损失函数值最小：

$$\min\hat{\pi}_t^2+\omega\hat{y}_t^2$$

$$st.\ \hat{\pi}_t=\beta_1E_t\{\hat{\pi}_{t+1}\}+\frac{(1-\beta_1\theta_c)(1-\theta_c)}{\theta_c}\hat{m}_{ct}^c \tag{2-36}$$

设上述菲利普斯曲线方程的拉格朗日乘子为 λ_t，对上式可分别求得 $\hat{\pi}_t$、$\hat{y}_t$ 的最优一阶条件：

$$2\hat{\pi}_t+\lambda_t=0 \tag{2-37}$$

$$2\omega\hat{y}_t-\lambda_t\frac{(1-\beta_1\theta_c)(1-\theta_c)}{\theta_c}\partial\hat{m}_{ct}^c/\partial\hat{y}_t=0 \tag{2-38}$$

上式中 $\partial\hat{m}_{ct}^c/\partial\hat{y}_t$ 没有解析解①，但一般情况下边际成本会随着产出的增加而增加，但其变动要小于产出的变动，否则企业将放弃生产，所以可以令：

$$\ell_t=\frac{(1-\beta_1\theta_c)(1-\theta_c)}{\theta_c}\partial\hat{m}_{ct}^c/\partial\hat{y}_t,0<\ell_t<1 \tag{2-39}$$

通过简化并将以上三式合并：

$$\hat{\pi}_t=-\frac{\omega}{\ell_t}\hat{y}_t \tag{2-40}$$

---

① 虽然已知 $\hat{m}_{ct}^c=-\hat{a}_t+\alpha_c\hat{R}_{ct}+\alpha\beta_c\hat{W}'_{ct}+(1-\alpha)\beta_c\hat{W}''_{ct}$，但由于内生变量之间会相互影响，所以难以求出 $\partial\hat{m}_{ct}^c/\partial\hat{y}_t$ 的明确表达式（在简单的理性预期系统中可以求出，比如经典的三方程模型）。

上式意味着央行要稳定通胀与产出，必须使得产出和通胀之间存在此消彼长的关系。假设名义货币增速有如下关系：

$$G_t = M_t / M_{t-1} \tag{2-41}$$

同时，实际货币总额等于两类家庭之和：

$$m_{1t} + m_{2t} = m_t \tag{2-42}$$

结合以上两式以及两类家庭部门的货币需求函数，名义货币增速可以写成：

$$\begin{aligned}\hat{G}_t = & -\frac{\omega}{\ell_t}\hat{y}_t - \frac{m_1}{m}\left[\frac{1}{1/\beta_1 - 1}(\hat{R}_t - \hat{R}_{t-1}) + \hat{\lambda}'_t - \hat{\lambda}'_{t-1}\right] \\ & -\frac{m_2}{m}\left[\frac{1}{1/\beta_2 - 1}(\hat{R}_t - \hat{R}_{t-1}) + \hat{\lambda}''_t - \hat{\lambda}''_{t-1}\right] + v_{mt}\end{aligned} \tag{2-43}$$

上式反映出，名义货币增速取决于通货膨胀水平以及两类家庭的实际货币需求增速。其中 ν_{mt} 为货币供给冲击项。进一步结合（2－10）式、（2－19）式和（2－40）式，可得，在相机抉择情形下考虑了中央银行稳定通胀与产出行为的货币供给规则：

$$\begin{aligned}\hat{G}_t = & -\frac{\omega}{\ell_t}\hat{y}_t - \frac{m_1}{m}\left[\frac{\beta_1}{1-\beta_1}\hat{R}_t - \frac{1}{1-\beta_1}\hat{R}_{t-1} - \frac{\omega}{\ell_t}\hat{y}_t\right] \\ & -\frac{m_2}{m}\left[\frac{\beta_2}{1-\beta_2}(\hat{R}_t - \hat{R}_{t-1}) - (\hat{C}_{2t} - \hat{C}_{2,t-1})\right] + \nu_{mt}\end{aligned} \tag{2-44}$$

（2）事前承诺情形。在事前承诺范式下，中央银行需要对（2－35）式进行动态跨期优化：

$$\begin{aligned}& \min E_t \sum_{i=0}^{\infty} \beta^i (\hat{\pi}_{t+i}^2 + \omega \hat{y}_{t+i}^2) \\ & st.\ \hat{\pi}_{t+i} = \beta_1 E_t\{\hat{\pi}_{t+i}\} + \frac{(1-\beta_1\theta_c)(1-\theta_c)}{\theta_c}\hat{m}_{c,t+i}^c\end{aligned} \tag{2-45}$$

同上述优化原理，可直接求得产出与通胀的关系：

$$\hat{\pi}_t = -\frac{\omega}{\ell_t}\hat{y}_t \tag{2-46}$$

$$\hat{\pi}_{t+i} = -\frac{\omega}{\ell_t}(\hat{y}_{t+i} - \hat{y}_{t+i-1}), i = 1,2,3\cdots \tag{2-47}$$

以上两式表明，在 t 期中央银行的最优反应与以后各期的最优反应并不一致，Woodford（2001）认为后者属于长期视角的事前承诺规则，并认为 t 期中央银行也应该按此决策，所以以上两式可以合并为：

$$\hat{\pi}_t = -\frac{\omega}{\ell_t}(\hat{y}_t - \hat{y}_{t-1}) \tag{2-48}$$

结合（2-10）式、（2-19）式、（2-43）式，可得事前承诺情形下的货币供给规则：

$$\hat{G}_t = -\frac{\omega}{\ell_t}(\hat{y}_t - \hat{y}_{t-1}) - \frac{m_1}{m}\left[\frac{\beta_1}{1-\beta_1}\hat{R}_t - \frac{1}{1-\beta_1}\hat{R}_{t-1} - \frac{\omega}{\ell_t}(\hat{y}_t - \hat{y}_{t-1})\right]$$

$$-\frac{m_2}{m}\left[\frac{\beta_2}{1-\beta_2}(\hat{R}_t - \hat{R}_{t-1}) - (\hat{C}_{2t} - \hat{C}_{2,t-1})\right] + \nu_{mt} \qquad (2-49)$$

其次，在考虑金融稳定目标的情况下①，中央银行的损失函数可设定为：

$$E_t \sum_{i=0}^{\infty} \beta^i (\hat{\pi}_{t+i}^2 + \omega \hat{y}_{t+i}^2 + \psi \hat{q}_{t+i}^2) \qquad (2-50)$$

上式中 $\psi > 0$，为中央银行对房价波动的相对偏好参数，其值越大意味着中央银行越关注金融稳定。

（3）相机抉择的情形。

$$\min \pi_t^2 + \omega y_t^2 + \psi q_t^2 \qquad (2-51)$$

上式中 $\omega > 0$、$\psi > 0$，$\hat{q}_t$ 为房价对稳态的偏离，中央银行通过调控货币增速使损失函数最小，以达到兼顾货币稳定与金融稳定的目的：

$$\partial\Gamma(\hat{G}_t)/\partial\hat{G}_t = 2\hat{\pi}_t(\partial\hat{\pi}_t/\partial\hat{G}_t) + 2\omega\hat{y}_t(\partial\hat{y}_t/\partial\hat{G}_t) + 2\psi\hat{q}_t(\partial\hat{q}_t/\partial\hat{G}_t) = 0 \quad (2-52)$$

在（2-52）式中的等式两边同除以 $\partial\hat{\pi}_t/\partial\hat{G}_t$，整理可得：

$$\partial\Gamma(\hat{G}_t)/\partial\hat{G}_t = \hat{\pi}_t + \frac{\omega}{\ell_t}\hat{y}_t + \psi\hat{q}_t(\partial\hat{q}_t/\partial\hat{\pi}_t) = 0 \qquad (2-53)$$

由于 $\partial\hat{q}_t/\partial\hat{\pi}_t$ 没有解析解，同时由于损失函数只关注通胀、产出与房价的波动，所以为简化分析假设 $\partial\hat{q}_t/\partial\hat{\pi}_t$ 是通胀、产出与房价的函数：

$$\partial\hat{q}_t/\partial\hat{\pi}_t = \mu_0 + \mu_1\hat{\pi}_t + \mu_2\hat{y}_t + \mu_3\hat{q}_t \qquad (2-54)$$

其中，μ_0、μ_1、μ_2、μ_3 为常数系数，后文中将通过数值模拟分析不同情况下整个经济系统的反应。

将以上两式进一步结合（2-43）式可以得到相机抉择情形下考虑金融稳定的货币政策规则：

---

① 金融稳定通常泛指一种状态，即一个国家的整个金融体系不出现大的波动。对“金融稳定”一词，目前学术界没有给出准确的概括，更没有统一的量化标准。但资产价格泡沫会危及金融稳定这一观点在学术界形成了广泛共识（Bernanke，2001），近年来探讨房价与金融稳定的关系的国内学者也逐渐增多（马亚明和刘翠，2014）。

$$\hat{G}_t = -\frac{\omega}{\ell_t}\hat{y}_t - \frac{m_1}{m}[\frac{\beta_1}{1-\beta_1}\hat{R}_t - \frac{1}{1-\beta_1}\hat{R}_{t-1} - \frac{\omega}{\ell_t}\hat{y}_t - \psi\hat{q}_t(\mu_0 + \mu_1\hat{\pi}_t + \mu_2\hat{y}_t + \mu_3\hat{q}_t)]$$
$$-\frac{m_2}{m}[\frac{\beta_2}{1-\beta_2}(\hat{R}_t - \hat{R}_{t-1}) - (\hat{C}_{2t} - \hat{C}_{2,t-1})] + \nu_{mt} \quad (2-55)$$

(4）事前承诺情形。在事前承诺情形下，需要对（2－50）式进行跨期优化：

$$\min E_t \sum_{i=0}^{\infty} \beta^i (\hat{\pi}_{t+i}^2 + \omega\hat{y}_{t+i}^2 + \psi\hat{q}_{t+i}^2) \quad (2-56)$$

遵循上文的优化逻辑，可得：

$$\hat{\pi}_t + \frac{\omega}{\ell_t}(\hat{y}_t - \hat{y}_{t-1}) + \psi\hat{q}_t(\mu_0 + \mu_1\hat{\pi}_t + \mu_2\hat{y}_t + \mu_3\hat{q}_t) = 0 \quad (2-57)$$

代入（2－43）式可得事前承诺情形下考虑了金融稳定的货币政策规则：

$$\hat{G}_t = -\frac{\omega}{\ell_t}(\hat{y}_t - \hat{y}_{t-1}) - \frac{m_1}{m}[\frac{\beta_1}{1-\beta_1}\hat{R}_t - \frac{1}{1-\beta_1}\hat{R}_{t-1} - \frac{\omega}{\ell_t}(\hat{y}_t - \hat{y}_{t-1}) - \psi\hat{q}_t(\mu_0 + \mu_1\hat{\pi}_t + \mu_2\hat{y}_t + \mu_3\hat{q}_t)]$$
$$-\frac{m_2}{m}[\frac{\beta_2}{1-\beta_2}(\hat{R}_t - \hat{R}_{t-1}) - (\hat{C}_{2t} - \hat{C}_{2,t-1})] + \nu_{mt} \quad (2-58)$$

2. 工具规则。若不考虑中央银行的优化行为，中央银行的货币政策也可以直接给出，如数量型货币政策规则可表示如下①：

$$\log G_t = \rho_g \log G_{t-1} + \rho_\pi \log \Pi_t + \rho_y \log Y_t + \rho_q \log Q_t + \nu_{mt} \quad (2-59)$$

如果是单一价格目标，则 $\rho_q = 0$；如果是物价稳定与金融稳定双目标则 $\rho_q \neq 0$。

还有一种综合的情况，即给出（2－59）式形式的同时，利用计算机对 ρ_g、ρ_π、ρ_y 及 ρ_q 进行优化，遍历所有组合并选择能够最小化中央银行损失函数的参数组合。这一综合情况既有部分目标规则的范式，也有部分工具规则的范式。

$$\log G_t = \rho_g \log G_{t-1} + \rho_\pi \log \Pi_t + \rho_y \log Y_t + \rho_q \log Q_t + \nu_{mt}$$
$$\min \hat{\pi}_t^2 + \omega\hat{y}_t^2 \text{ 或 } \min \pi_t^2 + \omega y_t^2 + \psi q_t^2 \quad (2-60)$$

至此，本书完成了所有拟考察的不同情形（范式）下的货币政策规则，即上文中的（2－44）式、（2－49）式、（2－55）式、（2－58）式、（2－59）式和（2－60）式。在实证分析部分将分析这些情况下的货币政策对经济系统的影响（如图 2－1 所示）。

① 同经典的泰勒规则与麦克勒姆规则一样，这是一种凭经验直接给出货币政策规则的做法。

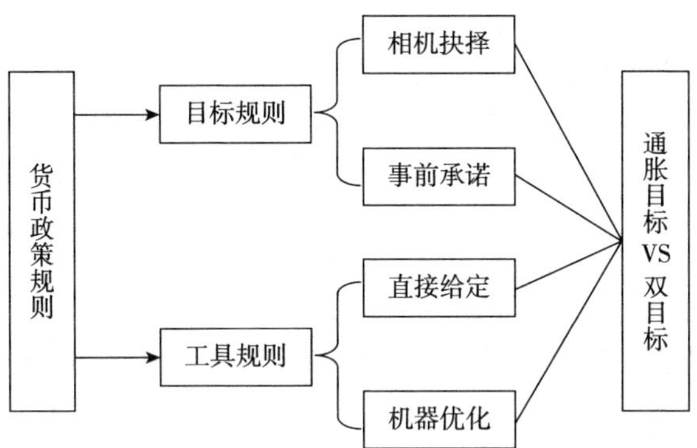

图 2-1 货币政策规则路线图

（四）市场出清

动态随机一般均衡模型要求各个子市场同时出清，对最终产品市场有：

$$Y_{ct} = C_{1t} + C_{2t} + I_{ct} + I_{ht} \tag{2-61}$$

同时，考虑到房地产产出是流量，考虑折旧因素后房地产市场有以下关系：

$$Y_{ht} = H_{1t} - (1 - \delta_h) H_{1,t-1} + H_{2t} - (1 - \delta_h) H_{2,t-1} \tag{2-62}$$

将生产部门的产出加总核算：

$$Y_t = Y_{ct} + Q_t Y_{ht} \tag{2-63}$$

同时，由货币供需平衡以及借贷市场均衡可得：

$$m_{1t} + m_{2t} = m_t \tag{2-64}$$

$$b_{1t} = b_{2t} \tag{2-65}$$

四、参数校准与贝叶斯估计

（一）参数校准

对于取值较为确定的参数，本书借鉴已有文献进行校准，将耐心、非耐心家庭的贴现因子校准为 0.99、0.96（Iacoviello，2010），劳动供给弹性倒数一般设为 0.5 到 2 之间（郭长林，2016），本书取为 1。生产函数中我国资本份额一般取 0.5（张勇，2015）。家庭资本调整成本参数 γ_c 取为 4（侯成琪，2014）。耐心家庭占比设定 70%，相应的耐心家庭稳态的货币需求占比也设定为 70%。真实货币余额与总产出的占比利用 2000 年第一季度至 2016 年第四季度的 M2 与 GDP 数据进行校准。

对于一部分深度参数，本书利用均衡关系推导。由（2-11）式至（2-14）式的稳态条件可得 $R_c = R_h = 1/\beta_1 - 1 + \delta_k$，意味着剔除折旧后资本的报酬与家庭部门的无风险利率相等，即家庭部门的一块钱无论用于贷款还是资本积累获得的净收益是一致的。

由（2-62）式的稳态条件$\frac{1}{\delta_h}=\frac{H_1}{Y_h}+\frac{H_2}{Y_h}$，并结合（2-7）式、（2-21）式、（2-22）式的稳态条件可得：$\frac{H_1}{Y_h}=\frac{(1-\alpha)(1-\beta_1(1-\delta_h))}{(1-\alpha)(1-\beta_1(1-\delta_h))+\alpha(1-d\beta_1-\beta_2(1-\delta_h)+d\beta_2)}$。由（2-28）式、（2-33）式等可得$\xi_c^N=\frac{\beta_c(\varepsilon_c-1)\varepsilon_h}{\beta_c(\varepsilon_c-1)\varepsilon_h+\eta_1\beta_h(\varepsilon_h-1)\varepsilon_c}$，其中$\eta_1=\frac{QY_{\mathrm{h}}}{Y_c}=\frac{1-\gamma}{\gamma}$，$\gamma$为消费品生产部门在总产出中的比重。根据2000年第一季度至2016年第四季度房地产业增加值与GDP数据，可将η_1校准为0.05。由（2-28）式与（2-33）式可求出$\frac{K_c}{Y_c}$、$\frac{K_h}{Y_h}$、$\frac{K_h}{K_c}$，进而可得投资产出比$\frac{I_c}{Y_c}=\frac{I_cK_c}{K_cY_c}=\frac{\alpha_c\delta_k(\varepsilon_c-1)}{\varepsilon_cR_c}$，$\frac{I_h}{Y_c}=\frac{I_hK_hK_c}{K_hK_cY_c}=\frac{\eta_1\alpha_h\delta_k(\varepsilon_h-1)}{\varepsilon_hR_{\mathrm{h}}}$。结合（2-61）式可得消费产出比$\frac{C_1}{Y_c}=(1-\alpha)(1-\frac{I_c}{Y_c}-\frac{I_{\mathrm{h}}}{Y_c})$，$\frac{C_2}{Y_c}=\alpha(1-\frac{I_c}{Y_c}-\frac{I_{\mathrm{h}}}{Y_c})$（如表2-1所示）。

表2-1　　主要参数校准

变量解释	校准值	取值依据	变量解释	校准值	取值依据
耐心家庭贴现因子	0.99	Iacoviello（2010）	消费品部门资本产出弹性	0.5	张勇（2015）
房地产存量折旧率	0.008	侯成琪、龚六堂（2014）	房地产部门资本产出弹性	0.5	张勇（2015）
稳态抵押率	0.7	侯成琪（2014）	消费品部门替代弹性	6	刘斌（2008）
非耐心家庭贴现因子	0.96	Iacoviello（2010）	房地产部门替代弹性	6	刘斌（2008）
劳动供给弹性倒数	1	郭长林（2016）	折旧率	0.025	吕炜等（2016）

（二）贝叶斯估计

其他相关参数用贝叶斯技术进行估计，详细结果见表2-2。本书采用2000—2016年产出、通胀、货币供应量增速的季度数据进行贝叶斯估计，数据来自Wind数据库。其中，通胀用2000年定基化的季度CPI环比数据表示。所有数据经季节调整，取对数后再用HP滤波处理。选择蒙特卡洛马尔可夫链（MCMC）抽样方法进行估计，抽样50000次。为与现有文献形成对比，本书给出工具规则下（不对房价涨幅反应）的贝叶斯估计结果，详见表2-2。值得注意的是，拟进行贝叶斯估计的参数不是越多越好，若观测变量中无待估参数的信息，反而会造成单因素诊断结果不收敛。从贝叶斯估计结果看，对数数据密度（Laplaceapproximation）为741.62。

从附图1－4可以看出，大部分参数的区间、二阶矩、三阶矩在50000次模拟后实现收敛，说明绝大部分参数估计结果良好。

表2－2　　参数贝叶斯估计结果①

参数	先验分布	后验均值	后验众数
θ	Beta（0.8，0.2）	0.7166	0.7420
ρ_g	Beta（0.8，0.2）	0.1066	0.1159
ρ_π	Normal（1.5，0.2）	1.6297	1.5781
ρ_y	Beta（0.5，0.2）	0.3439	0.3675
ρ_j	Beta（0.9，0.1）	0.9878	0.9907
ρ_a	Beta（0.9，0.1）	0.8063	0.7865
ρ_l	Beta（0.9，0.1）	0.4607	0.4752
σ_j	Inv－gamma（0.01，inf）	0.0099	0.0046
σ_a	Inv－gamma（0.01，inf）	0.0031	0.0032
σ_m	Inv－gamma（0.01，inf）	0.0066	0.0065
σ_l	Inv－gamma（0.01，inf）	0.1263	0.1297

注：θ为不能灵活调整价格厂商比例，ρ_g、ρ_j、ρ_a、ρ_l分别为货币政策、住房需求偏好、外生技术以及土地供给持续性参数，ρ_π、ρ_y分别为货币政策反应系数，σ_j、σ_a、σ_m、σ_l分别为住房偏好冲击、技术冲击、货币供给冲击以及土地供给冲击标准差。

观测变量是否包含待估参数的信息，可以从先验设定的分布与贝叶斯估计出来的后验分布进行比较。先验分布与后验分布差异越大，说明观测变量包含了越多的待估参数方面的信息。从图2－2可知，除住房偏好冲击的标准差外，其他10个参数的后验分别对先验分布有所偏离，表明进行贝叶斯估计很有必要。以住房偏好持续性参数为列，虽然先验值设定为0.9，但后验均值为0.9878，后验众数（指出现次数最多的数）为0.9907，后验分布与先验分布存在显著差异，说明观测变量中包含了较多先验分布中不包含的信息。

① 在后验均值与后验众数相差不大的情况下，不会对系统动态和传导机制产生影响。另外，在贝叶斯估计时会遇到后验参数出现异常值的情况（如持续性参数等于1），这就要调整先验分布避免这一情况，从而防止跑出的结果出现异常。

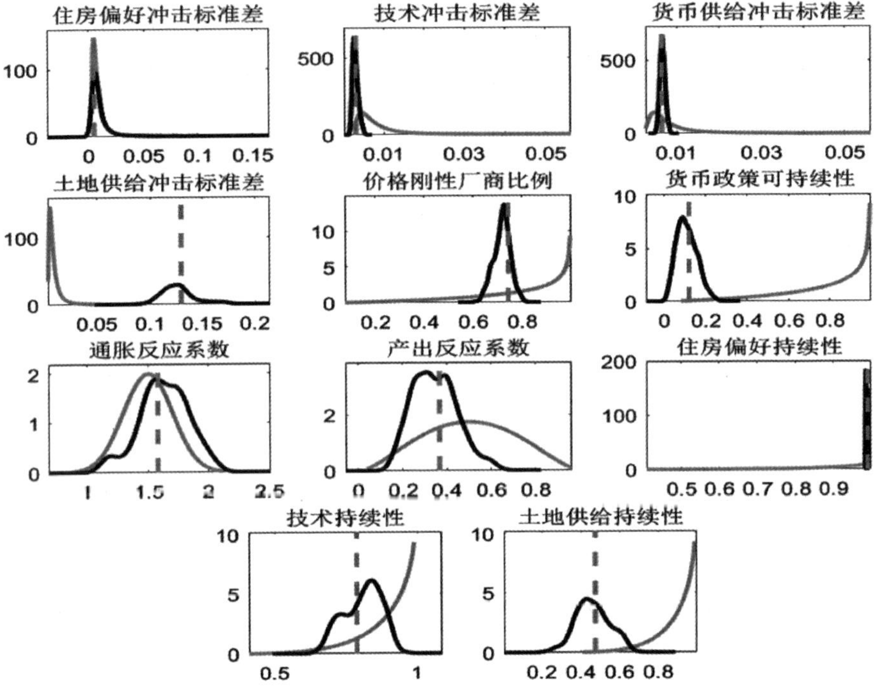

图 2－2　估计参数的先验分布与后验分布

五、实证结果分析

（一）货币政策调控行为与经济波动

表 2－3 给出了不同的中央银行货币政策调控行为下的通货膨胀、产出、房价的波动水平（方差），以及不考虑房价稳定的中央银行福利损失值（最后一列）。由于无法获得目标规则的相应信息，同时假设不同的政策规则面临的经济结构参数是一致的，所以本书将目标规则中的相关货币政策参数对照上述目标规则贝叶斯估计获得的后验众数进行校准，另外 ω 设定为 0.5；ℓ_t 设定为一个常数 0.25；ψ 设定为 0.25；μ_0 设定为 1；μ_1、μ_2、μ_3 均设为 0；ρ_q 设定为 0.25。

表 2－3　　不同规则下福利损失值初步求解

目标规则					
		$Var(\hat{\pi}_t)$	$Var(\hat{y}_t)$	$Var(\hat{q}_t)$	$Var(\hat{\pi}_t)+0.5*Var(\hat{y}_t)$
不关注金融稳定	相机抉择	0.000041	0.000063	0.000281	0.000073
	事前承诺				无稳定解

续表

目标规则					
		$Var(\hat{\pi}_t)$	$Var(\hat{y}_t)$	$Var(\hat{q}_t)$	$Var(\hat{\pi}_t)+0.5*Var(\hat{y}_t)$
关注金融稳定	相机抉择	0.000059	0.000078	0.000289	0.000098
	事前承诺				无稳定解
工具规则					
		$Var(\hat{\pi}_t)$	$Var(\hat{y}_t)$	$Var(\hat{q}_t)$	$Var(\hat{\pi}_t)+0.5*Var(\hat{y}_t)$
不对 Q 反应		0.000007	0.000080	0.000259	0.000047
对 Q 反应		0.000032	0.000259	0.000179	0.000162
综合规则（机器优化）					
		$Var(\hat{\pi}_t)$	$Var(\hat{y}_t)$	$Var(\hat{q}_t)$	$Var(\hat{\pi}_t)+0.5*Var(\hat{y}_t)$
目标函数不含房价，工具规则不含房价		0.000008	0.000053	0.000131	0.000035
目标函数不含房价，工具规则含房价		0.000011	0.000016	0.000161	0.000019
目标函数含房价，工具规则不含房价		0.000010	0.000016	0.000149	0.000018
目标函数含房价，工具规则含房价		0.000044	0.000202	0.000108	0.000145
机器优化下的货币政策参数					
		ρ_g	ρ_π	ρ_y	ρ_q
目标函数不含房价，工具规则不含房价		0.2940	1.3912	1.6987	0（给定）
目标函数不含房价，工具规则含房价		-0.9663	323.42	255.66	-30.751
目标函数含房价，工具规则不含房价		-1.0964	207.14	169.48	0（给定）
目标函数含房价，工具规则含房价		0.8254	2.4603	2.1974	2.4839

首先，比较目标规则与工具规则。对比可知，不对 Q 反应的工具规则要优于目标规则，表 2-3 最后一列不对 Q 反应的工具规则对应的福利损失是 0.000047，较目标规则都要小。虽然最后一列呈现的对 Q 反应的工具规则下的损失值为 0.000162，要大于不对 Q 反应的工具规则，但房价的波动从 0.000259 下降为

0.000179，如果中央银行认为金融稳定很重要，则有必要采用对 Q 反应的工具规则以降低金融不稳定水平。综上，虽然从长期视角看中央银行会更多地按规则行事，但我国中央银行更倾向于利用工具规则，这也是大量文献使用工具规则对我国中央银行货币政策调控行为进行刻画的原因（Li 和 Liu，2017；Klingelhöfer 和 Sun，2018）。从工具规则内部看，从通货膨胀与产出波动角度看，不对房价反应的工具规则效果要略好，但不对房价反应的工具规则下的房价波动要大于对房价进行逆周期调节的房价波动。

其次，比较工具规则和经机器优化的综合规则。通过对所有可能组合进行筛选后，计算机最终找到了四种场景下可以使对应损失值降到最小的组合及对应的货币政策参数取值，通过与计算机找到的最优结果比较，可以知道当下的货币政策规则与机器优化的结果的距离。如果偏离过大，则说明当下的货币政策规则有较大改进空间。从表 2-3 倒数第二行、第三行看，计算机筛选出的货币政策持续性参数为负数，这与货币政策实践及现有文献不符。从“目标函数不含房价，工具规则不含房价”情形下的优化结果看，损失值的下降主要是由于计算机找到了更小产出波动对应的参数值，并且房价波动也略有下降。但这种场景得到的损失值与贝叶斯估计得到的的损失值偏离度较小，说明当下我国货币政策正在向理想状态靠近。

表 2-3 中的通胀、产出以及房价的波动是对所有冲击的综合反应，为更直观的观察不同规则下通胀、产出与房价的波动情况，图 2-3 呈现了一个正向货币供给冲击时三者的脉冲响应过程①。可以看出，无论是工具规则还是目标规则（相机抉择），一个正向货币供给冲击会立即引起产出、通胀、房价的上升，然后逐步回归稳态，但双目标规则、通胀目标规则，不对房价反应的工具规则、对房价反应的工具规则下三者最大的响应幅度依次递减。即在货币政策冲击下，工具规则引致的产出、通胀与房价的波动确实要小于目标规则（相机抉择）的情况，而在工具规则内部，对房价反应更有利于三者的稳定。

由于工具规则具有更好的福利特性，所以下文将集中对工具规则进行分析。首先考察货币政策规则关注房价后外生冲击对主要经济变量的解释力度变化。观察表 2-4 的下半部分可知，货币政策对金融稳定关注后，住房偏好冲击整体而言对主要经济变量的解释力度增强，而技术冲击对主要变量的解释力度也下降，货币供给冲击对主要变量的解释力度也相对下降，下降幅度要小于技术冲击，而土地供给冲击的解释力度则有升有降。

① 此处暂时不分析其中的机制，后文统一分析。

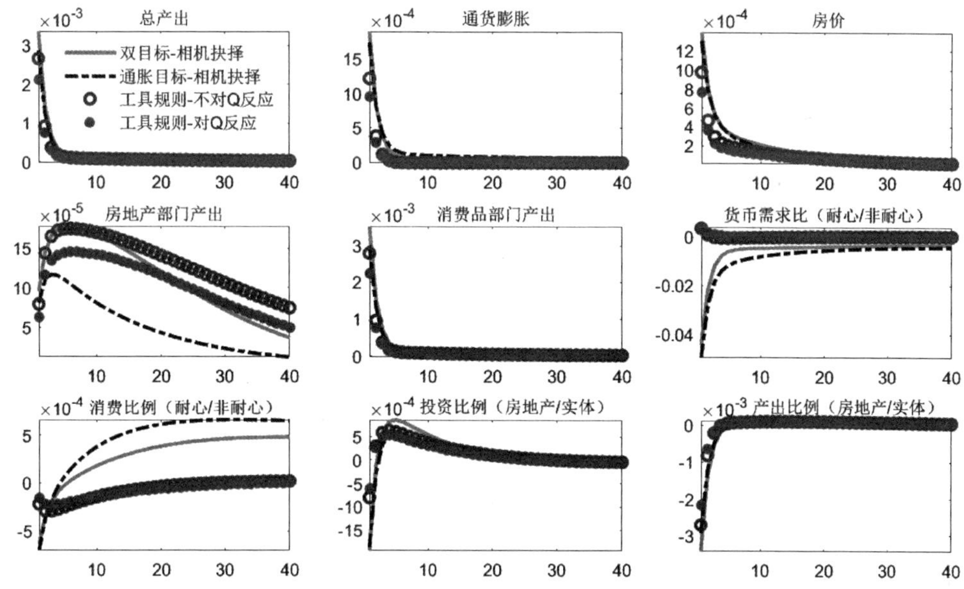

图 2-3　不同目标规则与工具规则下货币供给冲击的脉冲响应

表 2-4　　　　货币政策关注房价对方差分解的影响

	货币政策规则不对房价反应			
	住房偏好冲击	技术冲击	货币供应冲击	土地供给冲击
名义货币增速	0.05	51.25	44.61	4.09
实际货币余额	0.24	95.81	2.43	1.53
通货膨胀	0.03	63.04	21.98	14.95
消费品部门投资	4.47	53.82	22.58	19.13
房地产部门投资	45.15	4.87	0.98	49.01
房价	63.75	2.14	0.61	33.5
名义利率	1.09	95.31	1.7	1.89
抵押融资	78.62	7.35	4.56	9.47
消费品部门产出	3.45	57.63	24.43	14.49
房地产部门产出	1.34	0.05	0	98.61
总产出	0.05	25.22	10.28	64.45
耐心家庭消费	11.7	78.44	2.32	7.54
耐心家庭住房	26.16	13.94	4.4	55.49
缺乏耐心家庭消费	49.65	7.35	11.33	31.67
缺乏耐心家庭住房	44.98	15.09	5.18	34.75

续表

	货币政策规则对房价反应（解释度的变化Δ）			
	住房偏好冲击	技术冲击	货币供应冲击	土地供给冲击
名义货币增速	47.37	-35.35	-37.87	25.84
实际货币余额	57.77	-87.48	-2.25	31.95
通货膨胀	56.97	-37.88	-18.86	-0.23
消费品部门投资	58.13	-31.1	-17.4	-9.62
房地产部门投资	-10.3	-0.71	-0.43	11.43
房价	0.79	0.51	-0.06	-1.24
名义利率	57.85	-88.19	-1.58	31.92
抵押融资	-5.79	5.34	-2.54	2.99
消费品部门产出	58.89	-38.36	-19.53	-1
房地产部门产出	-0.14	-0.01	0	0.15
总产出	24.53	-17.04	-8.26	0.76
耐心家庭消费	27.87	-60.59	-1.91	34.62
耐心家庭住房	18.18	5.64	-2.55	-21.26
缺乏耐心家庭消费	8.62	1.57	-7.81	-2.38
缺乏耐心家庭住房	8.87	-1.2	-3.82	-3.85

（二）货币政策不对房价响应下的基本传导机制分析

遵循从简单到复杂的思路，本书中先考察不对房价响应的货币政策规则的效果，再考察将房价纳入后系统的变化，这样做的一个好处是可以更好地理解哪些影响是由货币政策对金融稳定关注导致的。

由图2-4，一个正向货币供给冲击来临时，两类家庭直接分配到更多的实际货币余额，引发流动性效应，名义市场利率下降，刺激家庭对消费品需求，并使得两类家庭部门的住房需求曲线向右移动，刺激了住房需求。这一方面会推动房价上升；另一方面消费品及住房部门产出随之增加，通胀上升。正是由于需求拉动的影响，各类劳动的价格与数量，以及资本的价格与数量都呈现出正向偏离稳态的特征。

由于贴现因子更小，缺乏耐心的家庭倾向于更多的当期消费与购买住房，因此货币需求下降，所以可以观察到货币供给突然增加时耐心家庭与非耐心家庭相对的消费比例下降，而货币需求比例立即上升，即耐心家庭消费上升幅度相对更小，相应地对货币的需求就更强烈。

虽然房地产部门产出与消费品部门产出在货币供给增加的条件下都会扩张，但由图 2－4 可知消费品部门产出一开始上升幅度更大，这一差异主要是由需求端引起的。一方面消费品部门在整个经济体中占比更大，不仅要为家庭部门提供消费品，还要为家庭部门提供投资品，因此受正向需求冲击的面更广，影响程度更大。另一方面，消费品部门与房地产部门的生产函数是对称的，家庭部门劳动供给过程也是对称的[①]，因此作为一种需求冲击，货币供给的突然增加难以从供给端解释产出的差异。在产出拉动下，房地产部门与消费品部门对资本的需求均增加，但消费品生产部门对投资的需求更为强烈。

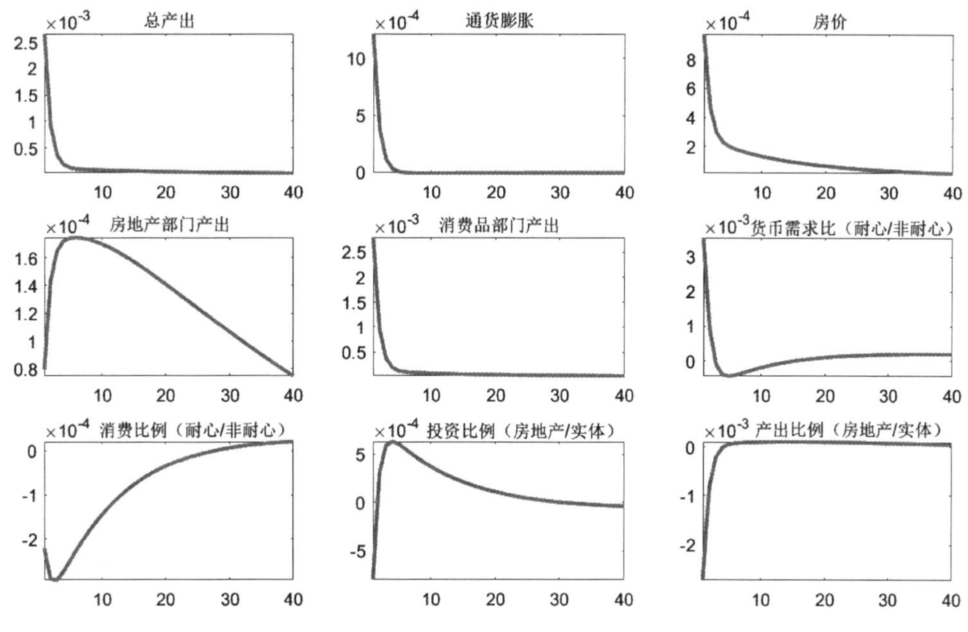

图 2－4　正向货币供给冲击的宏观经济效应（$d_{ss}=0.7$）

上文提到，总体看来宽松的货币政策能刺激总需求，但同时也产生了较大的结构性差异。为考察金融加速器机制带来的影响，图 2－5 给出了不同房地产抵押率下正向货币供给冲击引发的结构性影响。可以看出，在金融加速器效应较大时（$d_{ss}=0.7$），耐心家庭的住房需求在货币政策宽松时会被缺乏耐心家庭部门挤出。相反，如果缺乏耐心家庭部门引发的金融加速器机效应不够强（$d_{ss}=0.1$），耐心家庭部门的住房需求就会挤出缺乏耐心家庭部门的住房需求，即缺乏耐心家庭部门的住房需求在货币供给突然增加时会立即下降，这主要是因为在货币供给增加时，耐心家庭

---

① 但是缺乏耐心家庭部门的边际消费效用更低，更加缺乏工作意愿，因此劳动供给相对较低，所以缺乏耐心的家庭劳动工资上涨幅度更大，但缺乏耐心家庭向消费品与房地产部门提供劳动的决策基本是无差异的。

被直接分配了更大比重的实际货币余额。

同时可以看出，在金融加速器效应较低时，尽管面临货币供给冲击后两类家庭的消费都会增加，但此时耐心家庭部门的消费相对增加更多，因为缺乏耐心家庭消费因融资约束增加，同时货币分配比例较小而受到限制。

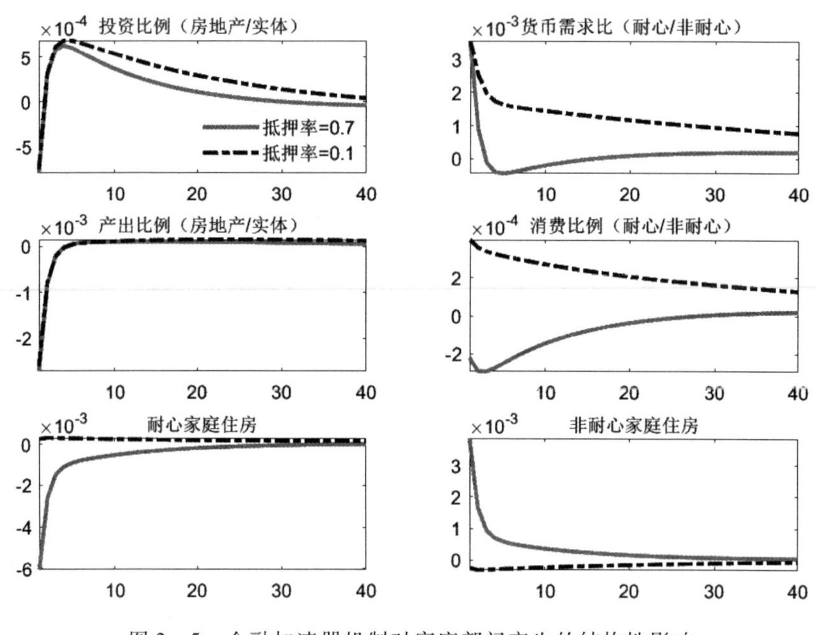

图 2－5　金融加速器机制对家庭部门产生的结构性影响

市场供求关系的变化最终体现为价格的变化，而货币政策是引发市场价格变化的基本力量之一。图 2－6 反映了经济系统中的各类价格对一个正向货币供给冲击的响应。一个正向的货币供给冲击能够提升耐心家庭的消费需求与住房需求，从而导致消费品部门与房地产部门都会增加投资支出，拉动耐心家庭两类资本价格上升。从图 2－6 可以看出，耐心家庭消费的影子价格比消费品资本、房地产资本的拉格朗日乘子下降幅度更大，与模型（2－13）式、（2－14）式即投资供给方程反映出的数量关系相一致，说明消费品资本以及房地产资本的价格确实出现上涨。由（2－28）式、（2－33）式，消费需求与住房需求的上升，资本需求曲线右移，结合资本供给曲线（2－11）式及（2－12）式，消费品、房地产资本报酬均上升。由（2－22）式可判断出，实际利率越高，担保价值（$\frac{\lambda'''_t}{\lambda''_t}$）越低，在正向货币供给冲击引致实际利率下行的情况下，担保价值上升，从而借贷约束的拉格朗日乘子上升。值得注意的是，由于企业与家庭部门都是价格的接受者，但可以决定资本数量的供

求，所以一般都将数量关系作为分析上述问题的切入点。

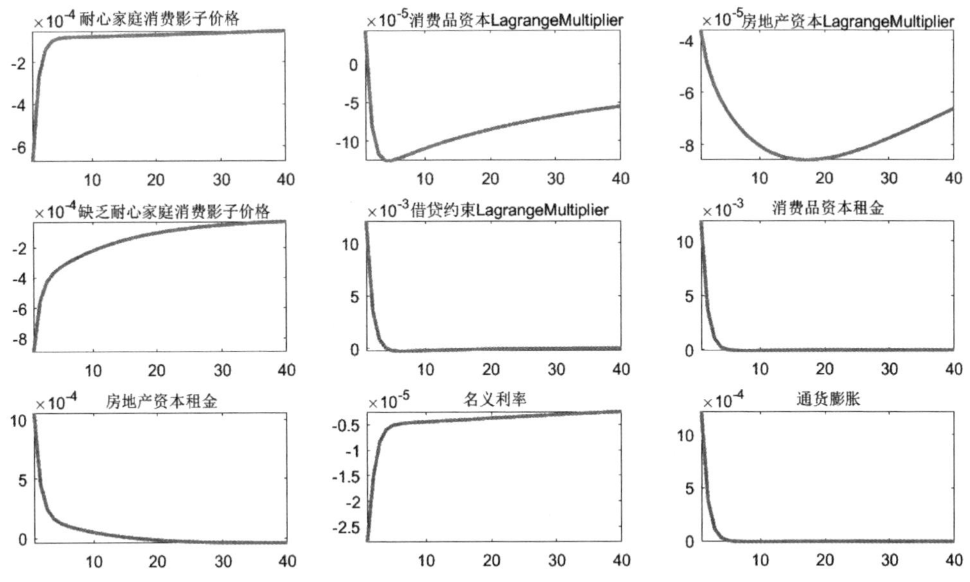

图 2－6　货币政策对各类价格变量的动态影响

在本书的模型中存在两类厂商，两者都使用劳动与资本进行生产。虽然两者的生产函数、劳动与资本的供给函数都呈对称特征，但外生冲击的特性不同，对需求与供给端的影响不同。本书使用的生产函数由常替代弹性（CES）生产函数演变而来，完全竞争市场结构下的比较静态分析可以比较方便地分析要素之间互补与替代关系。但在动态随机一般均衡框架下，劳动与资本的替代与互补关系更为复杂。鉴于住房偏好冲击与土地供给冲击的传导机制有诸多类似的地方，并且货币政策与土地政策更容易实施，所以接下来只呈现货币政策与土地政策下两类厂商的要素动态选择行为的分析。由于响应的数量级不同，为便于比较统一反映于图 2－7，对货币政策的脉冲响应放大了 10 倍（不影响传导机制分析）。

先考察货币政策。如上所述，一个正向的货币供给冲击会刺激家庭部门对两类厂商产品的需求。如图 2－7 所示，在这种情况下两类厂商都会增加劳动与资本的投入来扩大生产，所以无论是耐心家庭的工资还是缺乏耐心家庭的工资都会上涨，两类资本的单位租金也会上涨。相比较而言，正向的货币供给冲击对消费品部门的需求刺激更大，所以消费品部门的劳动工资、资本租金价格涨幅更大，消费品部门总支出更大。

再考察土地政策。与货币政策的一个不同点是，当一个负向土地供给冲击来临时（收紧土地供应），最先受影响的是房地产部门。房地产部门边际成本提高，立即减少房地产供应，所以对劳动与资本需求会减少，即劳动与资本的需求曲线向左移动。所以从图 2－7 可以看到房地产部门使用的耐心家庭与缺乏耐心家庭的工资下降，且幅度相同；房地产使用的单位资本租金也下降。但是房地产供给的减少对房价具有推升作用，缺乏耐心家庭担保价值加大，融资约束的下降使得缺乏耐心家庭消费增加，刺激了消费品部门的需求，从而推动耐心家庭工资上涨、消费品租金上升，不过由于缺乏耐心家庭消费需求有限，所以耐心家庭工资以及资本租金上涨幅度也并不大。

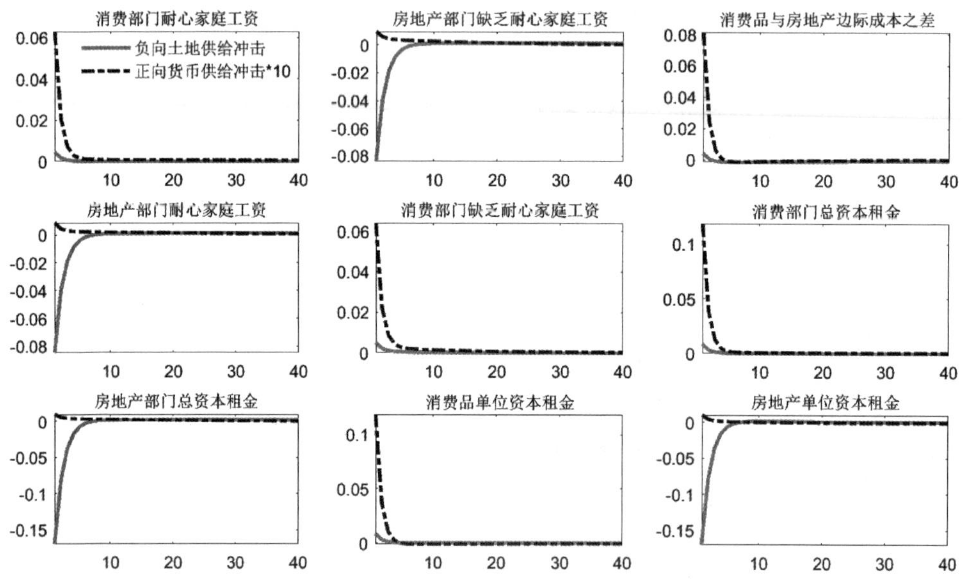

图 2－7　货币政策与土地政策冲击下的劳动与资本动态

（三）不同情景下货币政策的动态影响

在经济运行过程中，导致房价上涨的原因呈现多样化。因此需要分析在不同场景下，货币政策对房价进行逆周期调节机制能对经济运行产生怎样的差异。本部分主要集中考察房价本身的动态变化以及经济“脱实向虚”的情况。

1. 房价与通胀的动态变化。先考察不对房价反应的货币政策规则。从图 2－8 下半部分可以看出，货币供给或住房需求的突然增加、土地供给的意外减少、技术进步都会导致房价的上涨[①]。前三者直接或间接拉动了房价的需求，实际上同属于

① 分别对应正向货币供给冲击、正向住房偏好冲击、负向土地供给冲击以及正向技术冲击。

需求拉动型房价上升。技术进步则属于供给端因素，技术进步直接导致消费品部门生产扩张，增加耐心家庭部门收入，刺激耐心家庭对住房的需求，导致房价上涨。房价上涨又进一步导致了缺乏耐心家庭部门的金融加速器效应，这又进一步刺激了对住房的需求，从而继续推高房价，这与 Iacoviello（2010）的结论基本一致。

从图 2－8 还可以看出，当货币政策对房价进行响应时，房价相对稳定的涨幅收窄，甚至下降（技术进步与住房需求增加的情景下）。这是因为房价的逆周期调节机制使得货币供给内生收紧，抑制了需求。

从图 2－8 的上半部分可以看出，无论货币政策规则是否对房价反应，货币供给增加都会导致通胀上升，同时技术进步也会导致通胀下行。在货币政策规则不对房价反应时，住房需求增加或土地供给减少会导致通货膨胀上升，但一旦货币政策规则对房价有较强烈的反应时，通货膨胀会出现下行。

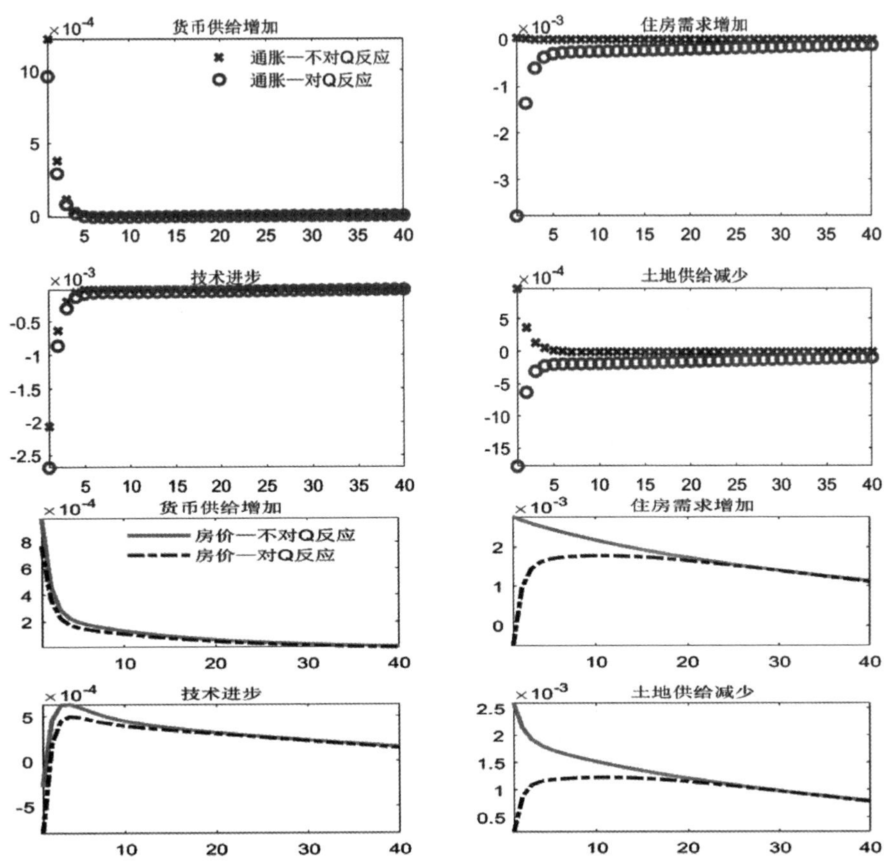

图 2－8 不同情景与货币政策规则下房价与通胀的变化状态

图 2－8 中的结果可以用另一种方式反映在表 2－5 中，可以看出在货币政策宽松时，货币政策对金融稳定的关注，有利于维持“货币与金融”双稳定；而在住房需求增加时，货币政策规则对金融稳定的关注，更有利于维护金融稳定，但存在一定的通缩风险。在土地供给减少的情况下，货币政策对金融稳定进行关注会产生较为强烈的效果，房价涨幅收窄明显，但通货膨胀反转下行，此时要注意货币政策对金融稳定的反应强度不宜太强烈。

表 2－5　　　　不同情景下的货币稳定与金融稳定

货币政策规则	货币供给增加	住房需求增加	技术进步	土地供给减少
	货币稳定与金融稳定情况			
不对 Q 反应	通胀涨幅较大	通胀涨幅温和	通胀下行较快	通胀涨幅温和
	房价涨幅较大	房价涨幅温和	房价涨幅温和	房价涨幅温和
对 Q 反应	通胀涨幅收窄	通胀下行加剧	通胀下行略加剧	通胀反转下行
	房价涨幅收窄	房价涨幅收窄	房价反转下行	房价涨幅收窄
效果评价	达到预期效果	有通缩风险	较强烈	强烈

2. 货币政策与经济“脱实向虚”。图 2－9 给出了不同情景下房地产与消费品（实体经济）部门投资比例变化的动态，以反映经济“脱实向虚”的情况，如果房地产与消费品部门投资比例高于稳定值，则表明经济系统“脱实向虚”的情况严重，反之则属于“脱虚向实”。

先考察不对房价进行响应的货币政策规则构成的经济系统。由图 2－9 可知，在货币供给突然增加后，房地产投资与实体经济投资均上升，但实体经济投资一开始增加更快，导致房地产与实体经济投资比例下降，但很快由于金融加速器机制的作用，房地产投资在第 2 期后超过实体经济投资，经济“脱实向虚”程度在第 5 期达到峰值，后逐步回归稳态。由住房偏好冲击引发住房需求增加时，房地产部门投资立即上升，实体经济投资上升幅度稍小，经济系统一开始就表现为“脱实向虚”。技术冲击也会导致房地产投资与实体经济投资的上升，但房地产部门投资最开始上升幅度要略高于实体经济投资，所以一开始也会表现出“脱实向虚”。土地供给突然减少后，房地产投资下降，实体投资上升，经济系统“脱虚向实”特征显著。

在图 2－9 的第一和第三个场景下，经济系统“脱实向虚”情况并不会长期持续，而是呈现一定周期性。另外，在货币供给增加或土地供给减少的情况下，对房价进行响应的货币政策规则会减轻经济系统的“脱虚向实”程度。

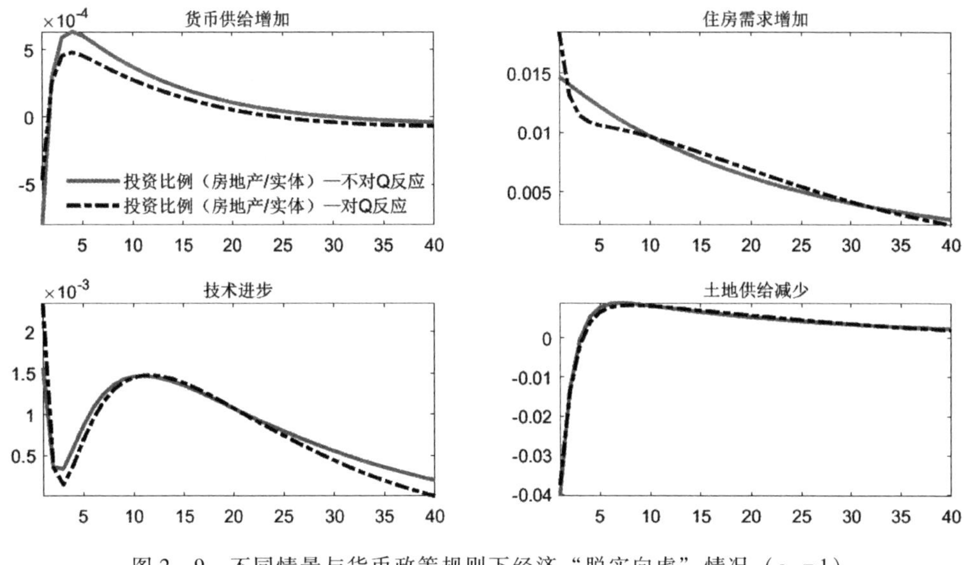

图 2-9　不同情景与货币政策规则下经济“脱实向虚”情况（$\rho_q = 1$）

3. 住房偏好增加时的政策比较。由上文可知，在货币政策不对房价反应时，住房偏好的增加会导致住房需求上升，导致房价上涨与通胀的上行，在实践中政府往往会出台多种政策进行应对。图 2-10 模拟了政府在不同的土地政策与货币政策下的应对策略。

从图 2-10 上半部分可以看出，在住房需求增加时，如果减少土地供给，会造成房价更大幅度的上升，并且通胀也会上行；而增加土地供给则会使房价上涨势头大幅下降，但此时通胀也会下降较多，存在通缩风险。

从图 2-10 下半部分看，在住房需求增加时，增加货币供给也会造成“火上浇油”的效果，房价与通胀同时出现较大幅度上升；而减少货币供给则对抑制房价上涨效果有限，与增加货币供给情形相比仅略微下降了 0.12 个百分点，同时还会产生通缩风险，与增加土地供给政策时的通缩相当，相对稳态负向偏离 0.1 个百分点。

当货币政策规则关注金融稳定，即对房价进行反应时，对房价与通胀的影响会产生更为强烈的效果。先看图 2-11 上半部分，具体而言住房需求上升时，减少土地供给的政策会由于货币政策当局内生的货币供给减少，使得房价相对略有降温，由图 2-10 左上角最高上涨 0.5 个百分点降至最高上涨 0.3 个百分点，但经济也由通胀转入通缩；如果增加土地供给，则房价最开始的一小段时间出现下行，然后上涨至峰值 0.05 个百分点（较图 2-10 右上角情形有轻微收窄），但通胀大幅下行，最严重时负向偏离问题 0.2 个百分点，相当于图 2-10 右上角的 2 倍。

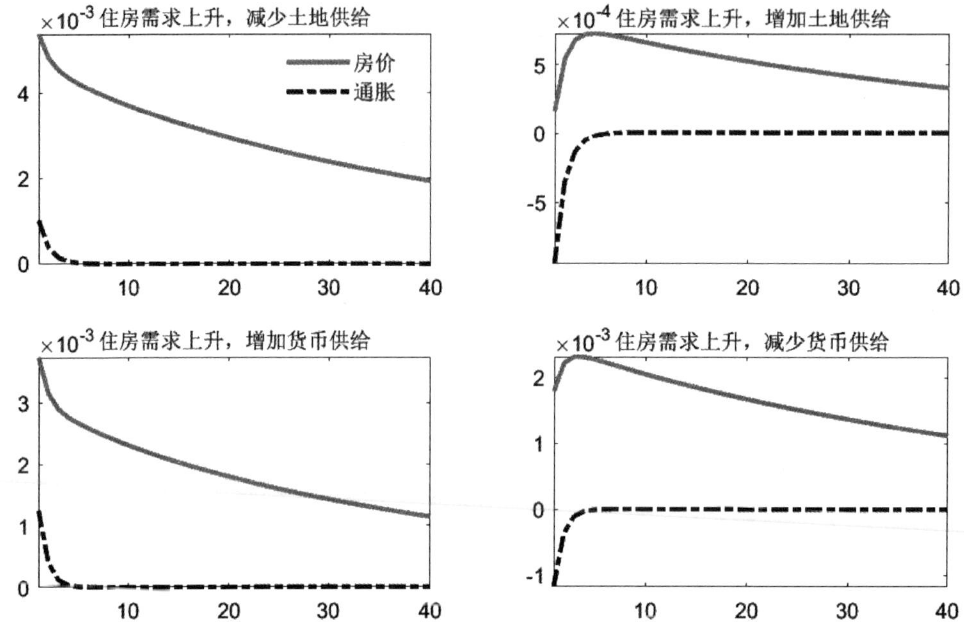

图 2 - 10　住房需求上升时货币政策（不对房价反应）与土地政策效果比较

再看图 2 - 11 下半部分，住房需求上升，此时若增加货币政策供给，房价会出现上升，但较减少土地供给情形有所收窄，经济虽有通货紧缩风险，但相对减少土地供给的情形也有所缓解；相反如果减少货币供给，则最开始房价有一个小幅下降的过程，但随后仍然会上升，涨幅峰值约 0. 15 个百分点，但通胀下行幅度更大，负向偏离稳态 0. 5 个百分点。

六、动态预测

预测是检验经济建模质量的重要标准，同时通过一定的工具进行预测也可以对未来政策决策提供参考，本部分利用 DSGE 模型给出几类预测结果。

（一）向前一步预测

向前一步预测是指利用 t 期可获得信息对 t + 1 期内生变量的最佳猜测。由于本书中利用了产出、通胀与货币供应量三个观测变量进行贝叶斯估计，所以可得到这三个变量的向前一步预测值，通过与观测数据进行对比，可判别模型对数据的拟合情况。从图 2 - 12 可知，模型向前一步预测值与观测值吻合度高，2000 年第一季度至 2011 年第三季度几乎完全一致，2011 年第四季度后两者均值出现一定背离，但走势仍大体相同，对现实数据拟合度高，说明模型比较稳健。通过对比 GDP 与 M2

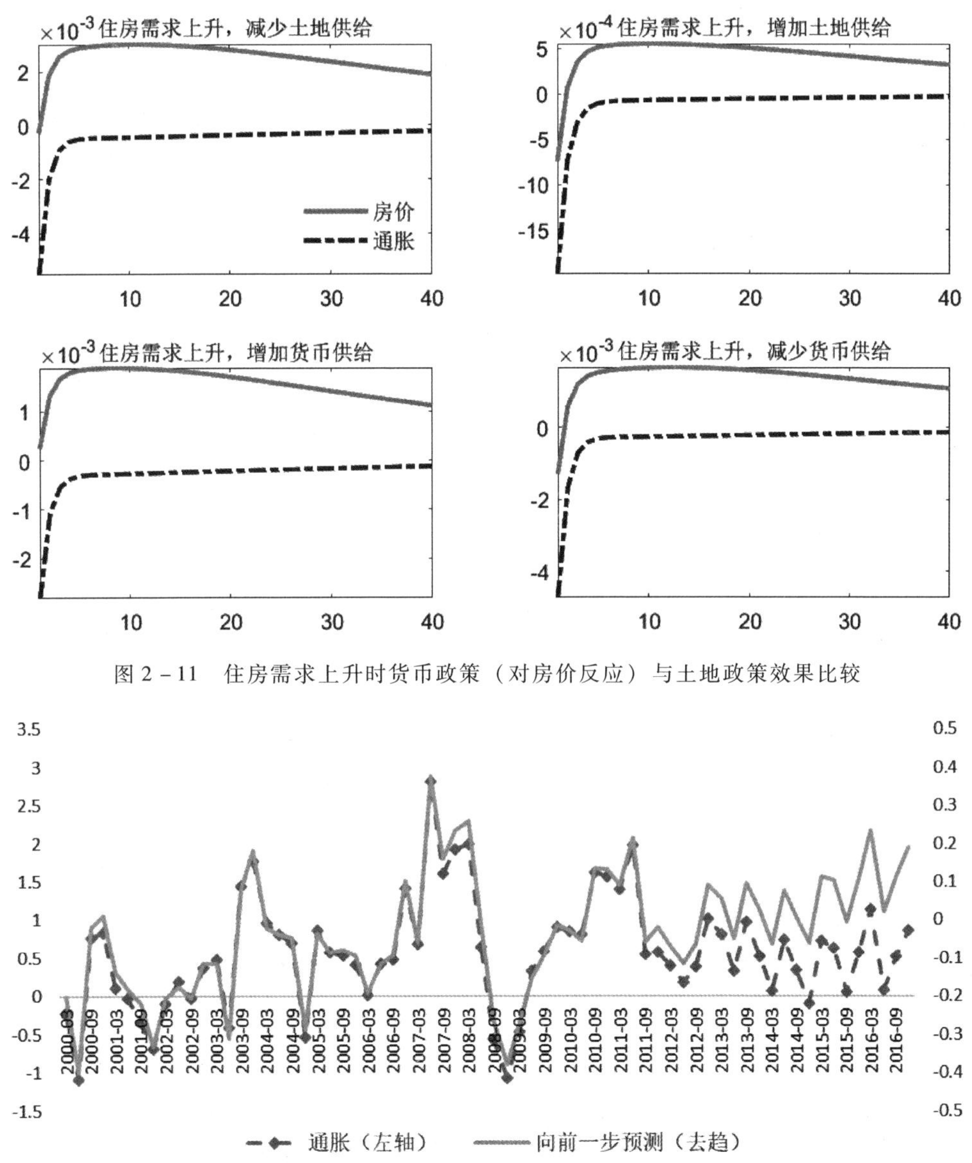

图 2-11　住房需求上升时货币政策（对房价反应）与土地政策效果比较

图 2-12　DSGE 模型对通货膨胀的向前一步预测

增速数据的预测值与观测值，可以得到类似结论，本书就不一一呈现。

（二）样本外预测

图 2-13 呈现了货币政策规则对房价反应模型的样本外预测。图中黑色实线为 2015 年第三季度至 2016 年第四季度共 6 个样本点的实际数据。重叠实线为对 2016 年第一季度至 2016 年第四季度的滚动预测，每次都对着 4 个样本点向前一步预测，

共预测 4 次。浅灰色虚线为考虑了参数不确定性的 90% 最大后验密度区间（HP-DI），深灰色虚线为同时考虑了参数与冲击不确定性的 90% 最大后验密度区间（HP-DI）。可以看出，对比实际数据与预测数据（66—68 期）可知，GDP 季度环比增速、通胀季度环比、M2 季度环比增速均落入模型预测区间，其中模型对实际通胀数据拟合程度最好（与预测均值部分重合）。

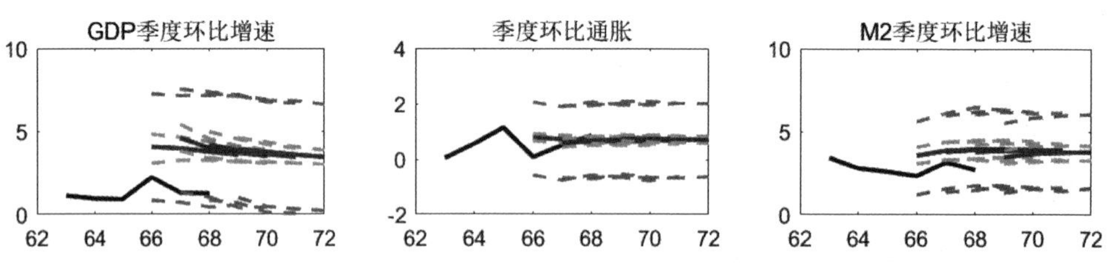

图 2－13　DSGE 模型样本外预测结果

（三）条件预测

在条件预测中，需要设定控制变量的运行路径，详见表 2－6。在表 2－6 的情景 1 中，我们按 M2 名义增速的真实数据（数据来自 WIND 数据库）设定 2017 年第一至第四季度 M2 的运行路径，并将 2018 年 M2 各季度环比名义增速均设定为 2%，同时对货币供给冲击进行控制。图 2－14 与图 2－15 中的粗虚线给出了对通货膨胀与房价的无条件预测，粗实线为条件预测结果①，预测区间为 2017 年第一季度至 2022 年第四季度。

据图 2－14 所示，从无条件预测结果看，2017 年第一至第二季度存在通缩压力，2017 年第三季度开始通胀温和反弹，并于 2018 年第二季度开始在 2%（年化）附近趋稳。从条件预测结果看，当将 2018 年 M2 增速控制在 8%（年化）时，通缩周期将拉长至 3 年，CPI 将于 2019 年第二季度开始实现正增长，2019 年第四季度开始趋于平稳。

由图 2－15 可知，从无条件预测结果看，2017 年第一季度至 2018 年第四季度房价将维持下跌态势，但此后将维持在稳定状态附近。从条件预测结果看，如果 2018 年 M2 增速维持在 8%（年化）的低位，房价将会在很长一段时间处于下跌状态，其中 2018 年第二季度跌幅达到最大的 4%（环比）。

① 附图 9 与 10 给出了 GDP 与 M2 的预测结果。

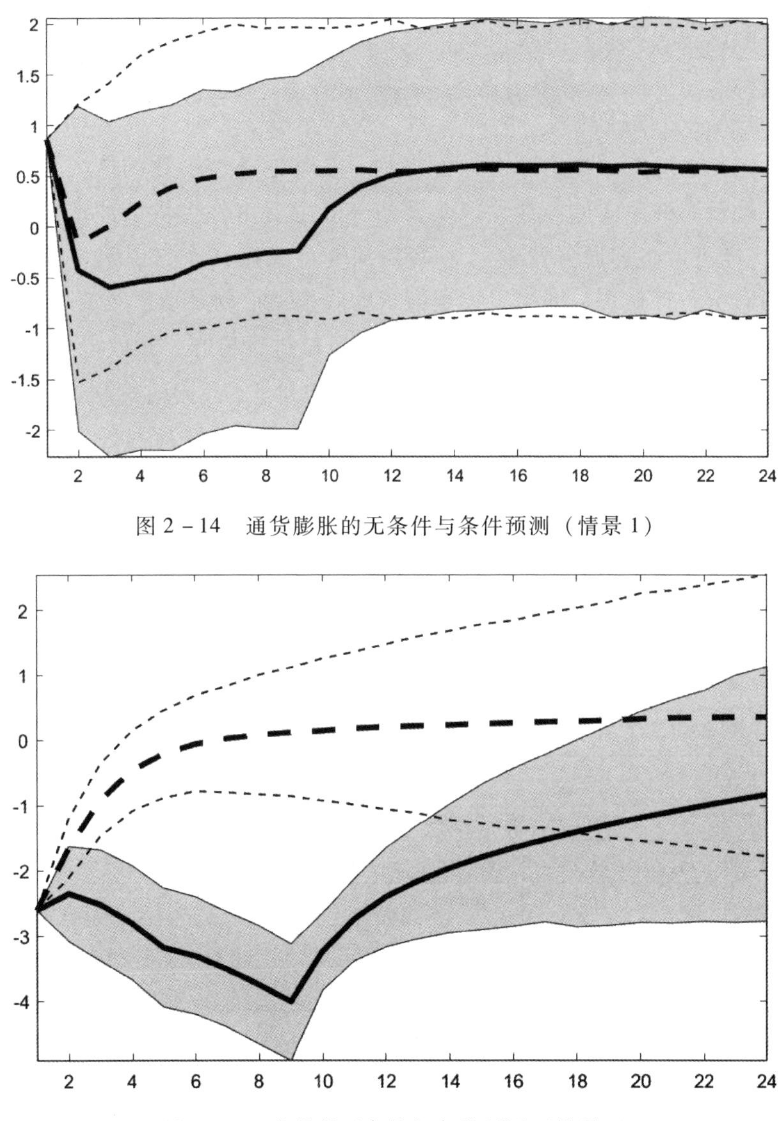

图 2-14 通货膨胀的无条件与条件预测（情景 1）

图 2-15 房价的无条件与条件预测（情景 1）

在实践中，除了中央银行调节货币数量的途径，政府也会通过设定经济增长目标增速的方式影响经济运行。表 2-6 给出了不同货币增速与经济增速控制下的通货膨胀与房价变化的预测结果。对外生冲击控制即假设政策制定者在所有的预测期（本书设定为 2017 年第一季度至 2022 年第四季度）都能对其进行控制。在内生变量的控制期，假设政策制定者可以对该外生变量及其他因素进行控制，使得内生变量按既定路径运行。而在内生变量控制期外，被控制的外生冲击被设定为零，所以此时内生变量的波动即由其他冲击引起。

对比情景 1 和情景 2，情景 1 的条件预测在图 2 – 14 与图 2 – 15 中呈现，在情景 2 中通货膨胀会一直维持高位，而房价则会大幅下跌，情景 2 虽然对土地供给冲击进行控制，但并未对货币供给冲击进行控制，在其他条件一致的情况下，条件预测结果 1 与条件预测结果 2 差异甚大，差异的部分主要由外生供给冲击引起。由情景 1 到情景 2，经济由略有通货紧缩（通缩）演变为通胀高企，说明货币供给冲击对通货膨胀的影响非常显著，即为了控制通货膨胀必须控制好货币政策。

在情景 3 和情景 4 中，两者都对经济增速目标进行控制，2017 年和 2018 年分别将 GDP 增速设定为 6.8% 和 6%。对比情景 1 和情景 3，在同时控制货币供给冲击的情况下，房价走势基本一致，但通缩形势更为严峻，说明政府对经济增速控制在过低的目标会加剧通缩风险。对比情景 2 与情景 4，在同样控制土地供给冲击的情况下，房价出现相反走势，结合情景 3 的分析可知，未对货币增速进行控制是房价上涨的重要原因。

情景 5 和情景 6 未对货币增速进行控制叠加对经济增速的控制，是情景 1 至情景 4 的综合反映。

表 2 – 6　　不同情景下通胀与房价预测　　单位:%

<table>
<tr><td colspan="7">约束条件</td></tr>
<tr><td rowspan="7">情景 1</td><td colspan="5">货币增速控制</td><td>外生冲击控制</td></tr>
<tr><td>2017Q1</td><td>2017Q2</td><td>2017Q3</td><td>2017Q4</td><td>2018Q1 – Q4</td><td rowspan="2">货币供给冲击</td></tr>
<tr><td>3.196</td><td>1.98</td><td>1.495</td><td>1.275</td><td>2</td></tr>
<tr><td colspan="6">条件预测结果 1</td></tr>
<tr><td colspan="6">2017—2018 年第二季度略有通缩，2017 年第三季度通胀触底</td></tr>
<tr><td colspan="6">2017 – 2022 年房价维持下跌局面，2019 年一季度跌入谷底</td></tr>
<tr><td colspan="6"></td></tr>
<tr><td rowspan="6">情景 2</td><td colspan="5">货币增速控制</td><td>外生冲击控制</td></tr>
<tr><td>2017Q1</td><td>2017Q2</td><td>2017Q3</td><td>2017Q4</td><td>2018Q1 – Q4</td><td rowspan="2">土地供给冲击</td></tr>
<tr><td>3.196</td><td>1.98</td><td>1.495</td><td>1.275</td><td>2</td></tr>
<tr><td colspan="6">条件预测结果 2</td></tr>
<tr><td colspan="6">2017—2022 年通胀一直维持高位</td></tr>
<tr><td colspan="6">2017—2022 年房价大幅下跌</td></tr>
</table>

续表

<table>
<tr><td colspan="4">约束条件</td></tr>
<tr><td rowspan="6">情景 3</td><td colspan="2">经济增速目标控制</td><td>外生冲击控制</td></tr>
<tr><td>2017Q1 - Q4 均值</td><td>2018Q1 - Q4 均值</td><td rowspan="2">货币供给冲击</td></tr>
<tr><td>1.7</td><td>1.5</td></tr>
<tr><td colspan="3">条件预测结果 3</td></tr>
<tr><td colspan="3">2017—2019 年陷入深度紧缩</td></tr>
<tr><td colspan="3">2017—2022 年房价维持下跌局面，2019 年第一季度跌至谷底</td></tr>
<tr><td rowspan="6">情景 4</td><td colspan="2">经济增速目标控制</td><td>外生冲击控制</td></tr>
<tr><td>2017Q1 - Q4</td><td>2018Q1 - Q4</td><td rowspan="2">土地供给冲击</td></tr>
<tr><td>每季 1.7</td><td>每季 1.5</td></tr>
<tr><td colspan="3">条件预测结果 4</td></tr>
<tr><td colspan="3">2018 年第一季度至 2019 年第一季度短暂通缩</td></tr>
<tr><td colspan="3">2017 年第三季度以后房价逐渐上行，2019 年第一季度到达峰值</td></tr>
<tr><td rowspan="5">情景 5</td><td colspan="2">货币增速、经济增速目标双控制</td><td rowspan="2">货币、土地冲击控制</td></tr>
<tr><td colspan="2">货币与经济增速同上</td></tr>
<tr><td colspan="3">条件预测结果 5</td></tr>
<tr><td colspan="3">2018 年第一季度至 2019 年第一季度短暂通缩</td></tr>
<tr><td colspan="3">2017 年第三季度以后房价逐渐上行，2019 年第一季度到达峰值</td></tr>
<tr><td rowspan="5">情景 6</td><td colspan="2">货币增速、经济增速目标双控制（增速同上）</td><td rowspan="2">货币、土地冲击控制</td></tr>
<tr><td colspan="2">货币与经济增速同上（仅控制 2017 年）</td></tr>
<tr><td colspan="3">条件预测结果 6</td></tr>
<tr><td colspan="3">2017 年第二季度至 2018 年第二季度出现通缩</td></tr>
<tr><td colspan="3">2017 年房价下行，2018 年下半年房价开始温和上涨</td></tr>
</table>

七、稳健性检验

DSGE 模型通常涉及大量的参数，虽然可以通过一定的方法对这些参数进行校准与估计，但限于校准法通常是对其他文献运用“拿来主义”，但对同一参数不同的文献可能给出不同的值；同时限于数据的可得性以及与模型吻合性，贝叶斯估计也并非万能灵药，所以有必要对模型中的一些参数进行数值模拟，观察其是否会影响模型的传导机制。

图 2 - 16 给出了不同的消费品资本调整成本（gammac）、房地产资本调整成本（gammah）、消费品生产者替代弹性（espilonc）、房地产商替代弹性（epsilonh）取

值下的数值模拟结果。可以看出，当这些参数相对基准模型发生变化时，主要宏观经济变量的脉冲响应方向绝大部分与基准模型是一致的，只有 gammac、gammah 取 10 与 4 的情况下投资比例的脉冲响应方向会发生变化，同时产出、通胀、房价等宏观经济变量受这些参数的影响非常小，说明绝大部分时候模型的传导机制以及量化结果会保持较高的稳健性。

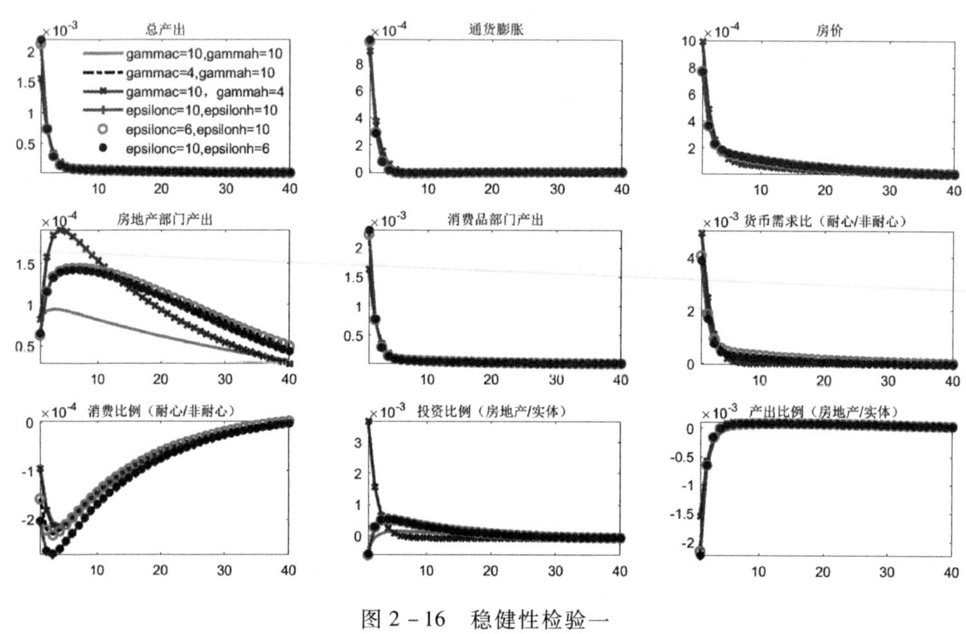

图 2－16　稳健性检验一

本书中的模型还涉及一些持续性参数，比如技术、偏好以及土地政策的持续性，这些持续性参数对公众预期会产生较大影响，可以通过数值模拟观察这些参数的变化对系统的影响。此外，由于耐心家庭与非耐心家庭的划分、折旧率等并没有微观数据支持，所以也需要对模型中涉及的相应参数进行数值模拟。从图 2－17 数值模拟的结果可以看出，这些参数相对基准模型的变化也不会对变量脉冲响应的方向产生改变，同时总产出、通货膨胀以及房价等变量受这些参数的边际影响较小。

八、主要结论

本书建立了一个多部门 DSGE 模型，将中央银行的若干行为纳入模型进行分析，通过比较筛选出我国货币政策相对最优规则，并分析了货币政策对宏观经济、经济结构、各类市场价格、劳动与资本等的影响机制。比较分析了货币供给增加、住房偏好增强、技术进步、土地供给减少等场景对房价与通胀的影响，以及这些场景下

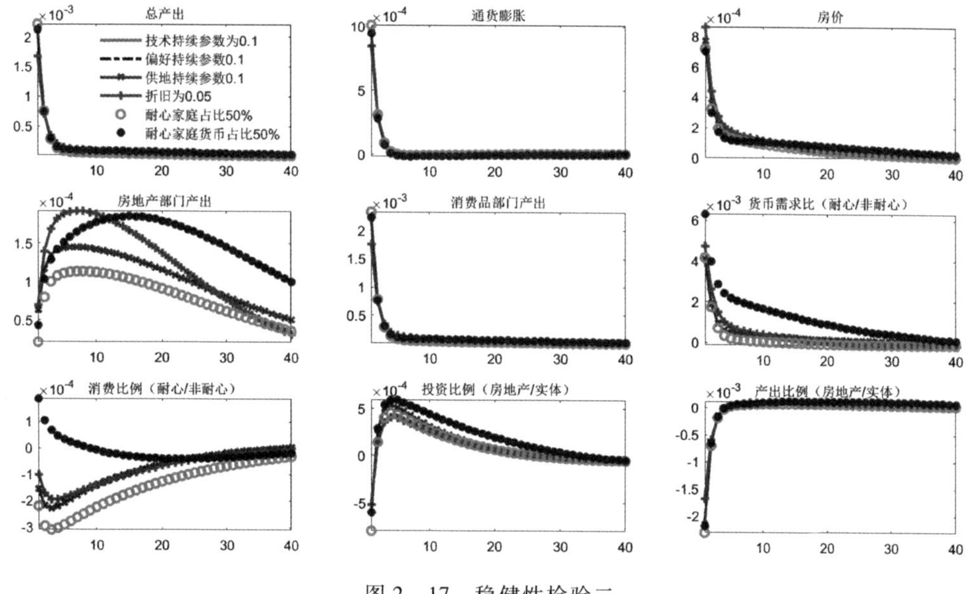

图 2－17　稳健性检验二

货币政策对经济“脱实向虚”的影响机制，与此同时比较了住房偏好增加时货币政策与土地政策应对呈现的差异。通过对实际数据与预测数据的比较，进一步说明了模型的稳健性，同时给出了不同情景下我国通货膨胀与房价走势的条件预测并分析了其中的主要影响因素。主要得出以下结论：

（1）通过对目标规则与工具规则的比较发现，工具规则具有更好的福利特性，并且我国货币政策规则离机器优化得到的最优规则较为接近。

（2）货币政策规则不仅对宏观经济变量产生重要影响，还会影响家庭的消费结构、资产配置结构。

（3）金融加速器机制对家庭的影响是有偏的，家庭部门对住房的配置会因其大小不同而产生不同方向的“挤出”。

（4）货币政策会通过一系列的价格变量（利率、消费影子价格、租金、资本价格）进一步影响市场供求关系。

（5）货币政策对耐心家庭、缺乏耐心家庭劳动决策以及资本供给抉择影响是对称的，而土地政策对耐心家庭、缺乏耐心家庭的劳动与资本供给决策是非对称的。

（6）货币供给增加引起通胀与房价上涨，关注金融稳定时货币政策规则有助于抑制通胀与房价上涨。

（7）住房需求增加引起通胀与房价上涨，关注金融稳定时货币政策规则甚至可能逆转通胀与房价上涨。

(8) 土地供给减少导致通胀与房价上升，关注金融稳定时货币政策规则导致通货紧缩并抑制房价上涨。

(9) 货币供给增加时，关注金融稳定时货币政策规则有助于减轻经济“脱虚向实”的程度。

(10) 住房需求增加引起房价上涨，虽然增加土地供给或减少货币供给有利于抑制房价，但也会带来通缩风险。

(11) 向前一步预测与样本外预测表明，模型预测数据与真实观测数据吻合度高，模型稳健性好。

(12) 从条件预测结果看，不控制好货币供给冲击会导致通胀高企，政府对经济增长目标设定过低容易加剧通缩风险，未对货币供给增速控制会导致房价大幅上涨。

(13) 通过数值模拟对 10 类参数进行稳健性检验，结果表明模型具有相当的稳健性。

第三章 货币政策与银行风险承担

货币政策是否应关注货币稳定与金融稳定双目标属于货币政策目标制的讨论范畴，侧重于宏观。然而货币政策与金融稳定之间并非简单的调控与被调控的关系，实际的情况是微观经济主体会对货币政策做出反应，也就是说中央银行的货币政策并非风险中性，货币政策的调整会改变金融中介的风险容忍度。如果忽视微观经济主体风险承担渠道的存在无疑会影响到货币政策对金融稳定的调控。

本章构建了一个内生化银行杠杆率的基准 DSGE 模型，揭示货币政策银行风险承担的传导机制，运用 Z 指数测算我国实际银行风险承担水平，并利用微观银行面板数据实证研究了货币政策与银行杠杆率的关系。

一、引言

金融与经济紧密相连，金融周期并非独立的孤岛，而是与经济周期互为波动源。1992 年以来的数据显示，从整体来看，我国人民币贷款与 GDP 增速走势同步性较强，虽然 1996 年前三季度为防止经济硬着陆，人民银行实施宽松信贷政策及 2007—2008 年全球金融危机爆发后期政府出台刺激政策的两段时期信贷和产出走势出现一定背离，但在其他时期，经济景气上升刺激了信贷需求，而信贷的繁荣反过来又刺激经济进一步上行，2012 年以来经济增速换挡，信贷扩张的步伐也相应趋缓（如图 3 - 1 所示）。

金融与经济这种相互影响及波动协同关系加大了政策制定的难度。一方面，通过货币政策促进经济增长是其最终目标之一，但货币政策本身也会引起银行的风险偏好和定价行为发生变化（Borio 和 Zhu，2012；张雪兰和何德旭，2010；Maddaloni 和 Peydró，2011），银行风险承担的变化会产生“加速器效应”，导致向实体经济发放的信贷过度扩张或收缩，进而政策效果可能偏离政策制定者预期。另一方面，银行风险承担渠道的存在使得货币政策对金融稳定的影响不再中性，这意味着降低利

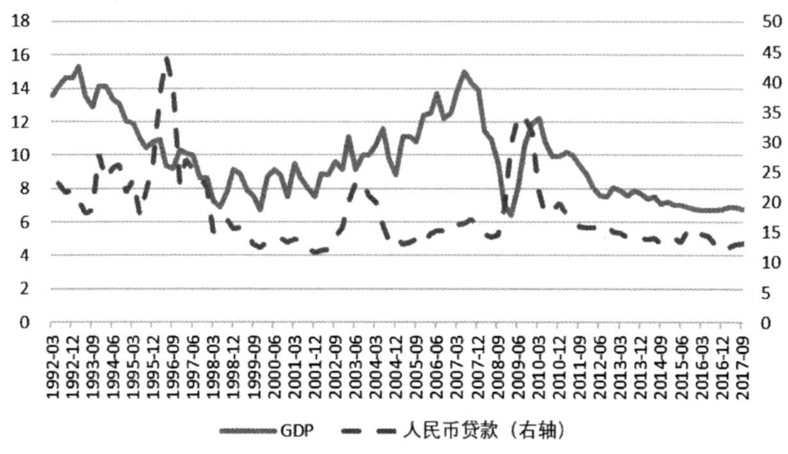

图 3-1 GDP 与人民币贷款增速

率或增加信贷供给的货币政策会对金融稳定产生影响。Adrian 和 Estrella（2010）认为一国货币政策长期维持低利率，带来的结果可能不仅仅是经济的复苏与繁荣，也会引致银行风险感知降低，放松借贷标准，导致银行体系风险过度积累。这对政策制定者的启示是利用政策单一追求经济增长目标的做法并不够，还需要在金融稳定与经济增长之间进行权衡。

图 3-2 呈现了 VAR 模型下 GDP、银行杠杆率与货币供应量之间的脉冲响应过程①。由图 3-2 上半部分可知，面临一单位正向货币供应量冲击时，GDP 会显著上升，并于第二季度达到峰值②，银行杠杆率也会先出现显著上升，第二季度达到峰值，第三季度开始逐步回到稳态。GDP 在面临银行杠杆率冲击时，会显著增加，并且持续性强。从三者的关系看，在宽松货币政策环境下，随着风险感知下降，银行具有加杠杆的冲动，导致银行杠杆率具有较强的顺周期性。同时由图 3-2 下半部分可知，货币供应量会对 GDP 增速、银行杠杆率冲击做出负向反应，说明在商业银行风险承担提高时，我国央行的货币政策并非对其完全不关注，而是存在对银行杠杆率进行反应的可能。

---

① 三个变量分别用当期不变价 GDP 增速、中资银行总资产与所有者权益比值、M2 增速衡量，对三个变量季调后取对数，然后再用 HP 滤波得到波动项，经检验三个波动项不存在单位根。VAR 模型中变量顺序依次为 GDP、银行杠杆率（LEVERAGE）、M2，限于银行杠杆率数据可得性，样本区间为 2010 年第一季度至 2016 年第四季度，数据来自万得数据（Wind）。

② 第一期为冲击发生的时点，所以第二季度对应的是第三期。

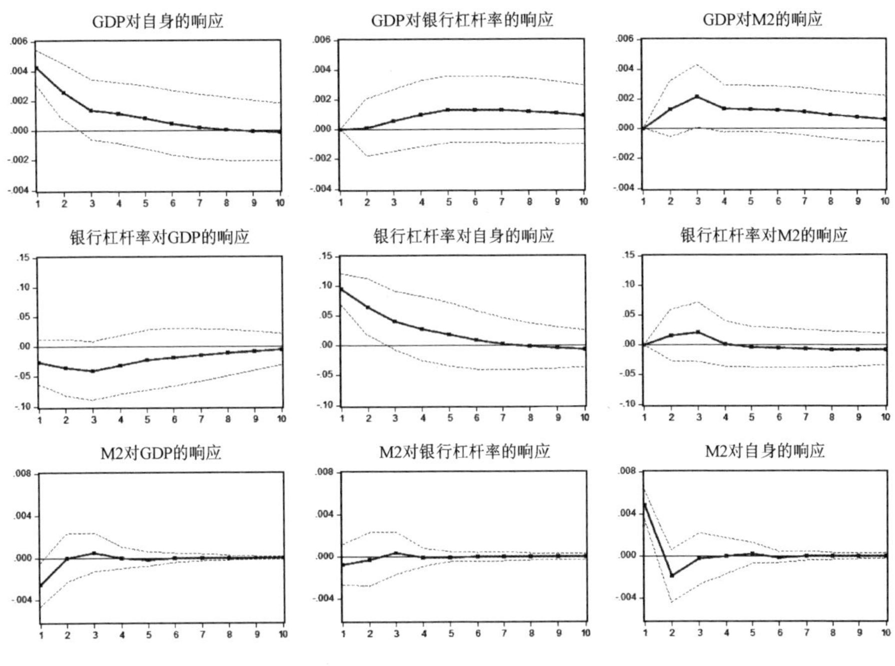

图 3-2 VAR 模型下的 GDP 增速、银行杠杆率与 M2 增速的关系

高企的杠杆率会增加经济金融脆弱性，加剧系统性风险。2016 年年底中央经济工作会议明确提出“要把防控金融风险放到更加重要的位置”，在经济进入新常态的背景下，在风险可控的前提下发挥货币政策服务实体经济的功能成为当务之急，而厘清货币政策与实体经济、金融风险的关系是基本前提，图 3-2 的脉冲响应图表明三者之间确实存在显著的内在关联，但 VAR 模型只能提供变量之间简易关系的概览，无法揭示其中的传导机制。基于此，本书将建立具有更为详实微观基础的 DSGE 模型，探讨货币政策与杠杆率之间的关系，并在贝叶斯估计的基础上对杠杆率、银行风险承担水平进行测算，以反映其变化动态及驱动因素。

二、文献综述

（一）金融中介与经济波动

关于资产价格波动对金融稳定的影响，多数学者认为资产价格与商业银行信贷间的相互推动机制是金融危机发生的重要原因。Vor Peter（2004）建立了一个宏观经济模型研究资产价格下跌对银行系统的冲击，显示资产价格下降与银行资本之间存在着一一对应的关系，由于银行信贷行为受到银行资本要求的约束，所以将引起大规模的信贷收缩，从而引发金融危机。Misina 和 Tkacz（2008）证实了金融危机与信贷扩张和资产价格之间存在关联。孔庆龙等（2008）进一步完善了 Vor Peter（2004）提出的资产价格下降诱发银行危机的理论模型。段军山和白茜（2011）也表达了类似观点，随着资产价格大幅下跌，银行的资本金将减少，进而诱发银行危机并破坏金融稳定。

实际上，自 kydland 和 prescott（1982）提出实际经济周期后，金融在经济周期中的作用一度未引起充分重视，直到抵押品约束机制和外部融资溢价机制的提出。Kiyotaki 和 Moore（1997）发展了一个信贷约束与总量经济活动交互影响的理论框架，在存在抵押品约束机制的情况下探究了小冲击如何产生大波动。Bernanke 等（1999）发展了一个金融加速器模型，认为外部融资风险溢价的存在，会导致信贷市场摩擦放大经济波动。在此基础上，部分学者研究了金融加速器机制实现的条件，认为其依赖于经济体参数（Kocherlakota，2000），Cordoba 和 Ripoll（2004）认为信贷约束的冲击放大机制取决于债务指数化程度，并使得正负冲击具有非对称性。Markovic（2006）建立了一个包含信贷供给和需求的动态一般均衡模型分析银行的信贷成本变动的宏观经济效应，发现由于信贷市场供给和需求的交互影响，对银行资产负债表产生的直接冲击很可能放大脉冲响应。

2007—2008 年金融危机的爆发与蔓延，大大提升了经济学家对研究金融系统在经济金融波动作用方面的兴趣。Gertler 和 Karadi（2011）在 DSGE 模型中引入面临内生决定资产负债表的金融中介，发现中央银行非传统货币政策能够抵消私人金融中介中断的影响。Gertlerand Kiyotaki（2010）探讨了金融中介中断如何引发影响实体经济危机，并分析了哪些中央银行及财政型干预措施可能减轻危机。

随着研究的推进，金融机构的特征被进一步细分并纳入分析框架。Allen 等（2009）的研究显示，当银行缺乏对冲总量与特质流动性冲击时，银行间市场会显现出过度价格波动。Gerali 等（2010）建立了一个包含批发银行与零售银行的 DSGE 模型，作者认为贷款的边际收益取决于贷款、存款的利率弹性以及利率黏性和杠杆率，并结合银行的资产负债表约束建立了银行资本、信贷供给与成本之间的联系，发现银行部门会减轻需求冲击，放大供给冲击。Dib（2010）将银行拆分为储蓄银行和贷款银行，认为两者具有垄断定价权并通过银行间市场交易，发现由于提高资本以满足资本监管要求的代价高昂，银行部门能减弱金融冲击的实际效应，减少宏观经济波动。Walque 等（2010）在企业和银行间引入内生违约概率，发现银行间流动性注入有助于降低金融不稳定，但对实际产出波动影响并不明确。Hilberg 和 Hollmayr（2013）引入银行间市场，分析中央银行调节折扣率以通过银行间市场影响经济波动的过程。

国内有不少研究经济波动的文献涉及金融中介（许伟和陈斌开，2009；郑忠华和张瑜，2015），鄢莉莉（2012）利用新凯恩斯框架下的DSGE模型研究了金融中介效率对货币政策的影响，认为金融中介效率的提高会弱化货币政策对产出、消费和通胀的影响。陈利锋（2016）构建了一个包含影子银行的DSGE模型，表明影子银行降低了我国紧缩性货币政策效应。但国内大多数文献将金融中介作为资金连接器的作用，仅有部分研究对金融中介的行为进行了具体刻画，研究有待进一步深化和细化。

（二）资产价格与货币政策

资产价格泡沫破裂会导致金融不稳定，而维护金融稳定是中央银行的一项重要职能，那么这就提出了一个现实问题，中央银行在制定货币政策时是否应该对资产价格泡沫做出反应？这一话题颇具争议，主要存在两种观点：一方面，诸多专家学者认为央行应该对资产价格做出反应；另一方面也有很多专家学者认为央行不应该对资产价格做出反应。

部分专家学者认为中央银行不应该对资产价格做出反应。资产价格泡沫的存在部分原因是由供给冲击因素造成的，属于基础性因素；部分原因由泡沫因素造成的，属于非基础性因素，中央银行无法判断资产价格变动的根本原因，即使判断准确，实施紧缩货币政策可能与泡沫破灭效应叠加而危害经济（Bean，2004）。Bernanke和Gertler（2001）认为只要资产价格没有对通货膨胀预期产生影响，中央银行就没必要对资产价格做出反应。Gruen等（2003）认为如果资产价格泡沫具有不确定性，货币政策不应该采取逆经济风向行事的货币政策，中央银行既想戳破资产价格泡沫而又不产生负面溢出效应的可能性很小。从中央银行对历次金融危机的救助来看，多为事后救助，比如向金融系统注入流动性、连续降息等，以防止金融机构发生道德风险。

但也有部分学者认为中央银行应该对资产价格做出反应。Poole（1970）认为，如果资产价格波动源于实体部门，那么应该允许资产价格为吸收部分波动而变化；如果源头是资本市场，中央银行应该“逆风向行事”，以减轻资产价格波动对实体经济的影响。泡沫源头的不确定性不能削弱政策应该对资产价格做出反应的观点，货币政策应该先发制人应对资产泡沫，以防泡沫破裂对经济和金融体系产生冲击（Roubini，2006）。Cecchetti等（2002）认为通货膨胀目标制下的中央银行应该应对资产价格失调风险，以提高宏观经济表现。一些学者认为中央银行判断资产价格泡沫性质并不是最为重要的，只要资产价格发生逆转（Bordo和Jeanne，2002），或者资产价格能够反映通货膨胀和产出的可靠信息（Filardo 2001），那么中央银行就应该对资产价格波动做出反应。Bordo 和 Jeanne（2002）认为较低通货膨胀率促使市场参与者增加了对资产的超额需求，而中央银行的适度干预可以保持金融稳定。

面对资产价格的剧烈波动，如果中央银行为保持金融稳定，决定对资产价格泡沫做出反应，那么可以采取哪些策略呢？一些学者对此做了探索研究。Cecchetti 等（2000）认为利用利率调节产出缺口和通胀缺口的同时，也可以通过利率对资产价格进行有效调控。Pariès 和 Notarpietro（2008）认为当扩展利率规则包含对房价变化的内生响应时，住房偏好冲击会影响房价，进而影响政策利率，即政策利率需要抵消住户部门通胀性需求冲击。Funke 等（2011）引入股票市场财富效应，构建了开放经济下的 DSGE 模型，考察了外生冲击对香港经济周期的影响，在 Funke 等（2011）开放经济模型基础上，王晓芳和杨克贲（2014）建立了一个包含股市财富效应的 DSGE 模型，研究货币政策应如何应对才能保持物价、产出和汇率的稳定，结果表明当财富效应增大时，应对股票价格变动的反应系数应适度增大，而当股票价格波幅增大时，反应系数应适度稳定。崔百胜和丁宇峰（2016）构建了一个包含股市财富效应和稳态股利水平的 DSGE 模型，研究认为中央银行存在多重调控目标时需要注意区分冲击的类型来相机抉择，在利率冲击下，货币政策应当对股价波动做出反应，而在技术冲击和股票市场冲击下，则需要在各个经济变量之间进行权衡。

面对央行政策实践与经济运行相脱节，特别是货币政策不关注资产价格，未对资产价格进行预调，影响到金融稳定和经济增长的现实，学术界和实务界围绕金融危机进行了诸多反思。比如，Blanchard 等（2010）认为危机暴露了央行政策框架存在一些问题，决策者有必要关注产出结构、资产价格和机构杠杆等多个目标，并且对央行危机前不进行干预，只在危机发生后收拾残局的观点提出质疑；Mishkin（2010）认为金融部门发展对经济活动有着远超传统认识的重大影响，物价与产出稳定并不能确保金融稳定，金融调控有必要关注更广泛意义上的物价稳定（张晓慧，2009）。

（三）货币政策与金融稳定

在 2008 年金融危机爆发后，宏观经济稳定和金融稳定之间的权衡逐渐成为焦点。White（2006）从历史教训和逻辑分析两个方面论证了单纯追求物价稳定不足以实现宏观经济稳定。从历史教训看，20 世纪 30 年代的大萧条、90 年代以来日本迷失的 20 年、90 年代后期东南亚金融危机和俄罗斯债务危机以及 2001 年全球股票市场的崩溃，这些事件均发生在物价水平较为稳定的环境下。这充分表明，单纯追求物价稳定不足以确保较高的、可持续的经济增长。

Hofmann 和 Peersman（2017）利用 VAR 模型测算了 1955—1979 年与 1984—

2008 年美国的货币政策效应，发现实际上货币政策的权衡具有时变性，即在后一阶段能提高 1% 真实 GDP 的货币政策扩张会导致房价、真实信贷分别提高 3.8%、2.3%，但在前一时期分别只有 0.1、0.9 个百分点。这意味着，在后一时期美国通过货币政策稳定宏观经济需要付出更大的信贷和住房价格等宏观经济变量的波动成本。Taylor（2009）、Iacoviello 和 Neri（2010）、Eickmeier 和 Hofmann（2013）提出，刺激宏观经济的适应性货币政策在大萧条前的金融失衡积累中起到了关键作用。由于缺乏对金融稳定的关注，部分专家要求对金融失衡的积累实施系统的逆风向而动的货币政策呼声渐强（Borio，2014；Adrian 和 Liang，2016；Filardo 和 Rungcharoenkitkul，2016）。随着金融自由化和创新快速推进，资产证券化与资本市场一体化、贷款价值比提高以及住房融资体系的变迁，一国货币政策实施的环境及传导机制相应会发生变化（Calza 等，2013），这会进一步影响央行货币政策的权衡（Hofmann 和 Peersman，2017）。

从实践层面看，金融危机后，中央银行货币政策也逐步从货币稳定单一目标回归到包含金融稳定、经济增长等在内的多重目标。欧洲中央银行、美联储、日本银行和英格兰银行的货币政策战略原则上都允许充分纳入对金融稳定的关注（Cuaresma and Ganan，2008）。金融危机以前以及金融危机以后，我国一直坚定不移地推行货币政策多目标，即维持较低通胀水平、促进经济增长、保持较高的就业率和实现国际收支基本平衡。周小川（2009）认为，我国货币政策坚持多目标主要有以下几个客观原因：第一，我国货币政策多目标各有侧重，并不重叠；第二，货币政策多目标之间可能存在相互冲突，但不代表不能并存；第三，经济形势的复杂性决定了货币政策的多目标；第四，中国经济目前处在改革转轨阶段，具备坚持货币政策多目标的客观性。

（四）货币政策与银行风险承担

货币政策影响实体经济的传统渠道主要有信贷渠道、利率渠道、资产价格渠道等（Bernanke 和 Gertler，1995；Barth 和 Ramey，2001；Cosimano 等，1999），后来有学者将货币政策的风险承担渠道独立出来，认为在低利率环境下，银行风险加剧，并指出其对金融稳定的重要影响（Adrian 和 Shin，2009；Gambacorta，2009）。Dell'Ariccia 等（2010）构建了一个理论模型分析框架，发现无风险利率、风险变动及杠杆率决定了货币政策对银行风险承担的影响。Agur 和 Demertzis（2012）将货币政策与杠杆率联系起来解释经济危机的起因，认为利率上升至少有两方面的效应：一是无风险资产互补性增强，银行会替代之前通过加杠杆获得的短期高杠杆批发性融资；二是融资成本上升削减了盈利能力，银行有动机冒更大风险维持收益。Schularick 和 Taylor（2012）分析了 1870—2008 年 12 个发达国家货币、信贷及宏观经济指标的轨迹，发现在20世纪下半叶，通过增加杠杆和非货币性融资，信贷开始脱离广义货币并快速增长，与此同时银行资产负债表中的安全资产快速下降。Bruno和Shin（2015）进一步在国际背景下分析了货币政策的风险承担渠道，认为全球银行杠杆率上升、资本流动及币值波动间存在循环反馈。Angeloni等（2015）利用DSGE模型分析了货币政策的风险承担渠道，发现资产端和负债端的风险往往一起运动并相互加强，同时风险承担渠道往往减弱了货币政策对产出的影响。

在宏观研究及理论探讨的基础上，更多微观实证研究也得以及时跟进。Altunbas等（2010）用16个国家1000余家上市银行的数据进行实证分析，认为低利率会影响估值、收入和现金流，进而引发银行对风险的判断偏差，同时较低的投资回报，加之举借新债务成本较低，可能加剧投资者和债务人的风险承担倾向。Nuño Thomas（2012）利用美国的经验数据发现，杠杆率与总资产、GDP之间存在正相关，并认为对资产回报风险感知的降低会导致金融机构杠杆率的上升及借贷活动的大幅波动。Maddaloni和Peydró（2011）利用欧元区可靠的银行借贷调查数据，发现低利率会降低对商业和住户的借贷标准，高度的证券化活动及监管的弱化会放大短期利率对银行风险承担的影响。Dell'Ariccia和Laeven（2017）利用1997—2011年美联储商业借贷调查数据发现，银行事前风险承担与短期利率呈负相关，但负相关程度在相对低资本的银行或金融困境时期会减弱。

国内相关文献主要集中于实证研究，徐明东与陈学彬（2012）、张雪兰与何德旭（2012）利用微观银行数据进行实证分析支持货币政策传导的风险承担渠道。方意等（2015）、金鹏辉等（2015）在实证分析的基础上，探讨了银行风险承担下的货币政策与宏观审慎问题。

（五）对现有文献的简单评述

货币政策是否应关注金融稳定一直是宏观经济研究中的焦点话题，且一直尚无定论。但2008年金融危机的爆发可以视为一个分水岭，尽管部分经济学家仍坚持货币政策应该关注传统的宏观经济稳定，如物价（货币）稳定、产出稳定等；但越来越多的学者开始主张货币政策还应关注金融稳定目标的观点。由上述文献来看，围绕货币政策、资产价格、金融稳定、银行风险承担等方面的研究较为丰富，但对货币政策是否应将金融稳定纳入政策目标仍然没有确定答案。我国是新兴经济体，经济、金融正处于转轨时期，新常态背景下经济、金融更是复杂多变，所以没有现成理论能够指导中央银行维护金融稳定。

2007年和2015年我国股票市场发生剧烈波动，严重影响了社会经济运行，股票市场有待进一步完善。同时，2016年以来我国经济形势出现一些新情况，大量社会资金没有进入实体经济，或者进入股票市场制造泡沫，或者助推一线和二线城市房地产价格大幅攀升。更为严峻的是，企业负债率飙升，金融风险凸显。所以，如何防范和化解系统性金融风险是货币当局现在及未来需要考虑的一项重要工作。为此本书将金融稳定纳入分析框架，利用 DSGE 模型进行分析，为防范和化解金融风险提供一些思路。

三、基准模型

本部分构建一个基准 DSGE 模型，借鉴 Andreasen 等（2010）的思想在银行系统中纳入期限转换，然后引入货币政策框架中，分析银行杠杆率的变动机制。第四部分将在此基准模型基础上，进一步纳入股票市场和房地产部门构建一个更为全面的分析框架。

（一）银行部门

对商业银行的刻画主要借鉴 Andreasen 等（2010），银行的业务模式是借短贷长，但这一基本特征并未在 DSGE 模型得到足够重视。对商业银行资产负债表简化处理，其通过向家庭部门吸收存款，再向企业发放贷款，赚取利差。商业银行的资产负债表可以表示为：

$$S_t = N_t + D_t \tag{3-1}$$

其中，S_t 贷款量；N_t 为积累的财富；D_t 为存款量。记商业银行收入为 REV_t；家庭部门存款利率为 R_t；比例税率为 τ；则其积累的财富可表示为：

$$N_{t+1} = (1-\tau)[REV_t - R_t D_t] \tag{3-2}$$

根据资产负责表进一步可以得到财富的演化方程：

$$N_{t+1} = (1-\tau)[REV_t - R_t S_t + R_t N_t] \tag{3-3}$$

银行视企业投资优化情况发放贷款，假设每期只有 $1-\alpha_k$ 比例的企业能优化投资，α_k 比例的企业在 t 期仍然使用 $t-m$（$m=1, 2, \cdots$）期选择的资本进行生产，这意味着银行贷款合约每期只有 $1-\alpha_k$ 比例可相应调整。银行根据企业资本的实物价值进行贷款：

$$\tilde{S}_t = Q_t^k \tilde{K}_{t+1} e^{\varepsilon_t^k} \tag{3-4}$$

$$S_t = (1-\alpha_k)\tilde{S}_t + \alpha_k(1-\delta)S_{t-1} \tag{3-5}$$

上式中 $\tilde{K}_{t+1}$ 为优化后的资本存量；Q_t^k 表示资本品价格；$\tilde{S}_t$ 调整合约的贷款量。ε_t^k 为贷款不良率（风险暴露）冲击，服从均值为零，标准差为 σ_k 的独立分布。（3-5）式意味着银行总贷款量等于能优化投资的企业贷款量与不能优化投资的企业贷款量之和。

银行每期收入可因此表示为：

$REV_t = (1-\alpha_k)\sum_{j=0}^{\infty}\alpha_k^j R_{t-j}^L \tilde{S}_{t|t-j}$。收入的动态变化也随之确定：

$$REV_t = (1-\alpha_k)R_t^L\tilde{S}_{t|t} + \alpha_k(1-\delta)REV_{t-1} \tag{3-6}$$

假设银行家每期退出的概率为 α_b，并将财富转移给家庭，退出的银行家被新进入的银行家替代，那么银行的价值 V_t 可表示为净财富未来累计贴现值。根据 Andreasen 等（2010）的研究，银行家转移银行存款及财富的比例为 Λ，所以银行家还满足激励相容约束：

$$V_t = E_t\sum_{j=0}^{\infty}(1-\alpha_b)\alpha_b^j\beta^{j+1}\frac{\lambda_{t+j+1}}{\lambda_t}n_{t+j+1} \tag{3-7}$$

$$V_t \geqslant \Lambda(N_t + D_t) \tag{3-8}$$

由银行的净值与贷款，可定义银行的杠杆率（LEV_t）：

$$S_t = LEV_t N_t \tag{3-9}$$

LEV_t 由待定系数法可得：

$$x_{1,t} = (1-\alpha_b)E_t[\beta\frac{\lambda_{t+1}}{\lambda_t}(\frac{REV_t}{S_t} - R_t)] + E_t[x_{1,t+1}\alpha_b\beta\frac{\lambda_{t+1}S_{t+1}}{\lambda_t S_t}] \tag{3-10}$$

$$x_{2,t} = (1-\alpha_b) + E_t[x_{2,t+1}\alpha_b\beta\frac{\lambda_{t+1}N_{t+1}}{\lambda_t N_t}] \tag{3-11}$$

$$LEV_t = \frac{x_{2,t}}{\frac{\Lambda}{1-\tau} - x_{1,t}} \tag{3-12}$$

由（3－12）式可知，银行杠杆率与 $x_{1,t}$、$x_{2,t}$ 正相关，从（3－10）式可以看出，银行收益成本比 $\frac{REV_t/S_t}{R_t}$ 与银行杠杆率正相关，REV_t/S_t 即贷款的平均收益，R_t 为存款成本，这意味着银行利差提高，会推动杠杆率上升。

（二）企业

1. 批发商品厂商。假设企业存在于［0，1］连续统上，面临完全竞争的市场结构，从家庭部门雇佣劳动，从资本品厂商租赁资本，使用柯布道格拉斯生产函数进行生产，并批发给零售商。

$$Y_t^i = A_t(K_t^i)^{\alpha}(L_t^i)^{1-\alpha} \tag{3-13}$$

$$\ln(A_t) = \rho_a\ln(A_{t-1}) + \varepsilon_t^a \tag{3-14}$$

其中，A_t 为技术水平，$\rho_a \in (0,1)$，ε_t^a 服从均值为零，标准差为 σ_a 的独立分布。

企业在购买新设备或建立新工厂时，往往涉及信息搜集、决策制定等系列过程，涉及较高的固定成本，这使得部分企业并不是每期都更新设备，不能更新设备时使用旧设备，在特定时期才会有新投资。

$$\max E_t \sum_{j=0}^{\infty} \alpha_k^j \beta^j \frac{\lambda_{t+j}}{\lambda_t}\left[\frac{A_{t+j}}{X_t}\left((1-\delta)^j K_t\right)^{\alpha} L_{t+j|t}^{1-\alpha} + Q_{t+j}^k (1-\delta)^{j+1} K_t - R_t^L Q_{t+j-1}^k (1-\delta)^j K_t - W_{t+j} L_{t+j|t}\right] \quad (3-15)$$

对资本进行优化，可得一阶条件：

$$E_t \sum_{j=0}^{\infty} \alpha_k^j \beta^j \frac{\lambda_{t+j}}{\lambda_t}\left[\alpha \frac{A_{t+j}}{X_t}(1-\delta)^{j\alpha}(\tilde{K}_t)^{\alpha-1}\tilde{L}_{t+j|t}^{1-\alpha} + Q_{t+j}^k (1-\delta)^{j+1} - R_t^L Q_{t+j-1}^k (1-\delta)^j\right] = 0 \quad (3-16)$$

上式的解包含无穷多项式，为方便后期数值计算或对数线性化，可以用若干递归方程对最优解 $\tilde{K}_t$ 进行递归描述。

$$Z_{1,t} + Z_{2,t} = Z_{3,t} \quad (3-17)$$

$$Z_{1,t} = \alpha \frac{A_t}{X_t}\tilde{K}_t^{\alpha-1}\tilde{L}_t^{1-\alpha} + E_t\left[Z_{1,t+1}\beta\alpha_k(1-\delta)\frac{\lambda_{t+1}}{\lambda_t}\right] \quad (3-18)$$

$$Z_{2,t} = Q_t^k(1-\delta) + E_t\left[Z_{2,t+1}\beta\alpha_k(1-\delta)\frac{\lambda_{t+1}}{\lambda_t}\right] \quad (3-19)$$

$$Z_{3,t} = Q_{t-1}^k R_t^L + E_t\left[Z_{3,t+1}\beta\alpha_k(1-\delta)\frac{\lambda_{t+1}R_t^L}{\lambda_t R_{t+1}^L}\right] \quad (3-20)$$

对劳动进行优化，一阶条件可将可调整资本的企业对劳动的需求与优化的资本联系起来：

$$\tilde{L}_t = \left(\frac{X_t W_t}{A_t(1-\alpha)}\right)^{\frac{-1}{\alpha}}\tilde{K}_t \quad (3-21)$$

同时总量劳动满足：

$$L_t = \left(\frac{X_t W_t}{A_t(1-\alpha)}\right)^{\frac{-1}{\alpha}} K_t \quad (3-22)$$

2. 资本品厂商。据 Dib（2009），资本品厂商为批发商品厂商提供资本，生产一单位资本品需要耗费$\frac{\kappa_i}{2}\left(\frac{I_t}{I_{t-1}}-1\right)^2$单位成本，选择 I_t 实现利润最大化：

$$\max E_t \sum_{t=0}^{\infty} \beta^t \lambda_t\left[Q_t^k\left[I_t - \frac{\kappa_i}{2}\left(\frac{I_t}{I_{t-1}}-1\right)^2 I_t\right] - I_t\right] \quad (3-23)$$

上式中 λ_t 为消费的边际效用，由于企业利润都被转移至家庭，所以将利润效用化。选择投资品数量，记 S（·）为投资调整成本，优化上式可得投资与资本的价格关系：

$$Q_t^k=\frac{1-E_t[\beta\frac{\lambda_{t+1}}{\lambda_t}Q_{t+1}^k S'(\frac{I_{t+1}}{I_t})(\frac{I_{t+1}}{I_t})^2]}{1-S(\frac{I_t}{I_{t-1}})-S'(\frac{I_t}{I_{t-1}})\frac{I_t}{I_{t-1}}} \tag{3-24}$$

总资本存量演化方程为：

$$K_{t+1}=(1-\delta)K_t+[1-\frac{\kappa_i}{2}(\frac{I_t}{I_{t-1}}-1)^2]I_t \tag{3-25}$$

3. 零售商。垄断竞争的零售商得到批发商品，可以将其无成本的转化为最终商品，收取一定的加成出售给家庭和资本品生产商，销售定价机制采取 Calvo（1983）的形式，每期只有 $1-\theta$ 比例的零售商能灵活定价，记 P_t^w 为名义批发价：X_t 为总的价格加成，则 $P_t=P_t^w X_t$，零售商选择价格 P_t^* 最大化利润。

$$\Pi^R = \sum_{j=0}^{\infty}\theta^k E_t[Q_{t,t+k}(P_t^* Y_{t+k|t}-\Psi_{t+k}(Y_{t+k|t}))] \tag{3-26}$$

其中，$Q_{t,t+k}$为随机贴现因子；Ψ_{t+k}（$Y_{t+k|t}$）为总成本，通过最优化行为可以得到反映通胀动态的菲利普斯曲线。

$$\hat{\pi}_t=\beta E_t\hat{\pi}_{t+1}-\frac{(1-\theta)(1-\beta\theta)}{\theta}(\hat{x}_t+\varepsilon_t^x) \tag{3-27}$$

上式中 $\hat{\pi}_t$ 为通胀对稳态的偏离；$\hat{x}_t$ 为价格加成对稳态的偏离；ε_t^x 为下游（此处为零售商）对上游价格加成冲击，服从均值为零，标准差为 σ_x 的独立同分布。

（三）家庭

采用货币可以产生效用的建模思路，家庭部门通过选择消费、劳动、真实货币余额最大化自身一生的效用，记 ε_t^η 为均值为零；标准差 σ_l 为劳动供给弹性冲击，具有消费习惯的效用函数设定为：

$$U_t=\frac{(C_t-hC_t)^{1-\sigma}}{1-\sigma}-\varphi\frac{L_t^{1+\eta}}{(1+\eta)e^{\varepsilon_t^\eta}}+\chi\frac{m_t^{1-\upsilon}}{1-\upsilon} \tag{3-28}$$

其中，φ、χ 为对休闲、持有货币的相对偏好；η 为劳动供给弹性的倒数、υ 为货币的利率弹性的一个比例。记其他部门转移给家庭的利润为 Π_t，家庭部门的预算约束为：

$$C_t+D_t+m_t=W_tL_t+R_{t-1}D_{t-1}+\frac{m_{t-1}}{\pi_t}+\Pi_t \tag{3-29}$$

利用拉格朗日法对一生效用求最大化，记拉格朗日乘子为 λ_t，则消费、存款、劳动、货币余额的一阶条件依次为：

$$\lambda_t = E_t[(C_t - hC_{t-1})^{-\sigma} - \beta h(C_{t+1} - hC_t)^{-\sigma}] \quad (3-30)$$

$$1 = E_t[\beta \frac{\lambda_{t+1}}{\lambda_t} R_t] \quad (3-31)$$

$$\phi L_t^{\eta} = \lambda_t W_t e^{\varepsilon_t^p} \quad (3-32)$$

$$\chi m_t^{-v} = \lambda_t - \beta E_t \frac{\lambda_{t+1}}{\pi_{t+1}} \quad (3-33)$$

上述四个一阶条件中，（3-30）式为消费的边际效用，（3-31）式反映了实际无风险利率和消费相对边际效用的关系，（3-32）式为劳动的供给方程。（3-33）式为货币的需求方程，结合（3-31）式可知，货币需求与实际利率呈反相关，即实际利率越高，愿意持有的真实货币余额会下降。

（四）中央银行

根据费雪方程式，实际利率和名义利率有如下关系，$R_t = E_t \frac{R_t^n}{\pi_{t+1}}$。央行可以通过调控利率规则调控市场利率。

$$\ln \frac{R_t^n}{R_{ss}^n} = \rho_r \ln \frac{R_{t-1}^n}{R_{ss}^n} + (1-\rho_r)(\rho_\pi \ln \frac{\pi_t}{\pi_{ss}} + \rho_y \ln \frac{Y_t}{Y_{ss}} + \rho_l \ln \frac{LEV_t}{LEV_{ss}}) + \varepsilon_t^R \quad (3-34)$$

上式各经济变量为对稳态的偏离值，若 $\rho_l = 0$，意味着央行不对杠杆率进行反应。ε_t^R 为冲击项，服从均值为零，标准差为 σ_r 的独立同分布。在中国的货币政策实践中，数量型规则使用较为频繁。所以还给出数量型规则，即控制货币供应量，记货币名义增速为 $G_t = M_t / M_{t-1}$，则货币供应量规则可描述为：

$$\ln \frac{G_t}{G_{ss}} = \rho_g \ln \frac{G_{t-1}}{G_{ss}} + \rho_{gy} \ln \frac{Y_t}{Y_{ss}} + \rho_{g\pi} \ln \frac{\pi_t}{\pi_{ss}} + \rho_{gl} \ln \frac{LEV_t}{LEV_{ss}} + \varepsilon_t^g \quad (3-35)$$

上式中 ε_t^g 为冲击项，服从均值为零，标准差为 σ_g 的独立同分布。通过调节货币供应量，影响住户部门的货币需求函数，进而会影响市场利率，同样如果 $\rho_{gl} = 0$，则意味着数量型规则不对杠杆率响应。

（五）市场出清

在竞争性均衡中，商品、资本、劳动、金融市场全部出清，所以除上文给出的条件外，还需要如下条件才能闭合模型。

$$Y_t = C_t + I_t \quad (3-36)$$

$$K_t = (1-\alpha_k)\tilde{K}_t + \alpha_k(1-\delta)K_{t-1} \quad (3-37)$$

四、参数校准与机制分析

（一）参数设定

对于部分参数已有文献中使用较多，本书直接借鉴，如资本份额、折旧率，劳动供给弹性的倒数、贴现因子、风险厌恶程度、消费习惯、可灵活调整价格比例等。$\{\alpha、\delta、\eta、\beta、\sigma、h、\theta\} = \{0.5、0.025、2、0.995、1.5、0.8、0.75\}$。对于期限转换比例 α_k 先设定为 0，后取不同值进行比较。对于资本调整成本参数 κ_i 设定为 2.5。根据 Andreasen 等（2010），将 Λ 设定为 0.2；τ 设定为 0.015；α_b 设定为 0.972。υ 设定为 1，商业银行均衡的收益财富比、杠杆率可通过均衡关系推导得出。均衡的消费产出比根据 Higgins and Zha（2015）构建的中国宏观经济数据库设定为 0.48。政策利率对通胀的反应系数设定为 1.5，对产出的反应系数设定为 0.5，借鉴闫先东和张炎涛（2016），货币供应量增速对通胀的反应系数设为 1，对产出的反应系数设为 0.2，对银行风险承担的反应系数先设定为零，所有冲击的平滑系数取值为 0.9，冲击标准差设定为 0.1。

（二）机制分析

考虑负向货币供应量冲击（紧缩货币政策），且 $\alpha_k = 0$，即 $D = 1$ 的情况①。从图 3-3 看，当一个负向货币供给冲击来临时，首先通过货币需求函数引致名义利率上升，通胀黏滞使得实际利率上升，居民会选择延迟消费，导致消费下行。由于企业可以通过抵押资本获得融资，相对无抵押品机制，可放大资金的边际收益，对资本、投资需求增加。同时投资品供给因可得到更多产出分配而增加，推动投资品价格下降，使得投资品价格呈现反周期特征。在消费和投资的推动下，产出先下行后上行。

在图 3-3 中，一个负向的货币供给冲击还会导致银行杠杆率（lev）的下行。图 3-4 给出了其中的传导机制。紧缩的货币政策冲击来临后，投资品会出现价格下跌，但由于资本存量变化较慢，使得其价值 $Q_t^k K_{t+1}$ 下跌，导致贷款的需求曲线向左移动；另一方面，无风险利率的上升推动了银行资金来源成本上升，导致贷款供给也向左移动。由于金融加速器的作用，贷款需求下降幅度更大，使得贷款利率由图 3-4 中的 R^A 下行至 R^B。同时由图 3-3 可知，银行存款利率上升幅度要大于贷款变化幅度，银行利差收窄，且银行发放的贷款也相应下降，导致银行每一单位贷款的边际净收益及财富积累增速下降，即 x_{1t}、x_{2t} 下降，由于杠杆率 Lev 与两者呈正相关，

---

① 每期可调整资本的企业比例为 α_k，贷款合约的平均期限可表示为 $D = 1/(1-\alpha_k)$。

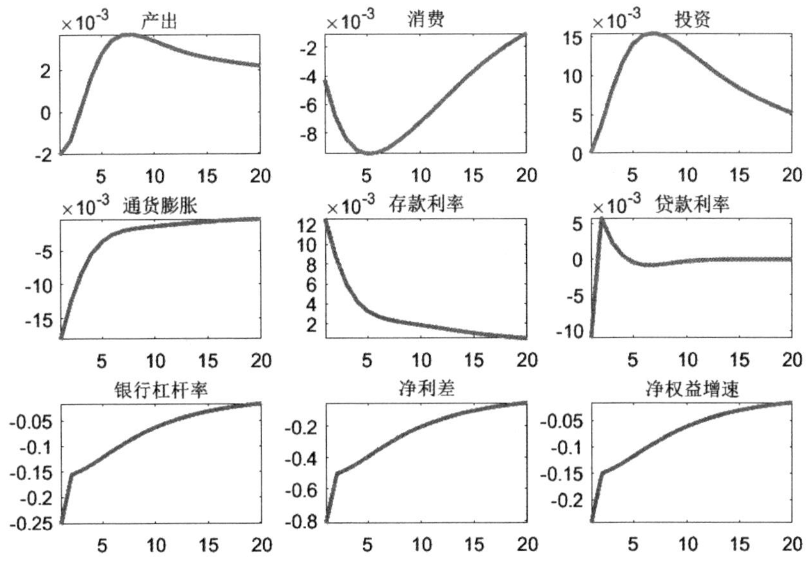

图 3－3 负向货币供应量冲击对主要变量的影响（$D=1$）

银行杠杆率因此下降。最终的结果是，在图 3－4 右半部分中，一个负向货币供给冲击导致杠杆率由 C 点移向 D 点。

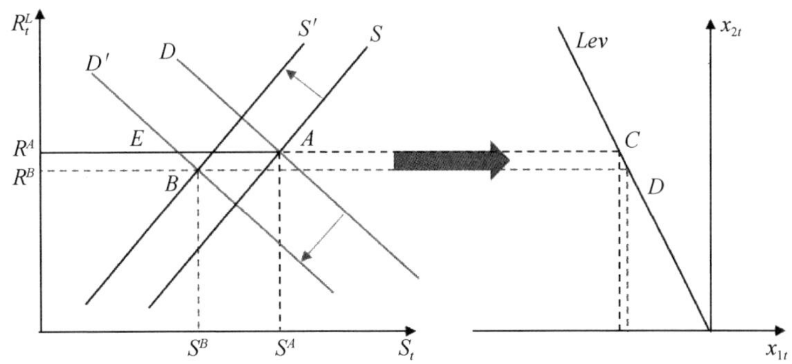

图 3－4 负向货币供给冲击对银行杠杆率影响的传导机制

接下来进一步分析期限转换的影响（即考察 D 对经济波动的影响）。商业银行借短贷长的业务模式是否会引致经济金融额外波动，可以通过控制资金借入期限，分析变动资金运用期限对经济波动的影响。通过对比可以发现，在贷款期限调整周期变长时，经济变量的波动会相应有所扩大或缩小。如图 3－5 所示，贷款期限调整周期变长，意味着越少比例的贷款合约能够重新签订，在负向货币供应量冲击来临后，D 越大[①]，贷款利率下降幅度越小，银行积累的财富越多，越能够给企业提供更多贷款，因此投资也随着 D 的增大而增多，产出也呈现与投资类似的动态。贷款作为维持企业生产经营的运营资本，直接影响企业边际成本，导致通货膨胀与产出动态背离，即通胀在负向货币供应量冲击来临后出现下行，需要较长时间回归稳态，但产出在第 2 期之后就由负转正。货币政策对通货膨胀与产出逆周期调节，使得无风险利率上升，因为对通货膨胀反应更为强烈，所以无风险利率（存款利率）的动态与通货膨胀动态刚好相反，并带动消费下行。由存贷款利率走势可知，银行净利差随贷款调整期限延长而出现更大幅度下行，银行杠杆率也随之下降幅度更甚。

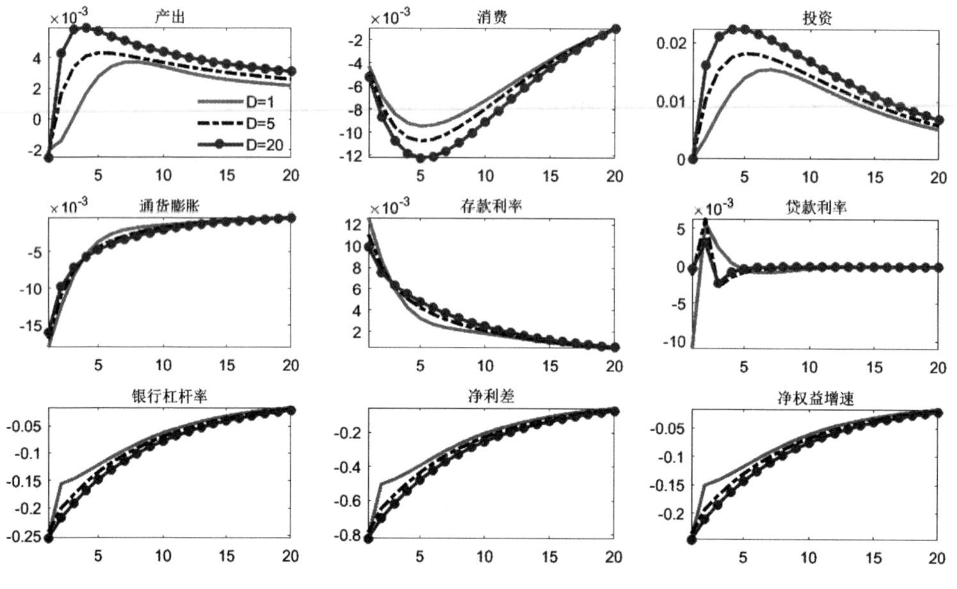

图 3-5　期限转换对负向货币供应量冲击的放大效应

五、引入股票和房地产市场

本部分在基准模型的基础上进一步引入股票市场和房地产市场，一方面资本市场是金融市场的重要组成部分，资本市场会通过影响参与主体的财富效应或投资行为影响实体经济，同时也会通过金融产品与金融中介相关联。另一方面，1998 年以来我国房地产市场进入快速发展时期，与此同时大量信贷资金流入房地产市场，其对经济、金融的影响日益加大，使得房价成为资产价格的重要组成部分。

① $D=1/(1-\alpha_k)$，α_k 越大，D 越大。

（一）纳入股票市场的模型

考虑到股票市场波动对金融稳定的影响，本书在基准模型的基础上进行拓展引入股票市场。目前将股票市场引入 DSGE 模型主要有两种做法：一是通过影响消费引起其他宏观变量的变化（Nisticò，2005；Funke 等，2011）；二是通过投资影响经济（Miao 和 Wang，2011），为简单起见，本书主要借鉴第一种做法，重点探讨股票市场波动传导机制及货币政策的影响。

根据 Nisticò（2005）的做法，居民在资产配置中可以选择配置股票，通过一阶条件可获得最大化行为表达式：

$$Q_t^s(j)=E_t[Q_{t+1}^s(j)+DV_{t+1}(j)]/R_t+\varepsilon_t^s \tag{3-38}$$

$$\ln DV_t=\rho_d \ln DV_{t-1}+\varepsilon_t^d \tag{3-39}$$

$$1=\frac{\gamma\lambda_t}{\beta(1-\gamma)}(1-\beta(1-\gamma))E_t\frac{\Omega_{t+1}}{R_t}+\frac{1}{\beta}\frac{\lambda_t}{R_tE_t\lambda_{t+1}} \tag{3-40}$$

其中（3－38）式为股价决定方程，Q_t^s 为家庭持有的股票价格；Ω_{t+1} 为家庭持有的金融资产。DV_t 为股票分红，服从一阶自回归形式。相关参数按 Nisticò（2005）的方法校准，ρ_d 则校准为 0.9。ε_t^s、ε_t^d 服从均值为零，标准差为 σ_s、σ_d 的独立同分布。由（3－38）式可以看出，实际利率提高，股价会下跌；股价下跌对消费有抑制作用，即股票市场存在财富效应①。

（二）进一步纳入房地产市场的模型

借鉴侯成琪和龚六堂（2014）的做法，家庭持有房地产 H_t 产生效用，记家庭对房地产偏好参数为 χ_2；房地产实际价格为 Q_t^h；房地产存量折旧率 δ_h。与侯成琪和龚六堂（2014）不同的是，本章中只存在一个家庭（耐心家庭），为最大化效用函数，对 H_t 求一阶导，可得：

$$\chi_2/H_t=\lambda_tQ_t^h-\beta E_t\{\lambda_{t+1}(1-\delta_h)Q_{t+1}^h\} \tag{3-41}$$

生产部门借鉴 Iacoviello 和 Neri（2010）的做法，假设批发商既生产最终消费品，也进行房地产开发，但与其不同的是，本书由于假设只有一个代表性家庭，向金融中介存款，然后批发商通过抵押进行贷款融资。为简化分析设房地产生产函数类似 AK 模型，房地产部门利用土地 L_t，并向银行部门融资以租借资本进行生产，房地产生产函数为：

$$Y_{ht}=\overline{L}_tK_{ht}^{\alpha_h} \tag{3-42}$$

---

① 对比（3－30）式可知，此处消费除受利率影响外，还受金融资产影响（通过消费的影子价格），金融资产的价值升高，会促进消费。

$$\hat{\bar{L}}_t = \rho_l \hat{\bar{L}}_{t-1} + \varepsilon_t^l \tag{3-43}$$

$$K_{ht} = (1-\delta_k) K_{h,t-1} + I_{ht} \tag{3-44}$$

土地 $\bar{L}_t$ 由一个外生过程决定；ε_t^l 服从均值为零；标准差为 σ_L 的独立同分布。α_h 为房地产生产中资本份额，初步校准为0.5；δ_k 为折旧率，校准为0.025；ρ_l 校准为0.9。

同时假设房地产部门的资本调整合约与基准模型一致，则批发部门满足如下借贷约束：

$$\tilde{S}_t \leqslant \theta_{1t} Q_t^k \tilde{K}_{t+1} e^{\varepsilon_t^k} + \theta_{2t} Q_t^{kh} \tilde{K}_{h,t+1} \tag{3-45}$$

$$K_{ht} = (1-\alpha_k) \tilde{K}_{ht} + \alpha_k (1-\delta_k) K_{h,t-1} \tag{3-46}$$

$$\ln\theta_{1t} = (1-\rho_{\theta_1}) \ln\theta_1 + \rho_{\theta_1} \ln\theta_{1t-1} + \varepsilon_t^{\theta_1} \tag{3-47}$$

$$\ln\theta_{2t} = (1-\rho_{\theta_2}) \ln\theta_2 + \rho_{\theta_2} \ln\theta_{2t-1} + \varepsilon_t^{\theta_2} \tag{3-48}$$

θ_{1t}、θ_{2t}为实体生产部门、房地产部门的抵押率，可以反映对实体经济、房地产业的结构性货币（或信贷）政策。其中 $\varepsilon_t^{\theta_1}$、$\varepsilon_t^{\theta_2}$ 分别为实体资本抵押率、房地产资本抵押率冲击，其分别服从均值为零、标准差为 σ_{θ_1}、σ_{θ_2}的独立同分布。房地产贷款占总贷款份额校准为0.2；ρ_{θ_1}、ρ_{θ_2}初步校准为0.9。

设总的产出为 Y_{zt}，结合基准模型，可得如下均衡关系：

$$Y_{zt} = Y_t + Q_t^h Y_{ht} \tag{3-49}$$

$$Y_t = C_t + I_t + I_{ht} \tag{3-50}$$

$$Y_{ht} = H_t - (1-\delta_h) H_{t-1} \tag{3-51}$$

借鉴侯成琪和龚六堂（2014），将 δ_h、δ_k、$\frac{Q^h Y_h}{Y_z}$、$\frac{I}{Y}$、$\frac{I_h}{Y}$校准为0.008、0.025、0.05、0.347、0.148，α_h 校准为0.5。房地产业均衡抵押率 θ_2 校准为0.6，实体企业抵押率 θ_1 稍低取值为0.4。

图3-6给出了负向货币供给冲击下基准模型、加入股票市场及房地产市场的三类模型的对比图。可以看出，加入股票市场的模型，所有的脉冲响应基本上与基准模型一样，这是因为本书为反映我国实际情况对股票市场的建模并未刻画其与实体经济及金融中介的深度关联，所以其对主要经济变量的影响相对来说很小。进一步加入房地产市场的模型虽然变量在反应方向上一致，但反应幅度明显不一致。在紧缩的货币政策下，实际无风险利率出现上升，房地产投资下降，带动对房地产贷款需求下降，贷款利率下降，导致银行实际利差收窄。在贷款量价齐跌的情况下，银行杠杆率收窄。同时，由于房地产投资带动总投资下降，使得总产出下降，内生的

货币供给规则，使得相对没有房地产市场的模型货币供给收紧幅度相对较小，导致无风险利率上升空间收窄，从而消费下降幅度也相对收窄。

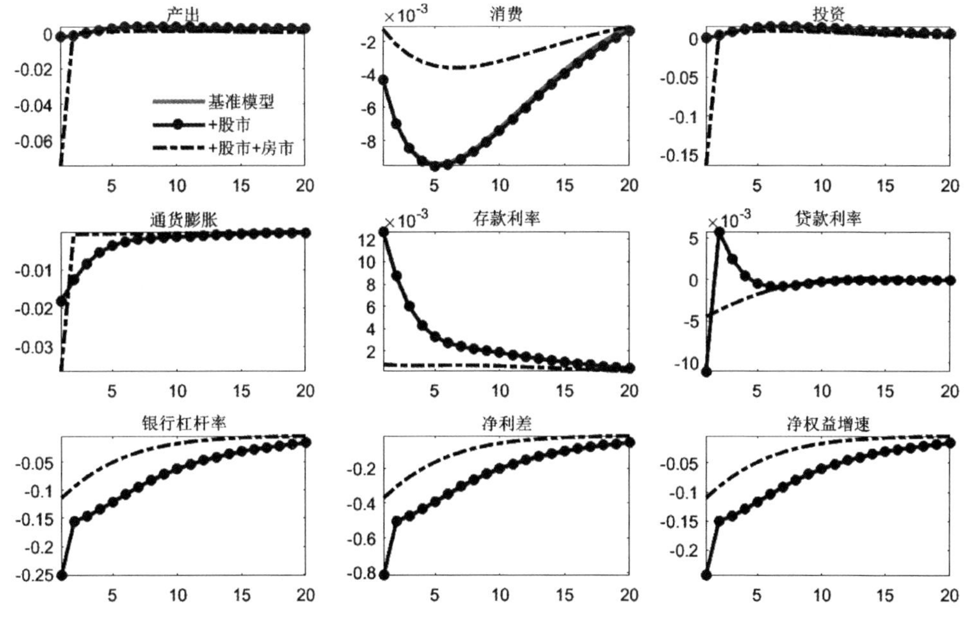

图 3-6 负向货币供给冲击下房地产市场和股票市场的波动效应

六、对完整模型的贝叶斯估计与实证分析

（一）贝叶斯估计

为进一步观察货币政策冲击下杠杆率及银行风险承担变化趋势，本部分利用 2000 年第一季度至 2016 年第四季度产出、通胀、货币供应量、7 天同业拆借利率作为观测变量进行贝叶斯估计，利用 CPI 月度数据推算出以 2000 年第一季度为基期的季度环比 CPI。并对名义产出进行平减，名义产出为名义消费和投资之和，数据来自 Higgins 和 Zha（2015）建立的季度数据库。三个观测变量季调后取对数再进行去趋势处理。本部分主要对现有文献中不是十分确定的参数进行贝叶斯估计，对始终为正的参数的先验分布设定为伽马分布，数值在 0 至 1 之间的参数设定为贝塔分布，而冲击标准差设定为逆伽马分布，相应均值和标准差，及后验估计结果详见表 3-1。贝叶斯估计步骤如下：第一步，对待估参数猜测一个初始值（见表 3-1 先验分布）；第二步，利用程序在 Chris Sim's csminwel 算法下找到后验似然函数的最大值；第三步，找出似然函数最大值（934.46）下的各估计参数的后验众数和标准差，该

后验众数也是后文分析的基础。从表 3－1 可以看出，大部分后验众数及其标准差都与先验分布差别较大，说明其中涵盖了较多观测数据中的信息。同时，表 3－1 中 α_k 的后验均值为 0.9505，这意味着企业贷款合约平均约 20.2 期，即大概 5 年时间调整一次资本。

表 3－1　　贝叶斯估计设定及结果

参数	先验分布	后验众数	后验众数标准差
κ	Gamma（2.5，0.5）	2.4022	0.0957
X_{ss}	Gamma（1.15，0.2）	1.1092	0.1959
υ	Gamma（0.016，0.01）	0.0082	0.0031
α_k	Beta（0.8，0.1）	0.9505	0.0119
α_h	Beta（0.5，0.2）	0.0479	0.0078
h	Beta（0.8，0.1）	0.9615	0.0382
ρ_g	Beta（0.5，0.2）	0.3322	0.0173
$\rho_{g\pi}$	Gamma（1.2，0.2）	0.8418	0.0501
ρ_{gy}	Beta（0.2，0.1）	0.6286	0.0140
ρ_a	Beta（0.5，0.2）	0.1772	0.0056
ρ_d	Beta（0.5，0.2）	0.5722	0.0202
ρ_l	Beta（0.5，0.2）	0.9120	0.0107
ρ_{θ_1}	Beta（0.5，0.2）	0.9713	0.0096
ρ_{θ_2}	Beta（0.5，0.2）	0.2320	0.0194
σ_a	Inv－gamma（0.1，2.0）	0.0725	0.0030
σ_k	Inv－gamma（0.1，2.0）	0.0246	0.0031
σ_l	Inv－gamma（0.1，2.0）	0.0323	0.0032
σ_x	Inv－gamma（0.1，2.0）	0.0444	0.0037
σ_d	Inv－gamma（0.1，2.0）	0.1109	0.0067
σ_s	Inv－gamma（0.1，2.0）	0.0394	0.0052
σ_L	Inv－gamma（0.1，2.0）	0.1638	0.0080
σ_g	Inv－gamma（0.1，2.0）	0.0123	0.0010
σ_{θ_1}	Inv－gamma（0.1，2.0）	0.0304	0.0029
σ_{θ_2}	Inv－gamma（0.1，2.0）	0.0337	0.0037

图 3-7 给出了冲击标准差参数的诊断结果①，可以看出除股票红利冲击标准差外，其他大部分参数的对数似然核函数②明显不水平，说明观测数据提供了大部分标准差参数的信息，其中技术冲击、风险暴露冲击、价格加成冲击、股价冲击以及资本抵押率冲击的后验似然函数接近正态分布，且后验众数都位于似然函数最大值处，说明这些参数得到很好的估计。

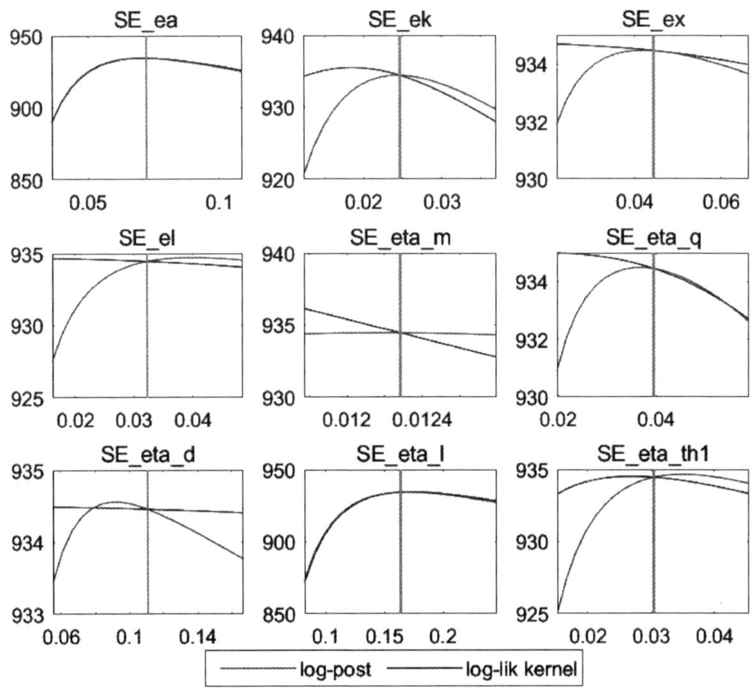

图 3-7 贝叶斯估计众数诊断结果一

从图 3-8 可以看出③，大部分参数估计结果较好，特别是投资调整成本参数、货币利率弹性参数、房地产生产函数资本份额、通胀响应参数等位于接近正态分布的后验似然函数的最大值处，说明这些参数估计效果较好。

---

① 按从左到右，从上至下的顺序，分别为技术冲击（ea）、风险暴露冲击（ek）、价格加成冲击（ex）、劳动供给弹性冲击（el）、货币供应冲击（eta_m）、股价冲击（eta_q）、股票分红冲击（eta_d）、土地供应冲击（eta_l）、实体抵押率冲击（eta_thl）的标准差的众数诊断结果。

② 对数似然核函数（log - likelihood kernel function）。

③ 按从左到右，从上至下的顺序，分别为房地产抵押率冲击标准差、投资调整成本参数、均衡价格加成比例、利率货币弹性、可调整资本企业比例、房地产生产函数中资本份额、家庭部门消费习惯参数、数量型货币政策持续性参数以及货币政策对通货膨胀的反应系数的众数诊断结果。

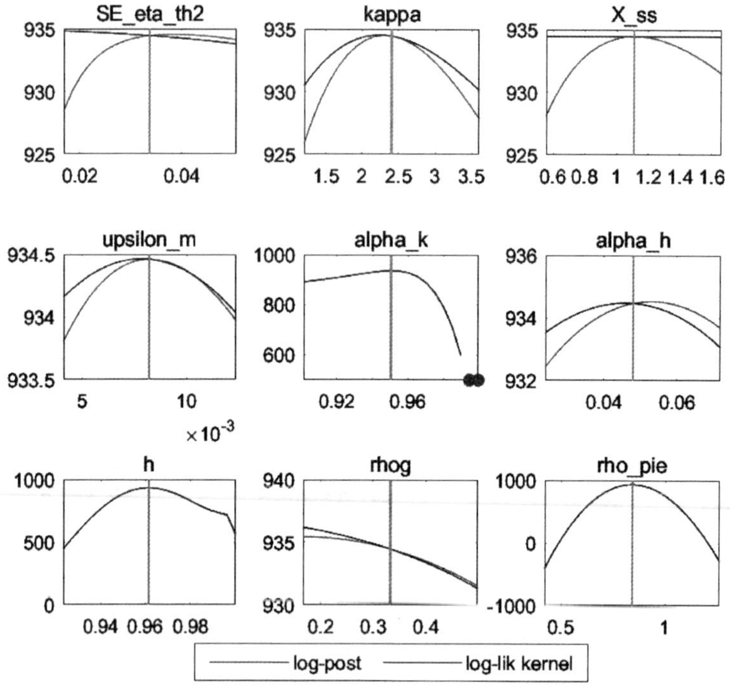

图 3-8 贝叶斯估计众数诊断结果二

从图 3-9 可以看出①，观测数据没有很好的提供股票分红持续性与房地产贷款持续性参数的有效信息，且只有技术冲击持续性参数估计较为有效。

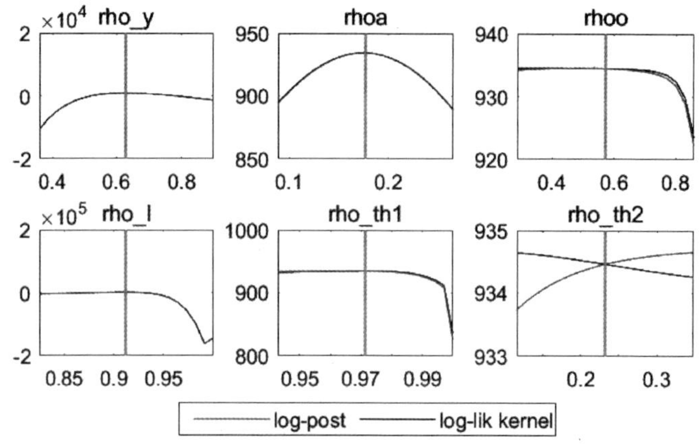

图 3-9 贝叶斯估计众数诊断结果三

① 按从左到右，从上至下的顺序，分别为数量型货币政策对产出的反应系数、技术持续性参数、股票分红持续性参数、土地供给持续性参数、实体抵押率持续性参数以及房地产抵押率持续性参数的众数诊断结果。

图 3－10 给出了外生冲击的估计结果，可以看出所有冲击均在 0 值附近波动，且无明显自相关性，说明估计结果良好。其中有几点需要关注：第一，货币供给冲击（eta_m）在 2007—2009 年走势基本与技术冲击相同，最近几年基本为正向，说明在经济新常态背景下，货币政策并没有趋紧。第二，土地供给冲击（eta_l）的波动性在 2010 年后相较之前的 10 年，波动性明显增大，这可能引致更大的金融不稳定。

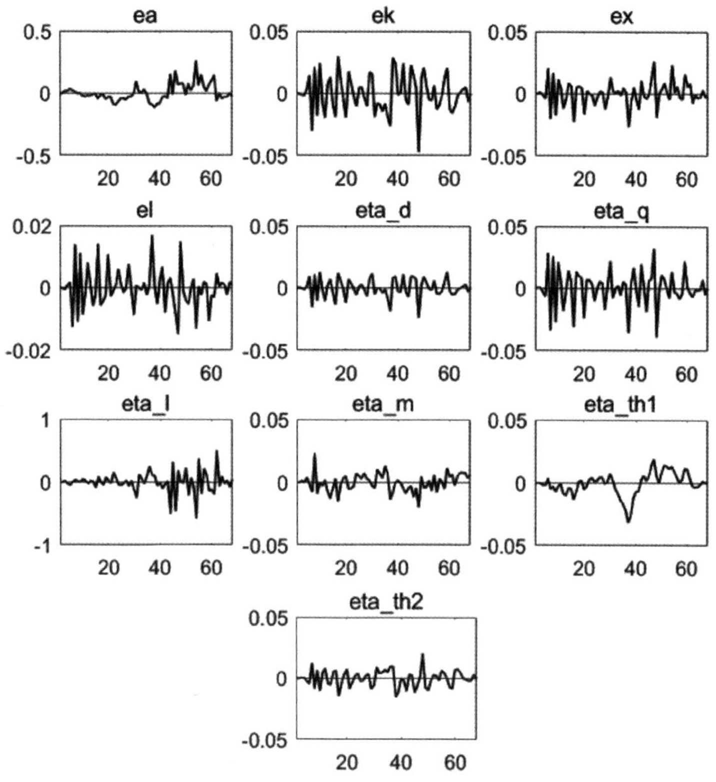

图 3－10 经济、金融冲击的估计

（二）方差分解

表 3－2 至表 3－6 给出了不同变量的方差分解结果，通过方差分解可以考察在观测期不同类型冲击，以及同一冲击在不同历史时期的波动效应。

从表 3－2 看，2000—2016 年，技术冲击、土地供应冲击、实体抵押率冲击以及货币政策冲击对 GDP 的波动贡献依次位居十大类冲击的前四位，且技术冲击对 GDP 波动有很强的抑制作用，而土地供应冲击、实体抵押率冲击、货币供给冲击则对 GDP 波动有较强的加剧作用①，说明相对技术冲击而言，后三者更容易成为经济波动的源头。分时间段看，2008 年后技术冲击对 GDP 波动的抑制作用比 2007 年以前明显加强；而土地供应冲击、实体抵押率冲击对 GDP 波动的加剧作用则在 2008 年以来明显更强；货币供给冲击对 GDP 的波动加剧效应在 2008 年前后两个时期变化幅度不大，说明经济对货币供给冲击的适应性较强。

从其他冲击看，风险暴露冲击在 2008 年后对 GDP 的影响变小，成本加成冲击、劳动力供给弹性冲击以及股价冲击由加剧效应转为抑制效应。

表 3－2　　　　GDP 的方差分解

样本区间	2000Q1－2016Q4	2000Q1－2007Q4	2008Q1－2016Q4
技术冲击	－491.9	－182.7	－766.8
风险暴露冲击	23.4	35.6	12.7
成本加成冲击	－8.4	5.8	－21.0
劳动供给弹性冲击	－4.1	5.4	－12.6
股票分红冲击	0.2	0.7	－0.2
股价冲击	－1.0	9.9	－10.8
土地供应冲击	408.9	144.0	644.3
货币供给冲击	61.2	62.5	60.1
实体抵押率冲击	108.8	15.7	191.6
房地产抵押率冲击	2.9	3.1	2.7
所有冲击	100	100	100

从表 3－3 看，2000—2016 年技术冲击对通货膨胀的影响占据绝对主导作用，在十大冲击中能解释通货膨胀变动的 90.5%，且在 2008Q1－2016Q4 期间，贡献率进一步高达 98.3%。在全样本观测时间窗口，虽然货币供给冲击对通胀的影响只能解释 2.7%，但分时间段看变化比较大，具体而言，在 2000Q1－2007Q4 期间，货币供给冲击能解释通胀波动的 16.8%，而在 2008Q1－2016Q4 期间贡献率转为负的 9.8%。

从表 3－4 看，2000—2016 年，土地供应冲击、实体抵押率冲击、技术冲击以及股价冲击对股价波动解释力贡献度位居前四，其中土地供应冲击、股价冲击会加剧股价波动；而技术冲击、实体抵押率冲击则会抑制股价波动。分时段看，土地供

① 抑制效应在表 3－2 中表现为负值，加剧效应表现为正值。

表 3－3　　通货膨胀的方差分解

样本区间	2000Q1－2016Q4	2000Q1－2007Q4	2008Q1－2016Q4
技术冲击	90.5	81.6	98.3
风险暴露冲击	－3.0	－9.6	2.8
成本加成冲击	4.2	7.3	1.4
劳动供给弹性冲击	2.4	4.5	0.5
股票分红冲击	－0.1	－0.2	0.0
股价冲击	－1.4	－4.0	0.9
土地供应冲击	－1.4	－4.0	0.9
货币供给冲击	2.7	16.8	－9.8
实体抵押率冲击	6.1	7.8	4.5
房地产抵押率冲击	0.1	－0.2	－0.2
所有冲击	100	100	100

应冲击对股价的波动加剧效应在 2008 年以后加强，股价冲击的波动加剧效应虽也加强，但幅度不是很大。技术冲击、实体抵押率冲击的抑制效应则全部体现在 2008Q1－2016Q4 期间，2008 年以前两者皆为微弱的加剧效应。其他冲击对股价的影响较为微弱，且在时序上的变化也较小。

表 3－4　　股价的方差分解

样本区间	2000Q1－2016Q4	2000Q1－2007Q4	2008Q1－2016Q4
技术冲击	－17.1	2.2	－34.3
风险暴露冲击	0.4	0.0	0.7
成本加成冲击	0.0	0.1	－0.2
劳动供给弹性冲击	0.0	0.0	－0.1
股票分红冲击	－0.3	－1.1	0.5
股价冲击	15.9	11.5	19.9
土地供应冲击	117.1	85.2	145.5
货币供给冲击	1.8	－0.2	3.6
实体抵押率冲击	－17.8	2.2	－35.6
房地产抵押率冲击	0.1	0.0	0.1
所有冲击	100	100	100

从表 3 - 5 看，2000—2016 年，土地供应冲击、技术冲击解释了房价波动的绝大部分，其中土地供应冲击占 79.5%，技术冲击占 13.4%。分时段看，土地供应冲击的解释力在 2008 年以后解释力稍不如前，但仍占 56.1%；而技术冲击则由 2008 年以前的 -5.5% 上升为 30.3%，效应由抑制转为加剧。其他冲击解释力较为微弱，其中广义货币政策冲击（货币供给、实体抵押率、房地产抵押率冲击）合计解释了 6.3%。本书对房价驱动因素的分析与 Iacoviello 和 Neri（2010）、Liu 等（2013）的观点一致。

表 3 - 5　　房价的方差分解

样本区间	2000Q1 - 2016Q4	2000Q1 - 2007Q4	2008Q1 - 2016Q4
技术冲击	13.4	-5.5	30.3
风险暴露冲击	0.7	1.1	0.4
成本加成冲击	0.0	0.0	0.1
劳动供给弹性冲击	0.1	0.0	0.1
股票分红冲击	0.0	0.0	0.0
股价冲击	0.0	0.0	-0.1
土地供应冲击	79.5	105.7	56.1
货币供给冲击	1.8	2.7	0.9
实体抵押率冲击	4.4	-4.2	12.1
房地产抵押率冲击	0.1	0.2	0.0
所有冲击	100	100	100

从表 3 - 6 看，2000—2016 年，土地供应冲击、实体抵押率冲击以及技术冲击对杠杆率波动的解释贡献率位居前三，其中土地供应冲击为明显的加剧作用，达 122.8%，而实体抵押率冲击与技术冲击都为抑制作用，分别占 -18.8%、-4.6%。分时段看，土地供应冲击的加剧效应在 2008 年以后更加强劲；实体抵押率冲击和技术冲击的抑制作用在 2008 年以后比之前的时期更为明显。在本书模型中实体抵押率与房地产抵押率同时出现在同一个方程中，可是方差分解结果表明房地产抵押率对杠杆率的影响贡献率几乎为零，主要是因为土地供应冲击解释力占据绝对主导地位所致①。

① 方差分解可以考察各冲击的相对贡献，并不代表单个冲击的绝对解释力。

表 3-6 杠杆率的方差分解

样本区间	2000Q1-2016Q4	2000Q1-2007Q4	2008Q1-2016Q4
技术冲击	-4.6	-0.2	-8.6
风险暴露冲击	0.2	1.2	-0.8
成本加成冲击	0.0	0.0	-0.1
劳动供给弹性冲击	0.0	0.0	-0.1
股票分红冲击	0.0	0.0	0.0
股价冲击	-0.1	-0.2	0.0
土地供应冲击	122.8	108.4	135.6
货币供给冲击	0.6	2.7	-1.4
实体抵押率冲击	-18.8	-12.1	-24.7
房地产抵押率冲击	0.0	0.0	0.0
所有冲击	100	100	100

图 3-11 给出了模型对 9 个主要变量的拟合情况，其中总产出、通胀和实际利率（名义利率剔除通胀）是可观测数据，其他六个变量为潜变量。由于货币供给冲击、实体抵押率冲击以及房地产抵押率冲击同属于广义货币政策范畴，所以将三者同时关掉考察数据拟合情况，通过图 3-11 的对比可以发现，关掉三个冲击后，产出、通胀、名义利率、实际货币余额的拟合与所有冲击全部打开时的拟合相比出现明显偏离，说明广义货币政策冲击对这些变量影响显著。而贷款、房地产投资以及工资的拟合偏离度相对小些，说明受广义货币政策的影响稍小。但对实体投资以及房价的拟合却完全与所有冲击打开时一致，说明广义货币政策对这些变量的影响相对最小。

图 3-12 给出了关掉土地供给冲击下变量拟合情况，可以看出土地供给冲击关掉后，产出、通胀、房地产投资、实际利率、杠杆率、股价及房价与所有冲击打开时的拟合情形偏离很大，说明土地供给冲击解释这些变量的波动贡献很大。从总产出、房地产投资以及通货膨胀看，在 2008 年后关掉土地政策冲击后的拟合与所有冲击同时打开时的拟合背离更为显著，说明这段时期土地政策的影响更大，说明土地政策对真实数据的解释越来越重要。从同时关掉土地供给冲击后，贷款利率拟合与所有冲击打开时完全重合，说明土地供给冲击不能解释贷款利率的波动。

（三）脉冲响应

从图 3-13 可以看出，货币供给的突然增加，会通过货币需求函数，降低无风险名义利率，同时通货膨胀由于黏性的存在而调整滞后，从而导致无风险实际利率

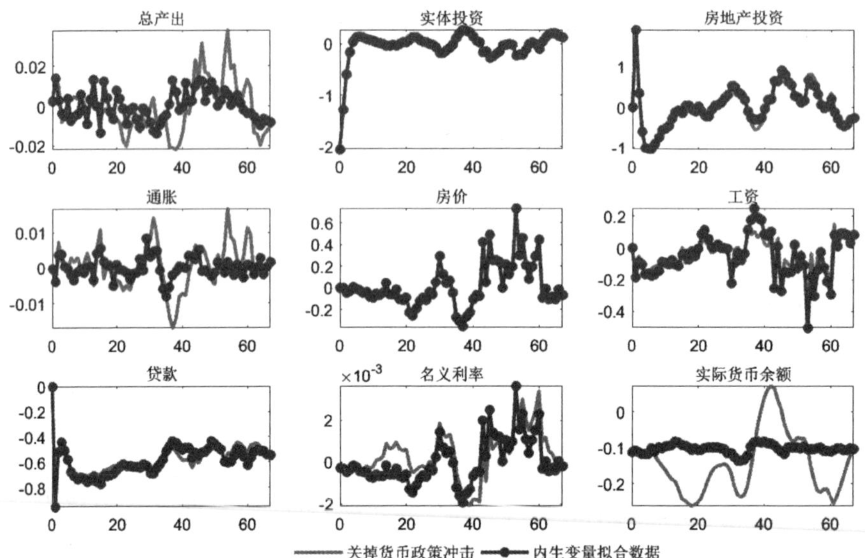

图 3-11 关掉广义货币供给冲击下变量拟合对比①

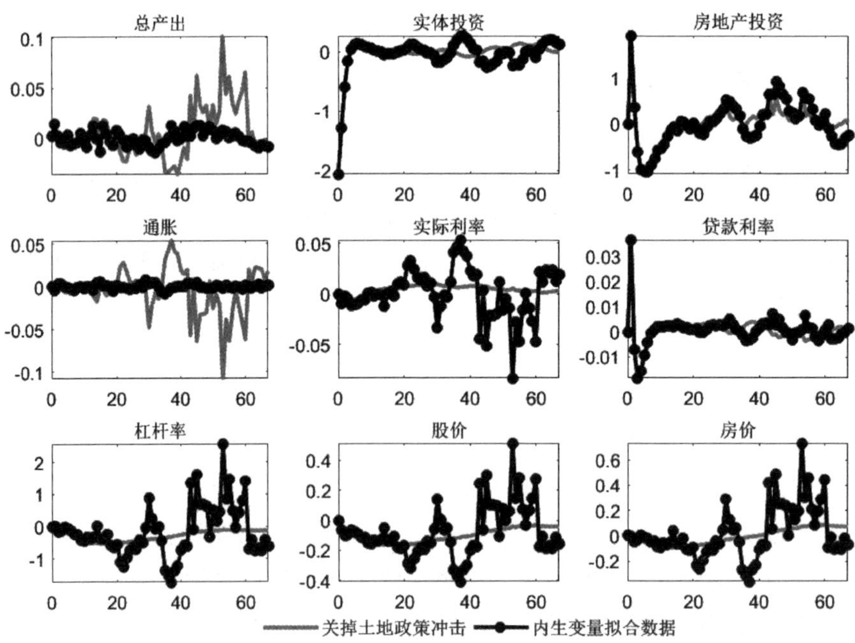

图 3-12 关掉土地政策冲击下变量拟合对比

① 关闭与打开冲击进行对比，是识别冲击对模型影响的手段之一，关闭与打开无差异不代表对该变量无影响，因为图 3-11 说明的是相对重要性，有时由于模型设置问题，可能该变量被其他变量解释更多。

下降。根据股价决定公式，无风险实际利率的下降，会导致股价正向偏离稳态。同时无风险利率的下降，意味着消费的边际效用相对下降，当期消费增加，对房地产消费也会增加，住房需求增加，导致房地产价格上升。

无风险实际利率的下降，会刺激实体企业与房地产企业的投资，从而资本价格随之上升，这放松了企业的抵押品约束，从而增加了对贷款的需求，结果是贷款利率的上升。贷款需求、存贷利差的扩大，推动银行杠杆率不断攀升。可以看出在需求冲击下，股价、房价，以及杠杆率具有较强的协同性。

再来分析风险暴露冲击产生的经济效应。实体经济面临风险暴露冲击时，实体经济抵押品价值下降，导致投资下降，但值得注意的是，由于生产部门既包含实体部门也包含房地产部门，所以在实体经济风险暴露增加的情况下，贷款将更多地流向房地产开发市场，总效应促使总产出仍会增加，并带动需求型通胀。房地产部门对贷款需求的支撑，使得贷款利率仍然上升，从而银行杠杆率也上升。产出、通胀的增加要求货币当局进行逆周期调节，名义利率下降，实际利率下降。与上文逻辑一样，无风险实际利率的下降，同样使得股价和房价上升。从上述过程可以看出，实体风险暴露冲击既相当于供给冲击，会影响产出，也有需求冲击的功能，会直接影响投资。

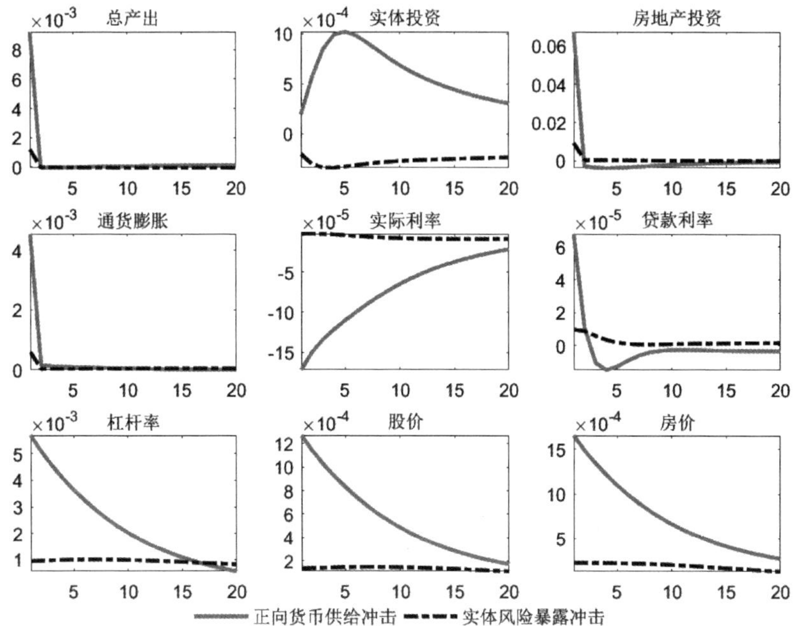

图 3－13　货币政策与风险暴露冲击的宏观经济效应①

① 风险暴露冲击引起的脉冲响应数量级相对较小。

从图 3－14 可以看出，实体经济面临一个正向的抵押率冲击时，融资需求增加，贷款利率攀升，导致实体投资品价格下降，实体投资随之下降。尽管此时更多资金由于“跷跷板效应”会流向房地产开发部门，带动房地产开发投资，并且超过实体投资减少的幅度，总产出仍然上升，并且带动通货膨胀上升。银行利差随着总贷款需求的扩大而增加，进而推动了银行杠杆率的上升。总量资金需求的增加一开始促使了无风险利率的上升，但后来随着实体投资的下降以及房地产投资快速回落而下降。由于房地产部门具有定价能力，所以贷款利率的上升会使得房价上升，房价的上升使得家庭部门的财富上升，从而增加对股票的持有，从而股价上升。

当实体经济面临一个正向的房产抵押率上升时，产生的经济效应类似，实体投资仍会因为贷款利率的上升而被挤出，而房地产部门由于存在定价能力，可以将上升的资金价格转移出去。

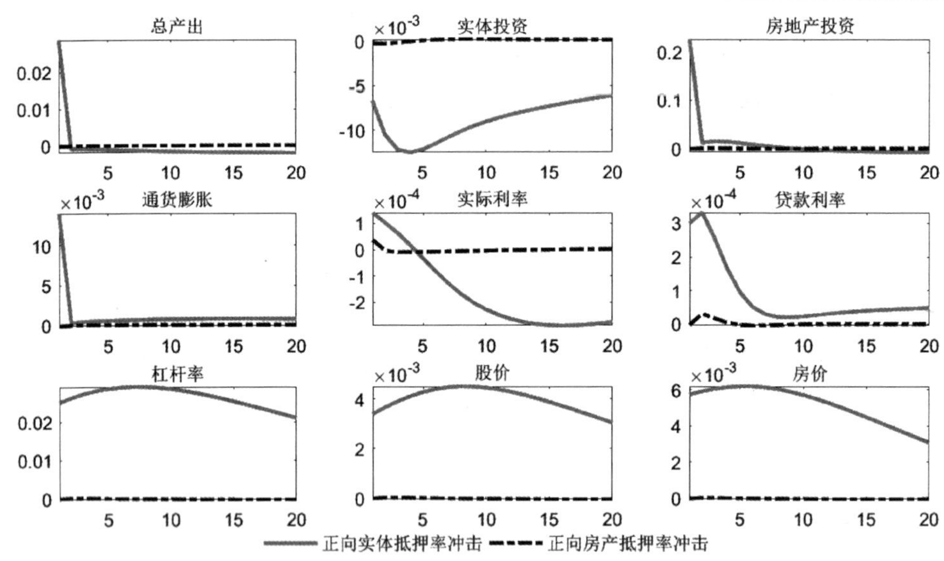

图 3－14 抵押率冲击的宏观经济效应

从图 3－15 可以看出，股票分红冲击与股价冲击产生的动态影响基本一致，这是因为在本书的股价决定方程中，作为简化分析的结果，股票分红外生给定，从而两者都能对股价产生类似的影响，尽管幅度并不一样，因此这里只针对股价冲击进行分析。股价的上升会导致家庭部门财富增加，从而家庭部门更愿意当期消费，消费的增加导致消费的边际效用下降，要求无风险利率上升。且财富的增加引发替代效应，劳动供给意愿下降，由于本书中假设家庭部门只向实体经济部门提供劳动，所以实体部门产出下降，导致实体经济投资相应下降。实体投资下降，通过抵押品机制减少实体经济部门的信贷需求，使得更多信贷资金流向房地产部门，与此同时无风险利率的上升推动银行融资成本提高，贷款利率上升。尽管实体经济贷款下降，但房地产贷款增加，推动银行杠杆率上升。同时股价的上升使得预算资金可以更多地配置房产，房地产需求的增加大于供给使得房价上升。

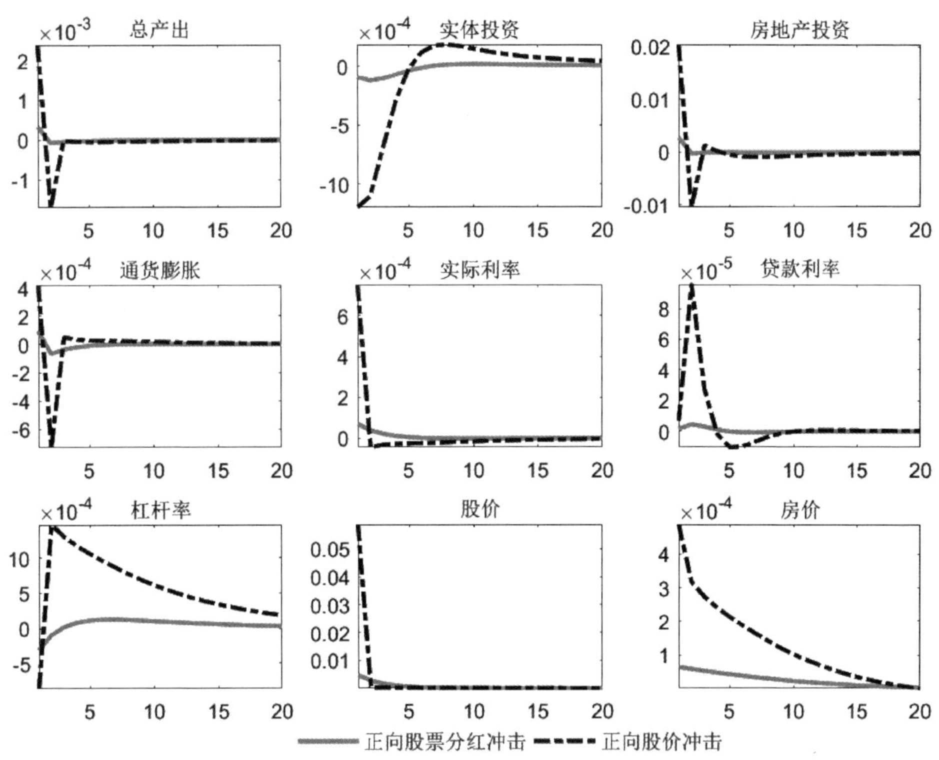

图 3－15　股票市场冲击的宏观经济效应

从图 3－16 可以看出，当经济中技术突然提高，会带动资本边际收益率上升，从而带动实体投资上升，同时边际成本下降，带动通胀下行，对资金需求增加，名义利率、实际利率上升。这与传统的 RBC 模型中得出的结论基本一致。实际利率上升促使贷款供给增加，投资的增加又促使贷款需求增加，综合的结果是供给大于需求，贷款利率下降，进而使得房地产开发成本下降，推动了房地产投资的上升。尽管如此由于贷款利率的负向变动，存款利率的正向变动，使得银行利差收窄，银行杠杆率仍然下降。在本书的模型中，一方面从供给端看，利率上升会对股价形成下行压力，但从需求端看，利率上升也会通过财富效应增加对股票资产的需求。由于无风险利率上升，家庭可以在当期消费、未来消费及配置股票之间选择，经济的繁荣使得家庭部门收入增加，从而可以配置更多的股票和持有更多的住房，需求的增加推动股价和房价上升。

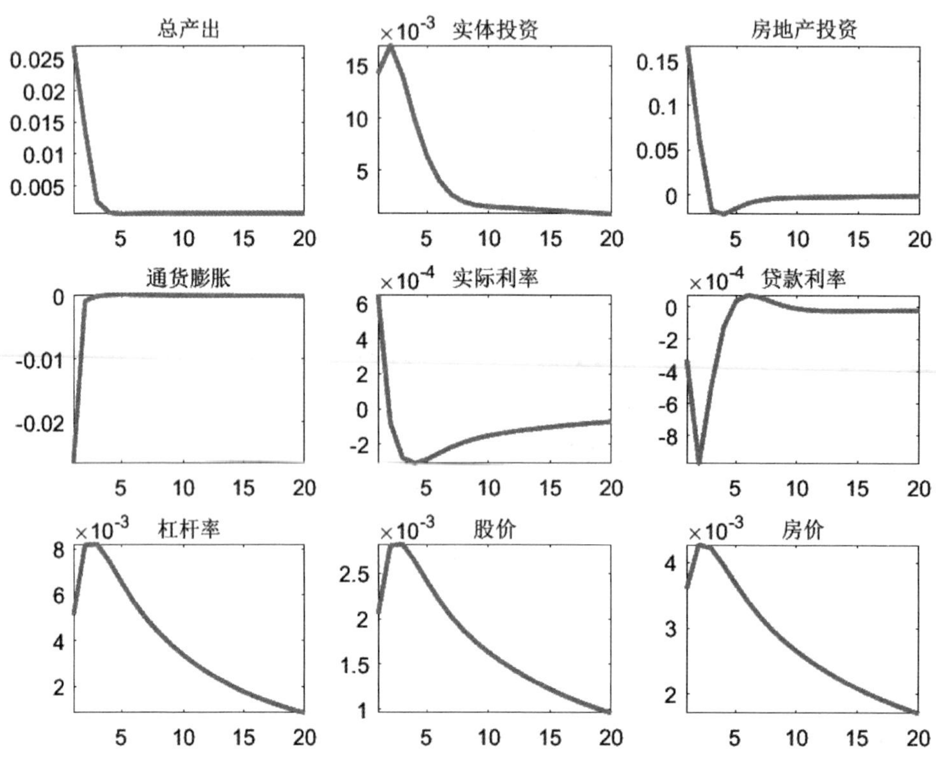

图 3－16 技术冲击的宏观经济效应

图 3－17 中一个正向的土地供给冲击，相当于是房地产部门的技术冲击提高，这同样会导致住房供给的增加，房价随之下行，从而导致房地产投资下降，贷款需求下降，贷款利率下降，进一步向实体经济传导，导致实体投资品价格上升，实体投资上升，由于实体投资增加幅度超过了房地产投资减少的幅度，所以总产出仍然增加，产出的增加引致实际利率上升，并进一步导致股价下降。实际利率的大幅上升引致消费影子价格上升，消费大幅下降，同时促使家庭部门提供更多劳动，劳动工资下降。尽管实体投资品价格上升，但工资以及利率的下降使得实体部门总的边际成本仍然下降，通货膨胀率随之下降。

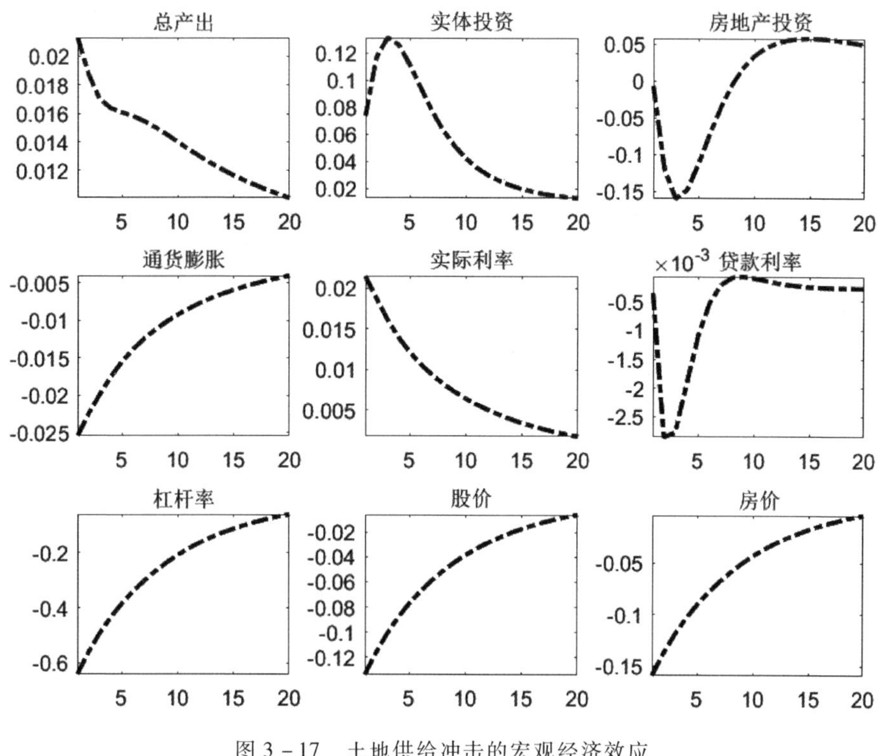

图 3-17 土地供给冲击的宏观经济效应

从图 3-18 可以看出，面临劳动供给弹性下降的冲击，工资一定时，劳动供给下降，产出下降，从而对投资的需求下降。劳动收入的减少引发财富效应，导致未来消费下降，未来消费相对当前消费的下降要求无风险利率上升，贷款利率随之上升，进而推动实体投资与房地产投资的下降。由于贷款利率上升的幅度相对有限，导致银行利差下降，推动银行杠杆率下行。实际无风险利率的上升也推动了股价上升，而贷款利率的上升则推升了房价。

再来看价格加成冲击。一个正向价格加成冲击，相当于边际成本下降冲击，会使得投资上升、产出增加、通胀下行的情况同时出现。同时更多资源用于投资，使得消费出现下降，无风险利率下降，但由于资金需求提高，贷款利率上升，存贷款利差扩大，推动银行杠杆率提升。同时更多资金用于配置股市和房市，股价和房价上升。

（四）银行风险承担的测算

图 3-19 展示了贝叶斯估计下 2000—2016 年银行杠杆率的变化趋势，并与现实数据中的 M2 增速进行了对比，可以看出本书测算的银行杠杆率水平与 M2 增速波动趋势具有很高的正向协同性，但 M2 增速相对银行杠杆率要先行 6 个季度。将 M2 增

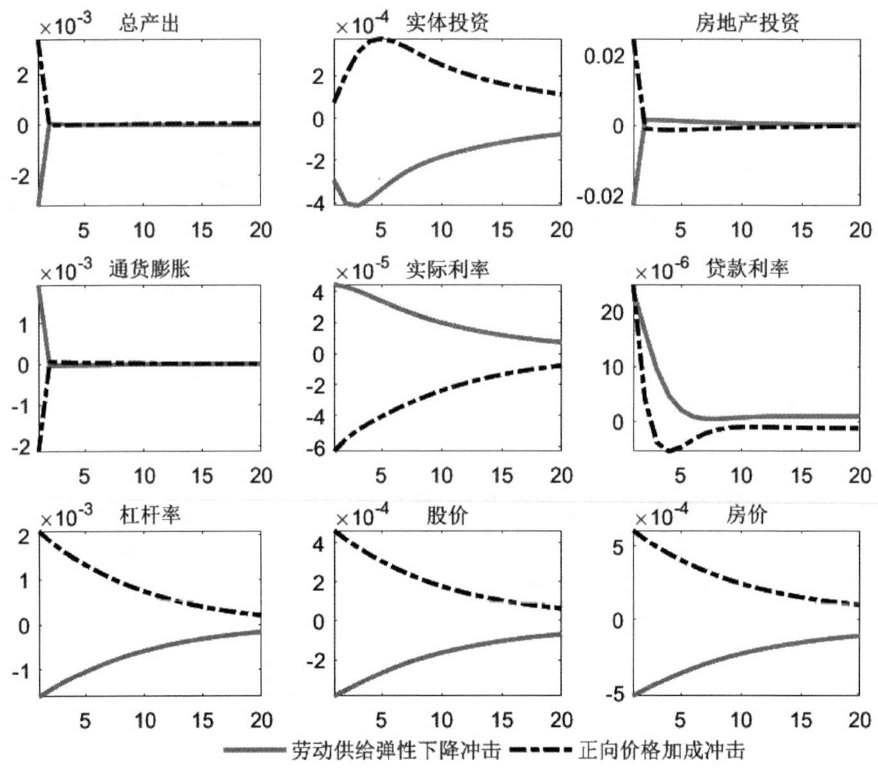

图 3－18 劳动供给与价格加成冲击的宏观经济效应

速数据向后平移 6 个季度后，可以看出 M2 增速出现正向或负向偏离稳态时，杠杆率也会随之正向或负向偏离稳态，同时杠杆率波动的波峰和波谷也与 M2 增速高度一致和吻合。

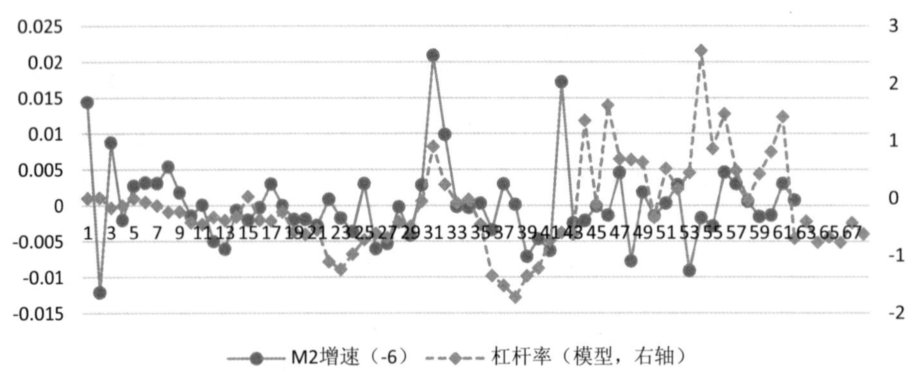

图 3－19 货币政策与杠杆率对稳态的偏离

Nuño Thomas（2012）及 Bruno 和 Shin（2015）等人的研究表明，银行加杠杆是银行风险承担提高的重要表现。Laeven 和 Levine（2009）更是用 Z 指数直接描述了杠杆率与银行风险承担的关系，$Z_{it}=\frac{\sigma(ROA_{it})}{ROA_{it}+CAR_{it}}$，其中 $\sigma(ROA_{it})$ 为资产收益率的标准差；CAR_{it} 为股东权益与总资产的比值（本书中杠杆率的倒数），Z 值越大，银行风险越高，可以看出本书中的杠杆率与 Laevenand Levine（2009）所定义的银行风险承担呈正相关，杠杆率越高，银行风险越大。为此本书用贷款利率表征资产收益率，并将对数线性化变量通过指数化转化（单调变换）为水平变量以测算相应的 Z 值，以衡量银行风险。图 3－20 给出了 2000—2016 年银行风险承担水平的走势。总体来看，银行风险承担受货币政策影响较大，当货币政策收紧时（负向偏离稳态），银行风险承担呈下降趋势，当货币政策宽松时，银行风险承担增加。2013 年以来银行风险承担水平有逐步走低的态势，2016 年以来更是在低位震荡，主要是因为 2015 年后为控制前几年影子银行不断膨胀的规模，监管机构对金融风险的关注度越来越高，不断出台金融去杠杆政策，同时货币政策也坚持稳健中性，2016 年后金融去杠杆效果初步显现，银行风险承担水平随之下降。

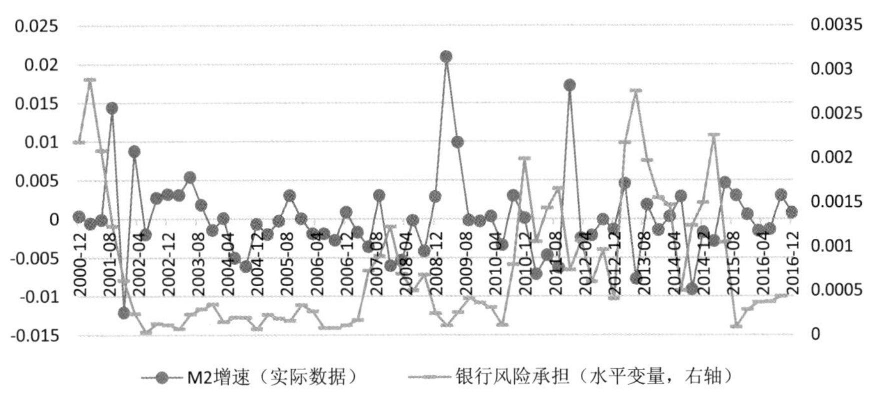

图 3－20　货币政策与银行风险承担

（五）货币政策选择

货币政策会通过不同的渠道对经济金融产生影响，主要有利率、信贷、资产负债表及风险承担等渠道，实践中这些渠道的作用往往相互交织，共同起作用。从图 3－21 看，在央行突然收紧货币供应量的情形下，实际利率会正向偏离稳态，并在 20 期左右回归稳态；在面临正向利率冲击时，银行会收缩信贷，并且杠杆率也随之下降。从趋势看，杠杆率与信贷的走势正相关性更强，与利率呈负相关，这说明在货币政策立场收紧时，信贷渠道往往也相应收紧，同时银行风险承担渠道（用杠杆率标准）表现出顺周期性。由于各渠道交织在一起，货币政策往往针对最终目标的表现进行抉择。

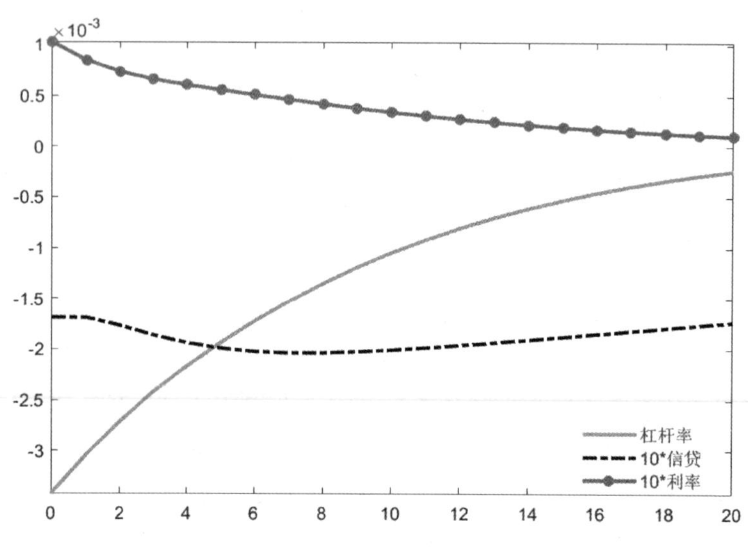

图 3－21　负向货币供应量冲击下的杠杆率、信贷与利率变化

借鉴 Galí（2015）等的思想，假设央行在最小化福利损失函数 L 的基础上选择货币政策，记 φ 为央行在产出波动与通胀波动间的权衡系数，设定 $L=VAR(\hat{\pi}_t)+\varphi VAR(\hat{y}_t)$，$L$ 越小，意味着通胀和产出波动越小，福利损失也就越小。分析不同货币政策下的福利损失变动，涉及两种思路：一是只控制调节的政策参数，如数量型政策对产出的反应系数 ρ_{gy}，而将其他的随机参数进行再估计，找到最优的模型（后验似然函数最大）比较福利损失，即在不同的政策参数下先设定最优的模型再进行比较，因为不同条件下的最优模型重新估计后的参数向量并不相同，所以这暗含着在不同的经济结构下比较政策优劣；二是将上文中贝叶斯估计的结果保持不变，只变动政策反应参数，然后比较福利损失大小，在这种情况下尽管一次只变动一个政策参数，但由于贝叶斯估计在计算似然函数时一个参数的变动可能影响似然函数的分布，这意味着尽管只变动一个参数，但模型已非最优模型。这是一个两难选择，鉴于本部分主要进行政策实验，央行一般是在短期做出决策，经济结构并不会发生大的改变，所以我们选择第二种思路。

第一，考察货币政策的第一种策略，即通过仅变动对产出的反应系数，选择最优政策。由表 3－7 上半部分可以看出，随着货币政策产出反应系数 ρ_{gy} 的增大，由 0 至 0.4 再到 0.8，对应的福利损失 L 相应由 0.0824 变为 0.0119 再变为 0.0081，这意味着提高货币政策对产出的反应系数，有利于降低宏观经济总体波动及福利损失。但与此同时，观察表3-7上半部分最后一行，在货币政策产出反应系数增强的过程中，杠杆率的波动也相应增大，从0.9781上升为1.5987再上升为1.9471。这意味着宏观经济波动下降，可能是以银行风险承担的提高为代价，当银行风险承担过高时，系统性风险上升，货币政策会将银行风险承担纳入目标，则福利损失函数变为：

$$L_1 = VAR(\hat{\pi}_t) + \varphi VAR(\hat{y}_t) + \omega VAR(\hat{l}) \tag{3-52}$$

$$L_1 = L + \omega VAR(\hat{l}) \tag{3-53}$$

在（53）式两边对政策参数求偏导：

$$\partial L_1 / \partial \rho_{gy} = \partial L / \partial \rho_{gy} + \omega \partial VAR(\hat{l}) / \partial \rho_{gy} \tag{3-54}$$

由表3-7上半部分最后两行可知，$\partial L/\partial\rho_{gy} > 0$；$\partial VAR(\hat{l})/\partial\rho_{gy} < 0$，所以存在一个$\rho_{gy}^*$，使得$\partial L_1/\partial\rho_{g\pi} = 0$，此时货币政策能找到最优政策参数的一个内点解，使得兼顾银行风险承担目标的福利损失最小。

第二，考察货币政策第二种策略，即通过仅变动对通货膨胀的反应系数，选择最优政策。由表3-7下半部分，随着货币政策通胀反应系数$\rho_{g\pi}$由0逐渐变为1.2，对应的福利损失L由0.007逐步下降至0.0025，与此同时杠杆率波动由2.1493也逐步下降至1.728，即两者呈同向变动。对社会福利函数L_1求$\rho_{g\pi}$的偏导数：

$$\partial L_1 / \partial \rho_{g\pi} = \partial L / \partial \rho_{g\pi} + \omega \partial VAR(\hat{l}) / \partial \rho_{g\pi} \tag{3-55}$$

由上述分析可知$\partial L/\partial\rho_{g\pi} < 0$；$\partial VAR(\hat{l})/\partial\rho_{g\pi} < 0$，在这种情况下$L_1$很难找到可以优化的内点解，只可能存在角点解，即对通胀的反应系数越强，L_1越小，尽管如此，在实践中正常情况下不断调高对通胀的反应系数是不容易操作的。

表3-7　　　　未纳入杠杆率的货币政策（$\varphi=1$）

	数量型货币政策与福利损失（$\rho_{g\pi}=0.8418$；$\rho_{gl}=0$）				
	$\rho_{gy}=0$	$\rho_{gy}=0.2$	$\rho_{gy}=0.4$	$\rho_{gy}=0.6$	$\rho_{gy}=0.8$
技术冲击	0.0032	0.0020	0.0016	0.0014	0.0013
风险暴露冲击	0.0000	0.0000	0.0000	0.0000	0.0000
成本加成冲击	0.0000	0.0000	0.0000	0.0000	0.0000
劳动供给弹性冲击	0.0000	0.0000	0.0000	0.0000	0.0000
股票分红冲击	0.0000	0.0000	0.0000	0.0000	0.0000
股价冲击	0.0000	0.0000	0.0000	0.0000	0.0000
土地供应冲击	0.0790	0.0271	0.0101	0.0058	0.0066

续表

	数量型货币政策与福利损失（$\rho_{g\pi}=0.8418$；$\rho_{gl}=0$）				
	$\rho_{gy}=0$	$\rho_{gy}=0.2$	$\rho_{gy}=0.4$	$\rho_{gy}=0.6$	$\rho_{gy}=0.8$
货币供给冲击	0.0001	0.0001	0.0000	0.0000	0.0000
实体抵押率冲击	0.0001	0.0001	0.0001	0.0001	0.0001
房地产抵押率冲击	0.0000	0.0000	0.0000	0.0000	0.0000
所有冲击下的 L	0.0824	0.0293	0.0119	0.0074	0.0081
杠杆率波动	0.9781	1.3373	1.5987	1.7950	1.9471
	数量型货币政策与福利损失（$\rho_{gy}=0.6286$；$\rho_{gl}=0$）				
	$\rho_{g\pi}=0$	$\rho_{g\pi}=0.3$	$\rho_{g\pi}=0.6$	$\rho_{g\pi}=0.9$	$\rho_{g\pi}=1.2$
技术冲击	0.0011	0.0009	0.0008	0.0008	0.0007
风险暴露冲击	0.0000	0.0000	0.0000	0.0000	0.0000
成本加成冲击	0.0000	0.0000	0.0000	0.0000	0.0000
劳动供给弹性冲击	0.0000	0.0000	0.0000	0.0000	0.0000
股票分红冲击	0.0000	0.0000	0.0000	0.0000	0.0000
股价冲击	0.0000	0.0000	0.0000	0.0000	0.0000
土地供应冲击	0.0059	0.0040	0.0029	0.0022	0.0018
货币供给冲击	0.0000	0.0000	0.0000	0.0000	0.0000
实体抵押率冲击	0.0000	0.0000	0.0000	0.0000	0.0000
房地产抵押率冲击	0.0000	0.0000	0.0000	0.0000	0.0000
所有冲击下的 L	0.0070	0.0050	0.0037	0.0030	0.0025
杠杆率波动	2.1493	2.0064	1.8938	1.8029	1.7280

第三，考察货币政策的第三种策略，即将杠杆率变动纳入货币政策规则。由表3－8可知，随着货币政策对杠杆率的反应由无到有，由弱变强。社会福利损失 L 由0.0031上升至0.04，再由0.04下降至0.0031，即社会福利损失 L 的变动呈倒“U”型变化。而杠杆率的波动由1.8132下降至0.4530，再由0.4530上升至1.8127，即杠杆率的波动呈现“U”型变化，在这种情况下，考虑：

$$\partial L_1/\partial\rho_{gl}=\partial L/\partial\rho_{gl}+\omega\partial VAR(\hat{l})/\partial\rho_{gl} \tag{3-56}$$

此时情况更为复杂，既可能存在 $\partial L/\partial\rho_{gl}>0$，同时 $\partial VAR(\hat{l})/\partial\rho_{gl}<0$ 的情况，此时存在 ρ_{gl}^{*} 使得 $\partial L_1/\partial\rho_{gl}=0$，也存在 $\partial L/\partial\rho_{gl}<0$，同时 $\partial VAR(\hat{l})/\partial\rho_{gl}>0$ 的情况，此时存在 ρ_{gl}^{**}，也使得 $\partial L_1/\partial\rho_{gl}=0$，即政策存在多重选择空间。

表 3 -8　　纳入杠杆率的货币政策（$\varphi=1$）

	数量型货币政策与福利损失（$\rho_{gy}=0.6286$；$\rho_{g\pi}=0.8418$）				
	$\rho_{gl}=0$	$\rho_{gl}=0.2$	$\rho_{gl}=0.4$	$\rho_{gl}=0.6$	$\rho_{gl}=0.8$
技术冲击	0.0008	0.0008	0.0008	0.0008	0.0008
风险暴露冲击	0.0000	0.0000	0.0000	0.0000	0.0000
成本加成冲击	0.0000	0.0000	0.0000	0.0000	0.0000
劳动供给弹性冲击	0.0000	0.0000	0.0000	0.0000	0.0000
股票分红冲击	0.0000	0.0000	0.0000	0.0000	0.0000
股价冲击	0.0000	0.0000	0.0000	0.0000	0.0000
土地供应冲击	0.0023	0.0152	0.0391	0.0023	0.0023
货币供给冲击	0.0000	0.0000	0.0000	0.0000	0.0000
实体抵押率冲击	0.0000	0.0000	0.0000	0.0000	0.0000
房地产抵押率冲击	0.0000	0.0000	0.0000	0.0000	0.0000
所有冲击下的 L	0.0031	0.0160	0.0400	0.0031	0.0031
杠杆率波动	1.8132	0.8223	0.4530	1.8126	1.8127

第四，考察货币政策的第四种策略，差别化货币政策的效果。在本书的模型中，银行既可以向实体经济贷款，也可以向房地产市场贷款，两者贷款占比由房地产贷款占比参数 LoH 控制（$LoH=\frac{\theta_2 Q^{kh}\tilde{K}_h}{\theta_1 Q^k\tilde{K}+\theta_2 Q^{kh}\tilde{K}_h}$），即 LoH 越大，流向房地产市场的贷款占比越高，因此可以通过控制稳态时的抵押率 θ_1、θ_2 的变动，考察结构性货币政策的效果。由表 3 -9 可知，当房地产贷款占比由 50% 向 80% 变动时，福利损失 L 由 0.0485 变为 0.0027，但与此同时杠杆率波动也由 0.5785 上升至 2.1332。类似上文的逻辑，此时存在一个最优的 LoH^* 使得下式最小：

$$\partial L_1/\partial LoH=\partial L/\partial LoH+\omega\partial VAR(\hat{l})/\partial LoH \tag{3-57}$$

当货币当局调控实体经济抵押率，使得流向实体经济贷款逐步增多，即 LoH 由 50% 逐步降至 20% 时，此时社会福利损失 L 也相应由 0.0485 降至 0.0031，但杠杆率波动也由 0.5785 升至 1.8191。此时也存在一个最优的 LoH^{**} 使得 $\partial L_1/\partial LoH$ 最小。但此时 $LoH^{**}<LoH^*$。

表 3-9　　差别化货币政策（$\varphi=1$）

	数量型货币政策与福利损失（$\rho_{gy}=0.6286$；$\rho_{g\pi}=0.8418$）				
	$LoH=0.2$	$LoH=0.4$	$LoH=0.5$	$LoH=0.6$	$LoH=0.8$
技术冲击	0.0008	0.0008	0.0008	0.0008	0.0009
风险暴露冲击	0.0000	0.0000	0.0000	0.0000	0.0000
成本加成冲击	0.0000	0.0000	0.0000	0.0000	0.0000
劳动供给弹性冲击	0.0000	0.0000	0.0000	0.0000	0.0000
股票分红冲击	0.0000	0.0000	0.0000	0.0000	0.0000
股价冲击	0.0000	0.0000	0.0000	0.0000	0.0000
土地供应冲击	0.0023	0.0156	0.0477	0.0020	0.0019
货币供给冲击	0.0000	0.0000	0.0000	0.0000	0.0000
实体抵押率冲击	0.0000	0.0000	0.0000	0.0000	0.0000
房地产抵押率冲击	0.0000	0.0000	0.0000	0.0000	0.0000
所有冲击下的 L	0.0031	0.0165	0.0485	0.0028	0.0027
杠杆率波动	1.8191	0.9385	0.5785	1.9876	2.1332

七、货币政策与杠杆率：微观证据

为提供更多经验证据，本书建立多元回归计量模型并展开实证分析。具体思路为借鉴国内外主要文献的做法（Laeven 和 Levine，2009；徐明东和陈学彬，2012）以 $Z_{it}=\dfrac{\sigma\ (ROA_{it})}{ROA_{it}+CAR_{it}}$作为对银行风险承担的衡量指标，但由于可获得的样本区间不长①，同时根据上述文献的做法，$\sigma\ (ROA_{it})$ 需要滚动窗口计算，会进一步减少样本区间，考虑到 CAR_{it}为本书所指杠杆率的倒数，即 Z_{it}与本书所指杠杆率具有严格正相关关系，即杠杆率越高，银行风险承担越高。所以本书利用 2007—2016 年银行业微观数据，以杠杆率为解释变量进行建模，考虑到杠杆率具有较强的惯性及部分样本点缺失，建立如下动态非平衡面板模型：

$$LEV_{it}=\beta_0+\beta_1 LEV_{it-1}+\beta_2 MP_t+\beta_3 CV_{it}+\varepsilon_{it} \tag{3-58}$$

其中，LEV_{it}为银行杠杆率，用贷款与净权益（利息收入减去成本）的比值衡量；MP_t 为货币政策，用 M2 年度增速或 7 天同业拆借利率月度平均值衡量；CV_{it}为其他控制变量，包括资本充足率、非利息收入占比、规模（用存款对数衡量）、IPO

① 数据来自 Wind 数据库，农商行、城商行和股份制银行多数只有 6—8 年的面板数据。

虚拟变量（上市则为1，非上市为0）、年度虚拟变量等，ε_{it}为随机干扰项。为减弱内生性问题的影响，采用GMM方法进行估计，由于使用7天同业拆借利率作为货币政策代理变量估计结果与用M2增速可以得到类似结果，为此只呈现后者，具体见表3-10和表3-11。

表3-10　　　　货币政策与杠杆率GMM估计结果

	模型一	模型二	模型三
杠杆率滞后一期	0.823*** (10.23)	0.822*** (9.93)	0.832*** (10.35)
资本充足率	-0.001 (-0.06)	0.059 (1.57)	0.002 (0.15)
非利息收入占比	0.006*** (4.83)	0.006*** (5.25)	0.006*** (4.89)
规模	0.028 (1.26)	0.0250 (1.15)	0.024 (1.09)
是否上市	-0.209* (-2.19)	-0.190* (-2.01)	-0.323** (-3.32)
M2增速	4.564*** (8.19)	9.366*** (3.53)	4.100*** (7.63)
资本充足率与M2增速交乘项		-0.397* (-1.86)	
IPO虚拟变量与M2增速交乘项			1.022** (2.13)
年度	控制	控制	控制
N	568	568	568
AR2（P值）	0.688	0.765	0.902
Sargan（P值）	0.990	0.998	0.985

注：括号内为统计量，* $p<0.05$；** $p<0.01$；*** $p<0.001$。

由表3-10，模型一至模型三中的AR（2）和Sargan检验都显示接受原假设，说明回归残差项不存在二阶自相关，且工具变量使用合理。M2增速的回归系数分别为4.564、9.366和4.1，并在1%显著水平上通过了检验，说明宽松的货币政策环境下银行杠杆率会显著上升，这进一步验证了上述DSGE模型中的结论。资本充足率虽然未通过显著性检验，但其与M2增速的交乘项却通过了10%水平的显著性检验，系数为 -0.397，说明资本充足率越低的银行，越不容易抑制杠杆率的上升，这意味着要求银行计提足够的资本，能够在宽松货币政策环境下约束银行的风险承担行为。回归结果还显示上市银行的杠杆率相对较低，但 IPO 虚拟变量与 M2 增速交乘项显著为正，意味着当央行实施宽松货币政策时，上市银行更容易采取激进的风险经营策略，杠杆率上升得也更快。

表 3-11 货币政策与杠杆率——分样本估计

	全样本	国有及股份制	城商行	农商行
杠杆率滞后一期	0.823***	0.775***	0.939***	0.776***
	(10.23)	(11.25)	(26.24)	(14.49)
资本充足率	-0.001	0.005	-0.020	0.002
	(-0.06)	(0.43)	(-1.77)	(0.57)
非利息收入占比	0.006***	-0.005	0.006***	0.004**
	(4.83)	(-1.55)	(4.29)	(3.78)
规模	0.028	0.0418*	-0.053	-0.023*
	(1.26)	(2.72)	(-1.64)	(-2.72)
是否上市	-0.209*	-0.452*	0.007	-0.003
	(-2.19)	(-2.69)	(0.13)	(-0.13)
M2 增速	4.564***	5.102***	4.764***	4.417**
	(8.19)	(13.92)	(6.03)	(3.27)
年份	控制	控制	控制	控制
N	568	135	302	131
AR2（P 值）	0.688	0.575	0.765	0.576
Sargan（P 值）	0.990	1.000	1.000	1.000

注：括号内为统计量，* $p<0.05$；** $p<0.01$；*** $p<0.001$。

货币政策对不同类型银行风险承担的影响结果见表 3-11。分样本看，国有及股份制银行、城商行、农商行的回归系数全部通过显著性水平检验，数值大小分别为 5.102、4.764、4.417，有一定递减趋势，说明在相同货币政策环境下，不同类型银行基本会采取类似的风险承担行为，而有实力的大银行的风险承担倾向更强。

八、结论与政策建议

国际经验表明，长期低利率水平为银行加杠杆行为，催生资产泡沫提供了适宜的环境，是导致金融不稳定的一个重要因素。然而货币政策是否以及如何会成为金融不稳定的一个源头，其中的机制有待进一步梳理，并需要更多的经验证据支持。利用我国经验数据的三变量 VAR 模型表明，宽松的货币政策有导致银行杠杆率上升的可能，而一个共识是，后者过度攀升会加剧金融不稳定。为此，我们建立了一个 DSGE 模型以探讨货币政策影响银行杠杆率的机制，发现负向的货币供给冲击会影响银行行为，并导致内生的银行杠杆率下降。贝叶斯估计结果也进一步支持了以上判断，货币政策确实会引发银行杠杆率周期，并且导致风险承担水平发生变化。主要结论如下：

（1）银行杠杆率的变化与信贷供求曲线的移动以及弹性密切相关，即各种驱动因素对银行杠杆率的变动不仅需要考察资产端收益变化，还要考察负债端成本变化，同时政策引起均衡信贷变化对银行杠杆率也有重要影响。

（2）信贷合约不能及时优化的比例越大，意味着银行不能及时优化资产负债表，不能对冲击进行有效对冲，因此货币政策引起的杠杆率波动会越大。

（3）加入房地产市场的模型会通过金融加速器机制，缩小或放大货币政策冲击对银行杠杆率的影响。

（4）土地供应冲击、货币政策冲击、技术冲击是银行杠杆率波动的主要驱动因素。实体抵押率冲击对银行杠杆率波动具有较强抑制效应，并且这一效应在 2008 年以后更为显著。

（5）正向的货币供给冲击、实体风险暴露冲击、实体抵押率冲击、房地产抵押率、股价冲击、价格加成冲击会导致银行杠杆率的提高，正向的技术冲击、土地供给冲击、劳动供给弹性下降冲击会导致银行杠杆率的下降。

（6）货币政策与银行杠杆率、银行风险承担协同波动性较强，从测算结果看，货币政策收紧时，银行风险承担下降；货币政策宽松时，银行风险承担上升。

（7）当货币政策仅调节产出反应系数时，货币政策能够找到最优政策参数的一个内点解，使得兼顾银行风险承担目标的福利损失最小。

（8）当货币政策仅调节通胀反应系数时，最优政策参数只存在角点解，实践中难以操作。

（9）当货币政策规则纳入杠杆率变动时，货币政策存在双重选择空间。

（10）结构性货币政策的存在，使得房地产贷款占比或实体经济贷款占比较高时，都可以找到最优政策参数实现兼顾银行风险承担的福利损失最小。

（11）微观面板数据支持货币政策会显著影响银行杠杆率的观点，同时发现资本充足率越低的银行越不容易抑制杠杆率的上升。

在当前我国金融杠杆高企和经济进入新常态的背景下，货币政策面临更多现实约束，为此本书提出如下政策建议：

第一，当前货币政策的宗旨是既要服务实体经济又要防范系统性风险。由于受多重约束的影响，除传统的目标之外，货币政策实施还要考虑是否会造成金融机构扩表和缩表转换引起的大起大落，要加大对多重约束下的货币政策实施空间、传导路径、效果的研判和分析。

第二，加强 MPA 考核约束银行过度风险承担。通过 MPA 考核实施全口径监管，能有效约束银行过度拉长资产久期、加杠杆、降低资产信用等行为，防范银行短视行为造成的过度冒险行为。

第三，监测分类调节，有针对性地去杠杆。银行是经营风险的机构，杠杆率本身是中性词，但过度使用杠杆却是风险爆发的导火索，所以应考虑金融机构的结构差异，对那些期限错配、流动性风险压力较大的银行要进行重点监测和引导，实施分类调节。

第四章 构建价格与数量型工具相互支撑的货币政策框架①

2008 年国际金融危机后，在特定条件下综合运用数量型与价格型工具调控已成为各国央行的选择，本章对美联储、欧央行、日本和巴西央行价格与数量型工具相互配合的主要做法进行了翔实的阐述，并得出了一些有意义的启示，即使货币政策回归常态后，一些国家也开始注重数量型与价格型工具的配合。基于这些国家的实践经验并结合我国货币政策具体特征，本章构建了一个包含居民、非金融企业、政府等三部门的动态随机一般均衡（DSGE）模型，对比分析了价格型、数量型等六种组合下的货币政策工具效果，并依据量化结果给出了价格与数量型工具相互支撑的货币政策框架运用的前提条件。

一、引言

货币政策框架主要包括货币政策目标及实现这一目标的一系列制度安排。具体来说，就是指货币政策工具、操作目标、中介目标和最终目标的有机组成。从不同角度可以对货币政策框架进行分类，从名义锚的角度，可分为锚定汇率、货币总量、通胀率、IMF 方案，以及无明确名义锚等五类货币政策框架（贺聪，2015）；从货币政策工具角度，可分为运用数量型工具或价格型工具的货币政策框架。

2008 年国际金融危机爆发之前，以利率等价格型工具为主的货币政策框架成为国际主流，但自危机爆发以来，流动性紧缺问题表现突出，在该框架下单纯依靠降息等传统价格型调控手段，难以解决问题。因此，危机期间“价量并举”手段成为多个国家的选择，在降息的同时运用多种数量型工具来缓解流动性不足问题，部分

---

① 本章部分内容发表在《财贸经济》2016 年第 10 期（文章题目：价格与数量型工具相互支撑的货币政策框架研究，作者为闫先东、张炎涛，《中国人民大学复印报刊资料（金融与保险）》2017 年 1 期第 5 - 14 页进行了转载）。

陷入“流动性陷阱”的国家甚至采取“低价重量”的工具组合，在维持政策利率接近零利率水平的同时，实施大规模量化宽松计划（QE），部分国家还出台了结构性货币政策（如欧央行的定向长期再融资操作、日本的贷款支持计划等），以期降低长期利率，达到刺激投资、消费等需求，进而带动经济复苏，取得了较好的效果。各主要经济体开始反思货币政策框架下的政策工具选择和组合，并对货币政策框架进行转型调整。

我国较长时期以来都是实施以数量型工具为主，价格型工具为辅的货币政策框架，为经济持续快速增长提供了良好的货币政策环境，较好地实现了货币政策最终目标，也为我国在数量型调控方面积累了重要的经验。随着近年来利率市场化进程的不断加快、货币政策工具品种的不断丰富，加之金融创新对货币供应量的统计监测以及与最终指标关联性等各方面带来了诸多影响，关于我国货币政策框架由数量型向价格型转轨的认识和呼声更为强烈。但在国际金融危机爆发之后，国际实践经验表明，单一价格型工具为主的货币政策框架，在处理流动性陷阱等问题上效果不佳，多元组合工具类型的货币政策框架有其诸多优点。因此，在我国数量型工具使用经验丰富、价格型工具处于转轨初期这一阶段，尤其是在当前利率市场化加快推进，但利率调控体系尚未完全建立，我国货币政策多目标制未出现调整的背景下，研究价格与数量型工具相互支撑的货币政策框架，更加具有现实意义。

现有文献对货币政策工具进行了多方面的探索。理论研究方面大多是基于局部或一般均衡理论展开。Poole（1970）构建 IS - LM 模型得出当货币需求扰动的方差较小时，数量型工具效果优于价格型工具，反之则相反。Sargent 和 Wallace（1975）研究发现，由于价格型工具调控下存在不确定性均衡，而数量型工具调控存在唯一均衡，其宏观调控效果优于价格型工具。随后形成了两个经典的货币政策工具规则：一种是针对数量型工具的麦克勒姆规则（Mccallum Rule，1984）；另一种是适用于价格型工具的泰勒规则（Taylor Rule，1993）。国外围绕这两个规则的实证研究可谓汗牛充栋，一些学者将这两个规则引入带有微观基础的 DSGE 模型中（Gali，2008）。对我国货币政策工具的研究一般也是围绕上述两个经典的货币政策规则展开，但结论存在一定差异。一部分学者认为数量型工具效果优于价格型工具。胡志鹏（2012）认为，通过数量工具调控信贷比利率调控更有效；刘喜和等（2014）通过构建 DSGE 模型考察不确定性条件下，我国两种货币政策工具的稳健性，结果表明，如果货币政策的最终目标侧重于物价稳定，两种政策工具作用效果无明显差异，如果侧重于产出，那么数量型工具优于价格型工具。而部分学者认为，价格型工具能更好地向市场传递与政府行为相关的信息，还能更好地控制通货膨胀，在调控宏观经济方面比数量型工具更优。Zhang（2009）通过 DSGE 研究发现，价格型工具在我国管理宏观经济方面要优于数量型工具，当利率对通胀反应更灵敏时，经济波动幅度会降低。王君斌等（2013）分别运用 SVAR 和 DSGE 两种模型研究发现，价格型工具比数量型工具能更有效的调控产出和通胀，且不易引发经济波动。卞志村与胡恒强（2015）运用 DSGE 模型研究发现，价格型工具在调控力度方面要大于数量型工具，能更有效地熨平经济波动。仅有少数学者认为同时运用数量与价格型工具的混合调控更适合我国。Liu 和 Zhang（2007）等认为，将货币供应量纳入到泰勒规则中的混合规则效果要优于单一数量规则或利率规则。岳超云和牛霖琳（2014）通过构建 DSGE 模型比较了我国的麦克勒姆规则、泰勒规则及包含货币供应量的泰勒规则（即混合规则），结果表明总体上麦克勒姆规则比泰勒规则更能解释我国近 20 年的货币政策，而包含货币因素的混合规则在解释数据方面以压倒性优势优于单一的数量规则或利率规则。

综上可见，现有研究从理论和实证两方面对两种货币政策工具调控相关问题进行了广泛的探索，尤其是近年来许多学者将两种货币政策工具纳入到含有微观基础的动态随机一般均衡模型中，得出了一些有意义的结论。但是，这些研究偏重的是何种规则孰优孰劣的问题，仅有少数文献考虑到了混合型规则（在泰勒规则中加入货币因素，即价格型为主数量型为辅），并没有考虑到以数量型为主价格型为辅，以及偏重于中长期调控时的价格为主数量为辅等混合型情形，同时现有文献在价格型工具代理变量的选择上，选择的利率变量局限于银行同业拆借利率或存贷款基准利率，而本书在总结主要国家数量、价格型货币政策实践经验的基础之上，结合我国实际在不同时期选择不同的央行政策利率，从而能更好地反映出利率对主要宏观经济变量的反应，为此，本书在带有价格黏性的动态随机一般均衡模型中，分别考虑了单一的数量型工具调控（Q）、数量型工具为主价格型工具为辅的调控（QP）、单一价格型工具的短期调控（SP）、价格型工具为主数量型工具为辅的短期调控（SPQ）、单一价格型工具的中长期调控（LP）、价格型工具为主数量型工具为辅的中长期调控（LPQ）等 6 种货币政策规则（后文简称类同），较为翔实地对比其效果，得出了相关结论及政策建议，以期为我国货币政策调控转型提供实证参考。

二、价格与数量型工具相互支撑的货币政策框架国际实践

（一）美国

1. 实施价格与数量型工具相互支撑的货币政策框架背景。在 2008 年国际金融危机之前，按照 IMF 的分类，美联储的货币政策框架一直属于没有明确公布名义锚

的其他类型的货币政策框架（贺聪，2015），政策工具选择上具有典型的价格型特点，即以利率作为操作目标，通过公开市场操作引导联邦基金利率向关键政策利率（联邦基金目标利率）靠拢，联邦基金利率基本随着关键政策利率变动而变动，进而带动市场上其他利率出现相应变化，以此实现物价稳定和经济增长的双重最终目标。

但 2007 年 8 月次贷危机爆发后，传统的货币政策框架受到较大挑战。一是关键政策利率对联邦基金利率的引导作用减弱。2007 年 9 月开始，美联储通过公开市场操作，连续 10 次降息，关键政策利率从 5. 25% 降至 2008 年 10 月的 1. 5%，但联邦基金利率对关键政策利率偏离有扩大趋势，两者之间的差值从 2007 年 9 月的 0. 09 个百分点提高至 2008 年 10 月的 0. 61 个百分点。二是零利率政策未能对总需求产生明显带动作用。雷曼兄弟破产后（2008 年 9 月），危机进一步扩大，2008 年 12 月底，美联储将关键政策利率下调至 0—0. 25%，接近零利率水平，但美国经济连续六个季度负增长，失业率维持在 8% 以上，CPI 一度高达 5%。三是降息未能有效缓解金融市场流动性风险。即使连续降息，美国三个月 LIBOR – OIS 息差（主要反映全球银行体系的信贷压力，息差扩大表明银行间拆借意愿下降①）仍不断走高，2008 年 10 月高达 364 个基点，而在次贷危机前其平均值仅为 9 个基点。四是财政政策的操作空间较为有限。截至 2009 年 9 月末，美国财政赤字已达到 1. 1 万亿美元，是 2008 年同期的 3 倍多，且此后还面临“财政悬崖”等一系列问题，高企的财政赤字使得继续通过扩张性财政政策来刺激经济的空间变得十分有限（如图 4 – 1 所示）。

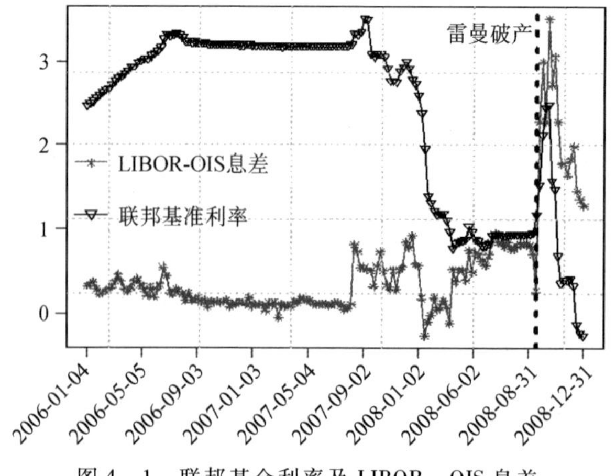

图 4 – 1　联邦基金利率及 LIBOR – OIS 息差

① LIBOR – OIS 息差是三个月期美元 LIBOR 利率与隔夜掉期之差，利差增大意味着货币市场流动性缺乏、利率趋升及银行间普遍缺乏信心，“惜贷”情绪趋高，反之则相反。

在此背景下，美联储对货币政策框架进行了适当调整。一方面，将最终目标由危机前的“物价稳定与经济增长”转变为“充分就业与物价稳定”；另一方面，为了匹配新的最终目标，美联储开始转变货币政策调控思路，在不同时期根据具体情况综合运用数量型和价格型政策工具进行调控。

2. 价格与数量型工具相互支撑的货币政策框架内容及机理。

（1）价格与数量工具相互结合的货币政策框架调整。次贷危机后，美国货币政策框架调整大致经历了两个阶段：第一阶段，仍以降息等价格型工具为主，辅以向金融市场提供临时流动性的创新型数量工具，如定期拍卖工具、一级交易商的信贷工具与定期证券借贷工具①，等等。第二阶段，在维持零下限利率水平的同时，大规模数量型工具占据主导地位。一是构建利率走廊并将关键政策利率下调至零附近。2008 年 10 月，美联储开始对超额存款准备金支付利息，初步构建起利率走廊体系，并在当年 12 月开始再次降息，将关键政策利率下调至零附近。二是美联储直接向信贷市场提供流动性。为了修复信贷市场，美联储推出了直接向信贷市场提供流动性便利的数量型工具（属于广义的量化宽松），如资产支持商业票据货币市场共同基金流动性便利（AMLF）、商业票据融资便利（CPFF）、货币市场投资者融资便利（MMIFF）和定期资产支持证券贷款便利（TALF）等（赵婷，2016）。三是实施大规模资产购买计划（QE）。前述一系列价格和数量型政策工具组合并未能有效引导长期利率下行，截至 2009 年 3 月，美国 10 年期国债收益已回升至 3.0%，经济增速多个季度保持负增长，CPI 波动较大，失业率一直居高不下，且经济陷入流动性陷阱后，进一步通过降低利率刺激经济增长的空间受限，为此，美联储于 2009 年 3 月正式实施量化宽松（QE②）货币政策。在 QE 政策下，美联储从私人部门购买政府债券，相当于向私人部门尤其是银行注入资金，银行向私人部门贷款的能力增强，进而刺激经济增长。与央行在公开市场中对短期政府债券所进行的日常交易相比，QE 所涉及的政府债券，不仅金额要庞大许多，而且周期也较长。美联储实施 QE（2008 年 11 月—2014 年 10 月）包括四个时期：QE1、QE2、扭转操作和 QE3。QE 期间，美联储购买债券总规模达 3.93 万亿美元，其中含 1.69 万亿美元国债，2.07 万亿美元抵押支持债券（MBS）和 0.17 亿美元地方债。在危机前的传统公开市场操

① 定期拍卖工具（TAF），通过招标方式向财务健康的存款类金融机构提供贷款，投标利率最高的机构将得到资金；一级交易商的信贷工具（PDCF），通过按存款机构同样的贴现率借款给投资银行来缓解交易商流动性不足；定期证券借贷工具（TSLF），允许交易商以缺乏流动性的证券做抵押来交换国债。

② 事实上，美联储在国会授权下实施过量化宽松，于 1932 年购买 10 亿美元国债，但在 1933 年 11 月终止。

作中，银行体系中储备总量约 150 亿美元，其中超额准备金不足 20 亿美元；而在实施 QE 以后，银行体系储备总量超过 2.6 万亿美元，其中超额储备约为 900 亿美元，金融体系流动性得到有效补充。四是货币政策回归常态，转向利率调控。美联储于 2015 年底开始加息，至 2017 年末已加息 5 次，货币政策调控由数量为主转向价格为主，货币政策最终目标更偏向于价格稳定。

（2）美联储价格与数量工具结合的货币政策框架调控机理。

一是在利率走廊系统中，美联储通过直接购买长期债券（QE）来影响收益率曲线末端，而不对短期政策利率造成明显影响。在常规的货币政策框架中［图 4－2（a）］，当美联储增加准备金供给时，供给曲线向右移，从 s_1 移至 s_2。准备金供给的增加会引起政策利率下降（同时伴有向下的需求曲线）。随着准备金供给的稳步增加，政策利率最终将会趋于零下界。但是在利率走廊系统中，联邦基金利率的下降被限制在走廊下限（对准备金付息）。如图 4－2（b）所示，准备金供给从 s_1 移至 s_2，政策利率会从 i^* 降至 i'，进一步增加准备金至 s_3 时（2.6 万亿美元），联邦基金利率变化较小。

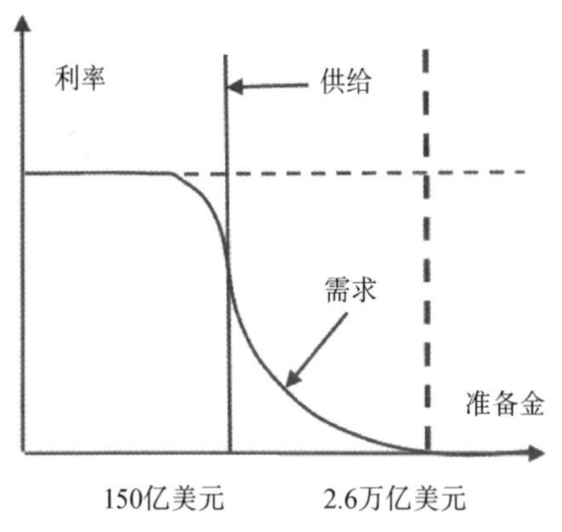

图 4－2（a） 危机前公开市场操作图

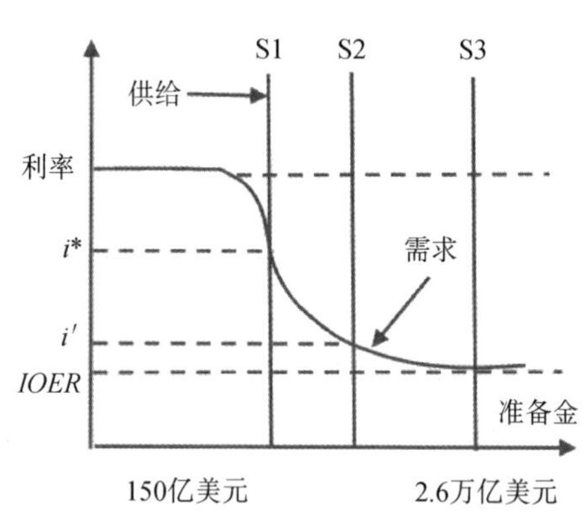

图 4－2（b） 利率走廊与 QE 结合

二是美联储也可以通过直接调整短期政策利率，而不一定要改变准备金供给，这在货币政策回归常规时尤其重要。图 4－3 显示，在走廊系统中，美联储可以仅通过宣布改变走廊的上下限来改变政策利率目标。例如，为了提高政策利率目标，可将窗口贴现利率从 i_1^d 提高至 i_2^d，超额存款准备金利率从 i_1^r 提高至 i_2^r，幅度与窗口贴现相同，政策利率相应地从 i_1 提高至 i_2，而准备金数量仍保持在 R^* 水平。因此，美联储在回归常规货币政策时，启动加息时也可以选择提高存款准备金利率，从而政策利率也会相应提高。

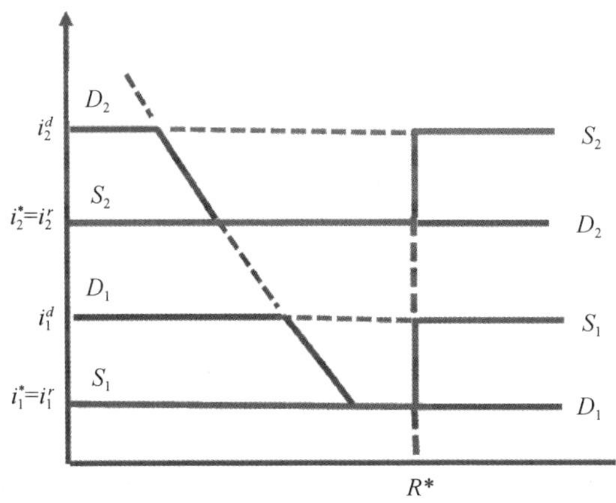

图 4-3 政策利率变化而准备金不变

三是 QE 政策配合运用利率前瞻指引和承诺保持较长时期低利率政策。美联储建立前瞻性利率指引，不断完善承诺体系，降低短期利率未来路径的市场预期。如承诺保持较长时期低利率，而且承诺逐步精准化。2009 年 3 月以后，美联储经常声明“保持联邦基金目标利率在 0—0.25%，经济条件很可能使得联邦基金利率在一个较长时期内维持在低水平”。2014 年 7 月 30 日，美联储声明，“在资产购买计划（QE）结束后，联邦基金利率会在相当长一段时间内维持在目前的目标范围，特别是如果预计通胀率继续低于 2% 的长期目标”。

四是美联储关键政策利率由某具体值转为区间值，实际上带有数量型工具的作用。危机前，美联储采取的是利率目标制，即设定一个联邦基金目标利率具体值来调控短期市场基准利率，而在金融危机以后（2008 年 12 月 16 日），美联储将联邦基金目标利率设定在 0—0.25%。理论表明两者之间有较大的区别：政策利率区间调控实际上带有数量型工具的效果，区间越宽，就越接近货币供应量目标制的作用和效果。

3. 价格与数量型工具相互支撑货币政策框架取得的效果。危机期间由于美联储货币政策最终目标有所调整，货币政策工具也相应发生变化，两个阶段数量价格政策工具取得的效果有所不同，但总体来说已基本达到预期目标，主要表现在以下几个方面：

一是利率走廊体系下联邦基金利率在目标利率区间平稳运行。危机之前，在传统公开市场操作模式下，联邦基金利率走势与联邦基金目标利率一致，联邦基金目标利率变动 1 个百分点，联邦基金利率相应变化 1 个百分点。2008 年 10 月对准备金支付利息后，美联储将联邦基金目标利率由某具体数值变为某一区间值

[0—0.25%]，联邦基金利率在联邦基金目标利率区间波动运行（见图4-4）。

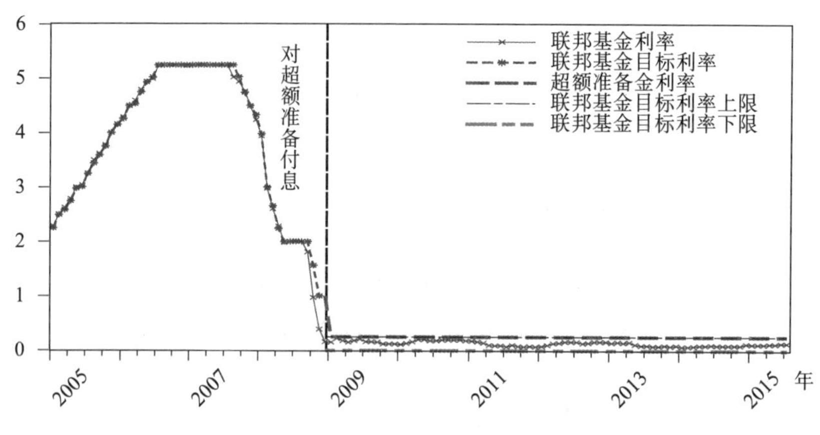

图4-4 QE期间联邦基金利率

二是QE有效降低了长期国债收益率。据测算，第一轮1.7万亿美元的资产购买压低10年期国债收益率达40—110个基点；第二轮6000亿美元的资产购买压低10年期国债收益率达15—45个基点（本·伯南克与钟帅，2013）；另有3份研究成果（伯南克，2012）称美联储的资产购买，包括扭曲操作一起，共拉低10年期国债收益率达80—120个基点。QE实施后，投资和消费水平均明显回升，投资和消费增速由QE前的-15.4%与-2.0%分别提高至2011年年底的10.4%与4.1%，之后保持平稳运行。

三是主要宏观经济指标都已基本恢复至危机前的水平。从资本市场来看，长期低利率水平与大规模资产购买对股票市场的促进作用十分明显。期间股票价格（标准普尔500指数，见图4-5）虽有小幅波动，但整体趋势向上，在第三轮QE实施初期，股票价格已恢复到危机前水平，至第三轮QE完成时，股票价格是危机期间最低水平的约3倍。

从失业率看，量化宽松的持续实施有效地降低了失业率水平。图4-6显示，自第一轮QE实施完后，失业率呈明显的下降态势，失业率从最高时的10%降至QE3结束时的5.7%，已基本恢复至危机前水平。从CPI看，前两轮政策期间CPI波动较大，不及预期，但在第三轮QE政策后，CPI基本保持在2%上下水平，与目标较为接近。从经济增长看，在QE1初始阶段，GDP呈继续下滑状态，到2009年4月后美国经济开始缓慢复苏，至QE1截至时，美国经济增长率1.9%；QE1退出后美国经济增长保持了半年的增长后又重新开始陷入衰退，美联储接着启动了第二轮量化宽松政策（QE2），此阶段美国GDP增长率一直保持在2%上下波动，在第三轮

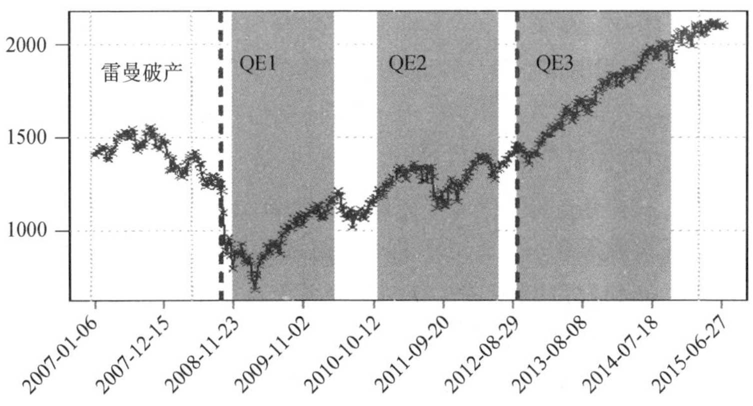

图 4－5　QE 期间政策期间资产价格

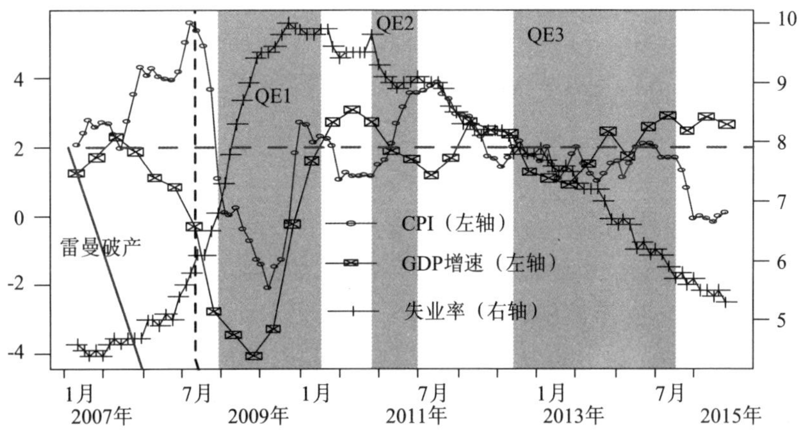

图 4－6　美国经济增长、CPI 和失业率（右轴）

QE 启动后，经济增长呈较为明显的上升趋势，已基本恢复危机前的水平。

（二）欧元区

1. 欧央行货币政策框架基本情况。欧央行认为，难以实现的多目标货币政策只会徒增政策风险，货币在中长期是中性的，货币政策主要应着眼于中长期物价稳定。因此，1991 年签署的《欧洲联盟条约》规定，欧央行货币政策的首要目标是维持（中长期）物价稳定。2003 年欧央行将该定义量化为中期欧元区 HICP 年增长率低于但是接近2%。此外，欧央行也设置M3① 年增长率的参考值为4.5%②。欧央行货币政策操作目标为短期市场利率，货币政策工具包括公开市场操作、经常性融资便利、最低存款准备金要求三类。其中，公开市场操作包括主要再融资操作（MRO）、长期再融资操作（LTRO）③、微调操作和结构性操作，尤其是主要再融资操作不仅有招标额度要求，还有投标利率要求，因此，欧央行将主要再融资操作（MRO）利率作为欧元区的关键政策利率；经常性融资便利包括边际贷款便利和存款便利，两种利率形成了以基准利率为中心的利率走廊，属于典型的价格型工具；最低存款准备金水平要求欧元区信贷机构按要求缴存准备金，以调节货币市场流动性，稳定货币市场利率，是传统的数量型工具。

2. 欧元区价格与数量型工具相互支撑的货币政策框架调整情况及效果。虽然欧央行货币政策最终目标一直为单一的物价目标，工具选择上也以价格型工具为主，但不同阶段货币政策框架的内容在实践中仍然发生了较大变化。大致可以分为2008年以前、2008—2011年全球金融危机期间和2011年欧债危机以来三个时期。

（1）2008年以前：常规货币政策框架下以价格型工具为主，兼顾与数量型工具的协调配合。2008年以前，欧元区GDP增长率长期在1%以上，失业率创历史新低，通胀长期维持在2%左右。此阶段货币政策操作以常规货币框架下的价格型工具为主，主要是在物价可能出现中长期异常波动时，调整主要再融资利率以及利率走廊的宽度，这段时期货币政策操作频度不高，调控相对较少。虽然这一阶段对数量型工具运用较少，但仍然注重不同类型工具之间的配合。一方面，改善价格型信号传导机制。为缓解金融机构公开市场套利，价格信号传导不畅的情况，欧央行将MRO利率招标方式从固定利率招标改为含最低投标利率限制的多重价格招标，加之标位有最高投标限额控制，有效控制了投机融资行为。另一方面，加强数量价格工具间的配合。采取缩短MRO期限、合理安排准备金维持期起始日与MRO招标日以及利率生效日等措施，缓解机构跨准备金维持期套利问题。

（2）2008—2011年全球金融危机期间：常规货币政策框架下的数量与价格型工具的紧密结合。2008年全球金融危机爆发后，欧元区主要经济金融指标均出现恶化倾向。GDP已接近6%的负增长，失业率上升到10%以上，HICP和M3均出现负增

---

① 欧央行定义的广义货币口径包括纸币、铸币、活期存款；期限为2年以下的定期存款、期限为3个月以下的通知存款；回购协议、货币市场基金单位与票据以及原始期限为2年以下的债权凭证。

② 欧央行虽制定了M3增长参考值，但其增速和参考值往往相差较大，参考值也较少被提及。而通胀目标在实践中控制较好，危机中也多次得到强调，因此欧央行货币政策最终目标仍是单一物价稳定目标。

③ 这里的长期再融资操作不同于欧央行在危机时期实施的LTRO，前者是常规货币政策操作，而后者是危机时期的非常规货币政策操作，且后者的时间更长（3年），有时候也称为超长期再融资操作（VLTRO）。

长。为缓解市场流动性紧张、货币市场短期利率异常波动等问题，欧央行在常规货币政策框架下，加强数量型工具的运用。一方面，通过数量型工具大规模释放流动性，并对数量型工具采取取消限额，降低门槛，延长期限等措施。2008 年 10 月欧央行宣布取消主要再融资操作限额，重启固定利率招标，通过全额分配的固定利率招标方式来为银行提供无限额的流动性。并放宽抵押品范围，在 2009 年末以前，将可接受抵押资产的评级由 A－降低到 BBB，并接受用外币计价资产和特定债务工具进行抵押。此外，增加一定规模的长期再融资操作，适当延长公开市场操作的平均期限，确保货币市场资金能够长时间保持充裕。另一方面，继续运用降息、利率走廊等价格型工具，加强对货币市场短期利率的调控。从 2008 年 10 月至 2009 年 1 月，欧央行将利率走廊宽度收窄到 100 个基点，确保市场利率尽可能地接近政策利率目标。同时密集进行降息操作，2008—2009 年间共降息 8 次，MRO 利率从 4.25% 降至 1%。上述措施使得欧央行货币政策在全球金融危机期间取得了较好的效果，欧元区主要经济指标均有不同程度改善。到 2010 年 6 月，GDP 增速基本上恢复到危机前的水平，物价指数 HICP 也恢复到 2% 的目标；失业率也出现了企稳态势；M3 增速也已开始缓慢回升。但是巨额的量化宽松也造成了资产负债表过度膨胀，加之欧央行前期降低了抵押品标准，部分银行以劣质国债换取贷款，加剧了欧央行的资产负债表风险（如图 4－7 所示）。

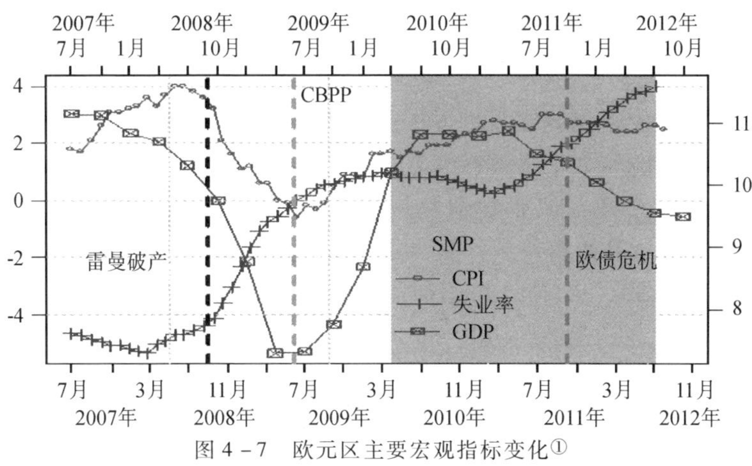

图 4－7 欧元区主要宏观指标变化①

（3）2011 年欧债危机后：非常规货币政策框架下以数量型工具为主（开始公布广义信贷/GDP 与其长期趋势的偏离值），价格型工具为辅。2011 年欧债危机后，欧

① CBPP：资产担保债券购买计划，SMP：证券市场计划。

央行面临更严峻的经济金融背景。受欧元升值，国际能源价格大幅走低等输入性通缩因素影响，欧元区出口疲软，产能闲置，经济增长乏力，实际利率上升，债务负担加重，经济增长减缓，M3 一度出现负增长。加之欧元区利率水平已经接近零下界，价格型工具操作空间有限，边际效果大打折扣。且恰逢美国 QE 退出，其负面溢出效应也影响了欧元区货币政策的效果。在此背景下，欧央行创新货币政策操作形式，以数量工具为主，价格型工具为辅，采取了一系列非常规货币政策操作。主要包括以下四个方面：

一是实施超长期再融资（VLTRO）、降低存款准备金率等全面量化宽松政策。欧央行前后共实施 2 轮 VLTRO，期限为 1 年和 3 年，向金融机构注入 1 万亿欧元流动性。同时配合下调了存款准备金率，以期银行增加对实体经济的信贷。二是降低当期和远期货币市场利率，创新型实施负利率政策，发挥价格型工具的辅助作用。包括降低主要再融资利率、存款便利负利率等，引导短期货币市场利率下行，2014 年 6 月，走廊下限利率降至 -0.1%。一直降至 2016 年 3 月的 -0.4%。同时强化预期管理，引入前瞻性指引，明确关键政策利率（MRO 利率）将在一定时间内保持低位，引导市场对远期利率保持低位的预期。三是加强数量型工具运用，实施定向长期再融资计划（TLTRO），并开始监测成员国广义信贷/GDP 与其长期趋势的偏离值。TLTRO 资金只能投入到实体经济部门（不含家庭购房贷款），且期限长达 4 年，利率锁定为实施时 MRO 利率加 10 个基点（之后取消加点），确保再融资成本为较低水平。同时，为了防范系统性风险，欧洲央行在参考 BIS（2010）提议的基础之上，于 2014 年 6 月开始要求成员国定期提供广义信贷/GDP 偏离度，以此作为制定货币政策的参考指标之一。四是实施资产购买计划（欧洲版 QE），主动释放流动性。由于通缩愈发严重，通胀预期也出现下降，欧央行决定停止证券市场计划（SMP）[①] 冲销操作，开始实施资产购买计划，绕开货币市场，主动扩张资产负债表，直接传导政策信号，以便让更多的流动性进入市场。2014 年 11 月，欧央行开始资产支持证券（ABS）购买计划，并于 2015 年 3 月起每月购买 600 亿欧元的政府债券等。

上述一系列数量型工具为主的政策措施，均收到了一定的成效，但效果的可持续性普遍不强。如超长期再融资（VLTRO）在短期内使得欧元区信贷增速迅速由负转正，但银行信贷并无根本改变，加之部分国家提前偿还 VLTRO 贷款，信贷增速重

---

① 也是一种资产购买计划，但之前欧央行一直针对其做反向冲销操作，使得这部分流动性资产并未流入市场。

新回落至负增长；定向长期再融资计划（TLTRO）对降低实体经济融资成本，稳定预期利率，提振信贷需求起到了一定作用，但是恰逢银行资产质量评估和压力测试，银行去杠杆压力大，金融机构对实体经济放贷意愿依然不足；资产购买计划实施后，欧元区主要经济指标均有所改善，但长期效果还有待观察，同时大规模资产购买导致欧元区市场上的可供购买的债券不足，且证券价格也处于历史高位，后续资产购买成本可能显著提高，其可持续性存在一定的不确定性。

（三）日本

《日本银行法》第1章第2条明确规定日本银行“通过保持物价稳定，促进国民经济健康发展”，同时规定其职责“确保日本银行与金融机构资金结算安全，维护金融系统的稳定，属于典型的多目标制。但实际上，自20世纪90年代以来，日本经济基本处于通货紧缩状态，从90年代末至今出台的货币政策都是以维护物价稳定为主要目标，采取了一系列价格和数量型工具相结合的货币政策措施。日本作为量化宽松货币政策实施时间最长的国家，货币政策框架先后经历了五次比较大幅度的调整：

1. 零利率货币政策（ZIRP）时期（1999年2月—2000年8月），以价格型工具为主，数量型工具为辅的货币政策框架。日本泡沫经济破灭后，经济长期萧条，通货紧缩日趋严重，居民消费价格指数（CPI）从1992年到1999年，年均涨幅仅为0.6%；金融不稳定性因素增多，银行不良贷款增长日益加快，多家金融机构出现倒闭；实施的低利率政策效果甚微，1998年银行贷款出现了0.9%的负增长，日本经济进入了“流动性陷阱”，为了恢复经济增长，避免金融出现系统性危机，日本央行决定实施零利率政策，将货币政策操作目标的无担保隔夜拆借利率于1999年2—3月先后两次进行下调，由0.15%下调至0.03%，以降低通货紧缩预期。同时，辅之以超额准备金供给的数量型工具。该时期以价格型工具为主，数量型工具为辅的货币政策框架对经济复苏起到了积极作用，日本经济于1999年春停止下滑并缓慢增长，2000年前两个季度日本出口量分别增加38.8%和9%，投资也有明显增长。但是在零利率政策下，资金供求关系扭曲未能有效刺激消费增长，导致银行拆借市场出现明显收缩，但在价格型工具为主的货币政策框架下，货币政策操作空间变得十分有限，2001年开始，日本央行开始实施首轮量化宽松政策。

2. 首轮量化宽松政策（QE）阶段（2001年3月—2006年3月），以数量型工具为主的货币政策框架。由于经济出现复苏迹象，日本央行于2000年8月解除零利率政策，将隔夜拆借利率提高到0.25%，导致2000年第三季度日本经济形势再度恶化，通货膨胀率达-0.5%，股市急剧下跌，金融机构不良债权达75.9万亿日元，社会舆论指责日本央行解除零利率政策，政府向日本央行施加实施宽松货币政策的压力，在经济恶化和不景气的世界经济环境影响下，日本央行开始实施量化宽松型货币政策（刘瑞，2007）。首轮 QE 时期的货币政策框架中，将操作目标由无担保隔夜拆借利率调整为商业银行在中央银行的准备金账户余额，使用一系列数量型的公开市场操作。一方面，提高央行购买国债的额度，以此增加商业银行的超额准备金余额。具体操作机制是：日本央行先定期公布商业银行在央行的超额准备金余额的目标值，通过购买长期国债的操作手段来实现该操作目标，并约定该政策一直持续到 CPI 稳定为正的情况出现。从 2001 年 8 月—2004 年 1 月，日本央行先后九次提高超额准备金的目标，由 5 万亿日元调高到 30 万亿—35 万亿日元。另一方面，扩大资产购买计划。主要是通过购买政府长期债券等方式，向市场提供大量流动性，以压低长期国债的实际利率，提高公众的通胀预期（曹协和等，2013），2001 年 8 月—2006 年 3 月，日本央行资产购买总规模约为 63 万亿日元，相当于 2006 年日本名义 GDP 的 12.4%。

首轮 QE 的实施取得了较好的效果，一是基础货币供应量显著上升。QE 政策实施后，2001—2005 年日本货币供应量平均增速达 11%，高出前 10 年 6 个百分点，基础货币增加同时带动流通中货币量上升 30%（徐滢，2011）。二是市场利率出现下降。短期利率及长期利率均出现下降，短期利率中的 1 个月期 TIBOR 利率低于 0.1%，3 个月期国债利率降至接近零，长期利率中的 10 年期国债收益率从 2001 年 2 月的 1.4% 降至 2003 年的 0.5%（徐滢，2011）。三是市场信心得到部分恢复。2006 年 1 月 CPI 已经由 2 个月以前的负增长上升至 0.5% 的水平，达到了稳定物价的目标值，日本央行将货币政策操作目标重新回归为无担保隔夜拆借利率。

但首轮 QE 的实施未能有效解决两个问题：一是银行贷款没有主动性增加。日本央行虽以 QE 方式向市场注入流动性，但 2001 年至 2005 年贷款连续 5 年负增长；二是 QE 拉动内需的效果并不明显，2006 年，私人投资规模仅为 1990 年高峰时期的 80%，私人投资占 GDP 的比重也从 1991 年的 32% 下降到 23%。

3. 金融危机后第二轮量化宽松货币政策（2008 年 10 月—2010 年 9 月），价格型和数量型工具紧密结合的货币政策框架。由于首轮 QE 存在的一些弊端，加之受 2008 年金融危机传染，日本经济面临第二次衰退的困境，在这一阶段，货币政策框架的操作目标也经历了两轮调整。在 2008 年危机爆发初期，操作目标仍为无担保隔夜拆借利率。一是连续两次下调利率。日本央行 2008 年 10 月和 12 月两次下调无担保隔夜拆借利率，从 0.3% 下调至 0.1%，并实施 6 个月的固定利息担保资金供给计划，以降低长期利率（鲍丹丹，2015）。二是创新价格型工具，包括补充贷款便利

（相当于利率走廊上限）、企业金融支援特别操作（日本央行以无担保隔夜拆借利率向出具企业债券抵押物的银行提供 1 年期以内的无限额贷款）。2008 年底，在无担保隔夜拆借利率接近零水平的情况下，日本央行以公开市场操作的数量型工具替代了价格型工具。一是两次提升长期国债的购买额度，2008 年 12 月，将购买额由每年 14.4 万亿日元增加到 16.8 万亿日元，2009 年 3 月增加到 21.6 万亿日元。二是首次运用新型的公开市场工具，包括商业票据、资产担保商业票据、买入金融机构股票和公司债，新型公开市场操作工具的总规模达到 30 万亿日元。三是提供特殊信贷支持，按照年利率 0.1% 向金融机构提供 10 万亿日元为期 3 个月特殊信贷。第二轮量化宽松政策由于直接向企业注入资金，成功防止了因为个别企业破产倒闭出现连锁反应，但对疲软的日本经济带动作用有限，2010 年民间消费、住宅、企业设备等增长率分别仅为 1.7%、2.2% 和 3.6%，经济长期增长的内生动力不足，仍不时面临通缩的局面。

4. 广泛宽松货币政策（CME）阶段（2010 年 10 月—2013 年初），数量型工具为主，价格型工具为辅的货币政策框架。由于前期刺激效果不佳，随着金融危机进一步蔓延，日本经济有重度衰退倾向，2010 年 10 月，日本央行开始实施广泛宽松货币政策。广泛宽松货币政策的操作目标仍是无担保隔夜拆借利率，但利率维持在零利率水平附近，无担保隔夜拆借利率目标下调到 0—0.1%，并辅以将 CPI 同比增长设定 1% 的目标作为前瞻性物价指引，主要操作以数量型工具为主。一是逐步提高资产购置计划，先后八次提高资产购置规模，总规模由 35 万亿日元提高到 101 万亿日元。二是扩大购买资产范围，不仅包括政府债券，还有信用产品（如商业票据和公司债券）和股权金融产品［如交易所交易基金（ETFs）和日本不动产投资信托（J-REITS）］等。三是设立贷款支援基金和资产买入基金计划。这一阶段，日本央行广泛宽松政策的效果有限。2012 年上半年，日本经济受地震灾后大规模重建支撑，出现暂时性回暖，GDP 增速达到 3%，核心 CPI 也一度转正，但下半年经济再度疲软，制造业采购经理人指数再度跌破荣枯线，货币政策未能持续稳定经济（刘聪和姚秋，2013，如图 4-8 所示）。

5. 量质并举宽松货币政策（QQE）阶段（2013 年 4 月—2016 年），以大幅度的数量型工具为主的货币政策框架。由于面临大地震核泄漏、中日关系恶化、欧债危机发酵等内焦外困局面，日本经济延续了 20 世纪 90 年代以来的不景气，复苏前景很不明朗，自 2013 年第二季度开始，日本央行再次调整货币政策框架，宽松货币政策进入量质并举时期。在 QQE 阶段，货币政策框架中的操作目标从此前的无担保隔夜拆借利率调整为基础货币，主要采取数量型工具，但辅以通胀目标前瞻性指引。

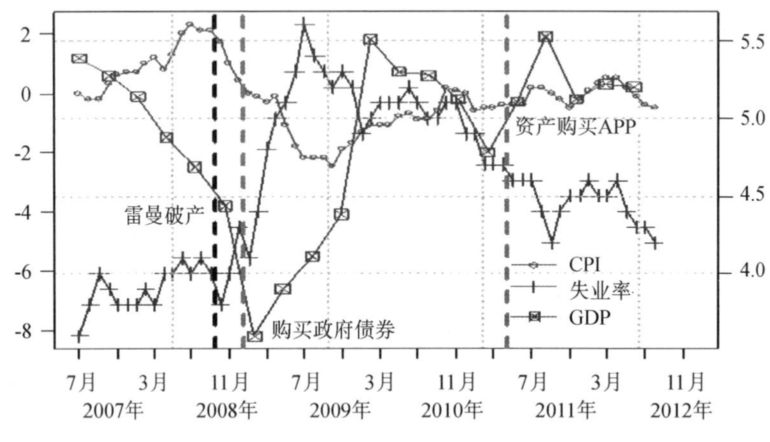

图 4－8　日本主要宏观指标变化

一是数量工具规模更大，基础货币投放在 2012 年 138 万亿日元的基础上，每年约增加 60 万亿—70 万亿日元，2014 年达 270 万亿日元，2012 年和 2014 年基础货币投放规模分别占 GDP 的比重为 26.8% 和 50.3%。长期国债保有余额每年增加约 50 万亿日元。二是数量工具期限更长。日本央行长期国债买入对象包括 40 年国债在内的各种类型国债，买入平均剩余时间从 CME 政策的 3 年延长至 7 年左右。三是数量工具种类更丰富，为防止资产价格溢价，日本央行增加 ETF、J－REIT 的买入，两者分别每年增加 1 万亿日元和 300 亿日元，商业票据的买入额增加到 2.2 万亿日元，公司债的买入额增加到 3.2 万亿日元，之后维持这一数量。但与此同时，以 2% 通胀目标前瞻性指引作为辅助性工具。主要内容是持续实施量化和质化宽松货币政策，以确保通胀实现 2% 的目标，以此来提高人们对通胀的预期，加之大规模的购买日本国债，使名义利率下降，进而使真实利率下降，并刺激私人部门的需求。随着经济的好转和产出缺口的改善，实际通胀率上升，进而引起股价上升，日元贬值；由于日本国债收益率的下降，加上日本央行购买 ETFS 和 J－REITs，增强了投资者对风险资产的偏好，促进了金融产品价格和贷款数量的增加，金融的改善又进一步促进经济的改善。

总的来看，QQE 政策效果较为显著，基本达到了预期的一些目标。一是利率水平出现明显下降。短期利率下降 0.25%，实际利率下降 1%，名义长期利率下降 0.3%。二是金融资产价格有所提高，股价稳步上升，日元出现贬值，中小企业贷款也以 2.5%—3% 的年增长率稳步上升。三是企业和家庭部门的收入支出开始良性循环，经济已经出现了显著好转，企业部门的利润达到了历史最高水平，固定资产投资一直呈上升的趋势。四是就业情况有所改善，失业率下降到 3.5% 左右，QQE 实施的第一年就业人数上升，第二年工资和就业收入都稳步上升。五是通胀预期稳步上升。与上年同期相比，CPI涨幅由之前的-0.5%上升到了1.5%（剔除消费税上调的影响），使中长期通胀预期上升0.5个百分点。六是预测未来经济会好转。根据货币政策委员的预测，2015—2017年，实际GDP增长率分别为2.0%、1.5%和0.2%，CPI年增长率分别为0.8%、2.0%和1.9%。但QQE政策也存在三个不足：一是2%的通胀目标并未实现；二是提高工资与充分就业目标未实现；三是QQE政策未能让日本经济摆脱低迷，后续效果仍有待观察。

6. 以短期和长期利率为操作目标的量化、质化宽松货币政策（QQEN）的新货币政策操作框架——同时设定量价目标（2016年至今）。该阶段货币政策调控的量价结合特征尤其明显，主要体现在操作目标上由2013年的"基础货币"调整为"长短期利率"，同时承诺购买国债来达到利率目标。具体而言，为应对长期通货紧缩困境，在利率水平低、国债购买接近上限等背景下，2016年1月日本央行实施负利率政策，政策效果不及预期，日本长期国债收益率转为负值，收益率曲线变得平坦，金融机构盈利空间收窄，金融体系风险加剧。在对大规模量化和质化宽松货币政策（QQE）和负利率政策进行综合评估的基础上，日本央行制定新的货币政策框架，推出以短期和长期利率为操作目标的量化、质化宽松货币政策（QQEN，QQE with a Negative Interest Rate）。将货币政策操作目标从基础货币改为收益率曲线调控，设定长期利率目标和短期利率水平，即通过购买国债将10年期国债收益率维持在零附近，而对金融机构在日本央行的部分短期超额存款实施负利率（-0.1%），即从"量"回归到"价"；同时实施超调式通胀承诺，即承诺将继续扩大基础货币供给直至核心通胀率稳定地超过2%（王宇，2016）。

（四）巴西

巴西货币政策框架在巴西经济发展的不同阶段经历了多次变化，其中较为重要的是在20世纪90年代初期，贸易和金融自由化后，货币政策最终目标历经多次反复，从双重目标到单一目标再回到双重目标，但在政策工具使用上，巴西央行一直采用数量型和价格型相结合的方式。

大致分为三个阶段：第一阶段（1994年6月至1999年6月），最终目标是物价稳定和国际收支平衡；第二阶段（1999年7月至2008年9月）是物价稳定；第三阶段（2008年9月至今），国际金融危机爆发后，最终目标转为物价稳定和金融稳定两大目标。为了实现最终目标，在不同时期侧重点有所不同。

1. 自由化完成初期（1990年至1994年6月），以数量型工具为主，价格型工具为辅的货币政策框架。该阶段，巴西货币政策框架中的最终目标是物价稳定，基本上采取信贷控制、较为单一的准备金制度等数量型工具，辅以利率管制等少量的价格型工具。在自由化完成初期，巴西通胀率居高不下，虽然采取了诸如冻结银行存款、减少货币供应量等数量型政策工具以及多次加息，广义货币供应量 M4 增速从 1992 年末的 1721.3% 下降至 1994 年上半年的 -93.2%，政策利率经历连续 18 次加息后，由 1993 年 1 月的 28.5% 提高至 1994 年 6 月的 50.6%，但上述措施并未能有效抑制通货膨胀，通胀率仍然从 1992 年末的 1119.1% 攀升至 1994 年上半年的 4922.6%。

2. “雷亚尔计划”实施阶段（1994 年 7 月至 1999 年 6 月），采取数量型工具为主，并逐步培育市场化价格型工具的货币政策框架。该阶段货币政策框架中的最终目标为物价稳定和国际收支平衡双重目标，但为了遏制高通胀，巴西央行开始转变调控方式，于 1994 年实施“雷亚尔计划”（Real Plan），以美元作为锚，实行爬行盯住美元的汇率制度，并以季度货币供应量 M4 为参考目标，采用数量型工具为主的政策操作，并逐步构建利率走廊机制。一是加大存款准备金率的操作频度和力度，并扩大缴存范围。根据通胀水平灵活调整存款准备金率，在通胀高峰时期，提高存款准备金率，活期存款准备金率由 50% 提高至 100%，当通胀回落时，相应降低存款准备金要求，自 1994 年 7 月起的 18 个月内，巴西央行调整各类存款准备金共 53 次。同时，对准备金细分并扩大准备金缴存范围。首次要求定期存款缴纳准备金，并新增加创新型负债的准备金要求，如银行发行的债券、信用债券等均需缴纳准备金。二是创新建立边际存款准备金制度。为了防止信贷过快增长对物价水平的不利冲击，巴西央行创新建立边际存款准备金制度，即在按法定存款准备金率计提准备金外，对新增流动性较多的金融机构投放贷款提取 100% 的定期存款准备金，并对贷款提取 15% 的准备金要求，从而抑制信贷过热。三是初步构建起利率走廊，并放开信贷管控。在 1994 年下半年至 1995 年下半年，巴西央行维持较高的政策利率，并在 1995 年底基本取消了信贷规模控制，同时，由公开市场操作为主转变为更多地使用常备借贷便利，并于 1996 年构建利率走廊机制，关键政策利率为一个月国债交易利率（SELIC 利率），利率上限为 TBC 利率（窗口贴现利率），下限为 TBAN 利率（非存款便利利率），期间利率调整次数 28 次，频率总体也较高。在上述措施的作用下，较好地实现了物价稳定目标，巴西通胀率从 1994 年上半年的 4922.6% 下降至 1998 年的 4% 左右；但国际收支平衡目标未有成效，1995—1998 年期间，经常项目逆差占 GDP 的 5% 以上。受亚洲金融危机影响，1998 年资本外逃较为严重，1998 年 8 月至 10 月减少 300 亿美元外汇储备，巴西央行通过提高政策利率来保持汇率稳定，将基准利率（SELIC）从 19% 提高至 45%，但由于在钉住美元制度下，高利率未能改变资本外逃和雷亚尔贬值的趋势，甚至许多银行出现了挤兑风波。为此，巴西央行于 1999 年 1 月 13 日改革爬行盯住美元的汇率制度，进一步扩大汇率的浮动区间，雷亚尔随之急剧贬值，股市大幅下跌，5 天后便宣布实行完全自由浮动的汇率制度。

3. 通胀目标制阶段（1999 年 7 月至 2008 年 9 月），主要以价格型工具调控为主，数量型工具为辅的货币政策框架，将信贷增长与 GDP 增长之差作为调控国内信贷的主要参考指标之一。在实施完全自由浮动的汇率制度后不到半年，巴西央行于 1999 年 7 月开始实行通胀目标制，将最终目标由过去的物价稳定和国际收支平衡双重目标调整为物价稳定单一目标，建立通胀目标制下的货币政策框架，运用利率走廊与完全浮动汇率相结合的调控模式，发挥价格型工具的主导作用。一方面，准备金作用逐步弱化。此阶段巴西央行准备金率累计调整 10 次，仅有 1 次提高活期存款准备金率用于降低通胀率，其余均为调节流动性。自实施通胀目标制以来，巴西央行有条件承诺（在财政问题好转且通胀可控时）逐步下调存款准备金率。活期存款准备金率从通胀目标制前的 75% 逐步降低至 2000 年的 45%，同时，为了减少银行流动性过剩的压力，2002 年 8 月新增加了额外存款准备金率要求，并对这部分准备金支付利息（一部分是以关键政策利率付息；另一部分以低于关键政策利率付息），并于 10 月提高了额外存款准备金率。由于流动性过剩带来的通胀压力加大，巴西央行于 2002 年 2 月将活期存款准备金率由 45% 提高至 60%，之后 5 年左右时间内未调整准备金率。另一方面，强化对利率走廊的运用。该阶段进一步强化对常备借贷便利的运用，调整关键政策利率 63 次，利率调整具有明显的逆周期调节作用，在通胀率上升时加息，通胀下降时降息。值得注意的是，虽然此阶段巴西货币政策调控逐步从数量型调控为主转向价格型调控为主，但巴西央行并未放弃对数量型工具或指标的运用，在 2000 年引入资本计提机制，将其与信贷增长和 GDP 增长之差紧密联系起来，以此作为调节国内信贷的主要参考指标之一。

4. 物价稳定和金融稳定双重目标阶段（2008 年 9 月至今），利率走廊调控为主，准备金政策为辅的货币政策框架，其中在后危机时代综合运用货币政策与宏观审慎工具（资本和准备金政策）来抑制经济过热和防止信贷过快增长带来的风险。2008 年国际金融危机爆发，由于巴西经济对外依赖程度较高，受外部需求不足和投资下滑等因素影响，国际金融危机对其冲击较大，尤其是在雷曼破产当天（2008 年 9 月 15 日），股市下跌 7.6%，为 2001 年以来单日最大跌幅，外资开始逐渐撤离巴西，资本流入骤停，两个月内出口金融业务交易总量下降 30%，外债展期率从危机前的 167% 突然下降至 22%，外汇市场发生急剧变化，雷亚尔在 2008 年 9 月后的 5

个月之内贬值约 50%，外汇储备降幅达 9.5%。为应对危机，巴西央行双管齐下，将货币政策与流动性政策分离，即实施所谓的分离原则，将准备金政策用于解决流动性，利率与汇率用于实现货币政策最终目标，并在维护物价稳定的同时，强调维护金融稳定。此阶段，频繁交叉运用利率政策、汇率政策和准备金政策，准备金要求主要是用来维护金融稳定和控制信贷波动，利率政策一般是逆周期调整，其中利率调控为主（29 次），准备金调控为辅（6 次）。一是灵活调整准备金政策，及时释放流动性。2008 年 9 月，将活期存款准备金由此前的 45% 下调至 42%，将活期存款和定期存款额外准备金率由危机前的 8% 下调至 5%，同时降低大型银行存放在小型银行同业存款的准备金率。同时，减少法定存款准备金的缴存范围、金融机构可以用国债缴纳存款准备金（国债缴存准备金的占比从 40% 提高至 70%）或将融资租赁类金融业务准备金缴纳时间推迟约 2 个月等等，并建立大型国有银行准备金的激励制度。对于从小型银行购买信贷资产和同业存款的大型银行，可享有存款准备率额外下调的优惠。据测算，调整准备金政策向经济注入的流动性占 GDP 的 3.9%。二是综合运用利率和汇率政策，稳定物价和汇率。一方面，连续多次降息。2008 年 10 月起连续 5 次降息，SELIC 利率从 2008 年最高的 13.75% 短时间内降至 2009 年 7 月的 8.75%，累计下调 5 个百分点，创 1999 年（通胀目标制）以来的最低水平。另一方面，运用多种汇率政策稳定外汇。资本大规模外逃后，汇率贬值超过 9% 时，巴西央行在金融市场拍卖美元，在 2008 年 9 月至 2009 年 3 月期间，巴西央行动用了约 300 亿美元外汇储备，占外汇储备总量的 7%；同时与美联储进行了 300 亿美元的外汇互换。三是多途径调整信贷政策，恢复信贷市场。为了防止银行破产，巴西央行购买有问题银行的信贷资产。同时，增加国有银行信贷供给，国有银行新增贷款占比从 2008 年 8 月的 28% 上升至 2009 年 6 月的 34%。并且提高多种类型如消费贷款的信贷额度，提供出口信贷约 2450 亿美元；增加特殊信贷便利约 1000 亿美元等。通过多种政策工具组合，巴西实际有效汇率标准差由危机期间的 7.5（2007 年 7 月至 2009 年 6 月）降至 2.9（2009 年 7 月至 2010 年 7 月），波动性明显变小（如图 4-9 所示）。

在流动性危机解决和信贷市场恢复之后，巴西经济逐步复苏，但通胀率重新上升，由 2009 年年末 4.3% 提高至 2010 年 3 月的 5.2%，接近 6.5% 的通胀目标。为此巴西央行于 2010 年 4 月起，将活期存款准备金由 42% 提高至 43%，定期存款准备金率由 13% 提高至 15%，并同步开始加息。总的来看，巴西央行综合运用数量型与价格型政策工具，取得了较好的调控效果，特别是准备金率等数量型工具在危机期间发挥了重要作用，从以往逆周期调整通胀到调节流动性，有力地促进了金融

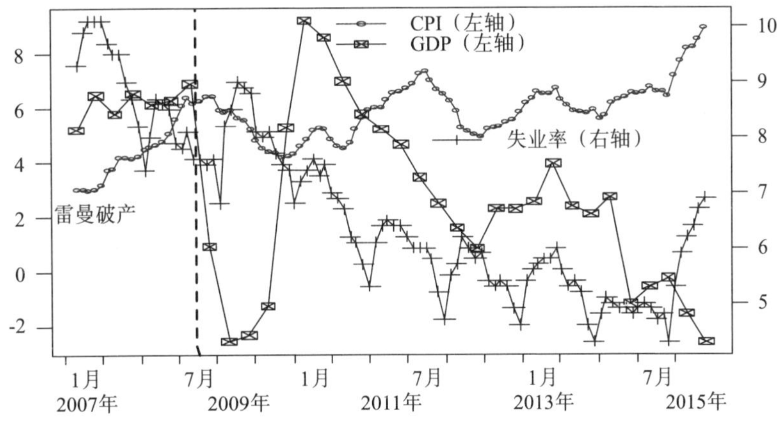

图4-9 巴西经济增长、CPI和失业率（右轴）

市场和信贷市场恢复，较好地实现了物价稳定和金融稳定的双重目标。目前，准备金政策已被巴西央行作为一种重要的宏观审慎工具，用于维护金融稳定和控制信贷波动。

三、主要国家价格与数量型工具相互支撑的货币政策框架的经验启示

（一）无论在何种货币政策框架下，价格型工具和数量型工具两者不可偏废

1. 价格型工具和数量型工具各有优劣，两者不可相互取代。一般而言，不同类型的货币政策工具有其自身优劣。其中，价格型工具的主要优势在于，它是一种间接调控方式，对微观经济主体的影响更广泛，调控成本较低、效果精准。常规条件下，央行运用利率或汇率等价格型工具，注重通过引导微观经济主体的预期来调整经济行为，从而实现货币政策最终目标。但不足在于，价格型工具的调控对金融体系发展程度、央行独立性、微观经济主体的敏感性要求相对较高，同时在特定条件下（如金融危机），价格型工具调控解决流动性问题的效果相对较差，并且容易受利率零下界限制，引起价格调控失灵。数量型工具是一种直接调控方式，主要有以下几个优点：一是不容易引起大规模资本流入流出。与降息相比，降低存款准备金率不容易引发大规模资本外逃。二是对市场流动性调节效果显著。能够较好地对金融机构的准备金或信贷规模进行调控，在特定条件下发挥的作用更为突出。但与此同时，也面临一些不足：一是调控成本相对较高。一般而言，存款准备金需要向银行支付利息，一旦发生危机采用量化宽松政策，央行通过购买债券等渠道向市场提供流动性，往往由于规模巨大，资金成本和机会成本均相对较高。二是部分数量型工具，如存款准备金率较高可能会导致金融机构加大金融创新力度来解决流动性缺

乏等问题，从而影响金融体系的总体稳健运行。从主要国家的实践来看，价格型工具与数量工具的作用难以相互取代，尤其是在金融危机期间，不能单独地依靠某一类工具，而是要把两者有机合起来。如美联储和日本央行等多个国家在使用价格型工具，维持低利率的同时，加大数量型工具的使用力度，甚至实施量化宽松政策等。

2. 特定条件下，价格型工具难以有效发挥作用，数量型工具可以在一定程度上弥补其不足。国际经验表明，特定条件下（如发生金融危机或债务危机等冲击时），市场一般会陷入流动性紧缺状态，单纯依靠利率为主的价格型工具难以有效发挥作用。如国际金融危机发生后，微观经济主体市场参与度大大降低，即便是央行不断下调关键政策利率，甚至将利率下降至零附近，也未能有效解决各类市场流动性不足等问题，价格型工具难以有效发挥其作用。因此，主要国家央行在运用政策利率等价格型工具的同时，实施了多种类型的数量型工具。如美联储在下调关键政策利率的同时，先后创设了多种缓解金融市场流动性紧缺和信贷市场供给不足的数量型工具；欧央行在多次降息的同时，通过引入固定利率全额分配操作模式为金融机构提供无限流动性，且长期再融资操作也由定量招投标改为无限量供给，同时针对实体经济信贷投放疲软等问题采取了结构性货币政策（定向长期再融资操作，TLTRO）；巴西央行则采取“双降”（降准+降息）政策来缓解流动性不足的问题。上述多种“量价结合”的调控模式有效地缓解了金融市场和信贷市场流动性紧缺等问题。

（二）需认真把握价格型工具和数量型工具配合使用的时机、力度、节奏等

1. 价格型工具效果不佳时，数量型工具介入时间可适当提前，利率并非要接近零下限水平。部分实证研究表明，在利率降至零下限之前，实施部分数量型工具（如资产购买）效果可能会更好。美联储和日本央行基本上都是在关键政策利率接近零下限时才实施资产购买计划，因此所需资产购买规模都相对较大，美联储QE规模相当于其结束时GDP的20%以上，日本每轮QE规模都相当于其结束时GDP的10%以上，但如果在利率陷入零下限之前介入的话，规模可能会相对较小，实施的机会成本、资金成本等相对较低。如欧债危机初期时，欧央行关键政策利率保持在2%左右，为缓解危机，欧央行先后实施了资产担保债券购买计划（CBPP）、证券市场计划（SMP）、直接货币交易（OMT，无限量购债），其规模不到GDP的10%，这些资产购买类数量型工具的及时出台，防止了危机进一步蔓延，值得注意的是，欧央行在购债的同时实施了一些收回流动性举措；为了防止部分银行破产，巴西央行在2008年10月（政策利率为13.75%）时从流动性紧缺的银行购买资产组合。

2.“量价”工具组合需根据融资结构和货币政策传导机制等实际情况选择。各

国需根据不同国情选择不同的“量价工具”组合，如在零利率下界水平下，直接融资为主的国家一般采用总量型工具配合，而间接融资为主的国家不仅使用总量型工具配合，并且还辅以结构型数量工具。一方面，由于以直接融资为主，美联储在降息的同时，运用的数量型工具重点是面向金融市场，并且在零利率下界水平下，数量型工具主要是以大规模资产购买（QE）这种总量型工具为主，并未采取结构性数量工具。另一方面，欧元区、日本、巴西等仍以间接融资为主，银行信贷占70%以上，因此与美联储所不同的是，在零利率下界水平条件下，这些国家（或地区）在实施QE的同时，均实施了结构性货币政策（数量型）。如欧央行实行定向长期再融资操作（TLTRO，规模限额为贷款余额7%，申请时间为2014年9月至2016年6月，共8轮，每季度可申请一次，前两轮申请了2128亿欧元，只占到最高限额的53.4%，申请额远不及市场预期）；日本央行实施贷款支持计划（LSP），时间从2010年6月至2018年3月，向符合条件的企业提供总额度为5.5万亿日元的年利率为0.1%的贷款，约占GDP的1.25%；巴西央行在降息的同时也实施“定向降准”的结构性数量工具，如在2008年金融危机期间，建立大型国有银行准备金的激励制度，对大型银行从小型银行购买信贷资产和同业存款给予较大的准备金率降幅，等等。

3. 对数量和价格型工具配合使用的效果要进行客观准确的评估，科学把握退出时间。危机期间，主要国家在实施“量价结合”政策的同时，实施前对其效果进行预估。一是对提供临时流动性的工具进行定量估算。如美国在实施定期证券借贷工具（TSLF，允许交易商以缺乏流动性的证券做抵押来交换国债）时，估计其对相应市场的影响在800亿—2340亿美元，定期资产支持证券贷款便利（TALF）对美国居民的影响在360亿—480亿美元；欧央行实施证券市场计划（SMP）的影响大约为710亿—1570亿欧元。二是对在低利率条件下实施量化宽松时，对QE规模、退出时间均有明确的评估。美、欧、日央行在低利率条件下同时实施量化宽松前均对实施规模、退出时间进行了详细说明，并提前采取了一些与之配套的相关工具。美联储在实施QE之前，对市场运行、金融稳定等方面的成本进行了相关测算，并创设了超额存款准备金利率、定期存款工具、固定利率全额供应隔夜逆回购工具等价格型工具，从而减少QE退出的负面影响，事实上，在美联储退出QE后，美国经济金融市场一直均保持平稳运行，并未出现较大波动。

（三）要注重对货币政策框架下的工具品种创新和使用方法创新，更好地发挥政策工具的作用

1. 引入预期管理等政策工具，发挥其引导作用有利于提升政策实施的效果。常

规条件下，预期管理和沟通有助于强化货币政策传导。在零利率下界并需要更多的数量型工具配合时，货币政策传导机制更加复杂，因此，央行与公众的沟通和预期管理对“量价”工具组合的货币政策传导至关重要，甚至成为央行货币政策的核心。主要发达经济体在实施这种“量价”工具组合的同时，均加强了对沟通和预期的管理，主要包括前瞻性指引（利率或通胀预期）和承诺，且一般均与货币政策最终目标挂钩（如通胀或失业率），有效稳定了公众对短期利率未来路径的预期。美、欧、日央行在实施 QE 时预期管理水平比危机前均有所提高。第一，保持通胀预期锚与央行通胀目标相一致至关重要。如果通胀预期下降，根据费雪效应，将提高预期的实际利率水平，进而削弱货币政策宽松程度。如日本央行在不同阶段实施 QE 时对预期管理逐步加强，从最初时期（1999 年）零利率政策 + 定性前瞻指引——2001 年将 QE 与定量前瞻性指引（CPI 同比 0% 目标）——2010 年 CME（相当于 GDP 的 21%）与 CPI 同比 1% 的目标——2013 年的 QQE（相当于 GDP 的 13%—15%）与 CPI 同比 2% 的目标。第二，在零利率下界水平，提供可信的前瞻利率指引至关重要。由于短期利率无法显著下降，因此可能借助预期路径来提供额外的宽松货币政策，一般运用政策利率的未来路径或资产负债表的未来路径来传达央行的货币政策立场。如美联储 2008 年危机以来的 QE 效果好于 20 世纪 30 年代 QE 的最大原因在于：实施 QE 的同时包含了前瞻性指引和长时间内保持低利率的承诺，期间多次承诺保持低利率，表述逐步精准，从初期（2009 年 3 月—2011 年 6 月）的“联邦基金目标利率很可能在更长时间内保持非常低的水平”——2011 年 8 月的“联邦基金目标利率将至少于 2013 年年中之前维持非常低的水平”——2014 年 7 月的“在 QE 结束后，联邦基金利率会在较长时间内维持低水平，直至通胀率继续低于 2%”。在名义利率进入零利率下界之后，欧央行借鉴美联储和日本央行做法，于 2013 年 7 月也开始引入前瞻性指引，承诺将关键政策利率（MRO）在较长时期内保持在低位水平，且实现了该承诺，在随后连续 3 次下调关键政策利率，与此同时，在 2014 年宣布实施 QE 时明确将购买资产时间与通胀率达到 2% 的目标挂钩。第三，良好的沟通至关重要。各主要发达经济体在零利率条件下实施大规模资产购买时，对 QE 时间、规模等进行了详细的披露，从而较好地传达了货币政策立场，稳定了市场预期。

2. 注重发挥数量型工具的价格属性或价格型工具的数量属性，创新工具使用方法。国际经验表明，在运用“量价”工具组合时，各央行都不同程度地运用了准备金数量型工具，并突出准备金的价格属性。发达经济体主要通过调整或创立超额存款准备金利率，将货币政策与流动性进行分离，从而确保在实施或退出数量型政策时对短期政策利率不会产生明显的影响。一是注重发挥数量工具的价格属性。美联储和日本央行在2008年均新设立了超额存款准备金利率，以此作为利率走廊的下限；欧债危机爆发后，欧央行于2012年将法定存款准备金利率由2%下调至1%，并对法定存款准备金支付利息。二是创新数量型工具使用方法，在原有的基础上延长期间、扩大交易对象和担保品范围等等。如主要发达经济体在使用公开市场操作对准备金进行调节时，公开市场操作时间由原来的短期改为长期，如欧央行的长期再融资操作（TLTRO）期限由7天延长至3个月甚至3年等等。部分新兴经济体如巴西将准备金用于维护金融稳定目标，在危机期间，巴西央行将普通活期存款准备金利率由危机前的45%下调至42%，额外活期和定期存款准备金率从危机前的8%下调至5%，对于额外准备金利率也实行差别化管理，一部分是以关键政策利率付息；另一部分以低于关键政策利率付息。同时，减少法定存款准备金的缴存范围、金融机构可以用国债缴纳存款准备金（国债缴存准备金的占比从40%提高至70%）或将融资租赁类金融业务准备金缴纳时间推迟约2个月等等，巴西的这类准备金政策都是对传统准备金工具的创新。三是创新价格型工具使用方法。如美联储和日本央行在零利率附近时，将关键政策利率由原来的某个具体值调整为一个区间，理论表明，允许关键政策利率波动区间越宽，盯住利率目标与盯住基础货币也就越相似。日本央行在利率市场化完成初期时也实施过关键政策利率区间调控，但区间比危机期间更宽。

3. 不断加大数量型工具的品种创新力度，尤其是非常规货币政策工具的创新。为了解决不同市场流动性不足等问题，主要国家根据自身条件不断推陈出新。金融市场越发达，推出的创新型数量型政策工具越多。如美联储在危机期间推出约8种数量型政策工具，其中5种针对金融市场，3种面向信贷市场，而欧央行等对金融市场的数量型工具的品种创新相对较少，主要与央行的交易对手、抵押品范围、交易规模有关。如欧央行常规时期再融资操作规模一般为3000亿欧元，美联储常规情况下公开市场操作规模仅为300亿美元；欧央行符合条件的交易对手约2200家，一般时期约200—400家参与交易，危机期间交易对手增加至800家，平均交易量约为6.3亿欧元，而美联储交易对手仅20个左右；欧央行担保品有40000种，市值约1.4万亿欧元，占欧元区GDP的15%，而美国抵押品种类较少，一般为国债和机构债券。因此，危机期间欧央行需要较少创新就能管理好流动性，而美联储则需要大量创新型工具来缓解流动性。

4. 在价格型为主的国家或地区中越来越多的央行开始重视数量型指标，可能成为货币政策调控的一种新常态。2008年国际金融危机前，在许多发展中国家，金融稳定因素（如外汇波动、信贷增长）在货币政策调控中占较大的权重，即使在以价格型调控为主的发展中国家也如此，如巴西央行在实施利率走廊初期（1999 年），于 2000 年引入信贷增长与 GDP 增长之差这一数量型指标来计提资本，从而灵活调节银行信贷；而在大部分发达国家，央行调控更注重的是价格或产出稳定，认为维护金融稳定是金融监管的职责。金融危机后，越来越多的国家开始重视金融稳定这一重要因素，国际清算银行（BIS）在 2010 年提出广义信贷/GDP 与其长期趋势偏离值是反映金融稳定的一个新宏观审慎指标，许多以价格型调控为主的央行也开始重视此类相关指标，如英格兰银行、加拿大央行等也于 2011 年开始广泛关注广义信贷/GDP 与其长期趋势偏离值；欧央行从 2014 年 6 月开始，在网站上按季公布欧盟 28 个成员国包括广义信贷/GDP 与其长期趋势的偏离值等，以此作为制定货币政策参考指标之一。随着央行货币政策与宏观审慎政策理论与实践的不断发展，未来会有越来越多的央行开始关注此类数量型指标，或将成为货币政策调控发展过程中的一种新常态。

四、我国货币政策框架基本情况及价格与数量型工具相互支撑的必要性

（一）我国货币政策框架发展历史及现状

随着我国社会经济形势的不断变化，我国的货币政策框架也历经了多次变革。总体来看，以 1984 年人民银行专门行使中央银行职能、1998 年货币供应量纳入货币政策中介目标体系和 2012 年《金融业发展与改革“十二五”规划》提出货币政策向价格型调控为主转型的目标为标志，可以将我国货币政策框架发展分为三个阶段。

1. 1984—1997 年：货币政策框架要素逐步完善阶段。改革开放以前，中国实施严格计划经济，所以没有真正意义的货币政策。20 世纪 90 年代中期以前，国有和集体企业并非真正的市场主体，国内基本上也不存在成熟的金融市场，资金的获得与投向直接决定了国民经济的发展水平与结构。但随着 1984 年人民银行开始正式行使中央银行的职能，加之市场经济体制建设的不断深入，货币政策调控也发生了诸多变化。一是逐步放开利率管制。1987 年开始允许商业银行上浮贷款利率不超过 20%，标志着我国开始利率市场化的探索，并产生了“存贷款基准利率”的概念。二是缩小信贷规模控制范围，引入公开市场操作。1986 年起，规定专业银行的资金可以相互拆借，成为同业市场的前身；1994 年开始，我国信贷规模控制范围逐渐缩小，并率先在外汇领域引入了公开市场操作。三是将货币供应量纳入货币政策中介目标体系。在前期分析研究和公布分层次货币供应量监测数据的基础上，1996 年人

民银行正式将货币供应量纳入货币政策中介目标体系。在此背景下，我国的货币政策框架各要素不断完善。其中，货币政策工具包括信贷现金计划、信贷政策、窗口指导、再贷款、再贴现、存款准备金、利率、公开市场操作等；中介目标是货币供应量；最终目标为保持币值稳定，并以此促进经济增长。

2. 1998—2012 年：以货币供应量为调控目标的货币政策框架初步形成。20 世纪 90 年代中期以后，随着社会主义市场经济体制的逐步建立，我国社会经济背景再度发生了较大变化。一方面，企业产权结构走向多元化。随着国有企业改革进程加快，企业性质进一步多元化，带动微观经济主体的市场活力迅速提升。另一方面，我国金融市场有了一定程度的发展。1994 以来，我国逐步构建统一银行间外汇市场、同业拆借市场以及银行间债券市场，为公开市场操作奠定了基础，并成为货币政策传导的重要组成部分。在上述背景下，人民银行于 1998 年取消了贷款规模控制，开始着手构建货币信贷总量调控的货币政策框架，并形成了从中央银行到货币市场，到金融机构（信贷市场），最终传导到企业和居民的间接调控机制。其中，货币政策工具主要包括公开市场操作、存款准备金、再贷款、再贴现、信贷政策、利率和窗口指导等，但由于此阶段我国多种利率仍未实现市场化，价格型工具一般很难独立传递出价格信号。货币政策的操作目标是基础货币，中介目标是货币供应量，最终目标仍然是保持币值稳定，并以此促进经济增长。

在此阶段，随着我国经济社会的发展，货币政策框架的内容也出现一些变化。一方面，货币政策调控进一步市场化、价格化。以回购交易和再贷款（再贴现）为例，1996—2004 年，人民银行共进行 390 次正逆回购，对应利率调整 132 次，再贷款、再贴现分别进行 11 次和 8 次；而 2005—2014 年共进行正逆回购 683 次，对应利率调整 167 次，再贷款、再贴现利率调整均只有 5 次。对比说明公开市场操作的频率明显提高，利率调控力度有所加强，而部分数量型工具的使用有所减弱。另一方面，货币政策操作有所创新。2003 年，人民银行创新发行央行票据来回收流动性，并成为流动性管理的重要工具。2011 年引入差别存款准备金动态调整制度，根据银行信贷偏离程度来确定存款准备金率，同时将信贷/GDP 这一数量指标作为分配区域合意贷款的主要参考指标之一。

3. 2012 年以后：货币政策框架由数量型调控向价格型调控转轨，开始探索货币政策和宏观审慎政策“双支柱”调控框架。20 世纪 90 年代中期之后，我国货币政策面临的社会经济背景又发生了较大的变化。一是我国的利率体系逐渐完善，利率品种逐渐丰富。除了传统的存贷款利率、三大政策工具利率外，1996 年，随着同业拆借市场的建立，形成了中国银行间拆借市场利率（Chibor）；1996 年成立的银行间债券回购市场又形成了银行间短期回购利率；2007 年推出了上海银行间同业拆借利率（SHIBOR），目前 SHIBOR 已经与部分金融产品的定价挂钩，在货币市场的基准作用已经初步显现。二是市场主体对价格的敏感性有所增强。随着金融市场的发展，社会融资规模中表内贷款占比走低，比重由 2002 年时的 95.5% 下降到 2013 年时的 54.8%，表外融资和直接融资占比由 2002 年时的 2.6% 提高到 41.6%，企业对利率的敏感性比过去主要依赖贷款融资时大大提高。同时居民在财富配置中，股票占比也有所提高（从 2002 年的不足 10% 到 2012 年的 15.5%），居民资产结构的变化也使得居民对利率的敏感性增强。三是单纯数量型的调控方式已经初现弊端。一方面，随着金融创新力度的不断加大和利率市场化进程的推进，货币需求的稳定性在下降，M2 与经济增长之间的关联性也出现一定程度的下降。另一方面，单纯的数量型调控无法解决实体经济“融资贵”的问题，且金融创新不断发展导致数量型调控的成本越来越高，难度越来越大，调控方式亟待改变。

在此背景下，2012 年我国《金融业发展与改革“十二五”规划》正式提出“完善市场化的间接调控体制，逐步增强利率、汇率等价格的杠杆作用，推进货币政策从以数量型调控为主向以价格型调控为主转型”。标志着我国的货币政策框架的发展进入一个新的阶段。这一阶段货币政策框架的主要特点包括：一是利率市场化进程不断加快。2012 年 6 月首次将存款利率上限调整为基准利率的 1.1 倍，此后存款利率上浮区间又多次放开，直到 2015 年 5 月最高可上浮 50%，8 月份放开一年期以上（不含一年期）定期存款的利率浮动上限；2013 年 7 月取消贷款利率 0.7 倍下限，完全放开贷款利率管制。2013 年 10 月建立了贷款基础利率集中报价和发布机制。二是继续根据宏观经济环境创新货币政策操作。如创新开展常备借贷便利（SLF）、中期借贷便利（MLF）以及抵押补充贷款（PSL）等，增强公开市场操作引导货币市场利率的能力。三是开展差别性、结构性货币政策操作，调节经济结构。针对经济运行中的结构性问题突出，近年来很多货币政策操作都带有定向调控、结构化的特点，部分传统货币政策操作工具如再贷款、再贴现也赋予了经济调结构的使命，开展了如支农、支小再贷款、定向降准，定向降息等结构性货币政策操作。四是开始探索货币政策和宏观审慎政策“双支柱”调控框架。双支柱调控框架主要是为了实现币值稳定和金融系统的稳定，更是体现了数量与价格型政策工具的结合，宏观审慎政策中不仅包括差别准备金动态调整，2016 年升级版的宏观审慎评估体系（MPA）还包括其他很多数量型指标，如广义信贷、跨境资本流动等，这样可以同时运用价格和数量型工具来实现“双稳定”，如在经济过热时，可以同时实施加息的货币紧缩政策和提高准备金的宏观审慎紧缩政策，提高银行准备金要求，可以缓解提高利率带来的资本流入。

（二）我国构建价格与数量型工具相互支撑货币政策框架的现实性和必要性

主要国家或地区央行货币政策调控经验表明，不论是在常规时期还是特定条件下，货币政策最终目标不论是多目标制还是单一目标制，都不同程度地综合运用价格型与数量型政策工具，尤其是在实行多目标制的央行，对数量型和价格型政策工具综合使用的频率更高。值得注意的是，在上述综合运用数量价格相互支撑政策工具的国家或地区，虽然在不同时期、不同条件下配合程度有所不同，但所处的共同背景都完成了利率市场化和资本的自由流动。而对于我国而言，当前正处在利率市场化关键时期，资本项目暂未完全开放，加之受经济下行压力加大、经济结构持续调整等因素影响，实施数量价格相互支撑政策工具面临较多的挑战。

一是我国货币政策框架的最终目标相对较多，单一类型的货币政策工具难以达到预期效果。国际经验表明，货币政策最终目标越多，对数量型和价格型政策工具搭配使用要求越高，如美国和巴西均实行双重最终目标，在特定条件下对价格和数量型政策工具的使用频率高于欧央行和日本央行。而我国货币政策最终目标有四个，即经济增长、充分就业、物价稳定以及国际收支平衡，这些远多于上述国家或地区，因此，长期以来我国综合使用数量型价格型政策工具，即采取“数量为主、价格为辅”的综合型调控方式取得了较好的效果，但近年来随着我国经济发展基础、结构与约束条件改变，多次出现经济数据与金融数据不同步的现象，说明这种“数量为主、价格为辅”的组合调控方式效果有所减弱。同时，我国货币政策不仅仅要承担经济发展的目标，还在一定程度上承担了社会发展的责任，加之近年来财政收支矛盾突出，财政政策空间不断被压缩，货币政策在调总量的同时，还承担着结构调整等任务。因此，在经济新常态和经济结构转型的过程中，要求货币政策做到总量稳定、结构优化，单纯依靠某一类型的货币政策工具进行货币政策调控的难度有所增加。

二是我国当前面临的国内外形势复杂多变，数量与价格型工具相互支撑的货币政策框架更有利于宏观调控。一方面，虽然利率市场化快速推进，但是部分微观经济主体对市场利率仍不太敏感。较长时间以来，我国存在较多的软预算约束部门（如地方政府融资平台和国有企业），近年来，这些软预算约束部门的资本投入回报率下降，杠杆率却在攀升，资产负债端错配已有所显现（钟正生，2014），尽管目前已通过地方政府债券置换部分融资平台贷款，流动性已有所缓解，但仍有部分存量平台贷款存在流动性错配风险，以总量型的货币政策来应对这种结构性的杠杆率错配，难度较大，因此，必须辅以价格型政策工具调控才能达到效果。另一方面，当前人民币国际化进程不断加快，随着资本项目的逐步放开，对数量型价格型政策工具的综合使用带来一定冲击。国际投机货币具有流动快速、切换频繁的特点，这种不稳定性在一国货币出现较大汇差和利差时体现地更为淋漓尽致，这要求数量型与价格型政策工具的综合使用以实现内外均衡，避免货币政策环境骤然发生变化。

三是我国利率调控体系尚在建设阶段，在过渡期内更加需要数量型和价格型工具的相互支撑配合。目前，我国“利率双轨制”仍然存在，利率体系仍有待进一步丰富，单纯依赖价格型调控效果不理想。首先，我国的利率并未完全市场化。虽然货币市场利率已经市场化，但是信贷市场仍处于起步状态，存款利率定价尚未完全放开，大额存单的发行也刚刚起步，虽然已经启动了贷款基础利率报价，但起步较晚，尚不够成熟，影响范围较小。其次，我国尚未形成统一的基准利率。一方面，我国政策利率过多，未形成明确的关键政策利率，从而难以向市场传递准确的信号，弱化利率传导效果。另一方面，市场基准利率也未明确。在当前我国金融业分业监管的格局下，金融市场一定程度上处于割裂状态，同一种交易在不同市场上的定价不尽相同，以质押式回购交易为例，既可以在银行间市场交易，也可以在沪深交易所交易，由此形成了3种不同的质押式回购利率，不仅可能产生套利，也不利于形成统一的市场基准利率体系。最后，我国的中长期基准利率缺失。国际上一般将国债收益率曲线作为中长期无风险利率的基准，但是我国国债市场从发行到交易的制度建设，以及市场主体的多元性与发达经济体还存在较大差距，还需要较长时间培育才有望成为成熟的中长期基准利率的载体。因此，在过渡期内，数量型工具与价格型工具相互支撑，更有利于实现由数量型调控向价格型调控的平稳转轨，也更有利于货币政策调控的实施效果。

四是我国数量型工具实施时间长、操作空间大，构建数量与价格型工具相互支撑的货币政策框架有较好的现实基础。近20年来，我国主要实施的是以存款准备金率为主的数量型调控模式，且相比主要发达经济体，我国银行业存款准备金率较高，即使自2015年以来连续5次降准，但目前大部分银行准备金率仍在15%以上，存款准备金率操作的空间仍然较大。同时，近两年来，我国在数量型工具创新方面做出了积极有益的探索，并注重数量型工具与价格型工具的密切配合，在构建数量与价格型工具相互支撑的货币政策框架方面有着较好的实践基础。我国近年的货币政策调控方式正在发生一些变化，“价量并重”的调控方式成为常态，如降息与普通降准相结合的总量政策，定向降准、定向降息、定向再贷款相结合的结构性货币政策等，同时推出了许多创新型工具，如常备借贷便利（SLF）、中期借贷便利（MLF）等价格型工具，抵押补充贷款（PSL）等数量型工具，货币政策工具箱不断丰富，为“稳增长、调结构”提供了适当的货币政策环境。下一阶段，随着经济结构转型和改革力度不断加大，为了不对经济造成较大波动，在加强价格型工具运用的同时，更加需要数量型工具加以配合。

因此，虽然我国货币政策调控总体转型方向是从以数量型调控为主向以价格型调控为主的逐步转变过程，但结合我国实际情况，数量型和价格型工具相互支撑的货币政策框架符合我国实际，也是我国现阶段的必然选择。

五、我国数量与价格型工具相互支撑的货币政策框架构建实证研究

目前国内文献在研究我国货币政策规则时，大部分都是围绕数量型和价格型何者更优的问题，只有少数学者同时考察了数量型和价格型相结合的效果，但都比较笼统，并没有区分以何者为重点的问题，而本书通过构造包括家庭、企业和政府三部门的动态一般随机均衡模型（DSGE），综合比较了数量型、价格型、数量型为主价格型为辅、价格型为主数量型为辅等四种情形下的货币政策冲击的效应，从而为央行采取何种货币政策规则提供理论参考。本书模型设定方面主要体现在：一是家庭和企业不仅面临黏性价格和工资，而且面临工资和价格部分指数化。二是资本的内生积累过程面临投资调整成本、可变资本利用率和固定成本。同时，通过引入多个随机冲击来刻画现实经济中的各种不确定性，丰富了模型对现实经济的解释能力。这些随机冲击包括供给冲击（生产率冲击和劳动供给冲击）、需求冲击（偏好、投资和政府支出冲击）、成本冲击（价格加成、工资加成和资产价格冲击）以及货币政策冲击（货币供给、利率冲击）。

一般而言，将货币政策工具纳入到 DSGE 模型时，通常假定央行遵循某种规则，并引入代理变量，现有文献在研究我国货币政策工具方面主要有两大类：一类是以泰勒规则为基础的“价格型”工具，主要区别是代理变量的选择不同，如以银行间同业拆借利率、1 年期存款利率为价格型政策工具的代理变量，得出的结论也不尽相同；另一类是以麦克勒姆规则为基础的“数量型”工具，主要区别体现在麦克勒姆规则形式上的差异，代理变量大都是货币供应量 M2 或 M1。仅有少数学者在利率规则的基础上加入了货币因素，即以价格型工具为主，数量型工具为辅的混合规则。

（一）混合型货币政策工具规则的理论、现实基础及表达形式

1. 混合型货币政策工具规则的理论及现实基础。根据宏观经济学理论，在理想条件下，当央行以货币供应量为主要工具，且利率变化能够使货币市场均衡时，则货币市场均衡决定新的利率，利率变动改变企业边际成本，进而影响价格、投资、产出等宏观变量，经济达到新的均衡；当央行以利率为主要工具时，调节利率会改

变企业边际成本，进而价格、投资、产出等宏观变量达到新的均衡。因此，就建模的简约性上讲，货币需求方程实际上是多余的，只需考虑利率规则就能使模型封闭，这就是为什么大部分 DSGE 模型只用利率规则来描述央行货币政策的主要原因，即在一定条件下，如所考虑的货币政策目标不存在差异时，价格型工具与数量型工具有着相同的政策含义且可以相互转化（Gali，2008），只是政策效果有所差别，这可以从 DSGE 一般模型的货币政策对最终目标的影响机制中得出。以 DSGE 模型中数量型与价格型工具对最终目标 GDP 的影响为例进行简要说明，根据模型中消费的效用方程 $U_{c,t}=\beta E_t(U_{c,t+1}\times I_t/\pi_{t+1})$ 可知，降低利率使得等式右边 $t+1$ 期的消费效用下降，家庭会增加 t 期消费，减少 $t+1$ 期消费，即提前消费，导致当前总需求上升；当引入货币因素之后，上面的利率渠道依然起作用，同时，货币持有的最优性条件 $U_{c,t}=U_{m,t}+\beta E_t(U_{c,t+1}\times I_t/\pi_{t+1})$ 表明，增加货币供应量会提高通货膨胀，让等式右边所示的 $t+1$ 期的效用下降，这会让家庭增加 t 期消费，减少 $t+1$ 期消费，即提前消费，导致当前总需求上升，当两种政策工具叠加使用时，可能会强化对总需求的影响。从这个角度而言，不论是价格型政策工具、数量型政策工具还是混合型政策工具，最终都会影响总需求，因此它们包含着相同的政策含义，但政策工具的效果有所差别。尤其在货币政策传导渠道不够畅通时，如发展中国家金融市场不够完善、特定条件下发达国家金融市场失灵或者由于受利率下限等因素影响，单纯运用某类货币政策工具难以实现货币政策最终目标，这两种政策效果存在的差异可能会更大。当前我国货币政策调控面临的环境总体较为复杂，既面临着主要发达经济体货币政策分化的国际环境，也面临着新常态下“稳增长、调结构”的国内环境，货币政策传导的市场渠道仍不够完善。一些学者构造出同时包含利率与货币供应量的货币政策规则（Liu 和 Zhang，2010），本书将其称为混合型货币政策工具规则。相关研究也支持了这种观点，姚余栋等（2014）通过构建一个包含资本流动扰动的开放经济模型发现，我国也需要构建“双目标双工具”的货币政策框架；伍戈和刘琨（2015）认为受经济结构转型、资本账户开放程度等因素影响，我国需要建立“多目标多工具”的货币政策框架。国际货币基金组织（IMF）研究部 Ostry 等（2016）认为新兴市场经济体对货币错配的承受能力较弱，需要构建“双目标双工具”的货币政策框架。

2. 混合型货币政策工具规则表达形式。

（1）数量型为主、价格型为辅的混合规则。传统的数量型规则一般都以麦克勒姆规则为基础进行拓展，其核心内容是：基础货币增长率依名义 GDP 增长率（或水平值）与设定的目标之间的离差而变动。一些学者研究发现原始麦克勒姆规则没有考虑到前瞻行为，并不能完全说明我国的情况，本书在带有前瞻性的数量型规则（Zhang，2009）基础之上，引入价格型政策工具，以不同时期对货币供应量影响较大的利率作为价格型政策工具的代理变量，一些实证研究发现央行票据发行利率是影响我国货币供应量的重要因素之一（郑振龙和莫天瑜，2011），根据我国实际情况，我们在不同时期选择不同的利率：1996 年第一季度至 2004 年第一季度期间用 3 个月存款利率，2004 年第二季度至 2013 年第二季度用央行票据发行利率，2013 年第三季度至 2015 年第二季度用央行逆回购利率。构造出的数量型为主价格为辅的混合规则为：

$$\hat{v}_t = \rho_1 \hat{v}_{t-1} - \rho_2 E_t \hat{\pi}_{t+1} - \rho_3 \hat{Y}_t - \rho_4 \hat{R}_t + \varepsilon_{M,t} \tag{4-1}$$

其中，$\hat{v}_t$ 表示货币供应量增速与其长期趋势的偏离；$\hat{\pi}_t$ 为通货膨胀率；$\hat{Y}_t$ 为产出缺口；$\hat{R}_t$ 为不同时期期限相同的市场利率；$\varepsilon_{M,t}$ 为 AR（1）过程。（4－1）式中如果不考虑利率 $\hat{R}_t$ 变量，就简化为单一数量型规则。

（2）价格型为主数量型为辅的混合规则。考虑到近年来央行在实际操作中采取短期和中长期调控相结合的模式，如短期流动性调节工具（SLO）、中期借贷便利（MLF）、抵押补充贷款（PSL）分别用于调节短期、中期和长期流动性，并与“定向降准”等数量型政策工具相结合，本书根据泰勒规则，分别构建两种形式的价格型规则，一种是偏重于短期调控的泰勒规则；另一种是侧重于中长期调控的泰勒规则，并在此基础之上加入货币因素，分别构建出两种价格型为主，数量型为辅的混合规则，具体形式分别为：

$$\begin{cases} \hat{R}_t = \lambda_1 \hat{R}_{t-1} + (1-\lambda_1)[\lambda_2(E_t\hat{\pi}_{t+1} - \hat{\pi}_t) + \lambda_3 \hat{\pi}_t + \lambda_4 \hat{Y}_t + \lambda_5 \hat{m}_t] + \varepsilon_{R,t} \\ \varepsilon_{R,t} = \rho_R \varepsilon_{R,t-1} + \eta_{R,t} \end{cases} \tag{4-2}$$

$$\begin{cases} \hat{R}_t = \lambda_1 \hat{R}_{t-1} + (1-\lambda_1)[\pi_t^* + \gamma_\pi(\hat{\pi}_{t+1} - \pi_t^*) + \lambda_y \hat{Y}_t + \lambda_m \hat{m}_t] + \gamma_{d\pi}(\hat{\pi}_t - \hat{\pi}_{t-1}) + \gamma_{dy}(\hat{Y}_t - \hat{Y}_{t-1}) + \eta_{R,t} \\ \pi_t^* = \rho \pi_{t-1}^* + \eta_{\pi,t} \end{cases} \tag{4-3}$$

其中，λ_1 表示利率平滑系数，值越高表示政策越具有连续性；$E_t\hat{\pi}_{t+1}$ 为预期通胀率，表明央行对通胀的前瞻性考虑；$\varepsilon_{R,t}$ 表示货币政策（或利率）冲击，服从一阶自回归过程；π_t^* 表示通胀目标，服从一阶自回归过程；$\eta_{R,t}$ 表示货币政策（利率）冲击，$\eta_{\pi,t}$ 表示货币政策（通胀目标）冲击，$\hat{Y}_t$、$\hat{R}_t$ 与前文意义相同。两种利率规则均强调利率对通胀和产出缺口的反应；不同之处在于前者侧重于货币当局对通胀的前瞻性考虑，体现央行偏重于短期的宏观调控，而后者侧重于央行对通胀目标的考虑，表明央行着眼于中长期的宏观调控。（4－2）式与（4－3）式中如果不考虑货币供应量 m_t 变量，就退化为相应的单一价格型规则。

（二）带有价格黏性的 DSGE 模型构建

由于本书的主要目的不是讨论 DSGE 模型的特点及含义，因此采取目前文献中带有黏性价格的 DSGE 模型的通用形式，即包含消费习惯形成、指数化黏性工资和价格调整、投资调整成本与资本利用成本的家庭、企业由中间产品和最终产品生产厂商组成、政府部门，关于模型假设、经济含义及推导过程可参考文献（Christiano 等，2005；庄子罐等，2016），本书直接给出了一阶对数线性化的方程。对任意变量 X_t，本书定义：$\hat{X}_t = 100\ (\ln X_t - \ln\overline{X})$；这里 $\hat{X}_t$ 表示变量 X_t 对其稳态值的百分比偏离，对数线性化方程如下：

消费方程：

$$\hat{C}_t = \frac{b}{1+b}\hat{C}_{t-1} + \frac{1}{1+b}E_t\hat{C}_{t+1} - \frac{1-b}{(1+b)\sigma_c}[\hat{R}_t - E_t\hat{\pi}_{t+1} + E_t\hat{\varepsilon}_{c,t+1} - \hat{\varepsilon}_{c,t}] \quad (4-4)$$

带有“^”的变量代表其对稳态值的百分比偏离；$\hat{C}_t$ 表示家庭用于 t 期的消费；b 和 σ_c 分别为家庭消费习惯形成与消费跨期替代弹性参数；$\hat{R}_t$ 为 t 期的短期利率；$E_t\hat{\pi}_{t+1}$ 为家庭 t 期时对 $t+1$ 期的通货膨胀率预期；$\hat{\varepsilon}_{c,t}$ 为消费偏好冲击。

投资方程：$\hat{I}_t = \frac{1}{1+\beta}\hat{I}_{t-1} + \frac{\beta}{1+\beta}E_t\hat{I}_{t+1} + \frac{\varphi}{1+\beta}\hat{Q}_t + \frac{1}{1+\beta}[\beta E_t\hat{\varepsilon}_{i,t+1} - \hat{\varepsilon}_{i,t}]$ （4－5）

β 为家庭主观贴现因子；$\hat{I}_t$ 为 t 期的投资；φ 为投资调整成本；$\hat{\varepsilon}_{i,t}$ 为投资冲击。

托宾 Q 方程：$\hat{Q}_t = [E_t\hat{\pi}_{t+1} - \hat{R}_t] + \frac{1-\delta}{1-\delta+\bar{r}}E_t\hat{Q}_{t+1} + \frac{\bar{r}}{1-\delta+\bar{r}}E_t\hat{r}_{t+1} + \eta_{q,t}$ （4－6）

Q_t 为 t 期的资产价格；$E_t\hat{r}_{t+1}$ 为 t 期时对 $t+1$ 期资本边际收益率的预期；$\bar{r}$ 为稳态资本收益率。

资本积累方程：$\hat{K}_t = (1-\delta)\hat{K}_{t-1} + \hat{I}_t$ （4－7）

$\hat{K}_t$ 为家庭在 t 期的资本存量；$\hat{I}_t$ 为 t 期的投资；δ 为资本的折旧率。

资源约束：$\hat{Y}_t = \frac{\overline{C}}{\overline{Y}}\hat{C}_t + \frac{\overline{I}}{\overline{Y}}\hat{I}_t + \frac{\overline{G}}{\overline{Y}}G_t + \frac{\overline{K}\,\overline{Y}}{\overline{Y}}\hat{u}_t$ （4－8）

$\hat{Y}_t$ 为 t 期的总产出；$\overline{C}$、$\overline{I}$、$\overline{G}$、$\overline{K}$ 分别为稳态时的消费、投资、政府支出、资本存量。

加总生产函数： $\hat{Y}_t = \phi[\hat{Z}_t + \alpha\hat{K}_{t-1} + (1-\alpha)\hat{L}_t]$ (4-9)

$\hat{Y}_t$ 为 t 期的总产出；φ 为中间产品厂商的产出加总与总产出的调整系数。

工资通胀方程：

$$\hat{w}_t = \frac{\beta}{1+\beta}E_t(\hat{w}_{t+1} + \hat{\pi}_{t+1}) - \frac{1+\beta\gamma_w}{1+\beta}\hat{\pi}_t + \frac{1}{1+\beta}(\hat{w}_{t-1} + \gamma_w\hat{\pi}_{t-1})$$
$$- \frac{(1-\xi_w)(1-\beta\xi_w)}{(1+\beta)\xi_w(1+\frac{\sigma_l(1+\lambda_w)}{\lambda_w})}[\hat{w}_t - \sigma_l\hat{L}_t - \frac{\sigma_c}{1-b}(\hat{C}_t - b\hat{C}_{t-1}) + \hat{\varepsilon}_{l,t} - \eta_{w,t}]$$

(4-10)

$\hat{w}_t$ 为 t 期的实际工资；σ_l 为消费与劳动力之间的替代弹性；$1+\lambda_w$ 为不同劳动的替代弹性；λ_w 与 ξ_w 分别为定价行为的 Calvo 定价与价格调整概率的参数；$\hat{L}_t$ 为家庭在 t 期的劳动供给。

劳动需求：$\hat{L}_t = \hat{r}_t + \hat{K}_{t-1} - \hat{w}_t$ (4-11)

$\hat{L}_t$ 为 t 期的劳动需求；$\hat{w}_t$ 为 t 期的实际工资；$\hat{r}_t$ 为资本收益率；K_{t-1}为上一期的资本存量。

价格通胀方程（新凯恩斯菲利普斯曲线 NKPC）：

$$\hat{\pi}_t = \frac{\gamma_p}{1+\beta\gamma_p}\hat{\pi}_{t-1} + \frac{\beta}{1+\beta\gamma_p}E_t\hat{\pi}_{t+1} + \frac{(1-\xi_p)(1-\beta\xi_p)}{(1+\beta\gamma_p)\xi_p}[\alpha\hat{r}_t + (1-\alpha)\hat{w}_t - \hat{Z}_t + \eta_{p,t}]$$

(4-12)

γ_p 与 ξ_p 分别为厂商定价行为的 Calvo 指数化定价与价格调整概率的参数。

（三）数据处理与模型估计结果

1. 数据、参数校准及估计。模型中包含数据有货币供应量（M）、7 天同业拆借利率（R）、国内生产总值（GDP）、固定资产投资（I）、消费（C）、消费者物价指数（P）、就业（H），数据样本区间为 1996 年第一季度至 2015 年第二季度，主要来源于 Wind 资讯。模型中的数据（除利率和就业以外）均经过 CPI 定基序列转换为实际值。参考国内学者的通用做法，用消费价格指数的同比增长率来度量通货膨胀率。

对于控制模型稳态的参数，我们根据中国经济的相关数据以及国内外已有研究来校准（如表 4-1 所示），其中新加入的两个参数通过回归估计得出，即在数量规则中加入利率时的 $\rho_4 = 0.66$，在利率规则中加入货币因素时的 $\lambda_5 = \lambda_m = 0.07$，其他基本参数校准结果主要参考 Zhang（2009）、庄子罐等（2016）。余下的参数采用贝叶斯方法估计，在利用贝叶斯方法估计参数前，需要给出待估参数的先验分布函数。我们根据参数的理论含义和取值范围，以及国内外相关研究的结论来综合设定待估参数的先验分布，具体而言，对于取值范围在区间（0，1）中的参数，将其先验分布设定为贝塔分布；对于取值始终大于零的参数，将其先验分布设定为正态分布；对于外生冲击的标准差，将其先验分布设定为逆伽马分布（Inv. Gamma），表 4－2 为六种情形下的主要参数的贝叶斯估计结果。

表 4－1　　基本参数校准

参数	β	α	δ	b	g_y	σ_c	σ_m	σ_L	λ_1	λ_2	λ_3
取值	0.99	0.4	0.03	0.7	0.2	1.2	3.13	2.5	0.75	2.6	1

表 4－2　　先验分布和各模型变体的后验分布

参数		先验分布			后验分布											
					Q		QP		SP		SPQ		LP		LPQ	
		类型	STD①	均值	众数	STD	众数	STD	众数	STD	众数	STD	众数	STD	众数	STD
价格指数化	γ_p	Beta	0.20	0.50	0.82	0.08	0.89	0.04	0.68	0.004	0.94	0.02	0.64	0.04	0.85	0.02
工资指数化	γ_w	Beta	0.20	0.50	0.81	0.04	0.73	0.03	0.64	0.003	0.45	0.01	0.75	0.02	0.35	0.04
工资黏性	ζ_w	Beta	0.20	0.50	0.50	0.06	0.31	0.04	0.57	0.003	0.08	0.02	0.73	0.02	0.30	0.03
价格黏性	ζ_p	Beta	0.20	0.50	0.52	0.05	0.45	0.04	0.69	0.002	0.70	0.01	0.56	0.02	0.82	0.01
投资调整成本	φ	Norm	2.00	6.00	7.75	0.45	8.00	0.40	6.54	0.032	8.50	0.16	7.12	0.51	6.07	0.53
资本利用率成本	ψ	Norm	0.10	0.20	0.01	0.01	0.01	0.01	0.27	0.001	0.14	0.00	0.03	0.02	0.19	0.01
技术冲击系数	ρ_z	Beta	0.20	0.50	0.13	0.04	0.98	0.01	0.92	0.006	0.74	0.01	0.54	0.03	0.99	0.01
偏好冲击系数	ρ_c	Beta	0.20	0.50	0.84	0.04	0.95	0.01	0.78	0.009	0.48	0.01	0.82	0.03	0.92	0.04
投资冲击系数	ρ_i	Beta	0.20	0.50	0.25	0.04	0.12	0.02	0.98	0.003	0.99	0.00	0.68	0.02	0.91	0.03
劳动冲击归系数	ρ_l	Beta	0.20	0.50	0.83	0.03	0.84	0.03	0.82	0.004	0.84	0.02	0.75	0.03	0.72	0.02
政府冲击系数	ρ_g	Beta	0.20	0.50	0.78	0.04	0.96	0.00	0.74	0.002	0.79	0.01	0.94	0.02	0.87	0.02
政策平滑系数②	λ_1	Beta	0.20	0.75	—	—	—	—	0.97	0.01	0.72	0.01	0.75	0.03	0.62	0.03
	ρ_v	Beta	0.20	0.80	0.01	0.01	0.03	0.03	—	—	—	—	—	—	—	—
通胀目标系数	ρ_π	Beta	0.2	0.5	—	—	—	—	—	—	—	—	0.82	0.06	0.18	0.04
预期通胀系数	λ_2/γ_π	Norm	1.00	2.60	—	—	—	—	2.75	0.014	0.27	0.15	2.65	0.03	1.33	0.03
	ρ_2	Norm	1	0.2	1.45	0.07	1.08	0.03	—	—	—	—	—	—	—	—

① STD 表示标准差。

② 当方程为数量型规则或价格型规则时，政策平滑系数分别表示货币供应量与利率的平滑系数，政策反应系数分别为加入利率因素或货币因素的反应。

续表

参数		先验分布			后验分布											
					Q		QP		SP		SPQ		LP		LPQ	
		类型	STD①	均值	众数	STD	众数	STD	众数	STD	众数	STD	众数	STD	众数	STD
通胀系数	λ_3	Norm	1. 00	3. 00	1. 45	0. 07	1. 08	0. 03	3. 15	0. 009	1. 28	0. 06	1. 65	0. 03	1. 33	0. 03
产出缺口系数	λ_4/ρ_3	Norm	0. 20	0. 60	0. 98	0. 03	0. 14	0. 02	0. 52	0. 004	0. 13	0. 01	0. 17	0. 01	0. 03	0. 01
政策反应系数①	λ_5/ρ_4	Norm	0. 20	0. 63	—	—	0. 74	0. 03	—	—	0. 66	0. 02	—	—	0. 28	0. 02
当期通胀系数	$\gamma_{d\pi}$	Norm	0. 20	0. 30	—	—	—	—	—	—	—	—	0. 01	0. 02	0. 07	0. 01
当期产出系数	γy	Norm	0. 10	0. 10	—	—	—	—	—	—	—	—	0. 06	0. 01	0. 18	0. 00
通胀目标标准差	$\sigma\pi$	Inv. g	Inf.	1	—	—	—	—	—	—	—	—	0. 82	0. 06	0. 18	0. 04
技术冲击标准差	σz	Inv. g	Inf.	3	0. 36	0. 02	0. 35	0. 02	0. 35	0. 02	0. 39	0. 04	0. 35	0. 02	0. 35	0. 02
偏好冲击标准差	σc	Inv. g	Inf.	1	0. 31	0. 03	0. 38	0. 08	0. 66	0. 06	0. 33	0. 11	0. 42	0. 08	0. 35	0. 03
投资冲击标准差	σi	Inv. g	Inf.	1	0. 52	0. 07	0. 76	0. 08	0. 49	0. 05	3. 14	0. 12	0. 46	0. 17	0. 30	0. 12
劳动冲击标准差	σl	Inv. g	Inf.	5	2. 59	0. 64	2. 74	0. 62	2. 96	0. 05	4. 35	0. 28	4. 62	0. 28	4. 28	0. 23
价格冲击标准差	σp	Inv. g	Inf.	1	0. 30	0. 03	0. 30	0. 03	0. 29	0. 02	0. 56	0. 07	0. 47	0. 04	0. 48	0. 04
政府冲击标准差	σg	Inv. g	Inf.	3	0. 44	0. 05	0. 47	0. 04	0. 55	0. 03	0. 52	0. 04	0. 12	0. 00	0. 12	0. 00
政策冲击标准差	$\sigma m/\sigma r$	Inv. g	Inf.	3	0. 57	0. 05	0. 42	0. 04	0. 12	0. 00	0. 01	0. 00	0. 25	0. 26	0. 26	0. 02

2. 对货币政策的六种不同组合效果比较。

（1）基于脉冲响应的不同类型调控效果分析。在价格黏性的 DSGE 模型中，本书分别引入了六种不同的货币政策工具组合：一是以基本的麦克勒姆法则构造的两种组合，即单一的数量型工具调控（Q）、数量型工具为主价格型工具为辅的调控（QP）。二是以基本泰勒规则为基础构造出的四种价格型规则组合，即单一价格型工具的短期调控（SP）和单一价格型工具的中长期调控（LP），以及分别加入货币因素的两种价格混合型规则，价格型工具为主数量型工具为辅的短期调控（SPQ）或是价格型工具为主数量型工具为辅的中长期调控（LPQ）。三是央行不同政策工具组合调控模式的效果，主要取决于其对央行最终目标或主要经济变量的影响力度以及回到均衡水平所需要的时间。例如，在比较单一的数量型调控（Q）与数量型工具为主价格型工具为辅的调控（QP）何种更优时，如果在单一的数量型调控（Q）中加入利率因素后，货币政策对最终目标或主要经济变量的影响力度有所提高，那么

① 标准差数值对于逆 Gamma 分布表示自由度。

就认为 QP 效果优于 Q。

通过 DYNARE 软件，本书分别估计出了六种货币政策工具组合情形下，货币政策对央行最终目标的冲击如图 4－10 至图 4－12 所示。货币政策对 GDP 的冲击结果显示：一是纵向来看，混合型政策工具调控的效果优于单一工具。在数量型工具为主价格型工具为辅的调控（QP）中，货币供应量增速提高 1 个百分点，GDP 增速约上升 0.27 个百分点，高于单一数量型工具调控（Q）0.05 个百分点；价格型工具为主数量型工具为辅的中长期调控（LPQ）中，央行下调利率 1 个百分点，GDP 增速约上升 0.28 个百分点，比单一价格型工具的中长期调控（LP）提高 0.12 个百分点；在价格型工具为主数量型工具为辅的短期调控（SPQ）中，利率变化对 GDP 的冲击略高于单一价格型工具的短期调控（SP）。二是从横向来看，总体上价格型工具要优于数量型工具。单一价格型工具的短期调控（SP）中，利率下降 1 个百分点，GDP 增速上升 0.25 个百分点，高于单一数量型工具调控中货币对 GDP 的影响 0.03 个百分点；在混合型规则中，对 GDP 影响力度由高到低依次为：价格型工具为主数量型工具为辅的中长期调控（LPQ）、数量型工具为主价格型工具为辅的调控（QP）、价格型工具为主数量型工具为辅的短期调控（SPQ）。三是从货币政策对 GDP 产生冲击回到均衡水平的时间来看，总体上，在短期中，混合型工具效果较好。价格型工具为主数量型工具为辅的短期调控（SPQ）和数量型工具为主价格型工具为辅的调控（QP）回到均衡水平分别需要 3 个季度和 4 个季度，均比相应的单一政策工具少 1 个季度。但从中长期看，价格型工具为主数量型工具为辅的中长期调控（LPQ）回到均衡所需要的时间为 10 个季度，比单一价格型工具的中长期调控（LP）多 6 个季度。

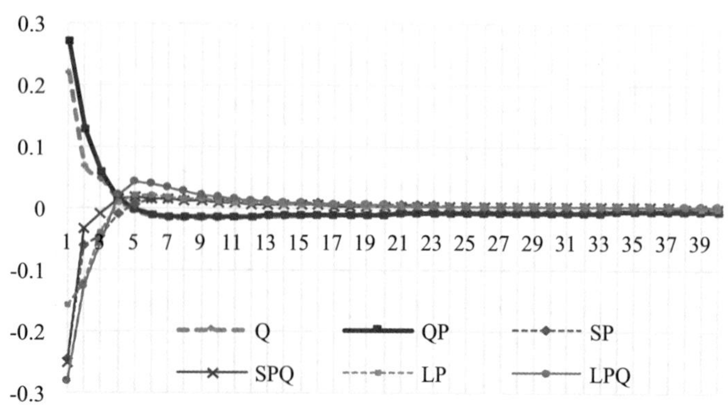

图 4－10　六种货币政策工具组合情形下对 GDP 的冲击

图 4 - 11 为六种货币政策工具组合情形下，货币政策对通货膨胀的冲击，结果显示，货币政策对通胀影响的力度在这六种货币政策工具组合下差别不太明显，货币政策变动 1 个百分点，对通货膨胀的影响力度在 0.01 至 0.06 个百分点之间。

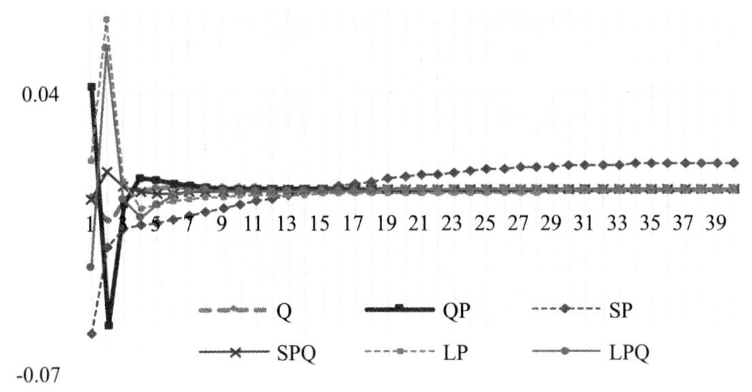

图 4 - 11 六种货币政策工具组合情形下对通货膨胀的冲击

图 4 - 12 为六种货币政策工具组合情形下，货币政策对就业的冲击得出的结果基本与对 GDP 冲击类似，但不同的是，数量型工具为主价格型工具为辅的调控（QP）效果更优，在这种调控模式中，货币供应量增速提高 1 个百分点，就业增速上升 0.36 个百分点，明显高于其他几种调控模式对就业增速的影响。

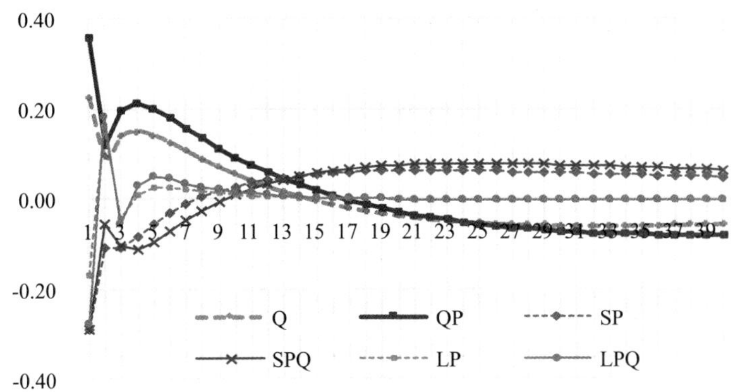

图 4 - 12 六种货币政策工具组合情形下对就业的冲击

（2）基于方差分解的不同类型调控效果分析。为了进一步分析主要经济变量在受到诸多冲击时，不同类型货币政策的贡献程度，本书对理论模型中的主要经济变量进行了方差分解并进行对比（如表 4 - 3 至表 4 - 5 所示）。GDP 各种冲击的方差分解显示（如表 4 - 3 所示）：一是纵向比较看，混合型规则中，货币政策冲击对

GDP的贡献度总体上有所提高。在数量型工具为主价格型工具为辅的调控（QP）中，货币供应量的变动对GDP波动的解释度为23.5%，比单一数量型工具调控（Q）提高4.1个百分点；在价格型工具为主数量型工具为辅的中长期调控（LPQ）中，利率变动对GDP波动的解释度为10.4%，比单一价格型工具的中长期调控（LP）提高2.7个百分点。二是横向比较看，数量型工具调控模式下，货币政策冲击对GDP波动的贡献度要高于价格型工具调控模式下利率冲击对GDP波动的贡献度。如单一数量型工具调控（Q）中，货币供应量的变动对GDP波动的解释度为19.4%，分别高于四种情形下的价格型工具（SP、SPQ、LP和LPQ）中利率对GDP波动的贡献度8.4、11.1、11.6和8.95个百分点。三是在各类混合型规则中，技术冲击对GDP波动的贡献程度均明显提高。价格型工具为主数量型工具为辅的短期调控（SPQ）中，技术（全要素生产率）的变动对GDP的贡献率为70.8%，比单一价格型工具的短期调控（SP）高23.5个百分点；其他两种混合型调控中，技术变动对GDP的贡献率提高幅度均较为明显。这从另一个侧面说明，相比单一的政策工具，综合使用混合型政策工具调控，能够较好地提高供给侧改革对GDP的贡献率。

表4-3　不同货币政策工具组合下GDP方差分解　（单位：%）

	Q	QP	SP	SPQ	LP	LPQ
消费冲击	0.27	0.09	0.01	0.01	0.04	0.02
投资冲击	37.46	22.13	17.53	0.18	0.43	0.43
劳动供给冲击	0.74	0.59	1.19	0.58	0.88	0.99
政府购买冲击	37.54	33.97	15.81	8.82	59.35	67.62
价格加成冲击	0.92	0.82	7.25	11.34	8.26	6.59
技术冲击	3.7	18.86	47.25	70.77	3.45	12.6
货币冲击	19.37	23.53	—	—	—	—
利率冲击	—	—	10.95	8.29	7.74	10.42
通胀预期冲击	—	—	—	—	19.85	1.33

表4-4　不同货币政策工具组合下通货膨胀的方差分解　（单位：%）

	Q	QP	SP	SPQ	LP	LPQ
消费冲击	0.11	0.13	0.03	0.01	0.08	0.04
投资冲击	13.78	13.32	9.51	0.35	0.82	0.88
劳动供给冲击	0.92	0.6	0.57	0.51	2.62	2.86
政府购买冲击	2.82	9.29	10.4	10.78	54.78	41.87

续表

	Q	QP	SP	SPQ	LP	LPQ
价格加成冲击	16.16	15.95	23.6	16	3.08	6.93
技术冲击	61.8	54.81	53.07	57.7	16.41	15.48
货币冲击	4.41	5.89	—	—	—	—
利率冲击	—	—	2.81	14.66	10.84	28.38
通胀预期冲击	—	—	—	—	11.37	3.56

通货膨胀各种冲击的方差分解显示（如表 4－4 所示）：混合型工具调控中，货币政策因素变动对通胀的解释程度均有所提高，表明综合使用数量和价格工具能更好地实现通胀目标。具体而言，在数量型工具为主价格型工具为辅的调控（QP）下，货币冲击对通货膨胀的贡献度比单一数量型工具调控（Q）提高 1.5 个百分点；在价格型工具为主数量型工具为辅的短期调控（SPQ）下，利率冲击对通货膨胀的贡献率是单一价格型工具的短期调控（SP）时的 5 倍左右。价格型工具为主数量型工具为辅的中长期调控（LPQ）效果相对较好，利率变动对通货膨胀的解释程度为 28.4%，远高于其他货币政策工具组合类型，表明央行在泰勒规则中引入通胀目标并考虑货币因素影响后，通过利率为主的调控能够更好地实现中长期通胀目标。

表 4－5　　不同货币政策工具组合下就业的方差分解　　（单位：%）

	Q	QP	SP	SPQ	LP	LPQ
消费冲击	0.09	0.04	0.01	0.02	0.14	0.05
投资冲击	12.51	13.27	36.33	0.66	0.84	0.97
劳动供给冲击	1.78	1.88	2.98	2.03	9.6	5.54
政府购买冲击	15.18	25.09	7.59	43.95	11.35	26.56
价格加成冲击	0.35	0.64	12.59	8.42	10.61	3.56
技术冲击	61.55	39.24	18.16	15.75	9.18	34.4
货币冲击	8.54	19.84	—	—	—	—
利率冲击	—	—	22.33	29.17	16.76	25.47
通胀预期冲击	—	—	—	—	41.52	3.45

就业各种冲击的方差分解结果显示（如表 4－5 所示）：混合型工具调控中，货币政策因素变动对就业的解释程度均有所提高，表明综合使用数量和价格工具能更好地实现就业目标。具体而言，在数量型工具为主价格型工具为辅的调控（QP）下，货币供应量对就业的贡献度是单一数量型工具调控（Q）的 2.3 倍；在价格型

工具为主数量型工具为辅的短期调控（SPQ）下，利率冲击对就业的贡献率为29.2%，比单一价格型工具的短期调控（SP）高6.8个百分点。但值得注意的是，在QP和SPQ这两种混合政策调控中，技术冲击（供给侧改革）对就业的贡献度都有所下降。

六、主要研究结论及对策建议

本章通过梳理危机前后部分央行价格型与数量型货币政策工具相互支撑的实践，并在泰勒规则（价格型）与麦克勒姆规则（数量型）两种货币规则的基础之上，构造出六种不同的货币政策工具组合，分别将其纳入到DSGE模型中。实证结果显示，对于我国而言，不同货币政策工具及其组合对最终目标的影响确实存在着较大的差异：一是如果央行调控目标更加注重GDP目标，使用数量型工具为主价格型工具为辅的调控（QP）效果相对较好。二是如果央行调控目标更加注重通货膨胀，那么价格型工具为主数量型工具为辅的中长期调控（LPQ）效果较好。三是如果央行调控目标更加注重就业目标，运用价格型工具为主数量型工具为辅的短期调控（SPQ）效果较好。由于此种调控模式中，通过引入货币因素，利率调节对就业的解释程度有所提高，但降低了技术冲击（供给侧改革）对就业的解释程度；同时考虑通胀预期因素和货币因素的价格型工具为主数量型工具为辅的中长期调控（LPQ），利率变化对就业的解释程度提高幅度也较大，并且加大了技术冲击（供给侧改革）对就业的解释程度。从利率变化对就业的解释程度看，本书认为价格型工具为主数量型工具为辅的短期调控（SPQ）效果要好于中长期调控（LPQ）。

造成上述差异的不同原因可能在于，当前我国仍处于利率市场化完成的初期阶段，微观经济主体对利率反映不够敏感，货币政策传导渠道在很大程度上依赖于银行信贷，从央行关键政策利率到市场基准利率的传导机制还有待进一步完善，因此，从数量型调控为主逐步过渡到向价格型调控为主仍需时日。结合DSGE模型本质来看，在使用数量型政策工具的同时运用价格型政策工具在一定程度上能够强化其对最终目标的传导，过渡期内通过综合运用数量和价格政策工具的不同组合，能够提高货币政策的传导效率。

上述结论凸显了不同货币政策工具的配合需要从各国国情出发，从央行货币政策最终目标的侧重点出发，为此，本章根据实证结论提出如下建议：

第一，过渡期内（金融自由化未完成之前，包括利率和汇率改革的全面完成），货币政策转型并非简单地以数量型工具为主转向以价格型工具为主，而需要考虑我国利率市场化进程及价格型调控的时机是否完全具备，应该采取数量型工具为主价格型工具为辅的调控模式（QP），不断培育并完善我国的利率调控体系。从我国央行最终目标的表述看，更多的是以经济增长为主，结合本书的实证结果，认为在利率市场完成初期，直接转向以价格型工具为主的调控模式为时尚早，应在过渡期内发挥数量型工具调控重要作用的同时，早日确定央行关键政策利率，并从当前隐性的利率走廊调控逐步转至明确的利率走廊上来。

第二，在金融自由化之后，利率调控体系进一步完善，此时货币政策调控应该转移至价格型工具为主，数量型工具为辅的调控模式中来。具体采取何种模式的调控，取决于未来最终目标的变化。随着经济潜在增长率下降趋势减缓，未来央行货币政策目标的侧重点可能会发生改变，如果更加注重就业目标，那么应采取价格型工具为主，数量型工具为辅的短期调控（SPQ）；如果最终目标更加注重通货膨胀，那么应采取价格型工具为主，数量型工具为辅的中长期调控（LPQ），即在制定货币政策中不仅考虑货币供应量、广义信贷、准备金等数量指标，而且还要考虑各类预期的影响；如果要兼顾多种目标，那么在以某类综合型工具为主的同时，还需要结构性货币政策或财政政策的配合。

第三，提高预期管理与数量、价格型工具的配合运用。国际经验表明，在正常条件下，预期管理能强化货币政策传导效果；在特定条件下，预期管理对货币政策的传导效果更加突出，尤其是危机期间，美联储、欧央行和日本央行综合运用数量、价格型工具的同时不断强化预期管理，大大提高了货币政策工具传导效果。同时，一些央行（如欧央行与美联储）开始注重对逆周期缓冲资本、广义信贷/GDP 或其缺口的预期管理。本章的实证结果显示，加入通胀预期因素之后，其他主要冲击对经济增长、就业与通货膨胀的解释程度均有所提高，因此，对于我国而言，不论是在哪个阶段，都要进一步加强预期管理与数量型、价格型政策工具的配合运用，在实施货币政策时，要及时向公众解释货币政策框架，对具体政策工具的传导途径，以及在经济前景变化时如何灵活调整这些政策工具等等，不断提高预期管理与数量型、价格型政策工具的组合效果。

第五章　中央银行预期管理[①]

目前，在全球主要经济体中央银行货币政策操作中，预期管理已经是频繁使用的重要工具之一。尤其是国际金融危机之后，对公众预期进行合理的政策引导和干预已经成为理论和实践中关注的重点。本章以英国、美国、欧盟等全球主要经济体中央银行的预期管理实践为例，总结各主要中央银行预期管理实践经验，从中央银行自身建设、金融市场建设、货币操作规则等层面上探讨中央银行提高预期管理水平的路径。最后本章阐述了我国货币政策框架与中央银行预期管理的主要实践，并进一步利用 SVAR 模型实证检验我国央行通货膨胀预期管理的有效性。

一、引言

在现实经济世界中，居民、工商企业等市场参与主体对未来不确定性的预期差异显著影响着各自的“储蓄—消费”行为，而微观主体经济行为又会反映到实体经济的运行之中，进而对经济的总量指标产生影响。在国际金融危机之后，对公众预期进行合理的政策引导和干预已经成为理论和实践中关注的重点。在具体实践中，美国、英国与欧盟等全球主要经济体的中央银行在实施量化宽松政策后，金融市场利率已经接近于零利率水平，隔夜存款利率甚至出现负利率，但是主要经济体的脆弱性依然没有消除，宏观经济迟迟未出现复苏迹象。为进一步树立微观主体的信心，走出刺激政策陷阱，美联储、英格兰银行、欧央行等全球主要经济体的中央银行不断加强预期管理的力度和频度，力图营造一个预期稳定且趋于持续乐观的货币政策环境，以此助力和保障宏观经济涅槃重生。由此可见，预期管理在中央银行政策工

① 本章部分内容发表在《金融研究》2017 年第 8 期上（文章题目：“中央银行信息披露与通货膨胀预期管理——我国央行信息披露指数的构建与实证检验”，作者为闫先东、高文博，《中国人民大学复印报刊资料（金融与保险）》2017 年 12 期第 21 - 31 页转载）和《金融与经济》2018 年第 9 期上（文章题目：“中央银行预期管理：内涵与手段”，作者为闫先东、张习宁、许贤云）。

具箱中的地位得到前所未有的提升。

目前，在全球主要经济体中央银行货币政策操作中，预期管理已经是频繁使用的重要工具之一。Woodford（2002）甚至断言，货币政策的本质就是预期管理。如何对公众预期做出合理的引导和干预更成为理论研究的重点。当前我国经济已逐渐进入一个与过去30多年高速增长期不同的新阶段，经济增速开始换挡回落，结构调整的压力巨大，我国经济新常态对宏观经济金融管理技术提出了更高的要求，货币政策的实施力度、节奏需要更加精准，货币政策的操作工具也需要进一步的补充完善。为更好地应对新常态对货币政策的新要求和新挑战，加强对央行预期管理的相关研究，构建适应我国国情的预期管理政策体系具有较高的理论和实践意义。

（一）关于“预期”及中央银行预期管理

对于经济学领域而言，“预期”是舶来品，这一概念来源于心理学研究的范畴，在心理学研究领域中，“预期”主要是指人们对于未来的预估、预计与预测。而在经济学中的预期主要是指微观个体在面临投资、消费、储蓄等经济决策时，根据自身掌握的信息（集）对未来的经济状况的变动方向、幅度、趋势等进行预测预估。预估、预测通常是建立在微观个体已经掌握的历史信息（集），以及对当前经济状况分析的基础上，而由于信息的不完备性，微观主体的预期往往具有很大的不确定性，即微观主体会根据历史信息（集）以及新获取信息（集）对自身预期进行不断地调整，以获得最大化的期望收益。由此可见，信息对于预期形成和修正起着至关重要的作用，所谓的预期管理过程本质上可以视为信息管理的过程。

中央银行预期管理就是货币当局对货币政策信息管理的过程。由于信息的不完备性以及微观主体处理信息的能力差异，公众对货币政策的解读可能存在偏差，从而导致异质预期，即公众预期偏离政策意图。此时，中央银行可以凭借自身信息、数据等方面的优势，在关键的时间点上通过“创设信息”，消除市场的“噪声”，避免错误信息导致的政策预期差（Blinder等，2008；杨秀萍，2017），消除异质预期，从而达到对公众预期协调、干预和管理的目的，使得货币政策意图得到更好的贯彻。

基于上述的逻辑，本书对中央银行预期管理作如下界定：中央银行预期管理主要是指：中央银行在宏观调控操作中，为了有效提高货币政策的实施效率，通过信息沟通、政策承诺等一揽子工具组合的实施和应用，向市场准确的传达货币政策意图，影响和修正微观主体对未来中央银行货币政策的政策预期或预期偏差，从而实现对通货膨胀预期、利率走势预期和经济信心的有效管理，并最终实现货币政策目标的一种管理行为或行为组合。

（二）中央银行预期管理的理论基础

1. 博弈论与信息经济学。在信息经济学中，通过对信息的经济研究，学者们提出了信息的费用以及信息效用问题，即信息实际上是作为一种要素投入到社会生产过程，信息的效用主要体现在其能满足生产的需要和生活消费。尤其是在非合作博弈论兴起之后，信息的重要性越来越受到关注。

博弈行为的本质是参与者依照自己对环境的信息知识调节自身行为的过程。当参与者数目、决策空间容量、参与者间的信息传递关系等等，这些标志博弈复杂程度的变量增加时，博弈方收集信息和做出决策的难度和成本都会迅速上升。由于这种信息传递的延迟或偏差，造成信息的不对称，可能会导致参与者的支付函数和期望效用函数的变化。而在现实经济世界中，随意散布无价值甚至虚假信息的“流言”（Cheap Talk）现象可能随时出现（Karl，1993）。信息传递效率的差异会影响这些复杂博弈的分解，最终导致博弈均衡结果的巨大差异。

在博弈论和信息经济学的分析框架下，我们完全可以将货币政策的实施过程视为不完全信息动态群体博弈，为避免均衡状态偏离货币政策意图，可以通过改变博弈参与者的信息集合，从而影响博弈的均衡解。预期管理政策在实施过程中，有效作用于动态群体博弈参与者（市场各微观主体）的信息集合，而这个信息集合的改变，能有效地影响博弈参与者的决策，因为博弈参与者可以时刻根据已有的信息改变自己的决策，以期实现未来期望收益的极大化。在这个不完全信息动态群体博弈中，预期管理政策实施力度和精度可以不断根据博弈各方的表现进行动态调整，从而使得最终的均衡解落在决策者预期空间内。

2. 预期理论。在宏观经济学的研究领域，对预期进行的较为规范的研究应该肇始于凯恩斯（Keynes）的《就业、利息和货币通论》。在理论层面上，Keynes 将预期划分为长期预期与短期预期两类，将预期引入宏观经济理论体系中。在宏观经济管理中，货币政策通过影响公众的预期，进而实现管理和稳定宏观经济。公众预期不仅仅与就业、投资相关，而且公众预期也是总需求、总供给管理的重要影响变量。但遗憾的是，Keynes 并没有对预期的理论论证系统化、全面化，其更多的贡献体现在开宗明义，而对货币政策实践指导意义不大。

Friedman 等（1980）提出了适应性预期理论，认为公众对未来的预期是基于对历史经济信息的掌握和处理，强调了预期理论在货币理论体系中的核心地位和关键作用，而在分析铸币收益和通货膨胀的卡甘模型（Cogan Model）中，认为适应性预期导致经济体通胀水平的上升，其主要因素不在于货币，而很可能来自于经济系统的不稳定性，据此指出，在对公众预期管理的过程之中，不应过度或者说是片面强调货币政策的引导和干预，而更应同时高度关注经济体本身，也就是说要注重对宏观经济管理政策组合的系统性和全面性。

理性预期理论的提出和广泛论证，促使预期理论开始大范围的渗透到宏观经济理论体系的构建中，并占据重要一席。Muth 早在 1961 年就首次提出“理性预期”的概念，随后卢卡斯、萨金特、巴罗等大批学者在此基础上进行了较为完备的论述，从而形成了目前的现代预期理论。在该理论体系中，认为经济人是理性的，经济人在对未来经济做出预测预判时，总是根据尽可能多而且广泛的信息进行决策。

3. 新凯恩斯主义宏观经济学。20 世纪 70 年代以后，以 Dixit、Stiglitz 和 Taylor 为代表的新凯恩斯主义宏观经济流派逐渐形成，并开始深刻影响宏观政策制定，该流派主要思想特征表现为价格与工资黏性、不完全竞争和不对称的信息等。在新凯恩斯主义宏观经济框架中，总需求因素对短期产量起着关键作用，因为存在着价格、工资与信息黏性等，产品市场往往在短期里无法做到市场出清，生产要素没有得到充分利用，从而导致了实际产出水平低于潜在产出水平。在货币层面，货币存量的变化通过影响支出的变化，从而影响了实际产出水平，货币在这里是非中性的，因此，货币政策对于稳定经济是必要的，并且尤其需要重视影响预期的因素。新凯恩斯主义认为预期是影响总需求的重要因素，对通货膨胀、产量、甚至利率和汇率都会产生影响（King，1985）。其中，附加预期的菲利普斯曲线模型是新凯恩斯主义最主要的宏观经济模型之一。

新凯恩斯主义菲利普斯曲线吸收了理性预期学派关于理性预期和凯恩斯学派关于价格黏性、市场非出清的假设，刻画了通货膨胀与未来通货膨胀预期和边际成本（或产量缺口等）之间的数量关系，新凯恩斯主义经济学者将理性预期、信息黏性、价格黏性、不完全市场竞争等因素都纳入到宏观经济模型中进行研究，从而构建了具有能够较好刻画现实经济世界的结构方程。在表现形式上，这些具有微观基础的结构方程，跟传统的菲利普斯曲线类似，但在本质上有着明显不同，具有了微观基础的结构方程目前已经成为新凯恩斯主义宏观经济学的重要组成部分。附加预期的新凯恩斯主义菲利普斯曲线是预期管理政策实施有效性的理论基础。与此同时，预期管理研究领域的新进展也受益于新凯恩斯主义，Woodford（2002）就把信息不完备性、信息黏性、预期黏性等新凯恩斯经济学的最新进展成功引入到预期管理的理论和实践研究中。所以，从某种意义上说，新凯恩斯经济学正在逐步地引导预期管理理论的研究方向和深度，并已经成为预期管理理论的核心理论基础（李拉亚，2011b）。

（三）中央银行预期管理研究综述

一是对中央银行预期管理的理论研究。徐亚平（2009）对公众预期和货币政策有效性进行了探讨，认为市场参与主体的决策不仅仅依赖于自身的信息和经验，也依赖于信息在市场和公众中的传播，在这个传播的过程中，由于中央银行在宏观调控的核心地位和重要作用，央行在公众预期的形成和管理中扮演着最重要的角色，货币政策实施意图也更多地开始依赖央行的预期引导。程均丽（2010）的研究发现：在理性预期假定下，预期被认为是同质、既定的，为了防止货币政策的时间不一致性，要遵循承诺而避免相机抉择。而在异质预期下，私人部门是有限理性的，会不断学习。在异质预期下，货币政策相机决策往往优于承诺，但这种相机决策也不是随意的，它必须受到有效约束或者遵循某种规则，也就要求货币政策操作要在透明度下施行，透明度往往就充当了承诺，从而促使私人部门不断学习、不断修正，使得异质预期向理性预期收敛。李拉亚（2011a，2011b）评述了预期管理理论研究货币政策效率的基本模式，即 Morris - Shin 理论模式及其涉及的高阶预期、政策策略和协调预期等重要概念，并认为早在 20 世纪 90 年代，中国的黏性预期理论也形成了类似于现代预期管理理论的体系和模式，其中，异质预期是我国黏性预期理论的第一条假设条件，认为涉及经济人的预期是异质的。李永宁等（2013）认为预期管理是目前各国中央银行货币政策操作中的显著特点，如果市场参与者信任中央银行发布的信息，那么他们会通过学习机制来不断修正对未来经济金融运行结果的预判，这个博弈可以视为合作博弈，合作博弈的结果就是大大提高货币政策效率；但相反，如果市场参与者认为中央银行信息是不可信的，货币政策效力和效率都较难达到预期效果。

二是对公众预期的度量及预测方面的实证研究。在公众预期的度量方面主要集中在对通胀预期的度量。姚余栋和谭海鸣（2011）尝试着在金融市场数据中提取通胀预期，运用卡尔曼滤波方法，从我国国债收益率曲线中分解出了中长期通胀预期。实证结果表明，从国债收益率曲线分解出的通胀预期能够较为准确的度量公众的通胀预期。研究还发现公众通胀预期在中长期内存在明显的惯性。李春琦和翁毅（2012）尝试通过我国银行间债券市场的数据量化测度通胀预期，实证检验结果表明，我国公众通胀预期并不完全符合理性预期特征，这就需要不断提高货币政策前瞻性，从而平抑实际通货膨胀水平。在对未来经济数据的预测方面，Kohn 和 Sack（2003）的研究表明，一旦中央银行预测信息具有较高的声誉，对于中央银行发布的经济预测，市场参与者就会格外重视。

三是关于中央银行信息沟通研究。信息沟通对货币政策有效性发挥着重要作用（Bernanke 等，2004；Blinder 等，1998；Issing，2004），并且中央银行在信息搜集上具有相对优势，中央银行的信息发布对私人参与者基于自身信息所作出的决策有很强的挤出效应，可能具有市场支配性（Morris 和 Shin，2002）。Bernanke 等（2004）

通过适应性学习理论来阐释中央银行沟通对货币政策有效性的影响，公众对中央银行反应函数的信息并不完备，在预测中央银行行为时存在的偏差导致经济无法趋于理性预期的均衡。而中央银行通过信息沟通的方式向市场进行必要且正确的信息传递时，市场可以对中央银行信息做出理性和及时的反馈，这就是适应性学习的过程，在这个过程中，来自市场的反馈就成为中央银行货币政策制定、调整和实施的重要信息基础，而且这种沟通和反馈是双向，最终提高了中央银行货币政策效率（彭芸，2011）。中央银行沟通不能仅仅停留在货币政策制定和实施效果等信息的被动披露上，而应该主动作为，因为中央银行在宏观调控中的核心作用，中央银行的主动信息沟通，可以更好地引导公众预期，避免货币政策实施的偏差，从而确保和提升了中央银行货币政策的透明度和有效性（谢杰斌，2009）。

四是关于预期管理政策措施。对预期管理的政策研究方面，主要集中在通胀预期的管理政策上，Demertzis 和 Hoeberichts（2007）认为，要想将公众通胀预期长期稳定在央行预设的货币政策目标水平上，通胀目标制是可行的政策，通胀目标制相当于中央银行向市场做出的承诺，而这种承诺可以很大程度上稳定引导公众的投资消费行为，从而实现公众通胀预期收敛在政策目标区间。通胀目标制不仅仅对发达经济体有应用价值，对于包括我国在内的新兴市场经济体而言，也有很大的借鉴意义。中央银行对价格稳定的政策承诺，相当于向市场提供了一个“名义锚”（如货币总量目标），是对政策承诺的量化和具体化。央行量化的通货膨胀目标能够有效引导、稳定及修正公众预期，与此同时中央银行的积极反通胀立场本身就是对市场的一种有效沟通（刘东华，2009；秦响应等，2011）。

（四）拟研究的主要内容和技术路线

本章第一节研究中央银行预期管理的概念、理论基础及主要形式；第二节研究全球主要经济体中央银行的预期管理实践，探究预期管理政策在货币政策传导机制中的作用、路径，并详细介绍比较了美联储、英格兰银行、欧央行协调市场公众预期的具体操作手段，最后总结各主要中央银行预测评估市场公众预期的方法和模型；第三节在归纳总结各主要中央银行预期管理实践经验的基础上，从中央银行自身建设、金融市场建设、货币操作规则等层面上探讨央行提高预期管理水平的途径；第四节在前文基础上，理论联系实际，关注论述我国中央银行预期管理的实践，分析我国中央银行预期管理的现状，并通过方差分析等方法构建中央银行的信息披露指数，进一步利用 SVAR 模型实证检验我国央行通货膨胀预期管理的有效性；最后一节论述当前我国预期管理框架及存在的问题，并提出相关政策建议。

二、主要经济体中央银行预期管理实践

（一）货币政策目标与预期管理

货币政策目标是指中央银行调节货币总量和利率等变量所要达到的目标。各国央行货币政策目标管理本质上是中央银行长期的预期管理，各国中央银行通过公布各自货币政策的目标，并量化最终目标以固定公众的长期预期，促使公众形成关于未来货币政策路径的预期，并且长期预期收敛于货币政策最终目标。

就货币政策目标而言，一般可以分为最终目标、中介目标和操作目标三大类。其中，最终目标是指宏观经济调控部门（包括货币当局）所要达到的最终的调控目标，譬如物价稳定、经济增长等是很多货币当局的最终目标。目前，许多国家倾向于单一的价格稳定目标。鉴于从政策工具到最终目标之间往往有一定时滞，所以有必要设置中间目标，中间日标一般指为了实现政策当局预设的最终目标而选择的一个或多个可调节的变量。又分为中介目标和操作目标。其中，操作目标是为了实现中介目标而设定的，譬如货币供应量（M1/M2）、利率是很多货币当局的中介目标，操作目标更多选择的是可操作性的基础货币、短期利率等。

1. 英格兰银行货币政策目标——长期通胀预测目标锚定。从 1992 年 10 月起，英格兰实行通货膨胀目标制；从 1997 年开始，英格兰银行建立了以调节短期利率为主要手段来实现预期通货膨胀目标的货币政策体系。货币政策直接盯住通货膨胀目标，利率成为唯一的中介目标，其他货币指标只作为进行宏观经济分析的参考指标，在锚定通胀目标的前提下，支持政府的经济增长和就业等目标（邓雪春，2016）。《英格兰银行法》明确规定英格兰银行独立地制定货币政策利率，通货膨胀目标则由政府设定。起初政府以剔除住房抵押利息支出的零售价格指数（Retail Prices Index excluding mortgages，RPIX）作为衡量通货膨胀程度的指标，目标值定为 2.5%。2004 年 1 月，英国政府改变了通货膨胀目标衡量指标，将消费者物价指数（Consumer Prices Index，CPI）维持在 2.0% 作为通货膨胀目标。英格兰银行对通货膨胀实际值与通货膨胀目标值的偏离容忍度是对称的，对目标值的上下偏离都以 1% 为临界。当偏离目标值达 1% 时，英格兰银行就需要向财政部提供公开的文件，解释偏离的原因、时间、拟采取的对策以及所采取对策是否与政府政策目标相一致等。英格兰银行认为，通胀率与利率这两个变量之间的时滞大约为 2 年，如果利率提高 1 个百分点，2 年之后的通胀率水平将下降 1 个百分点。

由于货币政策传导过程有较长的时滞，利率变动需要将近两年的时间才能充分传导至通货膨胀率，因此货币政策委员会是根据未来 2—3 年的通胀预测来调整政策

利率水平。通胀目标实际上是通胀预测目标。即政策工具不是用来保证特定的目标在某个月或季度内实现，而是货币当局在前瞻性政策规则指导下，基于预测的时间期限最优化其政策工具运用顺序，以此达到预期的通胀水平。如果不同的政府部门对目标时间期限有着不同的看法，那么即使央行利用可接受的损失函数计算出了时间，它也可能要为政策目标不能达到而被问责。预测与政策目标之间的差异是衡量央行可信度的手段之一。这反过来激励中央银行根据其自身的通胀预测制定政策目标，以便显示其政策制定的正确性。换言之，如果中央银行把通胀预测与目标之间的接近程度看作自身可信度的测评标准，那么它将努力营造通胀在两年内实现自我目标的预期。

2. 欧央行货币政策目标——价格预测目标锚定。欧洲中央银行系统（以下简称欧央行）在 1998 年 7 月成立于德国法兰克福，独立于欧盟机构和各国政府，其职能概括为“维护币值稳定，管理政策性的基准利率，执行货币发行职能，制定和实施欧元区货币政策”。因为欧元区是主权国家的联合体，所以欧央行货币政策的制定实施采用“政策制定联合决策、政策操作分散执行”模式。管理委员会是欧央行最高决策机构，负责制定欧元区的货币政策，并确定实施行动指南；执行委员会是欧央行的日常管理机构，指导各国央行执行相关的货币政策，而具体操作则是由欧元区各国的中央银行（NCB）来实施的。

欧央行直接制定并根据形势调整欧元区的政策性基准利率。欧央行基准利率水平主要有以下三个指标：主要再融资操作利率、边际贷款便利利率和存款便利利率。其中，主要再融资操作利率又被称为政策性基准利率，而边际贷款便利利率和存款便利利率则分别代表隔夜市场利率的上下限。欧央行货币政策制定和实施依赖于《马斯特里赫特条约》规定的量化目标和双支柱分析。

《马斯特里赫特条约》规定的量化目标，是指欧央行货币政策的首要目标是保持价格稳定，即在长期内保持年通货膨胀率不高于但接近于 2%，其中，欧元区通货膨胀率是以消费物价调和指数（HICP）来度量。这一控制通胀的量化目标明确了欧央行的法定机构职责，同时也向市场做出了承诺，对货币政策意图进行了前瞻性指引，即欧央行没有必要对短期价格的变动进行调整，只需通过确定适宜的基准利率水平引导货币市场利率，并引导人们对通胀的预期，进而实现中长期物价的稳定。

“双支柱”分别是经济分析和货币分析。经济分析评估中短期内给价格稳定带来风险以及实体经济和金融运行的影响因素。当欧央行认为中期物价稳定的风险较大时，欧央行就会采取措施进行货币政策的前瞻性操作。货币分析主要负责监测中长期内货币供应量增长，据此变化来预测欧元区未来物价的变动方向和幅度。特别需要指出的是，欧央行“经济分析+金融分析”的“双支柱”分析是将各类别、各渠道的经济金融信息整合在一个分析框架下进行综合分析，最大限度地避免了因过度依赖单一来源信息或单一数理模型而导致的预测偏差和决策失误，从而确保欧央行能够及时发现经济运行中潜在风险点，并对潜在风险做出相应的政策回应，最终确保通胀量化指标的有效约束。

3. 美联储货币政策目标——双重目标制。实现充分就业以及稳定物价水平是美联储货币政策的双重目标，这是由1978年颁布实施的《充分就业和平衡增长法案》所明确的。法案颁布后，美联储的货币政策操作一直就是在追求实现“充分就业以及稳定物价水平”双重目标之间的均衡，并根据当时的经济环境进行政策的权衡和目标取舍。2008年国际金融危机爆发，美国就业市场受到巨大冲击，失业率短期内飙升，当时通胀预期较低，所以，当时美联储的货币政策目标聚焦于促进就业，在2010年9月，美联储一份声明中首次提出：“促进最大化就业以及价格稳定的双重使命”，其中“最大化就业”的提法表明美联储更加致力于就业市场的改善，在危机后较长的时间内，美联储一直采用这样的说法，强调了将就业形势作为货币政策制定和实施的最主要依据，其实也相当于向市场公布了美联储的“名义锚”。在大多数时候，美联储都没有明确公布“名义锚”，但在货币政策操作过程中监测各种主要指标，较欧央行情况而言，这实际上是腾挪给了货币政策较大的空间。

（二）预期测度与评估的主要方法

货币政策传导过程有较长的时滞，通胀目标实际上是通胀预测目标。从全球范围看，中央银行多以物价稳定为其最主要的货币政策目标。在通胀目标制下，中央银行多将未来时期内要达到的目标通胀率向市场及时公布，并通过各种报告的发布将现行政策环境下对未来通胀率的预测值也一并公开，此时货币政策制定和实施的着眼点就是根据通胀率的预测值和目标值之间的差距。如果通胀率的预测值小于目标值，中央银行则采取扩张的货币政策，反之，如果通胀率的预测值高于目标值，中央银行则采取紧缩的货币政策；其中，紧缩或扩张的程度视预测值和目标值之间的差距而定。如果通胀率的预测值基本等于目标值，中央银行则维持目前的货币政策松紧程度不变。由此可见，在通货膨胀目标制下，货币政策实施效果很大程度上取决于中央银行对未来经济指标，尤其是通胀率的预测水平。国际上各国央行也认识到进行通胀预期管理的重要性，认为准确的通胀预期度量有利于把握经济趋势，及时调整货币政策（徐小霞，2013）。

各国央行也通过即时公布经济预测模型及其测算结果，积极与市场进行沟通，并形成反馈，从而起到引导预期作用。目前，国际上较为广泛使用的测度预期方法包括以下三类：一是经济调查法；二是债券剥离法；三是收益率期限结构法。在具体评估预期对经济影响作用及实施货币政策规则的模型上，各主要央行均开发出了各自的预测评估模型。

1. 经济调查法。

一是美联储的问卷调查衡量分析。在衡量方法上，不同的机构部门有各自不同的方法，其中比较著名的有通胀预期月度调查、利文斯顿（Livingston）调查与家庭调查三种（徐小霞，2013）。其中，第一种通胀预期月度调查是由美国密歇根大学进行，该调查从 1946 年以来，定期发布样本家庭对未来 1 年、5—10 年通胀预期的调查数据，数据频度是月度，1 年的通胀预期代表短期预期，5—10 年的通胀预期代表长期通胀预期，通胀预期月度调查方法由于其调查结果直观，且易被公众及市场参与各方理解与接受，所以这种问卷调查方法已经成为测度通货膨胀预期的重要方法之一。第二种是由费城联储主持，美国的利文斯顿调查是向不同行业的经济学家（48 位）邮寄问卷调查对于消费者物价指数、国民生产总值、失业率等主要经济变量在未来半年与 1 年的预期值，以及 10 年后的消费者物价指数的平均预期值。一般来说，由于专业经济学家掌握知识、政策和预期的能力较高，所以这种调查得到的通货膨胀预期相对较为准确，与理性预期更为接近。第三种调查是家庭电话调查，这种调查通过电话询问的方式，每个月对 500—700 户家庭进行通胀预期的调查，分别询问调查家庭对 1 年以及 5 年后的通胀预期值。在这种家庭电话调查中，一般不会向居民直接电话询问 CPI 的数值，而是询问对未来物价以及其他核心经济变量的走势预测，并对这些预期值加工得出通货膨胀预期。此外，2006 年，美联储系统开始上马“家庭通胀预期项目”调查，目的是未来进一步改善优化通胀预期月度调查准确度。

二是欧央行通胀预期调查法。欧央行对通胀预期的调查方法主要有三种：对家庭的调查、对专业机构的调查、从通胀挂钩债券提取信息等等。其中，家庭调查法中涉及 21000 个随机样本；专业机构调查法是对通胀预期进行调查统计的调查，在每个季度的首月进行，采集机构专家对通胀、实际经济增长率以及失业率的预期值。根据调查问卷的备选答案，这些调查又有定性、定量等形式，不过欧洲缺乏专门面向企业界的通货膨胀预期调查。

2. 债券剥离法。除了问卷调查之外，英格兰银行使用债券数据剥离出通胀预期值。具体做法是：央行使用通胀挂钩债券与国债收益率的差额来表示通胀预期值。英国在 1981 年就开始发行了与通货膨胀挂钩的债券，并利用上述算法剥离出通胀预期值来辅助货币政策决策。英国通货膨胀挂钩的债券是指数关联金边债券，一般是每年付息两次，该债券本金及利息的兑付和英国零售价格指数相挂钩，根据英国通货膨胀挂钩债券的价格变化和无风险收益率即可做出对通货膨胀预期的估计。

3. 利率期限结构法。利率期限结构法的主要思想是：在相同风险等级上，长期债券收益率与短期债券收益率之差来测度通胀预期。从收益率来看，长期债券收益率在扣除短期资金成本后，其差额体现的就是该债券在到期前的这段期限内的通胀预期。

长期债券收益率相对于相同风险等级的短期债券收益率之差来预测通货膨胀预期。从理论上来说，长期债券收益率包含了短期资金成本，同时还反映未来利率的走势，而后者通常与通货膨胀预期息息相关。Jorion 等（1991）、Estrella 等（1997）等的实证研究结果均已表明，在风险等级相同的情况下，用长期与短期债券的名义收益率之差对该经济体长期通货膨胀水平进行预测，预测结果具有较高准确度。但是，值得一提的是，利率的期限结构不仅仅与通胀预期有关，利率的期限结构同时也受到经济增长前景、货币政策松紧、税收政策等因素的干扰，因此仅仅计算利率的时间溢价无法精确反应通货膨胀预期，为此，学者们进行了各种尝试。Glenn 等（2008）对不同期限的美国国债收益率进行研究，并将其分解生成水平向量（L）以及斜率向量（S），研究发现水平向量（L）的变动趋势能够较好地刻画金融市场通货膨胀预期的波动，所以在现实操作中，通过收益率曲线期限结构，分解出金融市场对通胀的预期具有很便捷的操作性和实用价值（如图 5－1 所示）。

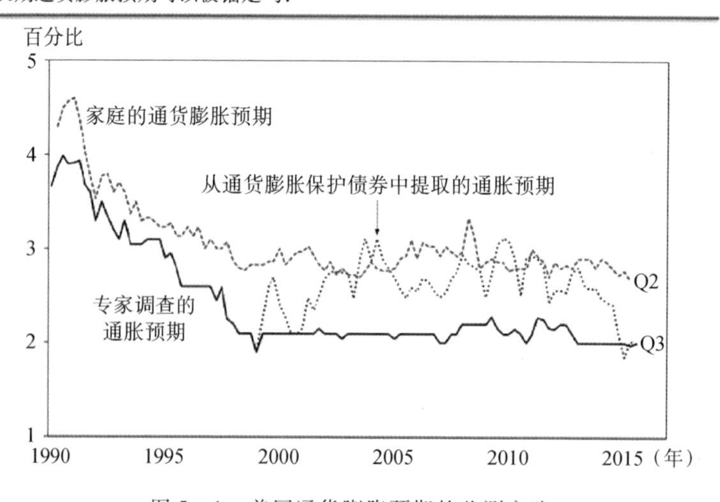

图 5－1 美国通货膨胀预期的监测方法

注：数据为季度数据，最上方的虚线为密歇根大学的家庭通货膨胀预期曲线，数据时间始于 1990 年第二季度；最下方的实线部分为费城联邦储备银行的专家调查通胀预期，数据时间始于 1990 年第一季度；中间的虚线为从通货膨胀保护债券提取的长期通胀预期（5 年期），数据时间始于 1999 年第一季度。

4. 包含预期的宏观经济预测模型——公众理性预期的影响评估。

（1）美联储——FRB/US。美联储目前主要的分析工具是 FRB/US，它是美国 1996 年专门为货币和财政政策分析建立的一般均衡模型，相比于动态随机一般均衡模型（DSGE），该模型能在形成预期和经济主体的替代假设之间进行切换，并且其中包含了美国国民账户的产品和收入的所有主要组成部分。FRB/US 是 FRB/Global 模型的一部分。FRB/Global 的外国部门有 29 个国家，4000 个方程式。美国模块有 80 个估计方程，300 个等式。模型假设了两种预期形成机制，后向的适应性预期和模型一致的理性预期。

（2）欧央行的经济预测模型。欧央行一开始用于经济预测的模型并不是动态随机一般均衡模型（DSGE），而是结构模型与 DSGE 的混合模型 AWM（Area - Wide Model）。随着 DSGE 模型的进一步发展，欧央行研究出了第一个用于政策分析的 DSGE 模型，即 SW 模型，该模型是欧央行进行宏观经济预测分析的常用模型。以 SW（Smets 和 Wouters，2003）模型为内核，欧央行又开发了包含国外部门的 NAWM（New Area Wide Model）。NAWM 模型替代 AWM 成为 ECB 的主要的经济预测工具。AWM 模型多数变量采用的是后向的适应性预期，即当前变量是根据过去的预期与当前真实数值进行预测的，而模型中的金融市场变量比如长期利率和汇率采用前向预期。同时，该模型在对价格指数和工资率进行预测的等式中加入了通胀预期变量。NAWM 模型在 SW 模型的基础上增加了开放的条件，是一个假设存在两个国家的小型开放经济的 DSGE 模型（如图 5 - 2 所示）。

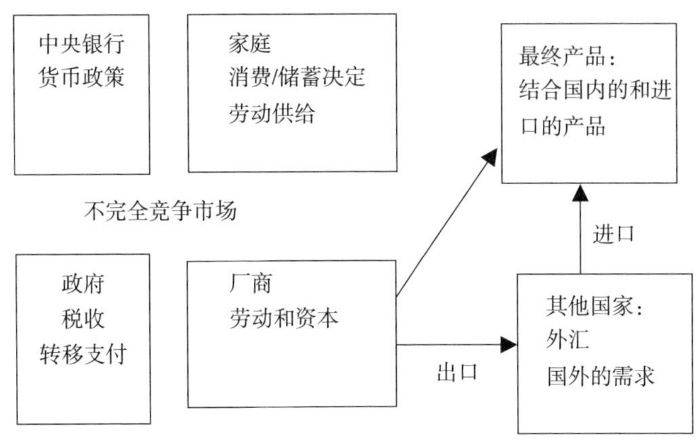

图 5 - 2　NAWM 的主要结构

（3）英格兰银行季度模型——BEQM。英格兰银行季度模型（Bank of England Quarterly Model，简称 BEQM）以核心模型与非核心模型的二级结构形式呈现，两者呈递归结构，即核心部分主体在优化的时候不考虑非核心部分的信息。BEQM 模型由 336 个方程组成，该模型对英国本国经济进行了总量刻画，并预测未来 12 个季度的宏观经济增长物价变动趋势，以帮助货币政策委员会制定利率政策。BEQM 模型的使用肇始于 2003 年，目前是英格兰银行最主要的分析预测工具。需要特别指出的是，英格兰银行的季度预测并不是简单机械地利用模型运行的结果，还结合了模型外的其他信息和数据，对宏观形势进行综合研判。

（三）预期在货币政策传导机制中的作用

在货币政策操作中，预期起了重要性作用。短期利率一般可以作为央行体现其货币政策意图的重要工具，央行调节短期利率不仅可以直接影响到短期的融资成本，同时还释放了央行对当期宏观经济判断的信号，从而通过金融市场影响到基础资金价格（汇率、股价、长期利率等）。这些价格和受到中央银行行为直接影响的短期利率通过套利关系相联系，但是影响这些资产价格决定的是短期利率在今后几个月甚至几年的预期路径，而不是当前的短期利率水平本身。换句话说，货币政策要对实体经济施加影响，就必须能够影响到中长期利率水平，根据期限结构“预期假说”理论、利率平价理论，要驱动这些长期金融价格的变化，关键是要改变经济主体对未来短期利率的预期。也就是说，人们的预期可以将短期利率和中长期利率的变化联结起来。长端利率传导至最终目标至关重要，对短期利率的预期决定了长期的名义利率，因此，央行通过政策利率引导短期利率便可影响长期利率，从而实现货币政策目标。中央银行通过有条件的利率承诺，引导公众对未来利率路径的预期，可以稳定当期利率及对长期利率的预期，达到引导资产价格及影响实体经济活动的目的，提高货币政策有效性。

在市场传导机制顺畅的情况下，央行调节政策利率将直接影响到货币市场利率及间接影响银行的存贷款利率；而对未来政策利率预期的变动又会直接引起长期利率水平的变动，同时货币政策也能通过引导经济部门的未来通胀预期实现物价稳定。货币政策通过影响经济金融形势和市场预期进而影响资产价格、信贷供给、银行的存贷款利率等，最终引起消费、储蓄、投资决策的变动，而这些决策的变动又会影响到定价行为和通胀预期（如图 5 - 3 所示）。

在出现金融危机的时候，政策利率与货币市场利率之间的传导路径会受阻甚至断裂，货币市场利率与银行利率、资产价格、信贷之间的传导路径也出现不同程度的损坏（如图 5 - 3 中的 1—4 步骤被破坏），传统货币政策无法通过货币市场利率传导至实体经济，以实现政策目标。因此，各国央行只能通过一系列的非常规货币政策，如美联储的 QE 操作，欧央行 2008 年提出的加强信贷支持计划来影响货币市

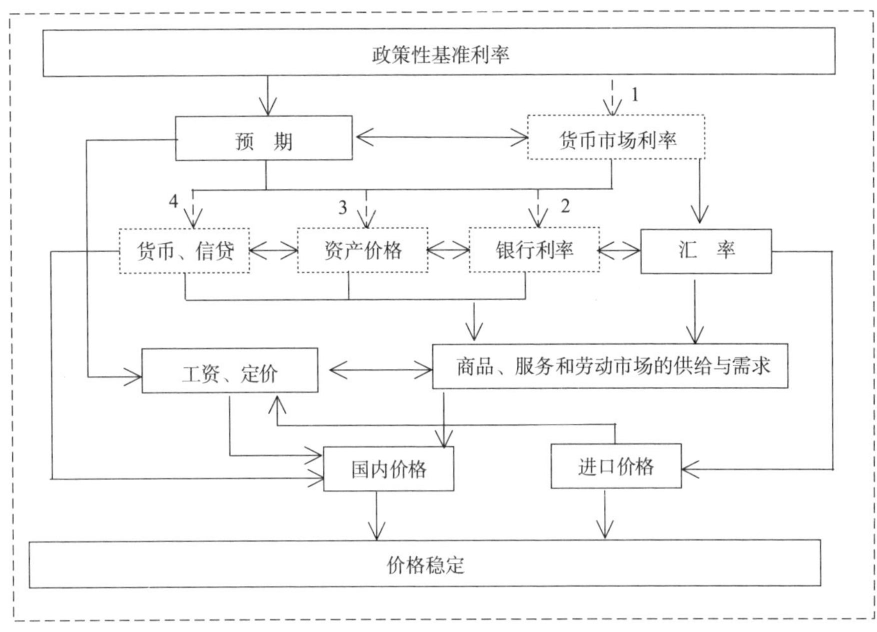

图 5－3　货币政策的传导机制①

场利率、引导公众的预期、增强信心，进而实现对商品劳动市场的调节，达到物价稳定的目的。

1. 政策利率对市场利率的影响。央行调整政策利率对其他资金价格的影响幅度取决于其被市场预期到的程度，及对长期利率预期的影响。通常来说，政策利率的变动会直接影响到短期利率（如回购率和同业存款利率），但他们的变动幅度会相对较小。短期利率又通过预期影响了长期利率水平，形成长期收益率曲线，最终影响实体经济运行。政策利率的变动会使各商业银行调整其贷款利率，调整幅度一般与政策利率的变动一致，而受竞争因素等影响，银行吸收存款利率的调整幅度不定。政策利率变动会使短期利率发生同向变化，但对长期利率的影响取决于短期利率及公众对其预期的影响，政策利率对长期利率影响的幅度归根结底取决于公众对未来的预期。

2. 政策利率对资产价格的影响。政策利率通过金融市场传导会影响到其他资产价格（如债券价格及股价），在其他条件不变的情况下，债券价格与长期利率呈反比，在预期通胀不改变的情况下，提高政策利率将降低资产价格，主要原因是未来收入的折现因子变大，现值下降。此外，提高政策利率也可能降低其他资产价格如

① 正常情况下，包含虚似箭头和图部部分；在金融危机情况下，不包含虚似箭头和图案部分。

房产价格等。

3. 政策利率对汇率的影响。政策利率变动会对实际利率产生影响，进而影响实际汇率，实际汇率变动一方面直接影响了进出口贸易；另一方面，由于外汇资产变动从而产生财富效应，进而影响实际经济运行，实际汇率的变动同样影响了一国的通货膨胀预期。从实践来看，汇率的影响取决于对国内外利率及通货膨胀率的综合预期，因此具有不确定，但当外部经济的不确定因素对一国的影响减弱时，政策利率对于本币实际有效汇率的影响就较为清晰。当其他因素不变时，未被预期到的政策利率上升可能导致本币在外汇市场的升值，从而使本币资产更具投资吸引力。汇率的变动会导致国内外相对价格发生变动，这种变动的传导虽然需要一定的时间才能传导到国内，但终将影响到国内消费结构。

4. 政策利率对未来经济形势的预期影响。政策利率作为中央银行的货币政策信号会受到社会公众的广泛关注，其变动可以直接影响人们对经济前景包括通货膨胀、经济增长以及其他经济变量的预期，这种预期将直接作用于实体经济，改变人们的经济决策，影响企业和个人的支出、储蓄和投资行为，通货膨胀预期及实体经济运行情况反过来又影响了货币政策的制定，从而形成了一个闭合的货币传导机制。但是政策利率的影响通常难以确定。例如，央行上调政策利率，市场可能会认为通货膨胀加速，央行认为有必要降低经济的热度；相反，市场也可能会认为是经济增速超出央行预期，从而导致公众对经济增长和收入更为乐观。因此，市场的异质性预期正是各国央行预期管理的重点。

（四）预期管理的手段——中央银行信息沟通

目前，信息沟通和前瞻性指引是中央银行预期管理的主要手段。其中，信息沟通是指央行通过信息披露寻求公众理解和认同的信息交流过程。从公众的角度来看，沟通主要是由于预期的非理性；从中央银行的角度看，沟通主要目的在于提高政策的有效性。一方面央行货币政策的意图不容易被公众理解；另一方面沟通可以促使决策者遵守承诺，提升政策的可信度。因此，无论是出于协调预期的考虑，还是为了提高政策有效性，中央银行都需要采取信息沟通的手段，管理公众的预期。

1. 美联储预期管理手段。1978 年，美国政府出台的《充分就业与均衡增长法案》规定美联储主席每年需要两次向国会作证（一般在 2 月与 7 月），同时向国会提交书面报告。1979 年，美联储在其向国会提交的书面报告中开始披露经济预测的数值。1983 年，美联储出版经济褐皮书（Beige Books），描述全国及各联储地区的经济状况。1993 年，美联储开始公布联邦公开市场委员会（FOMC）的会议纪要（一般滞后 6—8 周），1993 年 11 月，美联储公布 FOMC 的详细会议记录（滞后 5

年）。联邦公开市场委员会每年例行召开 8 次议息会议，其中的 4 次会议要求所有与会成员对中期（2 年左右）和长期的美国经济增长、失业率、个人消费支出价格指数（PCEPI）等做出预测。

通货膨胀或货币政策报告是中央银行提高政策透明度的主要工具。它为通货膨胀如何与目标和中央银行的预期相关提供了一个定期的、规范的报告方式。大多数国家的通货膨胀或货币政策报告都包含了一些标准内容，主要内容包括：（1）近期通货膨胀、行为和金融动态的评价。提供了对通货膨胀结果的回顾性描述，以及通货膨胀前景讨论所需要的宏观经济和金融市场背景的特征。（2）对政策决定期间（通常至少是 2 年）驱动未来行为和通货膨胀的主要因素的前瞻性讨论。这种讨论一定会根据中央银行自己的预测，也可以包括市场的预测和对预期的调查。展望部分的讨论几乎肯定要描述通货膨胀的预测路径。

由于美联储并没有实行通货膨胀目标制，它在预测上不是采用在一定的利率假设上给出核心经济变量的统一预测，而是让其委员会成员对未来恰当的利率路径进行预测。因此，美联储所做出的经济预测数据并不是一个预测值，而是一组预测值。美联储的预测有以下几个特点：第一，每个预测变量均给出了预测值的中心区间及其可能的跨度区间。中心区间包括了剔除 3 个最低值及 3 个最高值后的预测范围，而跨度区间则是包括所有预测值的覆盖范围。中心区间体现了 FOMC 对于该经济变量的一般预测值，而跨度区间则体现了 FOMC 预测的不确定性程度。第二，美联储绘制了预测变量的分布直方图与时间演变图，预测分布直方图给出了未来 3 年的预测值，更为直观的呈现了中心区间及预测跨度区间所传递出的信息，从中可以看出 FOMC 预测的不确定性信息。第三，为了表明美联储经济预测存在一定的不确定性。依据历史数据，美联储还向公众提供了经济预测的误差数据。根据美联储提供的历史数据测算，经济数据实际值大约有 70% 的概率会落在联储给出的预测值附近（如图 5 -4 和图 5 -5 所示）。

2. 欧央行的预期管理手段。欧央行制定货币政策是一种超国家的行为，它的这一特点决定了其管理委员会的性质，即真正共同掌权的货币政策管理委员会（Genuinely - Collegial Committee）。在例会中，管理委员会委员可以互相争论、各抒己见，但经历了必要的妥协达成一致意见后，必须由管理委员会统一公开发布政策措施及实施方案。欧央行认为任何不统一由管理委员会公开发布的信息都可能会引起欧盟的经济波动。因此，在对外沟通时，欧央行不会发表会议记录，且不提供选票结果。欧央行对外沟通的方式主要是召开新闻发布会、发布政策报告及时发布预测信息等方式与公众进行信息沟通。

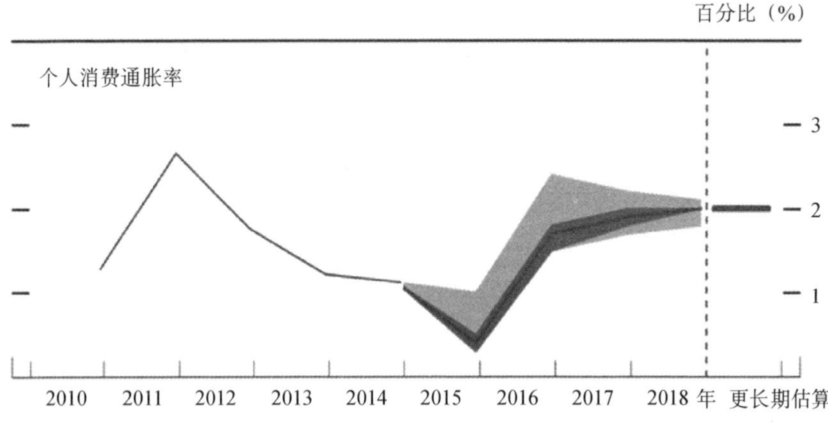

图 5-4　美联储公开市场委员会委员通货膨胀预测

注：PCE inflation（Personal Consumption Expenditure，个人消费支出），其中，次中心的两条实线表示预测的中心趋势（去掉三个最高值和三个最低值），最外面的线表示预测的波动范围。

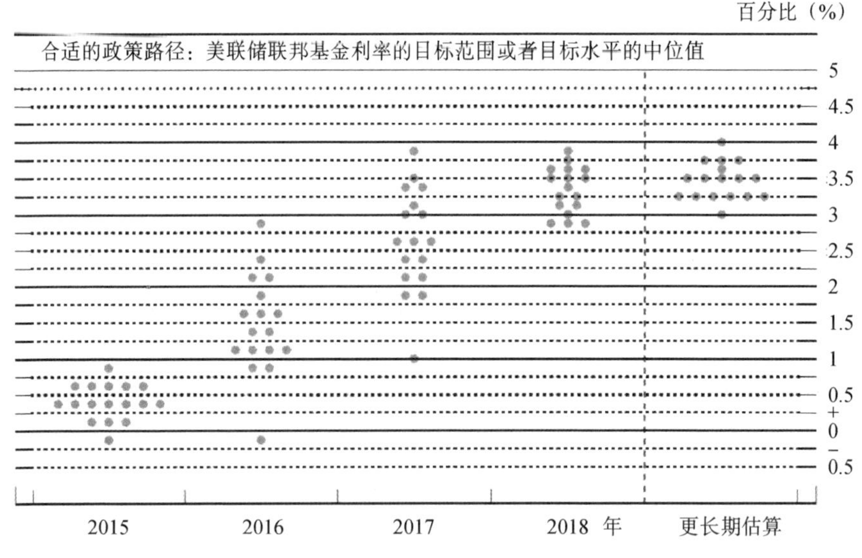

图 5-5　美联储公开市场委员会委员未来利率路径预测分布图

注：每一个点分别表示每一个货币委员认为的“合适的联邦基金利率水平”或“合适的联邦基金利率变动范围的中位值”。

一是召开新闻发布会。欧央行管理委员会每年必须召开 10 次以上的会议。自 1998 年欧央行成立以来，一般而言，其管理委员会按月召开例会两次。管理委员会在每次会议讨论货币政策事项之后，由其主席随即召开新闻发布会，向社会公众传递物价稳定、货币政策倾向等政策信息。欧央行官员会详尽阐述关于物价水平和经济形势的看法等，让公众了解欧央行最新的政策决策，从而引导公众预期向其期望的方向发展。

二是发布政策报告。一般情况下，央行通过发布通货膨胀或货币政策执行报告向公众传递货币政策信号，阐述货币政策的意图以及未来政策的取向。对欧央行而言，其按月发布《欧洲中央银行月报》，并以欧共体 11 种官方语言发表，披露更多货币政策决策背后的细节，包括了经济发展评估、形成货币政策决策的理由、货币政策制定原则及决策的分析框架信息如数据、模型、方法和指标等。除此以外，欧央行还会通过发布大量的统计数据，让公众掌握更多的相关经济信息（李云峰，2011）。

三是发布预测信息。近年来，欧央行每年 12 月发布下一年货币供应量 M3 增长率的参考值，每季度定期发布宏观经济预测，通过宏观模型进行通货膨胀预测、产出预测，使媒体和公众可以由此预测欧洲未来一段时期内的经济、金融发展状况，有助于引导社会的通胀预期、保持物价稳定。

四是多渠道与公众进行信息沟通。央行高级官员及其货币政策委员会成员会通过公开讲座，参加论坛，接受采访，在官方网站发布研究成果、发言稿等多种方式与市场进行沟通，达到引导公众预期的目的。欧央行管理委员会也会通过发表定期或不定期演讲、专业性质的研究报告等多种方式，解释欧央行采取的政策措施，表明欧央行对经济数据的看法，从而引导公众的预期（如表 5 – 1 所示）。

表 5 – 1　　欧央行的沟通工具

工具	频率	沟通内容	目的
新闻发布会	每次货币政策会议结束后	宣读由欧央行（ECB）管理委员会共同拟定的介绍性声明（首先对外公布此次会议的货币政策决策；其次从经济分析以及货币分析角度评估欧元区的经济及货币形势；最后对管理委员会采取的货币政策决策加以解释），随后进入半个小时的提问及互动环节	使公众和市场全面获悉欧洲中央银行最新的货币政策决策，澄清对货币政策决策的种种疑问，引导公众预期朝良性方向发展
货币政策月刊	每月一次（一般在货币政策会议后一周出版发行）	提供了欧元区当前经济形势以及价格稳定所面临风险的详细分析，这些信息正是 ECB 管理委员会在做出货币政策决策时所依赖的详细经济金融信息，与新闻发布会及介绍性声明所承载的信息相一致。此外，货币政策月刊还刊载一些探讨欧元区货币政策框架、长期运行趋势、分析工具等主题的颇有价值的文章	提供经济金融实时状况信息，便利民众决策，提供货币政策决策基础信息

续表

工具	频率	沟通内容	目的
经济预测	每年四次（在3月、6月、9月和12月的货币政策月刊上刊载）	包括对通货膨胀（HICP）与实际GDP的预测，其预测跨度仅有2年，经济预测采用的是市场预期利率假设，同时根据以往欧央行平均绝对估计误差的两倍，以区间的形式给出，虽然也提供前后两期经济预测的对比，但并没有直观明了的经济预测图示	提供经济运行相关信息，增强民众对央行决策的理解，提高货币政策的可预测性
统计简报	每月（发布货币政策月刊的同一天）	包括货币政策月刊的所有数据，提供了欧元区各国一些核心宏观经济指标的数据以及欧元区、美国和日本的比较分析	提供经济运行相关信息，增强民众对央行决策的理解，提高货币政策的可预测性
ECB网站	常年开放	提供上述沟通工具传递的所有信息（包含新闻发布会的详细记录），并且在醒目的位置对外披露ECB的日程安排及重要新闻公告，并开辟专门的货币政策知识教育专栏	及时传递所有各种相关信息，对民众进行货币政策知识教育
演讲、研讨会和采访等	不定时安排	货币政策相关信息	对外传递货币政策信息，并接受业界、学术界及普通民众的反馈信息
其他各种货币政策出版物	定期发行	如工作论文（Working Paper Series）和不定期报告系列（Oceasional Paper Series）等，提供货币政策相关信息	促进科学研究，提供货币政策深入分析

注：资料根据谢杰斌（2009）及欧央行官网资料整理。

3. 英格兰银行预期管理手段。英格兰银行在实施货币政策时，不仅会充分考虑自身对未来经济形势的预测与判断，提高自身预测的水平，同时也十分注重对市场公众预期的管理，提高货币政策的有效性。在不同的时期，英格兰银行灵活采用了多种手段来引导市场预期，以实现政策目标。

一是定期发布货币政策委员会的会议纪要。根据英格兰银行的制度规定，在每月第一个完整星期的周三和周四，英格兰银行举行货币政策委员会的月度会议。届时货币政策委员会会讨论通货膨胀和经济前景等问题，随后各位委员表明个人观点并投票，以少数服从多数原则进行政策决定，而完整的会议纪要在会议结束两周后对外公布。

二是定期发布官方预测报告。从1993年起，英格兰银行按季发布《通货膨胀报告》，分析并公布全国产出和通货膨胀的预测值，并且对货币政策操作和市场运行等发表看法。与此同时，英格兰银行还会举行新闻发布会，与市场进行沟通。《通货膨胀报告》成为英格兰银行与市场沟通的最主要方式之一。该报告使公众清晰知晓央行货币政策执行情况以及未来政策的取向，了解货币政策的意图，极大增强了英国货币政策的透明性。

三是定期发布相关经济变量和经济预测模型介绍等辅助信息。英格兰银行定期在官网上公布国内生产总值、通货膨胀率、失业率、货币供应量、资本报酬率、资本利用率等经济数据。英格兰银行还出版了《英格兰银行经济模型》一书，披露了其运用的宏观经济模型，如英格兰银行季度模型（the Bank of England Quarterly Model，BEQM）等。而BEQM模型是英格兰银行每季度《通货膨胀报告》中预测未来经济增长和通货膨胀预期的重要手段。这些信息的披露明显增强了英格兰银行货币政策操作的透明度，提高了英格兰银行的公信力。

四是适时借助多种公开渠道。英格兰银行还会通过发布公告、行长或其他官员讲话、接受媒体采访、参加其他会议论坛进行演讲、公布研究成果、举行会议研讨等来引导市场预期（如表5-2所示）。

表5-2　英格兰银行的沟通工具

工具	频率	沟通内容	目的
货币政策委员会（MPC）的会议纪要	每次货币政策委员会会议结束两周后	主要是委员会成员对经济金融形势发表相关意见及政策建议	及时向公众解释货币政策决策，引导公众预期
通货膨胀报告	通常在每年的2月、5月、8月和11月定期出版	（1）英格兰银行对产出增长和通货膨胀的预测并以扇形图的形式展示。如委员会成员的观点差异较大，则会解释差异性可能对通货膨胀和经济预测产生的影响。（2）详细分析经济展望和风险，揭示央行决策的原因。（3）例会的会议纪要会作为《通货膨胀报告》的附录	引导公众了解货币政策的实施情况与未来货币政策的基本取向，明晰英格兰银行货币政策的意图，提高英国货币政策的透明度
向议会委员会的证词	每期《通货膨胀报告》公布后	向英国下议院财政委员会作证，证词有时会提交给英国上议院经济事务委员会，内容多与通胀报告相似	向国会证言是委员会的义务

续表

工具	频率	沟通内容	目的
委员会成员的演讲、文章、采访以及新闻发布会等	实时发布	(1) 每期《通货膨胀报告》发行后举行新闻发布会。(2) 委员会成员经常在全国各地演讲、发表文章、出席节目、接受采访等，提供个人对经济展望的看法并对政策决策做出解释，一般与其在已公布会议纪要中所阐述的信息相似	委员会通过不同的方式与公众、政治家等接触，以帮助公众深入了解货币政策
其他出版物与研究报告	按类别定期发布或实时发布	包括政策声明、《资产购买便利的季度报告》《金融稳定报告》以及各类相关的研究报告	提供与货币政策相关的各类研究信息与工作报告
BOE 网站	常年开放	(1) 公布 BOE 的日程安排与最新公告。(2) 公布政策声明、货币政策委员会会议纪要、《通货膨胀报告》、议会证词以及其他相关的出版物。(3) 相关的经济统计数据。(4) 委员会成员的演讲、文章、采访等。(5) 各类相关研究成果。(6) 其他与英格兰银行职责相关的信息公布	全方位、多角度、及时地向公众传递各类货币政策相关信息，引导公众预期向与央行调控一致的方向收敛

注：资料根据岳国华（2006）及英格兰银行官网资料整理。

（五）预期管理的新手段——前瞻性指引

1. 前瞻性指引的概念。前瞻性指引（Forward Guidance）是中央银行建立在对市场有一定预测的前提下，提前承诺适应未来市场定位的货币政策。从本质上讲，前瞻性指引是一种通过央行沟通的方式管理公众预期的非常规货币政策框架（Woodford，1999）。前瞻性指引最早应用始于1997年的新西兰央行，国际金融危机之后被广泛采用，日本、美联储、英格兰银行等西方主要经济体的中央银行将利率降至零下限左右，传统货币工具失效，为进一步刺激疲软的经济纷纷使用前瞻性指引这一非常规的货币政策工具，向市场传递低利率水平将在相当长的一段时间内保持不变的信号。前瞻性指引通过指出未来货币政策的目标、变动方向、量化的指标阀值等信息，使公众知悉利率的变动趋势，更准确理解央行政策的意图，为市场参与者提供一个可预期的稳定的政策环境，从而促进经济持续复苏。目前来看，前瞻性指引的传导机制主要有两个方面：一是与量化宽松的货币政策配合使用，在极低的利率条件下，通过前瞻性指引使利率长期维持在极低的水平，稳定公众的预期；二是前瞻性指引借助公众的通货膨胀预期、宏观经济预期以及短期利率预期等渠道传导，影响公众对中长期经济前景、利率的看法。

2. 前瞻性指引的分类。国内外的研究学者依据不同的信息性质、严格程度等标准对前瞻指引进行了分类（胡荣尚，2015）。Woodford（2012）将前瞻指引分为模糊的前瞻性指引和明确的前瞻性指引。Campbell 等（2012）依据中央银行对未来货币政策操作是否做出明确承诺，将前瞻性指引区分为德尔斐指引和奥德修斯指引。德尔斐指引主要指中央银行根据自身信息优势，预测未来政策利率路径，与公众沟通未来的经济发展信息，但是央行并不做出任何承诺，只是简单陈述决策者对未来经济状况和典型货币政策的基本判断，目的在于使市场参与主体和公众更加了解货币当局对宏观经济形势的看法；奥德修斯指引是指央行发布了对未来政策利率的预测，同时还宣布并且承诺政策路径，通过这种承诺，在向市场释放一种“强信号”，从而改变私人部门的预期。

Winkelmann（2013）将前瞻指引分为定量前瞻性指引和定性前瞻性指引。定性指引主要是指央行对于政策利率调整给出的指引，但央行并没有给出引发利率调整的产出、就业、通胀等关键经济指标条件的说明，只是公布未来货币政策的取向。定量指引则是指央行不仅公布未来货币政策的取向，而且给出政策利率调整的条件，这些条件主要是关键经济指标变化到特定的数值或数值区间。定量式指引对未来货币政策评估更为明确，增强了货币政策的可预测性，相较于定性式指引，定量式指引降低了目标以及路径的不确定性（赵根宏，2016）。

Carney（2013）认为当政策利率为零或接近于零时，中央银行对未来政策利率可能路径所采用的前瞻性指引可以被归为三种类型，将前瞻指引分为开放式前瞻性指引、基于时间的前瞻性指引和基于状态阀值的前瞻性指引。一是开放式指引。第一代的指引本质是开放式的。这类的指引提供了关于未来货币政策的定性信息，并提示了在何种情况下央行将改变政策立场。1999 年 2 月，日本央行在将政策利率调低至 0.15% 后，1999 年 4 月，日本央行表示：“该政策利率将一直维持直到通货紧缩消除”。2013 年 4 月，日本央行发布了新的前瞻性指引，表示将继续保持定性和定量的宽松政策，旨在将价格稳定在 2%，并且有必要以一种稳定的方式达到该目标。在美国，联邦公开市场委员会（FOMC）也提供前瞻性指引。2003 年 8 月，当政策利率接近于零时，联邦公开市场委员会宣称：“委员会认为适应性政策将维持一定时间。”在整个 2004 年期间，FOMC 也为何时收紧货币政策提供了前瞻性指引。例如，2004 年 1 月暗示：“将非常有耐心地消除适应性政策。”2004 年 5 月声明，适应性政策将有步骤取消。FOMC 一直将前瞻性指引包含在其报告中直到 2005 年。2008 年以来，在当政策利率接近下限时，为应对该挑战，FOMC 再一次重新引进了前瞻性指引。2008 年 12 月，FOMC 将联邦基金利率锚定目标降至 0—0.25%，同时声明：“委员会预计‘疲软的经济环境’有可能使得‘极低的联邦基金利率’维持一段时间。”2009 年 3 月，委员会将表述改为“更长的一段时间”。二是时间依存式指引。第二代指引进一步提供了一个明确的有条件承诺，该承诺指出政策的立场将被改变的日期，而不是让公众自己形成关于政策声明的解读。2009 年，加拿大央行便采用了该种“时间依存式指引”，当其政策利率被调低至有效利率 0.25% 下限时，在展望通胀后，加拿大央行表明了将利率维持在当前水平直到 2010 年第二季度的决心。在瑞典，2009 年 4 月，瑞典央行同样采取了时间依存式指引。瑞典央行执行委员会决定将回购利率降至 0.5%，并且表示“回购利率将保持在低水平直至 2011 年年初”。2009 年 7 月，当回购利率被调至 0.25% 时，执行委员会调整了指引并表示：“回购利率将被维持在该低水平上直至 2010 年秋季。”2011 年 8 月，联邦公开市场委员会从发布开放式指引转为时间依存式指引。尽管在 2011 年 6 月声明中，FOMC 表示经济环境有可能使得联邦基金利率锚定范围在相当长一段时间内维持在低水平上，而在 8 月的声明中则表示：“该种情况将维持至 2013 年中期。”FOMC 随后又更新了指引，2012 年 2 月声明“至少至 2014 年年底”，2012 年 9 月表示：“至少至 2015 年中期。”三是基于状态阀值指引。第三代指引则将货币政策预期与经济环境联系在一起，而非单纯的指定某一时刻。2012 年 12 月，美联储首次采用该种指引，明确了失业率和通货膨胀预期。特别地是，它宣称：“如果失业率仍保持在 6.5% 以上、未来 1 年至 2 年的通胀预期不高于 2.5%，且长期通货膨胀预期仍然可以很好地被锚定，那么美联储极低的联邦基金利率水平将是合适的。”在 2012 年后采用的基于状态阀值的指引声明中仍采用上述标准。

3. 主要央行前瞻性指引的操作。

一是美联储的前瞻性指引。美国曾在 2003 年首次采用开放式的前瞻性指引，引导公众货币政策预期，随后又在 2007—2011 年间多次采取定性式前瞻性指引。在 2011—2012 年间，美联储又开始实践以时间为参照的前瞻性指引。我们以 Carney（2013）对前瞻性指引的分类对美联储的前瞻性指引进行介绍。

在开放式前瞻性指引方面，美联储这种前瞻性指引操作主要集中在 2011 年以前。美联储公开市场委员会（FOMC）为维持低利率水平，多采用开放式指引，承诺低利率环境会维持“一段时期”“相当长的时期”等等。例如，2008 年 12 月，FOMC 声称“在未来一段时间内，将联邦基金利率保持在极低水平”。在时间依存式前瞻性指引方面。2011 年 8 月至 2012 年 9 月期间，美联储多次提及低利率政策的退出时点，退出时点主要视经济状况而加以调整。例如，将政策时点描述为“2013 年中期以后”“2014 年以后”“2015 年中期以后”等。2012 年 9 月，美联储公布在“由于当期经济形势（包括低资本利用率和中期通胀率预期下降），超低利率至少保持到 2015 年中期”。在基于状态阀值前瞻性指引方面。美联储承诺在经济增长率、失业率、通货膨胀率、预期通胀率等指标达到某个阀值以前，维持现行的货币政策基调不变。

2014 年，随着持续数年量化宽松政策的退出，美联储更为重视前瞻性指引的作用，通过不断与市场的沟通，引导公众预期，为后续加息做准备。2014 年 9 月，美联储宣称基于对劳动力市场、通货膨胀预期以及金融市场等因素的考虑，将在资产购买结束后的相当长一段时间内维持联邦基金利率处于当前的目标区间。

2014 年 12 月，美联储再次修改前瞻性指引的措辞，将措辞“在资产购买结束后的相当长时间内使联邦基金利率维持在目前水平”替换为“目前仍需对货币政策正常化保持足够的耐心”，同时强调此次前瞻性指引的立场与之前保持一致。2015 年 1 月，美联储重申“目前将联邦基金利率的目标区间维持在 0—0.25% 是合适的”。关于何时调整联邦基金利率，美联储声称将会广泛考虑就业市场、通货膨胀预期、金融市场和国际政治经济形势等信息。

二是欧央行的前瞻性指引。2013 年 6 月末，欧元区的政策性利率降至历史最低水平，其中主要再融资利率为 0.5%、存款利率为零以及边际贷款利率为 1%，在当时 1.6% 的通胀率下，实际利率水平为负数。然而，当时欧元货币市场利率却出现大幅波动，失业率在 2013 年第二季度末更高达 12.07%，成为欧盟成立以来的最高失业率水平。在实行宽松货币政策和连续降低政策利率，并且将政策利率降至零利率水平下限，但在无法实现令人满意的经济复苏的情况下，欧央行打破其“从不事先做出保证”的传统，采取了开放式的前瞻性指引，明确超低利率的执行期限，以引导市场对未来政策的预期，稳定货币市场环境。2013 年 7 月，欧央行管理委员会会议结束后的例行发布会上，欧央行行长德拉吉声称：“欧元区仍面临经济下行的风险，基于此，主要再融资利率将会在未来相当长的一段时间里维持在 0.5% 的水平不变，并存在进一步下调的可能。”2015 年 1 月，欧央行召开例行的货币政策会议，在随后举行的新闻发布会上，德拉吉宣布推迟退出 QE，并在一段时间内维持再融资利率在 0.05% 的低位。

三是英格兰银行的前瞻性指引。2009 年年初开始，英格兰银行就开始采取量化宽松的政策工具来应对金融危机，前瞻性指引就是在这样的经济环境下产生的。2013 年 8 月 1 日，英格兰银行首次正式推出了“前瞻性指引”，将其量化宽松政策与维持 0.5% 低利率的承诺相结合，并且三项退出条件中的两项与其控制通货膨胀目标有一定的关联，以此来进一步引导公众对低利率持续与否的预期（赵根宏，2016）。

4. 主要央行前瞻性指引的效力。央行在政策利率低至零利率下限时提供未来利率可能路径的前瞻性预期，以帮助家庭、企业以及金融市场参与者了解央行将如何制定货币政策。本部分主要介绍学术界关于前瞻性指引对未来政策利率可能路径预期的影响。

日本的开放式指引经验所提供的证据有些复杂。例如，Okina 和 Shiratsuka（2004）考察了采用指引后收益率曲线的变动，他们的研究表明指引稳定了短期利率路径预期，从而降低了长期利率并致使债券的收益率曲线趋于平缓。但是，Bernanke 等（2004）认为只有有限的证据表明，零利率政策、1999 年发布的开放式指引以及 2001 年发布央行购买日本政府债券的类似指引影响了金融市场预期。

关于加拿大时间依存式指引的研究发现具有更强的影响。Chang 和 Feunou（2013）的研究表明，前瞻性指引减少了加拿大未来利率路径的不确定性，该不确定性由利率期货期权隐含的波动性以及盘中利率期货价格的实际波动性计算得来。He 等（2010）采用向量自回归模型预测了时间依存式指引实施期间加拿大和美国的月度利息率、月度通货膨胀率以及失业率。研究表明加拿大一年期国债收益率以及 3 个月利率一年期远期要低于模型预测值，而同期美国实际利率与模型预测利率的差异要小很多。此外，He 等（2010）还发现了 2 年、5 年、10 年到期的政府债券收益率要低于模型预测值，尽管该差异随着时间延长而缩小。这些结果表明加拿大央行的指引可能降低了本来受通胀率和失业率影响的利率，但是这些发现有一些局限，例如，这些结果对于通货膨胀率指标的选取十分敏感。

Campbell 等（2012）考察了 FOMC 的开放式以及时间依存式指引的影响。借助 Gürkaynak 等（2005）的方法，作者利用因子分析法来确定 FOMC 发布指引当天不同层面上预期短期利率的两种独立影响，短期利率分别以联邦基金期货合约和欧洲美元期货合约衡量。第一个因子假定对所有层面上的预期具有同样的影响，通常被解释为当前政策利率改变对预期的影响。第二个因子假定为不影响当月预期但影响其他日期的预期，通常被解释为市场参与者关于独立于当前货币利率变化对未来政策预期的影响。Campbell 等（2012）然后将这些因子对期间资产价格变化进行回归。他们发现第二个因子对长期国债利率和公司债券利率具有显著影响。

Swanson 和 Williams（2014）通过估计高频利率敏感度如何受宏观信息的影响，考察了零利率下限对不同期限利率的影响，他们的研究发现一年或以上到期的美国国债收益率在 2008—2010 年（该期间联邦利率低至零利率下限）对新闻的反应度并不显著比之前低。只有从2011年年底——此时FOMC开始从开放式指引转变为时间依存式指引时，这些收益率的敏感度才降至接近于零，作者从这些结果得出两个结论：第一，市场似乎持续预期联邦基金利率在未来2到4个季度内将提高。第二，FOMC的前瞻性指引、大规模的资产购置计划以及关于它将持续执行该政策的预期，有助于抵消零利率下限对2011年底后中长期利率的影响。

对于开放式指引和时间依存式指引的对此研究目前比较有限。Chehal和Trehan（2009）比较了2009年加拿大央行时间依存式指引和2008年FOMC的开放式指引。他们考察了声明发布当天预期利率的变动情况，以及随后的演化情况。他们发现尽管加拿大央行的决心最初影响了利率，但是该影响似乎并不持续。然而，加拿大和美国远期利率之间在2010年中期加拿大央行指引结束前后的强相关关系似乎表明，宣布政策结束的固定日期所带来的关于加拿大货币政策预期并没有显著异于采用开放式指引的美国。这与金融市场参与者对开放式和时间依存式指引的理解是一致的，因为市场主体认为无论哪种指引最终都取决于经济前景，当经济前景发生变化时，他们也将调整自己的预期。

实证研究总体上也表明金融市场参与者关于未来政策利率路径的预期也并不与时间依存式指引一致。也就是说，市场主体通常会分配这样一种概率，即当央行极有可能打算在自己所宣称的某个时间点前改变货币政策，但仍未执行的概率。以2009年加拿大央行前瞻性指引经验为例，Woodford（2012）研究发现该指引对所有的收益率曲线的预期都有即时的影响，并且，收益率曲线扁平化，这与政策利率在长期比短期下降更多的预期相一致，因为指引减少了未来路径的不确定性，因此降低了期限溢价。但10—12月到期的利率并没有降低至0.25%，尽管指引暗示政策利率至少在12月内将保持在0.25%。Woodford对FOMC和瑞典央行发布的时间依存式指引得出了相似的结论。这些结果表明时间依存式指引所确立的延续时间可能变得不太可信，因为市场主体明白时间依存式指引主要取决于经济前景，因此对于可能导致指引重新调整的冲击会分配一定的概率。

一些研究试图考察前瞻性指引是否对利率有影响，因为前瞻性指引包含了中央银行对经济前景的判断，还有一种可能是，鉴于当前的经济前景，央行正在形成与以往不同的货币政策立场。Campbell等（2012）基于FOMC的经验研究了这个问题。为了区分两种不同的渠道，他们考察了失业率和通货膨胀率在FOMC发布开放性指引时如何变化，其中失业率和通胀率以蓝筹经济指标预测的调查分析衡量。在FOMC发布声明的一个月预测调查分析中，他们发现联邦基金利率未来的正向预期与失业率下降预期和通货膨胀率上升预期相关。这表明前瞻性指引不仅仅是被当作

FOMC 制定的政策，更可能是被认为 FOMC 是关于未来经济形势的判断。

然而，Raskin（2013）则发现了 FOMC 时间依存式指引相反的结果。他利用从利率期权演化而来的投资者短期利率预期分布，以及从调查分析得来的宏观经济信息考察了这一问题。他发现 2011 年 8 月 FOMC 的时间依存式指引“统计意义上和经济意义上均显著地改变了投资者关于 FOMC 如何制定货币政策的预期”，但 2012 年 1 月发表的辞令却并未有显著影响。

对于 FOMC 所采用的基于状态阀值指引的评估文献还较为有限，可能是因为这类指引是在最近较短的时间中才被采用。在 FOMC 发布状态阀值指引当日，利率反应并不明显，但这并不必然意味着指引不对预期产生影响。相反，这可能表明市场主体并不认为 FOMC 已经改变了政策立场，而更可能认为央行试图阐明是如何形成那个观点的。实际上，FOMC 在发表的报告中指出，“新指引与更早之前的时间依存式指引是一致的”。

三、主要经济体中央银行预期管理的经验

（一）独立性和透明度是预期管理的制度保障

1. 中央银行的独立性。中央银行的独立性包含组织、政策制定以及人事任免等三个主要方面。其中，组织独立是指机构设置的归属问题。政策制定独立性是指央行是否拥有权限自主制定相关政策而不受外界干扰。人事任免独立是指可以自主任命相关人员。在三个独立性中，机构独立是前提、政策独立是结果、人事任免是保证，虽然完全独立的央行并不存在，政府相关部门可以通过各种渠道影响央行的独立性，并对央行的货币政策和其他政策产生影响，但是拥有较强独立性的央行可以较小程度受政府影响，以保证可以履行其职责。中央银行前瞻性指引的核心是信用，而中央银行的独立性是基本保证，央行发布前瞻性指引并做出相应承诺，但倘若随后因为外部干扰不得不改变政策取向，长此以往，将削弱央行的权威性和可信度，使央行的前瞻性指引成为空头支票，失去效力。

全球主要央行都通过立法或制度安排保证其独立性。美联储虽然向国会负责，但实际上可以保证相当大的独立性，美联储接受国会的立法和报告审议，除此之外，美联储基本不受控制，美联储的经费来源于自身的经营活动，经费充足，可以拒绝审计部门审计。人事任免上，虽然美国总统可以任命联储主席和理事，但由于任期之内只能任免一次，因此，在很大程度上保持了人事独立。而在英国，《英格兰银行法》规定了政府制定通胀目标的权利，但除此之外，英格兰银行具有制定其他货币政策目标及自主选择调控工具的权利。欧央行是第一个超主权国家的中央银行，

从设立之初就始终保持了高度的独立性，其独立性体现在自主设定货币政策目标及选择操作工具上。

2. 中央银行的透明度。Jeanneau（2009）梳理了提高货币政策透明度的主要原因，包括增进公众对货币政策目标的理解、影响公众的预期、约束央行的行为和增加公众对政策制定过程的理解。具体来看，提高央行透明度有利于：一是公众对货币政策目标的理解，降低经济金融运行的不确定性。央行发布关于自身的政策取向、操作策略有助于提高市场对央行预期判断的准确性，微观主体可以根据央行的政策取向，提前采取和调整相应的行为决策，就整个市场而言有利于降低市场的不稳定性。二是提高透明度有利于市场做出准确的反应，使央行便于管理市场预期。三是有利于实现货币政策目标。例如，央行向公众公布锚定的通胀率目标，可以使公众形成一致性预期，降低通胀的持续性。四是有利于央行与市场的双向沟通，通过提高透明度，公布相应的政策取向和策略，可以从市场得到有价值的反馈，评估相应政策的可能效应，使得央行可以影响长期利率。五是有利于约束央行行为，提高政策的连续性。央行提高透明度等于将自己置于公众监督之下，有利于实现政策稳定长期连续性。

各国央行致力于提高货币政策的透明度。其中，英格兰银行通过三种举措提高其透明度。一是目标透明，对外公布其货币政策目标是维持通胀稳定，将通胀目标维持在2%左右。二是信息管理透明，英格兰银行会在官网上定期及时更新相关的经济金融数据，如货币供应量、通胀率、经济增长率等。三是预期管理透明。英格兰银行会定期发布关于通货膨胀的评估报告，并且公布英格兰银行的宏观经济模型BEQM，在《英格兰银行经济模型》详细介绍关于宏观经济模型的运用。相应地，欧央行也非常重视向公众表达政策意图，通过发布基准利率的公告、在行长理事会后及时召开新闻发布会、发布预期指标等措施，建立了顺畅的沟通交流机制，以提高欧央行货币决策的透明度。

（二）货币政策的可信度是预期管理的关键

货币政策的可信度是指公众信任央行会采取实际行动兑现相应的承诺，实现货币政策目标。当央行所采取的行动与实现声明目标一致时，该货币政策便是可信的。然而，现实中存在各种诱惑使央行偏离原先的承诺，其中主要问题便是时间不一致性，从而削弱央行货币操作的可信度。时间不一致假说（Kydland 和 Prescott，1977；Barro 和 Gordon，1983）是指当期为未来计划的方案，在未来到达时，实施该计划行动不再最优，假说的核心是时间动态变化导致的外部环境变化，该理论指出，不能在公众预期既定这个假设条件下系统性地实施货币政策，因为经济运行结果依据的是当前决策和未来政策预期。公众在形成其预期时，会努力预测政策走向。决策者和经济活动其他参与者之间这种相互作用即为政策博弈，并导致类似于“囚徒困境”的结果。

在货币政策时间不一致假说提出之后，各个学者对此进行大量研究，试图解决央行货币政策的可信度问题，其中一个主要措施便是加强央行的信誉约束，其主旨是通过为政策制定者提供内在激励，提高偏离承诺目标的成本，迫使央行遵守之前的承诺。该方法的核心是将当期的行动与未来可能产生的跨期影响联系起来。Barro和Gordon（1983）构建了一个无限期重复博弈模型，在模型中，公众根据央行之前的声明形成通胀预期，而中央银行随后可以采取“守信”和“欺骗”两种策略，其中，欺骗策略可以使央行制造预期外的通胀以提高当期产出，但是，在未来公众将根据央行之前的行为提高未来通胀预期，使得提高未来稳定通胀预期的成本上升，正是这种惩罚促使央行选择守信策略，避免短视行为，最终消除动态不一致性问题。Morris和shin（2002）认为，公众在进行决策时会考虑预期，需要依赖公共信息。公众究竟会形成何种预期取决于时间不一致性及随后有可能导致的政策可信度。而货币政策的可信度需要中央银行在长期实践中累计起来，如果过去的行动表明央行表里如一，那么货币政策可信度将大大提高，公众也将提高央行发布信息的权重，从而使得前瞻性指引能够形成目标预期，反之，公众将选择无视央行公布的信息，从而使前瞻性指引失去效力。

实践中各国央行也认识到了货币政策可信度和央行自身声誉的重要性。对于央行而言，理性预期对物价变动有着重要影响，当公众能够信任并理解央行稳定通胀的决心和政策时，那么央行便可以用较低的成本实现该目标，即被信任的反通胀举措可以有效转化为预期，而不对产出及就业产生危害。早在20世纪80年代，时任美联储主席的沃尔克（Paul Volcker）便持有该理念，中央银行若能让公众相信美联储能将通胀维持在低水平时，那么实现低通胀便不是难事，而这可以通过奉行两个实用原则加以实现：一是言行一致，通过行动印证美联储的决心，提高货币政策的可信度。二是在不损害经济运行的情况下，尽可能长地维持低通胀，时间越长越能提升货币政策的可信度。

（三）按照一定的规则制定和实施货币政策是预期管理的前提

实行规则的一个基本优点在于使正式宣布某种策略成为可行，从而赢得信任，并引导公众预期变动方向与政策目标方向一致。Barro和Cordon（1983）论述了按规则行事优于相机抉择制定政策，就货币政策而言，最优策略是实行低通胀政策，但是该策略将面临较大的时间不一致问题。在现实生活中，由于存在各种摩擦扭曲了劳动力市场，例如，失业补贴等使得自然失业率偏高，因此政府总有动机扩大产出提高就业率。但是，根据理性预期学说，只有未被公众发觉的预期之外的通胀可以实现扩大产出和就业的目标，而如果公众坚信央行的低通胀政策，那么央行最优的策略是相机抉择，但是由于公众具有理性预期，能够预期央行将采取相机抉择策略，因此，在当期签订劳动合同时便会将未来的高通胀情况考虑进来，最终结果是推高通胀水平，但自然产出水平和自然就业率维持不变，因此，即使相机抉择可以在短期提高产出和就业水平，但长期来看，按规则行事仍要优于相机抉择。

其次，按规则行事向公众提供了未来的政策路径，有利于形成一致性预期。Clarida 等（1999）以及 Woodford（1999a、1999b、1999c）认为有关中央银行未来举动的预期会对当前通货膨胀产生影响，这会减缓价格冲击对当前经济状况的影响。与相机决策情况相比，中央银行的初始政策反应可以更加温和。但规则并不一定意味着政策工具一经确定就不会改变，一般来说，只要先决条件改变，规则之下的政策工具也会随着经济的发展情况做出相应变动，即规则要求每个阶段采取一种设定公式（Contingency Formula），这些公式是在一系列决策阶段中被证明大体可行后而选择出来的（McCallum，1999）。传统上货币政策规则有两类：（1）货币增长规则，货币增长规则允许货币政策做出反应以纠正货币需求曲线的差错或移动；（2）利率规则或者说泰勒规则。利率规则对各类宏观经济变量做出反应。在泰勒规则中，中央银行根据经济变量偏离预定目标的程度调整短期利率水平，主要经济变量包括产出和通胀水平，但是泰勒规则并不意味着一成不变，即使泰勒本人也认为需要将特殊性与一般性相结合以提高货币政策的可操作性。

20 世纪 90 年代以来，人们也深化了对规则的认识，并在货币政策执行策略上达成共识，即按规则行事与相机决策策略是两个端点，多数央行都是执行折衷的策略。Poole（2005）认为货币政策规则需要满足三个特点：（1）系统性的规则并能够透明传播给公众；（2）明确的货币政策长期目标；（3）通过市场机制运行规则。美联储采用的主要规则制度包括：一是简单工具规则（泰勒规则）。泰勒规则可以较为完美地拟合前联储的政策立场。泰勒分别于 1993 年和 1999 年提出了两个版本的泰勒规则。这两个版本的区别在于：1993 年版的规则对产出缺口的反应相当温和（其反应系数为 0.5，对通胀缺口的反应系数也是 0.5），而 1999 年版规则的反应强度为 1993 年版的两倍（对产出缺口的反应系数为 1.0，对通胀缺口的反应系数仍为 0.5），也就是说，相较于 1993 年的规则，1999 年的规则更注重于产出缺口。包括泰勒本人在内的许多研究表明，一是相较于 1993 年版的规则，1999 年版的规则使经济波动大幅减少，只是增加了少许的通胀波动。二是目标设定规则（一般目标设定规则），一些学者将其称为“隐含通胀目标”，据估计，美联储的通胀目标维持在3%左右（Ball 和 Mankiw，2002）。

（四）发达的金融市场是实施预期管理的基础

货币政策的有效实施，依赖于高度发达和稳健的金融市场。金融市场对于预期管理的作用主要体现在两个方面：一是传导作用。货币政策需要通过金融市场传导至实际变量，发达国家一般采用公开市场操作来实现政策利率对市场利率的调节，并最终通过利率传导机制实现稳定通货膨胀率的目标。而这一传导过程就需要发达的金融市场作为基础，才可能通过市场影响到金融机构行为，改变资金或资产交易的价格，并以此影响经济主体的行为。货币政策规则的执行离不开金融市场的配合。特别是旨在调节短期利率的泰勒规则必须依赖市场化的金融市场，央行才能通过公开市场操作实现政策利率目标，并通过市场化的金融市场传导至存贷款利率，进而影响市场参与者的行为决策，并最终影响到宏观经济总量。二是反馈作用。金融市场中各资产价格作为前瞻型变量和对未来通货膨胀状况的预期，包含了公众对央行货币政策的反应，观察其变动可以为央行实施预期管理提供有效的依据。

各国央行均高度重视金融市场建设。美国的融资体系主要以直接融资为主，公开的金融市场是美国金融体系的核心，同时也是美联储实施货币政策调控宏观经济的重要渠道。公开市场操作是美联储实施货币政策最主要的手段，美联储通过公开市场操作调节货币供应量，实现影响微观主体投资、调整经济结构的目的。英格兰银行的工作重点之一就是提高英国金融体系的有效性。为此，英格兰银行制定了支付和清算系统的有关规则，积极改善中小企业融资环境，参与各种行为准则的起草和制定，如规范货币市场行为的“非投资产品准则”，规范证券市场借券、融券活动的“借券、融券行为指南”等。这些准则虽不具备法律约束力，但却是指导市场行为、提高市场效率和安全性的指南。欧央行对政策利率调升或调降，并通过货币市场调节欧元区银行间同业拆借利率（EURIBOR）、欧元区隔夜借款平均利率（EONIA）和欧元回购参考利率（EUREPO），以影响企业的融资成本、居民的资产收益、股票等金融资产价格等，进而实现货币政策目标。体量庞大的债券市场为美国实施公开市场操作、量化宽松政策（QE）、扭曲操作、利率前瞻性指引等一系列货币政策操作提供了有力保障。

（五）中央银行预测和分析能力是预期管理的技术支持

为了实现货币政策目标，中央银行必须利用现代经济模型、统计技术和反映宏观经济条件的全面、及时和完整的统计指标来指导政策行动。中央银行需要对各经济指标进行可靠的测度。这些指标包括价格上升幅度、实际产出与潜在产出缺口的估计值、制造业能力利用的估计值、相对于估计劳动力增长趋势的就业增长指标、通货膨胀预期指标等。中央银行必须开发出有效的预测通货膨胀和产出条件的技术方法，以提供政策决策所需的信息。

发达国家央行均具有极强的预测能力和分析工具，为预期管理提供了强大的技术支持。美联储包括宏观模型（FRB—US Model）和其他模型。英格兰银行对经济形势的运行判断有一套自身的逻辑方法，其中从2003年开始投入使用的英格兰银行季度模型是英格兰银行最主要的经济分析预测工具。欧央行有一系列适用于欧盟的经济预测和货币政策分析工具，包括通胀预期的调查法和宏观计量DSGE模型。通胀预期调查法主要有欧盟委员会的家庭调查、欧央行对专业预测机构的调查以及从通胀挂钩债券提取信息等三种。宏观计量DSGE模型主要有新区域（NAWM）模型（New Area Wide Model）和CMR模型，其中，NAWM模型是为了实现经济预测和政策分析，CMR模型则是为了支持欧央行的货币分析和金融政策，两者存在互补关系。为了研究欧洲区域内宏观经济互相依存关系及实现区域经济预测和分析，欧央行又分别开发了欧元区和全球经济模型（EAGLE）模型（Euro Area和Global Economy Model）和新多国（NMCM）模型（New Multi－Country Model）。强大的预测及分析能力，向市场证明了自己比市场看得准，对经济形势的判断比市场机构更为准确，提高了欧央行的公信力。

四、我国中央银行预期管理的实证研究

（一）我国货币政策框架与中央银行预期管理实践

从1984年中国人民银行开始履行中央银行职能开始，人民银行扮演着调节经济运行的关键角色。1984—1994年，中国人民银行货币政策实行多目标制。货币政策负有“物价稳定、经济增长、充分就业、国际收支平衡”的重任。改革开放初期，国家较为重视经济增长，稳定物价的目标退居次位。20世纪80年代末实行价格双轨制改革，价格“冲关”时先后出现了两次严重的通货膨胀。20世纪90年代初期为了刺激经济增长，信贷迅速扩张。1992年由于信贷扩张过快，通货膨胀率大幅上升，1994年通胀率飙升至20%以上。由此，政策制定者逐渐意识到货币稳定的重要性，随之开始重视“稳定币值”。1995年制定的《中国人民银行法》，规定货币政策目标为“保持币值稳定，并以此促进经济发展”。20世纪90年代末，中国人民银行取消了贷款规模管理，调控方式从直接调控向间接调控的转变。2002年我国加入WTO之后，受益于经济全球化，经济在相当长的一段时间内保持了低通胀、高增长。与发达国家不同，由于缺乏就业数据，且就业与经济增长密切相关，就业目标

则较少被央行提及。此外，尽管央行并未将汇率稳定明确为货币政策目标，但实际上，我国实行的是有管理的浮动汇率制，在实际操作中运用对冲干预手段来避免人民币汇率的大幅波动。为维持汇率的相对稳定，我国长期对资本项目实行管制，在这种背景下，央行货币政策的独立性相对较高。我国货币政策也趋于稳定，形成了以广义货币（M2）为中介目标，并根据经济周期与物价周期的变化，交替以经济增长或稳定物价为主要目标的货币政策调控框架（如图 5-6 所示）。

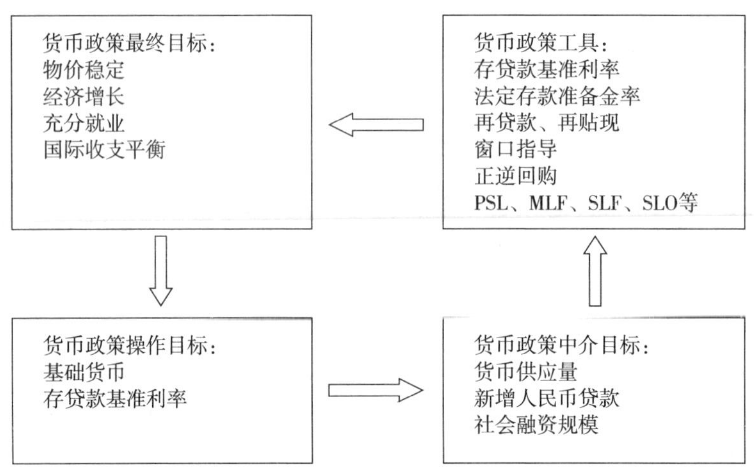

图 5-6　我国中央银行的调控框架

2008 年金融危机以后，出口导向的经济发展模式不可持续，经常项目顺差逐渐缩小，外汇占款逐渐减少，基础货币投放模式发生变化，基础货币增长缺乏稳定的来源，数量型货币政策工具面临较多的制约条件。此外，随着金融脱媒，越来越多的类存款未纳入 M2 的统计；M2 的稳定性以及 M2 与经济指标的关联性减弱。人民银行更加注重价格工具的作用，货币政策的实施力度、节奏也需要更加精准，抵押补充贷款（PSL）、中期借贷便利（MLF）、常备借贷便利（SLF）、短期流动性调节工具（SLO）等新型货币政策工具开始发挥重要作用。与此同时，人民银行在加强与市场沟通，引导公众预期方面做了一些有益的探索。

一是加强信息披露以及与市场主体的沟通。第一，按季披露货币政策执行情况报告。从 2001 年第一季度开始，为了提高货币政策分析水平，更好地服务于宏观决策，发挥引导公众预期的作用，中国人民银行成立了货币政策分析小组，并且按季发表《中国货币政策执行报告》。货币政策执行报告使公众可以更好地了解货币信贷的运行情况和货币信贷政策变化，同时在市场预期引导方面也发挥了良好的作用。第二，发布金融统计数据。中国人民银行从 1994 年第三季度开始按季向公众发布货币供应量指标；1996年开始按年公布货币供应增长率目标，并且每月公布M0、M1和M2增长率、金融机构企业和储蓄存款、短期及中长期贷款、外汇储备等数据；2002年，根据IMF的《货币与金融统计手册》，央行修订了货币金融统计制度，随即开始按月公布货币供应量。2012年，央行对外公布社会融资规模数据。在金融数据波动较大时，央行官员也会向公众解读金融统计数据。第三，注重与政府机构、商业银行的沟通。中国人民银行定期召开经济金融形势分析会，与管理部门、金融机构等进行沟通交流，使金融机构更为准确的了解货币政策意图，及时获取各方对货币政策的意见和建议，同时加强对金融机构的引导，提高货币政策实施效率。第四，央行高级官员直接参与市场沟通。中国人民银行的高级官员通过报告、声明、讲话、采访等方式与市场沟通未来货币政策取向。具体包括每季度的货币政策委员会会议决议，人民银行货币政策的新闻发布会、接受的采访等。

二是明确通货膨胀目标，加强通货膨胀预期管理。我国货币政策实行多目标制，在央行预期管理中，预期引导也是多维的，中国人民银行通常会就物价、经济增长、就业、国际收支、汇率等发表看法或者书面报告，向市场传递相关的信息。在货币政策操作实践中，中国人民银行主要以经济增长或稳定物价为主要目标，预期管理也主要集中于通货膨胀和经济增长方面。很长时间以来，中国人民银行重视稳定通货膨胀预期，自2005年以来，我国政府每年会在年初的政府工作报告中公布当年的预期通货膨胀目标；2010年第一季度，央行在中国货币政策执行报告首次以专栏的形式提到了“通货膨胀预期管理”，2010年第二季度报告中明确指出“价格走势的不确定性较大，需加强通胀预期管理”。可见，中国人民银行重视通货膨胀预期的管理，有意引导市场主体的通货膨胀预期。因此，本书选择构建计量模型，考察我国央行通货膨胀预期管理的效果，并提出相关的政策建议。

（二）我国通货膨胀及通货膨胀预期的量化

目前，测度通货膨胀预期的主要方法包括：经济调查法、债券剥离法、收益率期限结构法等三大类（闫先东和高文博，2017）。由于目前我国并没有发行通胀保护债券，考虑到数据的可得性，本书选择调查数据以及收益率期限结构法两种方法测算我国的通货膨胀预期。

1. 公众通货膨胀预期的量化——基于调查数据法。观测或者度量通胀预期一直是通货膨胀预期研究的难题。目前，测算居民部门通胀预期常用的方法是通过调查数据法，美国、欧盟、日本也广泛应用这种方法衡量通胀预期。美国密歇根大学ISR、路透、彭博等机构都会定期发布类似的调查。中国人民银行调查统计司也按季度开展城镇储户问卷调查。调查中有关物价预期的问题为“未来3个月，您预计物价水平将比现在?”，候选项依次为：“上升”“基本不变”“下降”“看不准”。通过分别赋予“上升”“基本不变”“下降”“看不准”四个选项不同的权重，然后进行加权求和，以求和的结果作为物价的预期指数。因此，本书搜集 2001 年第一季度至 2016 年第四季度“未来物价预期指数”数据，并对其进行 X12 加法季节调整，作为衡量公众通货膨胀预期的指标。

2. 金融市场主体通货膨胀预期的量化——基于国债收益率的期限结构。金融市场参与者是对通货膨胀最为敏感的群体，他们对于未来通货膨胀的预期会极为迅速在金融市场上体现出来，主要表现为债券收益率曲线的水平移动以及长短期利差的变化，因此债券的期限结构中蕴含了金融市场主体的通货膨胀预期信息。Mishkin（1990a，1990b）、Fama（1990）的研究证实，分析未来通货膨胀的走势可以使用利率的期限结构数据。Diebold（2006）的研究也表明，美国国债收益率曲线的水平因子与通货膨胀率高度相关。郭涛和宋德勇（2008）研究认为我国国债收益率曲线的水平因子与未来 6 个月的通货膨胀率具有较强的正相关关系。朱世武和陈健恒（2003）的实证研究也表明，Nelson - Siegel 模型适合作为我国利率期限结构的拟合方法。因此，本书使用 Nelson - Siegel 模型拟合国债收益率曲线，测算国债收益率曲线的水平因子，作为衡量公众通货膨胀预期的第二组指标。

Nelson - Siegel 模型设定隐含的瞬时远期收益率曲线函数表达式为：

$$f(m,\beta)=\beta_0+\beta_1\exp\left(\frac{-m}{\tau_1}\right)+\beta_2\frac{m}{\tau_1}\exp\left(\frac{-m}{\tau_1}\right) \tag{5-1}$$

其中，$\beta=(\beta_0,\beta_1,\beta_2,\tau_1)'$是描述收益率曲线的参数向量；$m$ 是到期时间；$f(m,\beta)$是到期期限为 m 的远期利率。β_0 代表利率曲线的长期水平，称为长期因子；由于 β_1 也反映利率曲线的斜度，因此也被称为斜度因子；β_2 称为曲度因子。我们测算了 2002 年第二季度到 2016 年第四季度国债收益率曲线的水平因子时序，并对其进行 X12 加法季节调整（如图 5 - 7 所示）。

对于通货膨胀的衡量，本书采用居民消费价格指数的季度环比序列度量值。由于国家统计局仅公布了 CPI 的月度环比数据，我们以 2000 年第一季度数据作为基数，通过连乘方法获得通货膨胀 2001 年第一季度至 2016 年第四季度 CPI 季度环比变化的时序图。从图 5 - 7 中可以看出，无论是居民的物价预期指数还是国债收益率曲线的水平因子均与 CPI 的季度环比数据表现出了较好的一致性。

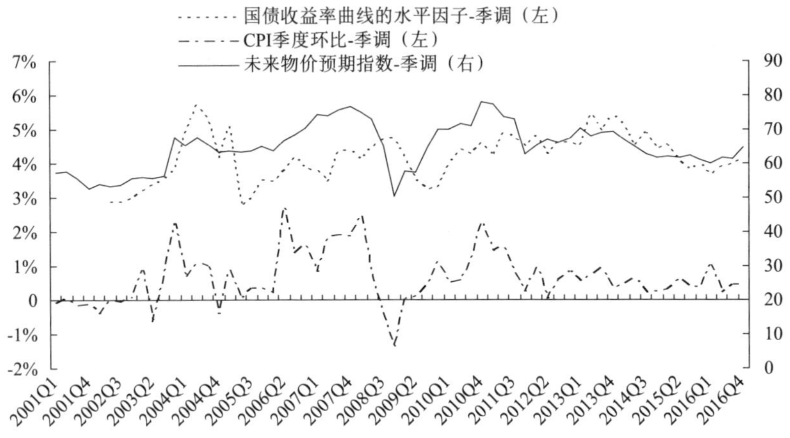

图 5－7 通货膨胀率与通货膨胀预期指数的变化

（三）央行信息披露的量化

本书借鉴 Heinemann 和 Ulrich（2007）、卞志村和张义（2012）的研究，构建央行信息披露指数，步骤如下：

第一步，从各期的货币政策执行报告中挑选反映央行通胀预期的措辞。根据研究需要以及我国的实际情况，本书搜集了 2001 年第一季度至 2016 年第四季度合计 64 期中国货币政策执行报告中人民银行用于表述未来物价走势，以及货币政策趋势的各种典型措辞，并且统计各个措辞在每期报告中出现的频率。根据各期的报告，本书将央行的措辞分为三类：第一类，关于物价判断的措辞。其中，通胀/通货膨胀风险、通胀/通货膨胀压力、控制/抑制/防止通货膨胀、物价过快/加快上涨、上涨压力/上行压力/上行风险可以视为央行表明通货膨胀风险的措辞；物价下降/走低、通货紧缩视为央行表明通货紧缩风险的措辞；物价稳定/平稳视为央行对物价较为中性的判断。第二类，央行关于货币政策基调的措辞。包括了稳健的货币政策、从紧/收紧的货币政策、宽松的货币政策。第三类，货币政策工具的措辞。包括了上调基准利率/存款准备金率、下调基准利率/存款准备金率、维持基准利率/存款准备金率（如表 5－3 所示）。

第二步，筛选有区分度的措辞。依据存贷款基准利率和法定准备金率的调整情况，将货币政策分为政策紧缩、政策中性、政策扩张等三种类型。为了解哪些措辞具有明显的区分度，我们借助于 ANOVA[①] 方差分析的方法，分析措辞的区分度。

① ANOVA 方差分析主要利用 F—检验统计方法，分析这些措辞在货币政策不同时期出现的频率是否存在显著的不同。如果 F—检验的结果表明各时期这些措辞的出现频率在 5% 的水平上显著不同，那么这些措辞可以用于建立中央银行信息披露指数。

表 5-3　　　　货币政策执行情况报告中对物价及货币政策常用的措辞

<table>
<tr><td rowspan="3">物价判断</td><td>通货膨胀</td><td>通胀/通货膨胀风险
通胀/通货膨胀压力
控制/抑制/防止通货膨胀
物价过快/加快上涨
上涨压力/上行压力/上行风险</td></tr>
<tr><td>通货紧缩</td><td>物价下降/走低
通货紧缩</td></tr>
<tr><td>中性</td><td>物价稳定/平稳</td></tr>
<tr><td rowspan="2">货币政策</td><td>货币政策基调</td><td>稳健的货币政策
从紧/收紧的货币政策
宽松的货币政策</td></tr>
<tr><td>货币政策工具</td><td>上调基准利率/存款准备金率
下调基准利率/存款准备金率
维持基准利率/存款准备金率</td></tr>
</table>

从表 5-4 可以看出，通货膨胀、稳健的货币政策、从紧的货币政策、宽松的货币政策、上调（利率或准备金）、下调（利率或准备金）均在 5% 的显著性水平下显著，其余措辞均在 5% 的显著性水平下不显著。在央行的货币政策执行情况报告中，央行有关物价判断，如“通胀/通货膨胀风险”“通胀/通货膨胀压力”“控制/抑制/防止通货膨胀”“物价过快/加快上涨”“上涨压力/上行压力/上行风险”；有关货币政策的“稳健/从紧/收紧/宽松的货币政策”“上调/下调基准利率/存款准备金”等措辞均具有较强的区分度。而“物价下降/走低”“通货紧缩”“物价平稳/稳定”“维持（利率或准备金）不变”等措辞区分度较低。因此，我们将这 6 种在 5% 的显著性水平下显著的措辞作为基础，构建央行信息披露指数（EI）。

表 5-4　　　　货币政策执行情况报告主要措辞的方差分析

主要措辞	F	显著性水平	η^2
通货膨胀的措辞	11.981**	0.000	0.296
通货紧缩的措辞	0.360	0.700	0.013
物价中性的措辞	0.110	0.896	0.004
稳健的货币政策	3.308*	0.044	0.104
从紧的货币政策	5.584**	0.006	0.164

续表

主要措辞	F	显著性水平	η^2
宽松的货币政策	13.406**	0.000	0.320
上调（利率或准备金）	16.841**	0.000	0.371
下调（利率或准备金）	3.939*	0.025	0.121
维持	0.228	0.797	0.008

注：** 和 * 分别表示在 1% 和 5% 的显著性水平下显著。

第三步，构建我国央行信息披露指数。首先，我们要确定各类措辞在央行信息披露指数（EI）中所代表的符号。我们假设正号表示该措辞在货币经济政策宽松时期的出现频率大于中性时期，以及紧缩时期的出现频率，负号则表示该措辞在货币经济政策紧缩时期的出现频率大于中性时期，以及宽松时期的出现频率。其次，我们以（η^2）作为各项措辞的权重，其中 η^2 值等于组间离均差平方和除以总离均差平方和。同时我们将各个时期措辞出现频率进行标准化处理，然后对每一期的各个措辞次数进行加权求和处理，得到各期中央银行信息披露指数。具体指数的构建如下：

$$EI_i = \sum_{i=1}^{n} \frac{fre(x_{i,t}) - mean(x_i)}{sd(x_i)} \times sign(x_i) \times \eta^2(x_i) \qquad (5-2)$$

其中，$fre(x_{i,t})$ 表示措辞 i 在 t 期出现的频率；$mean(x_i)$ 表示措辞 i 在各个时期出现频率的均值；$sd(x_i)$ 表示措辞 i 在各个时期出现频率的标准差；$sign(x_i)$ 表示措辞 i 的符号。“通货膨胀”“宽松的货币政策”“下调（利率或准备金）”时取正值（1），“从紧的货币政策”和“上调（利率或准备金）”时取负值（-1）；$\eta^2(x_i)$ 为措辞 i 所占的权重。EI 数值越高意味着央行传递给市场主体的通货膨胀预期越高，EI 数值越低意味着央行传递给市场主体的通货膨胀预期越低。图 5-8 绘制了 2001 年第一季度至 2016 年第四季度央行信息披露指数与央行调查的居民物价预期指数的关系图，从图中可以看出，本书构建的央行信息披露指数与居民物价预期指数表现出了较强的反向相关性，证明了本书构建的信息披露指数具有较强的合理性。

（四）我国通胀预期的形成机制分析

1. 模型的构建。首先，构建菲利普斯曲线。菲利普斯曲线最初是由通货膨胀和失业率两个维度刻画。随着理论的不断发展，奥肯定律被引入模型，构建了通货膨胀与产出缺口之间的菲利普斯模型。当假定通货膨胀预期是基于以往通货膨胀水平时（适应性预期），以往的通胀率 π_{t-1} 可以表示在 t 时刻的通胀预期，菲利普斯曲线

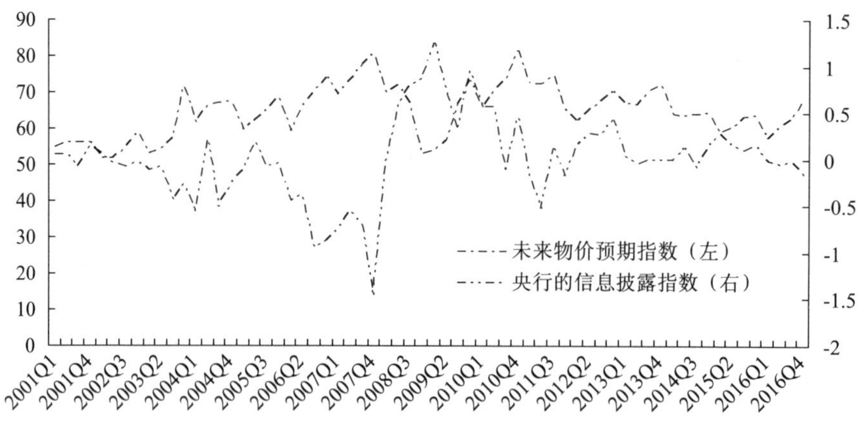

图 5－8　通货膨胀率与通货膨胀预期指数的变化

可以表示如（5－3）式，Y 表示实际产出水平；Y^* 表示潜在产出水平。

$$\pi_t = a_1\pi_{t-1} + a_2(\frac{Y - Y^*}{Y^*}) \tag{5-3}$$

通胀预期不再仅依赖于过去的信息，而依赖于对通胀的预期 π_t^*，模型可以修正如（5－4）式。

$$\pi_t = a_1\pi_t^* + a_2(\frac{Y - Y^*}{Y^*}) \tag{5-4}$$

其次，刻画通胀预期形成机制。陈彦斌（2008）、范爱军和韩青（2009）的研究均表明，我国的通胀预期主要是适应性预期，则通胀预期形成机制可表示为：

$$\pi_t^* = C + \beta^*\pi_{t-1}^* + \beta\pi_{t-1} + \varepsilon_t^* \tag{5-5}$$

由于受各种因素的制约，经济主体并不能对通货膨胀有非常确定的认识或预期。在现实经济运行中，经济主体不仅是根据自身经验进行自我认知，有时更多的是通过吸收各种信息进行学习和认知。由于中央银行在通货膨胀调控中的重要地位，中央银行对公众的通货膨胀预期的形成会起到举足轻重的作用，央行信息沟通行为同样可以对通胀预期产生影响，通胀预期形成机制可表示为（5－6）式，EI 表示央行的信息沟通行为：

$$\pi_t^* = C + \beta^*\pi_{t-1}^* + \beta\pi_{t-1} + \beta_e EI_{t-1} + \varepsilon_t^* \tag{5-6}$$

再次，引入货币政策规则。目前的文献中，价格型货币政策主要是使用泰勒规则，泰勒规则可以表述为：

$$i_t - \pi_t = R + \theta_1(\pi_t - \pi_t^e) + \theta_2(\frac{Y - Y^*}{Y^*})_t \tag{5-7}$$

其中，i_t 代表央行设定的政策利率；R 表示平均短期实际利率；π_t 代表通货膨胀率；$(\pi_t-\pi_t^e)$ 代表实际通货膨胀水平偏离目标通胀水平的程度；$(\frac{Y-Y^*}{Y^*})_t$ 代表产出缺口。

而我国长期使用的是数量型货币政策规则，即货币总量战略。在货币总量战略下，货币存量的目标增长率可以表述为：

$$\overline{M}_t^m=\pi_t+\overline{Y}_t-\overline{V}_t \tag{5-8}$$

$\overline{M}_t^m$ 表示货币供应量的目标增长率；$\overline{Y}_t$ 代表实际经济的增长率；$\pi_t+\overline{Y}_t$ 可以表示名义经济增长率；$\overline{V}_t$是货币流通速度的变化率。

从目前我国央行货币政策的实际操作来看，数量型货币政策工具与价格型货币政策工具都在使用。在这一基础上，我们设定修正的泰勒规则模型：

$$i_t=(1-\varphi_1)\pi_t+\varphi_1(\overline{M}_t^m-\overline{Y}_t+\overline{V}_t)+R+\theta_1(\pi_t-\pi_t^e)+\theta_2(\frac{Y-Y^*}{Y^*})_t \tag{5-9}$$

最后，构建货币政策与通货膨胀预期模型。因此，在数量型以及货币政策工具下，通货膨胀均是央行重要的目标变量，央行的货币政策工具也可以实现对通货膨胀的调控。由于通货膨胀预期受到上一期通货膨胀的影响。因此，在现行的货币政策框架下，可以构建方程如下：

$$\pi_t^*=C+\beta^*\pi_{t-1}^*+\frac{\beta}{1+\theta_1-\varphi_1}(i_{t-1}-\varphi_1(\overline{M}_{t-1}^m-\overline{Y}_{t-1}+\overline{V_{t-1}})-R+\theta_1\pi_{t-1}^e-\theta_2(\frac{Y-Y^*}{Y^*})_{t-1})+\beta_eEI_{t-1}+\varepsilon_t^* \tag{5-10}$$

从公式中可以看出影响公众通货膨胀预期的，主要是公众上一期的通货膨胀预期，这主要体现了适应性预期的特征。货币供应量的增长率、央行的政策利率、央行的信息披露、潜在产出水平、货币流通速度的变化等变量也可以影响公众的通货膨胀预期。此外，通货膨胀目标等外生因素也可以影响通货膨胀预期。

2. 样本选取与数据处理说明。根据上文的理论分析，同时排除一些外生变量，最终本书构建的通货膨胀预期模型包括通货膨胀率、产出缺口以及现行货币政策框架下数量型及价格型货币政策工具、央行的信息沟通行为等。模型中央行的政策可以分为三类：第一类数量型货币政策工具，侧重直接调控货币供应量，文献中通常将货币供应量（M2）作为数量型货币工具的代理变量；第二类价格型货币政策工具，通常以 1 年期贷款基准利率（LR）作为代理变量；第三类为央行的信息沟通型手段，本书使用央行信息披露指数（EI）作为代理变量。

本章分析时间跨度从 2001 年第一季度至 2016 年第四季度，采用的数据包括上文测算得到的央行信息披露指数、通胀预期数据、CPI 的季度环比数据、央行信息披露指数、1 年期贷款基准利率、广义货币供应量以及季度的产出缺口数据。其中，居民通胀预期指数、贷款基准利率和广义货币供应量来源于中国人民银行网站。产出缺口为实际产出与潜在产出之差与潜在产出的比值。总产出为国家统计局公布的按不变价格计算的季度 GDP 数据，我们使用 HP 滤波方法得到季度 GDP 的潜在值，并据此计算出产出缺口。为消除可能的季节因素影响，我们对所有变量都进行了 X12 加法季节调整。

3. 数据的平稳性检验。在模型回归计算前，利用 ADF 单位根检验方法，确定相关变量的平稳性。计算结果表明，国债收益率水平因子（LEVEL）、通货膨胀率（HCPI）、中央银行信息披露指数（EI）、产出缺口（GAPGDP）、居民未来价格预期指数（RECPI）等变量均通过了平稳性检验，在 5% 的显著性水平下平稳（见表 5-5）。货币供应量同比增速（GM2）、一年期贷款基准利率（LR）等变量在 5% 的显著性水平上非平稳，但其一阶差分序列平稳，说明它们都是 I（1）序列。我们将上述变量以及处理后变量纳入回归模型。

表 5-5　　变量的平稳性检验

变量	检验形式（C，T，L）	ADF 统计量	P 值
RECPI	（C，0，0）	-3.1287*	0.0300
LEVEL	（C，0，1）	-3.6374**	0.0081
HCPI	（C，0，0）	-4.6321**	0.0004
EI	（C，0，0）	-3.1222*	0.0303
GAPGDP	（C，0，1）	-3.0267*	0.0383
GM2	（C，0，1）	-2.7287	0.0754
△GM2	（C，0，0）	-5.5149**	0.0000
LR	（C，0，1）	-2.2247	0.2000
△LR	（C，0，0）	-5.6841**	0.0000

注：（1）检验形式（C，T，L）分别表示变量单位根方程中含有截距项、趋势项和滞后阶数，是否含有截距项和趋势项，根据单位根方程截距项和时间趋势项系数的显著性确定，滞后阶数根据 SIC 信息准则确定；（2）△表示各相关变量的一阶差分序列；（3）** 和 * 分别表示在 5% 和 1% 的显著性水平下不能拒绝含有单位根的原假设。

（五）通货膨胀预期的 SVAR 模型及脉冲响应分析

1. SVAR 模型的构建。为研究央行信息披露行为对通货膨胀预期的影响，可以使用 VAR 模型考察两者之间的关系，一般的 k 元 p 阶 VAR 模型可以写为：

$$y_t = A_1 y_{t-1} + \cdots + A_p y_{t-p} + \varepsilon_t \tag{5-11}$$

ε_t 为 k 维信息向量，方程也可以写为：

$$y_t = C(L)\varepsilon_t \tag{5-12}$$

其中，$C(L) = C_0 + C_1 L + C_2 L^2 + \cdots + C_P L^P$，$C_0 = I_K$

但是，传统的 VAR 模型没有给出变量的当期关系，而是隐藏在误差项的相关关系结构中，而 SVAR 模型则包含了变量之间的当期关系。为了明确变量的当期关系，可以将 k 元 p 阶模型转变为结构形式，结构向量自回归模型 SVAR（p）可以表示为：

$$A_0 y_t = A_1 y_{t-1} + \cdots + A_p y_{t-p} + u_t \tag{5-13}$$

A_0 为 k 阶矩阵，反映了变量同期间的结构关系，方程也可以写为：

$$y_t = D(L)u_t \tag{5-14}$$

其中，$D(L) = D_0 + D_1 L + D_2 L^2 + \cdots + D_P L^P$，$D_0 = A_0^{-1}$

$$C(L)\varepsilon_t = D(L)u_t \tag{5-15}$$

（5-15）式被称为典型的 SVAR 模型，由式 $C_0 = I_K$ 可知 $\varepsilon_t = Bu_t$，可以通过直接对 B 施加约束来识别模型，由于 $B = A^{-1}$，同样也可以通过对 A 施加约束来识别。为了能够识别模型，完全估计 A 需要对估计参数施加 k^2 个约束，但现有方程只能提供 $k(k+1)/2$ 个约束，故还应再施加 $k(k-1)/2$ 个约束。

2. SVAR 模型的识别。根据上文的分析，我们对通货膨胀预期、通货膨胀率、中央银行信息披露指数、产出缺口、广义货币供应量、一年贷款基准利率等 6 个变量建立 SVAR 模型。根据 AIC 和 SC 准则，选择 SVAR 模型的滞后阶数为 1。由于内生变量共有 6 个，因此要对矩阵 A =（6×6 方阵）添加（6×6-6）/2=15 个约束。基于上文的理论分析及我国实际制度特征，设定了如下识别条件：（1）根据上文的理论分析，当期的通货膨胀预期在上一期形成，不受当期各个经济变量的影响，因此有 $a_{12} = a_{13} = a_{14} = a_{15} = a_{16} = 0$；（2）由于当季的货币政策执行报告一般要在下一个季度第二个月份中旬才能够对外披露，因此当季的信息披露行为对于当季的宏观经济数据不存在影响，因此可以设定 $a_{26} = a_{36} = a_{46} = a_{56} = 0$；（3）央行的货币政策有一定的滞后性，先影响消费与投资，继而影响产出与通货膨胀，数量型货币政策工具、价格型货币政策工具对当期通货膨胀与产出缺口的影响很小，$a_{24} = a_{25} = a_{34} = a_{35} = 0$；（4）货币政策执行报告的发布有一定的滞后性，当季的货币政策报告中涵盖了当季的经济数据，所以央行的信息披露行为会受到即期宏观经济因素的影响。基准利率以及 M2 虽然也会受即期宏观经济因素影响，但它们之间当期影响很小，$a_{43} = a_{53} = 0$。

3. 脉冲响应分析。我们以城镇储户问卷调查中的未来物价预期指数作为衡量通货膨胀预期的指标，评估央行信息披露行为对市场主体预期的影响效应。我们对上述变量进行 SVAR 模型计算，并绘制了脉冲相应图（见图 5－9）。在脉冲响应图中，横轴表示冲击发生的时间间隔，纵轴表示被解释变量受到 1 个标准差信息冲击的响应程度。我们选取脉冲响应函数的滞后期为 10 个季度，图 5－9 分别给出了通货膨胀预期对来自本身、居民消费价格季度环比增速、国内生产总值的产出缺口、央行信息披露指数、M2 的增长率、1 年期贷款基准利率等因素冲击的响应。

（1）居民通胀预期对于自身的冲击反应最为迅速，反应的程度也较为剧烈，对于 1 个标准差的冲击响应在第 1 期反应最大，随后逐渐衰减，正向的冲击作用大约持续 6 个季度。这体现了预期的自我强化功能。

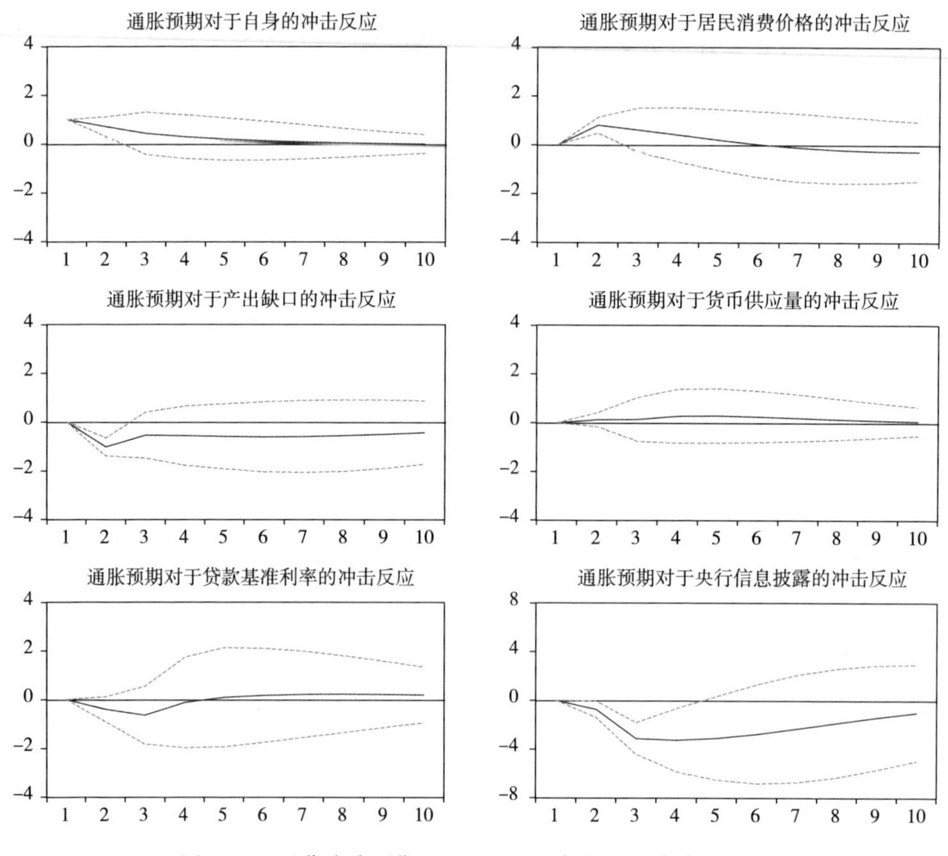

图 5－9　通货膨胀预期（RECPI）对各变量的脉冲响应图

(2) 居民消费价格 1 个正的标准差冲击的效应大概在第二个季度达到峰值，随后开始缓慢衰减，影响持续时间在 6 个季度左右，表明物价的上升会强化通货膨胀预期。

(3) 产出缺口 1 个正的标准差冲击的效应在第二季度达到最大值，随后逐渐衰减。产出缺口的扩大表明经济偏热，市场主体预期产出缺口的持续扩大意味着央行可能会收紧货币政策，使总产出回到潜在水平，从而降低市场主体的通货膨胀预期。

(4) 来自广义货币供应量增长率 1 个正的标准差的冲击对通胀预期的影响较小，在第四个季度达到峰值，随后开始衰减。货币供应量的增加会加重居民对于通货膨胀的担忧，提高了市场主体的通货膨胀预期。

(5) 一年期基准贷款利率 1 个正的标准差的冲击能够使通胀预期下降，3 个季度后达到最大值，随后开始衰减，大约 4 个季度后衰减为零并转为正值。这说明价格型货币政策工具的调整同样可以改变市场主体的通货膨胀预期，但影响的时间较短。

(6) 来自央行信息披露指数 1 个正的标准差的冲击会对市场主体的通胀预期产生负向影响。负向影响逐渐加强并在 4 个季度之后达到峰值，随后开始衰减，但影响仍较大，持续较久。央行信息披露行为能够减少中央银行决策层与私人部门之间的信息不对称，起到引导通胀预期的作用，有一定的时滞，但影响持续的时间较长。

（六）模型的稳健性检验

本章同时使用国债收益率曲线的水平因子作为衡量通货膨胀预期的指标，评估央行信息披露行为对市场主体通胀预期的影响，同时也作为实证结果的稳健性检验。我们进行 SVAR 模型计算，结果发现，各个变量对通货膨胀预期影响效应与图 5－10 基本是一致的。央行信息披露行为对于国债收益率曲线的水平因子的影响同样显著。模型同样表明，传统数量型以及价格型货币政策工具在通胀预期管理中的作用不如央行信息披露行为显著。

通过上文的分析可以发现，在央行各期的货币政策执行情况报告中，有关物价判断以及货币政策操作的一些措辞具有较强的区分度，可以为市场认知和识别。使用方差分析等方法筛选出了这些措辞，可以构建出央行的信息披露指数。在此基础上，采用 SVAR 模型实证检验物价水平、产出缺口、传统价格型以及数量型货币政策工具、央行信息披露行为等变量对通胀预期的影响，结果表明除物价水平、产出缺口、传统型货币政策工具以外，央行信息披露行为同样可以对通胀预期产生显著的影响，且其影响时间持续更久，影响效果要优于传统的货币政策工具。目前，我国的货币政策框架正在转变，数量型货币政策工具的作用减弱，中央银行对于公众

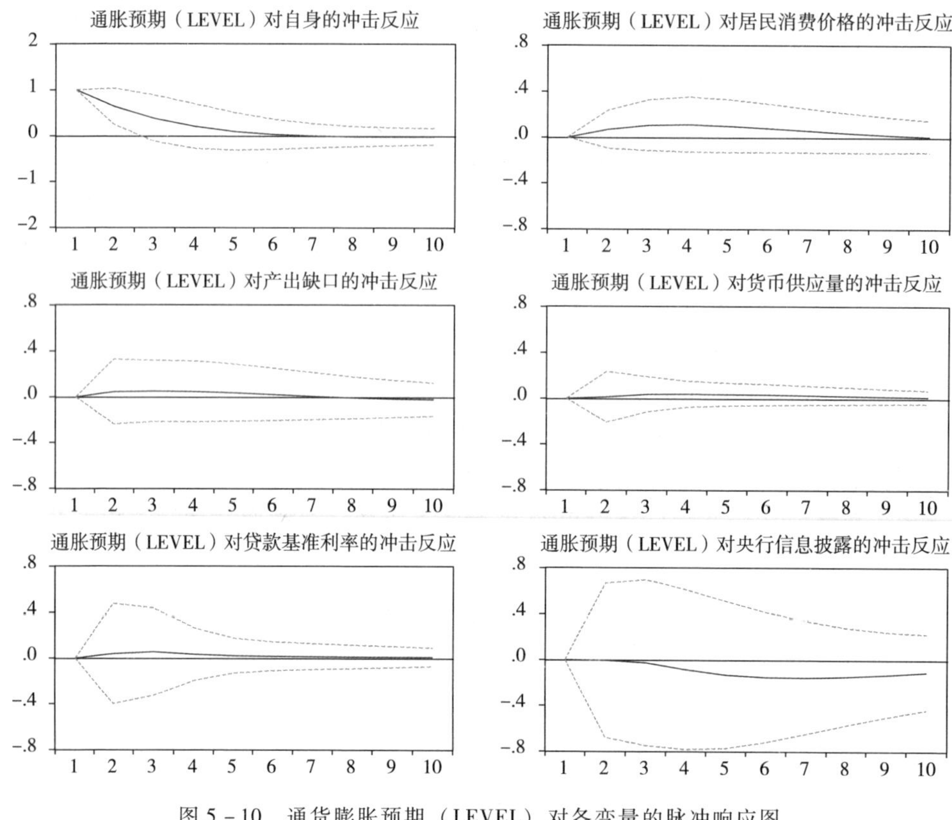

图 5-10 通货膨胀预期（LEVEL）对各变量的脉冲响应图

预期管理的重要性越发凸显，有效引导公众预期成为货币政策的重要环节。实证结果表明，我国央行通过及时的信息披露可以有效减少央行与市场主体之间的信息不对称，降低异质性预期，起到引导预期的作用（如图 5-10 所示）。

五、我国央行加强预期管理的政策建议

从各国央行预期管理的经验与我国目前的实践来看，在中央银行预期管理方面我国尚有许多的工作需要完善。首先，虽然《中国人民银行法》明确规定了我国货币政策的最终目标，但在实际操作实践中，中国人民银行缺乏一个明确固定的长期“名义锚”，这使得货币政策难以使市场公众形成长期一致预期，增加了预期管理的成本，降低了货币政策效力；其次，我国的金融市场并不完善，预期管理通过影响公众对未来资产价格预期进而影响实体经济，预期需要通过金融市场进行传导，然而，当前我国的金融市场深度广度不够，预期管理的传导和反馈渠道受限；最后，虽然中央银行愈来愈注重与市场沟通，但制度化的沟通模式还不健全。本书根据实

证研究的结论，同时借鉴发达国家预期管理的经验，就如何提高我国央行的管理水平提出以下政策建议：

（一）更加注重货币稳定，增强中央银行的透明度

可信与稳定的“名义锚”是预期管理的关键，通货膨胀率就是直接、清晰的“名义锚”。长期来看，产出围绕潜在产出波动，货币政策与长期经济增长基本无关。央行对于通货膨胀具有强大的影响力，制定的通货膨胀目标具有较强的可信度。稳定的货币环境可以为实体经济提供一个稳定的价格环境，为私人部门对未来名义变量的预期提供参照值。我国央行应更加注重货币稳定，重视稳定通货膨胀预期。与此同时，如果央行需要为公众提供对称的信息，央行的决策也需要透明化。增加透明度可以使金融市场参与者更好理解和预测央行如何对新信息做出反应，有利于货币政策目标的实现。因此，我国中央银行应当致力于提高货币政策目标形成机制、决策机制的透明度，增强市场主体对人民银行货币政策目标、决策过程的理解，消除市场上的异质预期，帮助市场主体形成稳定的预期。

（二）强化央行预测分析能力，提高货币政策目标的可信度

中央银行预测和分析能力是预期管理的技术支持。美联储拥有比市场其他参与者更强的预测能力，具备强大的信息处理能力。美联储拥有一流的经济学家，能够从 12 家联邦储备分行采集信息，及时评估经济中出现的冲击，因此公众信任并使用联储的预测。我国央行在预测和分析方面还存在较大的提升空间。目前，我国央行已经拥有丰富的经济金融运行数据，具有较为完善的经济调查、分析与研究系统，未来央行还需要进一步提升预测分析能力，构建完善的宏观经济分析模型，定期向社会发布权威的经济金融预测信息，向市场传递精度更高的信息，提高货币政策目标的可信度。

（三）鼓励金融市场发展，逐步完善金融市场

央行货币政策的传导依赖高度发达和完善的金融市场。央行通过信息披露行为，减少市场主体通货膨胀预期波动对于长期利率的稳定十分重要，而稳定的长期利率是市场主体交易、投资的基础。完善的金融市场不仅是传统的数量型以及价格型货币政策工具传导的重要渠道，也是央行预期管理的重要基础。一方面，中央银行采用公开市场操作实现对短期利率的调节，并影响市场主体对未来资产价格的预期；另一方面，央行也可以从金融市场提取社会公众对政策的反馈信息。因此，我国应当不断扩大金融市场的规模，增加长期及超短期债券品种；完善金融市场的做市商制度，提高市场流动性；支持国债等债券衍生产品的发展，提高市场风险定价能力，疏通预期管理的传导渠道。

第六章　构建宏观审慎政策与货币政策的协调配合框架①

第二章至第五章内容主要围绕货币政策目标、传导渠道以及操作工具角度考察经济新常态下我国货币政策转型问题。接下来的章节将重点研究货币政策与相关政策的协调配合问题。任何一个国家的政策体系都是多维的，不可能凭单一政策解决所有问题，货币政策有自己独特的功能属性，可以为宏观经济运行提供良好的货币环境，但不能包打天下。在金融危机发生后，“巴塞尔协议Ⅲ”也越来越重视宏观金融变量顺周期性问题，并引入宏观审慎监管。根据丁伯根法则，货币政策与宏观审慎政策由于使用工具的不同，存在同时实现不同目标的可能性。因此有必要在新的经济发展阶段，探索“双支柱”调控框架下的政策协调配合，并为政策优化提供理论与实证支持。

一、引言

金融危机的爆发引发了人们对货币政策和金融监管理念的反思。危机之前，货币政策主要关注物价稳定，传统货币理论认为物价稳定能够兼顾金融稳定（Issing，2003），因而无需针对金融稳定做出特别的政策安排，并且即使发生风险，监管机构也可以通过及时的“事后救助”对风险进行控制（Bernanke 和 Gertler，2001），即所谓的“事后救助论”。与此对应，金融监管侧重于微观审慎监管，该监管理念认为，保持物价稳定以及个体金融机构的稳健性便可确保整个金融系统的稳定（Lehar，2005；Brunnermeier，2009），然而，此次危机的爆发使单一微观监管理念的缺陷暴露无遗。2009 年，国际清算银行（BIS）明确指出，此次危机充分暴露了“监

① 本章部分内容发表在《金融论坛》2017 年第 4 期上（文章题目：“货币政策与宏观审慎政策的协调配合”，作者为闫先东、张鹏辉）。

管不充分”“金融系统顺周期”等问题，这些问题需要通过加强宏观审慎来解决，同时我国政府也意识到加强宏观审慎监管的重要性，2017 年，党的十九大报告明确提出“健全货币政策和宏观审慎政策‘双支柱’调控框架”的要求。

尽管目前各界对加强宏观审慎管理并无太大异议，但对于如何实施宏观审慎政策、如何与货币政策相互协调以及评估宏观审慎具体实施效果的研究仍然较为有限，因此极有必要定量考察货币政策与宏观审慎政策之间相互协调配合的效果，本书的贡献在于在动态随机一般均衡（DSGE）模型中将宏观审慎工具贷款价值比动态化，在此框架内定量考察货币政策与宏观审慎相互协调配合效应，为制定相关的监管政策提供必要的佐证，并借鉴欧盟、英国、美国的宏观审慎政策实施经验，提出完善中国“双支柱”宏观调控框架的具体建议。

二、理论层面的探讨

宏观审慎监管的提出既是对微观审慎监管的补充，也是对传统货币政策的发展。市场认为央行将会对危机进行兜底的预期有可能会助长投机行为，从而形成道德风险。宏观审慎政策（Macroprudential Policy）就是通过建立相应的反应机制以防范和化解系统性风险，是传统货币政策和微观审慎监管的补充和延伸。

（一）宏观审慎政策的内涵及目标

“宏观审慎”（Macroprudential）的概念最早可以追溯到 20 世纪 70 年代末，库克委员会第一次提出了“宏观审慎”的概念。这一时期，监管的概念往往是与宏观经济联系在一起的（Borio，2003）。而“宏观审慎政策”首次公开提出是在 20 世纪 80 年代的中期。1986 年，国际清算银行把宏观审慎政策目标定义为支持“安全稳健的金融系统与支付体系”。21 世纪初，特别是在国际清算银行总裁 A. Crockett 发表一篇重要的讲话之后，“宏观审慎”才更多和监管联系到一起。2008 年金融危机爆发后，宏观审慎政策引起了各国央行的重视。2009 年 4 月，G20 伦敦峰会提出了对宏观审慎政策的讨论，之后历次 G20 峰会都将宏观审慎政策框架列入公报文件。2010 年 G20 首尔峰会形成了宏观审慎政策的基础性框架（周小川，2011）。

应该说，在 2008 年国际金融危机之前的几十年，货币政策目标是清晰一致的，至少说是有着基本共识，即货币政策核心目标是保持物价稳定和充分就业。各国央行在具体实践中，虽然有所差异，但基本还是围绕上述目标。对于宏观审慎政策目标的广泛研究肇始于本轮金融危机之后，直至现在也未达成确切的共识，但可以肯定的是，宏观审慎政策目标是一个多维概念，至少包含抑制金融体系顺周期和防范系统性风险两个要点，而宏观审慎政策的最终目标是维护金融稳定，减缓因金融不稳定造成的宏观经济成本。正如中国央行行长周小川（2011）所概括的：宏观审慎政策旨在弥补传统货币政策工具和微观监管在防范系统风险方面的不足，需将金融业作为一个有机整体，根本目标是防范和管理跨行业和跨经济周期中金融体系的风险，也就是从时间和横截面两个层面来探究审慎政策的目标问题。

首先，从时间层面上看（Cross - Time Dimensions），宏观审慎政策实施是防止随时间推移累积起来产生的整体风险，时间层面上系统性风险具有顺周期的性质（Procyclity），经金融体系与实体经济之间的相互作用而产生放大效应。在周期性波动中，宏观审慎政策实施的主要策略是逆金融周期而行，着眼于稳定地提供金融中介服务，纠偏金融失衡与过度金融周期波动，抑制金融危机中所呈现出来的信贷和流动性的过度繁荣萧条周期，从而提高金融体系应对外部冲击的能力。

其次，从横截面层次上看（Cross - Sectional Dimensions），宏观审慎政策实施是防止风险在整个金融体系中的横向传播，其关键是如何处理金融机构之间共同相关的风险暴露（Common Exposure）。这些共同风险的产生是因为机构之间业务的交叉所致，通过处理金融机构共同风险暴露及其与金融周期的相互联系以降低系统性风险。这与微观审慎的目标有着明显区别，微观审慎的目标是防范单个金融机构的破产风险，着眼于保护投资者或存款者，而宏观审慎则关注由单一金融机构导致的整体金融风险。

（二）宏观审慎政策工具

国际金融危机后，各国央行提出并实践了宏观审慎政策工具或工具组合，总体而言，宏观审慎政策工具极为纷繁复杂，尚未形成统一的共识和分类规范。全球金融体系委员会（CGFS）和巴塞尔委员会（BCBS）按照金融体系脆弱性的不同根源，将宏观审慎管理的实施工具划分为对杠杆率、市场风险、相互关联度或流动性的限制和要求等。同时，宏观审慎工具也可以从定量和定性的角度划分，主要的定量工具包括逆周期资本缓冲政策、动态贷款损失拨备制度等；主要的定性工具包括道义劝告、直接或间接监管干预等。

在宏观审慎工具研究方面，国际清算银行（BIS）和国际货币基金组织（IMF）的研究较为充分。BIS（2008）曾对宏观审慎政策工具进行了初步的梳理，但这个分类主要是针对微观工具，而且时间比较久远，一些新的进展并没有体现出来。事实上，在宏观审慎政策工具中，很多微观工具经过时间变化调整（体现逆周期管理特性），便可当成宏观审慎政策工具来使用。相对于 BIS（2008）的分类，Stijn Claessens 等（2014）对宏观审慎政策工具的概括和分类更为科学。Stijn Claessens 等（2014）认为宏观审慎政策工具可以分为四类：一是针对借款主体的工具；二是针对各金融机构资产负债表的工具；三是逆周期资本缓冲工具；四是其他制度性工具（如表6-1所示）。

表6-1　　　　宏观审慎政策工具箱

	对借款人、工具、行为的限制	对金融机构资产负债表的限制	逆周期资本缓冲政策	其他	
				税收	制度建设等其他
经济扩张期	时变限制、债务收入比、贷款价值比、估值折扣、信贷增速、保证金	控制期限错配、存款准备金	逆周期资本计提、杠杆率控制、动态准备金	对特殊资产或负债的税收	会计准则（根据市场交易变更准则）；市场规则、监管政策的变化
经济衰退期：急售、信贷紧缩	动态贷款损失准备金、保证金、折扣率	流动性限制（流动性覆盖率、净稳定资金比率）	逆周期资本计提、动态准备金	税收（对非核心负债）	产品标准制定；场外交易市场；金融安全网（央行/财政部门）
系统重要性金融机构引发的风险传染	针对资产结构的约束	机构财务风险限制、其他资产负债表措施	针对系统重要性银行计提资本	根据规模、关联网络等外部特性进行税收调整	危机救助制度结构；信息披露制度

资料来源：Stijn Claessens, Swati R. Ghosh and Roxana Mihet, Macro - Prudential Policies to Mitigate Financial System Vulnerabilities, IMF Working Papers, No. 155, 2014.

（三）关于宏观审慎与货币政策实证研究的文献综述

虽然宏观审慎和货币政策都可以用于逆周期管理，但两者的目标不尽相同。货币政策的主要目标是价格稳定和经济稳定，而宏观审慎政策目标主要是维持金融稳定，两者既相互协调同时也有潜在冲突，因而两者具体的实施效果既有可能互相促进也可能互相抵消。Claessens（2015a）认为仅有货币政策无法有效地维护金融稳定，货币政策主要通过影响流动性和利率水平影响市场，但金融系统的不稳定并非全是由流动性和利率水平波动引起。货币政策被用作调节资产价格的工具，有时候需要大幅度调整政策利率，从而造成实体经济的频繁波动，这有可能与货币政策目标相悖（Bean 等，2010；Blanchard，2010），而宏观审慎政策的实施，如控制信贷增长的措施则有可能损害实体经济增长。总体来说，货币政策影响金融稳定的渠道有两个方面：一方面货币政策影响了个体事前的风险偏好，进而影响了杠杆率和信贷增长（Dell' Ariccia 和 Marquez，2013）；另一方面，通过影响借贷约束的松紧度，货币政策影响资产价格及杠杆周期（Claessens，2015b），反过来，宏观审慎政策通过控制借贷影响总产出。这些相互作用表明，两者在具体实施时需要考虑彼此的相互影响。

从跨国经验来看，Lim 等（2011）采用 46 个国家 2000—2010 年面板数据的研究表明多数宏观审慎工具可以有效减少信贷和金融系统杠杆的顺周期行为，特别是贷款价值比（Loan - To - Value，LTV）、贷款收入比（Debt To Income，DTI）、存款准备金率（Reserve Requirments，RRs）等工具可以有效缓和顺周期，但同时各个工具的有效性还依赖于不同的系统冲击。在具体实施时，各国不同的经济制度、开放程度、监管框架以及经济所处的周期阶段均有可能影响宏观审慎政策的实施效果。IMF（2013）同样从跨国层面上探讨了宏观审慎政策实施对金融系统性风险和实体经济的影响，以及实施效果分别在紧缩期和宽松期时的非对称性问题，总体来看，时变的资本要求和存款准备金将显著影响经济增长，LTV 和资本要求也会显著地影响资产价格，并控制由此所引起的信贷波动，其中只有 LTV 可以通过影响投资建设对总产出产生显著的影响，没有证据表明宽松期与紧缩期时宏观审慎的实施效果存在非对称性。Kuttner 和 Shim（2016）利用 57 个国家近 30 年的面板数据研究货币政策和宏观审慎政策对房地产价格和信贷周期的影响，在控制国家结构和宏观经济特征后，研究发现宏观审慎工具的实施（LTV、限制债务收入比、提高贷款风险准备金等）有助于稳定房地产价格和房贷增长。跨国经验研究还发现 LTV 对抑制房地产泡沫，缓和价格冲击以及由此引起的资产价格和信贷波动特别有效（Crowe 等，2013；Westin 等，2011），建立逆周期资本缓冲则有助于在下行期增加银行的偿付能力，动态准备金虽然对抑制信贷增长的作用有限，无法完全处理经济下行期时的信贷损失，但动态准备金确实有助于增强个体银行和整个金融系统应对金融危机时的弹性（Saurina，2009a；Saurina，2009b）。

除利用跨国宏观层面上的数据外，目前的研究开始逐渐深入到微观层面。Claessens 等（2013）利用 48 个国家 2800 家银行 2000—2010 年的面板数据，利用 GMM 回归研究了宏观审慎政策对银行的影响，在控制内生性以及国家、宏观经济环境等特征后，发现针对借方的宏观审慎政策［LTV、DTI，CG（Credit Growth）和 FC（Foreign Currency）］对控制银行杠杆率、资产增长有显著作用，而针对金融机构的逆周期资本要求［如 RRs、DP（Dynamic Provisioning）］对缓和银行杠杆率和资产增长时同样发挥了作用，但这些政策在紧缩时期的作用有限。

上述研究多是采用传统的计量方法。Claessens（2015a）认为利用传统计量的方法有几个重要的缺陷，特别是无法处理内生性问题，由于采取宏观审慎政策时通常是危机已暴露或已处在末期阶段，所以传统计量无法具体区分宏观审慎政策的净效应。有鉴于此，学者们也在动态随机一般均衡框架内考察货币政策与宏观审慎政策的相互作用，Bean 等（2010）在 Gertler 和 Karadi（2011）模型的基础上通过加入对银行部门征税和补贴等工具考察宏观审慎政策的影响，这些政策通过影响银行的资本和杠杆影响银行的风险偏好和贷款行为，其效果要好于逆风向行事的货币政策，研究的潜在政策含义表明货币政策与宏观审慎政策并非简单的替代关系，因此在具体实施时需要两者的相互协调。Christensen 等（2011）通过构建住房抵押贷款的动态随机均衡模型，引入逆周期上限的抵押贷款比表示宏观审慎工具，结果显示，经济上行时抵押品升值提升了家庭的借贷能力，逆周期的宏观审慎政策有助于抑制家庭债务的膨胀，控制房价上涨，缓和金融系统的顺周期行为，并且与传统货币政策相比，利率调控则有可能加大经济波动，即和传统货币政策相比，宏观审慎政策与货币政策协调配合更有利于缓解由房产信贷引发的金融失衡问题。

虽然学术界开始持续关注宏观审慎与货币政策的协调配合问题，但目前国内对于宏观审慎与货币政策具体实施效果评估的文献仍然较为缺乏，本章的主要贡献是在 Iacoviello（2005）数量型金融加速器模型的基础上，通过将宏观审慎工具贷款价值比动态化，定量考察宏观审慎政策与货币政策的协调效应及具体实施效果。以数量型方式引入金融加速器的 DSGE 模型能够较好刻画我国当前的经济特征，因为房地产在我国是居民部门最重要的资产，同时房地产是典型的高杠杆部门，过高的杠杆是影响金融稳定的重要来源，房地产作为优质抵押物具有顺周期的性质，因此房地产是金融部门重要的传导渠道。

三、中国的宏观审慎模型：DSGE 建模

本章在 Iacoviello（2005）模型的基础上融合 Beau 等（2014）关于宏观审慎的建模思路构建我国的宏观审慎模型。模型主要包含以下几类经济主体：耐心家庭部门、非耐心家庭部门、企业家、零售部门、最终产品厂商以及政府部门。其中，耐心家庭与非耐心家庭的差别在于，耐心家庭的折现因子大于非耐心家庭，因此非耐心家庭更倾向于当前消费，非耐心家庭需要以房产作为抵押并支付利息向耐心家庭借款用于当前消费，同样，企业家的折现因子小于耐心家庭部门，需以房产作为抵押贷款消费，这样的设置引入了金融加速器的机制（闫先东和张鹏辉，2017）。零售部门和最终产品厂商的设置则参照标准的新凯恩斯模型设定，引入垄断竞争和价格黏性机制，最后，政府部门负责货币政策和宏观审慎政策制定。

（一）耐心家庭部门

耐心家庭部门通过理性选择消费 C'_t、房地产需求 H'_t 以及劳动供给 N'_t 以实现效用最大化：

$$\max E_0 \sum_{t=0}^{\infty} (\beta')^t U_t = \sum_{t=0}^{\infty} (\beta')^t (\ln C'_t + J_t \ln H'_t - \frac{(N'_t)^{1+\eta}}{1+\eta}) \tag{6-1}$$

其中，β'为耐心家庭的折现因子；J_t 为住房需求冲击，并服从 AR（1）过程，即 $\ln J_t =（1-\rho_j）\ln J_{ss} + \rho_j \ln J_{t-1} + v_{j,t}$（$v_{j,t} \sim N（0，\sigma_j^2）$），$J_{ss}$为住房需求冲击的稳态值；$\eta$ 为劳动的真实工资弹性的倒数。

耐心家庭面临的预算约束如下：

$$N'_t W'_t + \frac{I_{t-1} b'_{t-1}}{\Pi_t} + Q_t^h H'_{t-1} = C'_t + b'_t + Q_t^h H'_t \tag{6-2}$$

其中，W'_t 表示耐心家庭的真实工资率；I_t 表示贷款的名义利率；b'_t 为耐心家庭的真实存款；$\Pi_t = P_t / P_{t-1}$ 表示通货膨胀；Q_t^h 表示房产价格。记耐心家庭部门预算约束的拉格朗日乘子为 λ'_t，则其关于消费品需求 C'_t、房产需求 H'_t 理性选择的一阶条件为：

$$1/C'_t = \lambda'_t \tag{6-3}$$

$$\lambda'_t Q_t^h = \frac{J_t}{H'_t} + \beta' E_t(\lambda'_{t+1} Q_{t+1}^h) \tag{6-4}$$

上式表明，购买房产所带来的当期效用损失将由房产本身所带来的效用和下一期房产增值所带来的效用弥补，预期房产价格上升将增加当期对住房的需求。

关于对劳动供给 N'_t、存款 b'_t 理性选择的一阶条件为：

$$(N'_t)^\eta = \lambda'_t W'_t \tag{6-5}$$

$$\lambda'_t = \beta' E_1(\lambda'_{t+1} R_t) \tag{6-6}$$

其中，定义实际利率 $R_t = E_t（I_t / \pi_{t+1}）$。

（二）非耐心家庭部门

由于非耐心家庭的贴现因子小于耐心家庭，因此更倾向于贷款消费，贷款需要抵押品担保，在中国，房产由于较高的保值性被普遍认为是优质抵押品，非耐心家庭持有住房作为抵押品借入房产价值一定的比例贷款以用于当前消费，此外，与耐心家庭一样，非耐心家庭理性选择 C''_t、房产需求 H''_t、劳动供给 N''_t、贷款数量 b''_t 以实现终生效用最大化：

$$\max E_0 \sum_{t=0}^{\infty} (\beta'')^t U_t = \sum_{t=0}^{\infty} (\beta'')^t (\ln C'_t + J_t \ln H''_t - \frac{(N''_t)^{1+\eta}}{1+\eta}) \tag{6-7}$$

非耐心家庭的预算约束和借款抵押约束为：

$$N''_t W''_t + b''_t + Q^h_t H''_{t-1} = C''_t + \frac{I_{t-1} b''_{t-1}}{\Pi_{t-1}} + Q^h_t H''_t \quad (6-8)$$

$$b''_t \leqslant m''_t E_t (Q^h_{t+1} H''_t \Pi_{t+1} / I_t) \quad (6-9)$$

其中，W''_t 为非耐心家庭的真实工资率；m''_t 为非耐心家庭的贷款价值比。上式表明非耐心家庭所能贷款的数量为预期房产价值的比例，但与 Iacoviello（2005）模型不同，本书中将 m''_t 动态化以考察宏观审慎政策对经济的影响。

记非耐心家庭部门预算约束和贷款约束的拉格朗日乘子分别为 λ''_t、λ''_t，则非耐心家庭关于消费需求 C''_t、劳动供给 N''_t、贷款需求 b''_t 的一阶条件分别为：

$$1/C''_t = \lambda''_t \quad (6-10)$$

$$(N''_t)^\eta = \lambda''_t W''_t \quad (6-11)$$

$$\lambda''_t = \beta'' E_t(\lambda''_{t+1} R_t) + \lambda'''_t \quad (6-12)$$

关于房产需求 H''_t 的一阶条件为：

$$\lambda''_t Q^h_t = \frac{J_t}{H''_t} + \beta'' E_t(\lambda''_{t+1} Q^h_{t+1}) + \lambda''_t m''_t E_t(Q^h_{t+1} \Pi_{t+1} / I_t) \quad (6-13)$$

与耐心家庭相比，购置房产所带来的额外正效用还包含了房产增加带来的贷款数量增多而提升的效用。

（三）企业家

企业家通过购买劳动、厂房设备以及积累资本进行中间品生产，同时企业家进行消费，且贴现因子小于耐心家庭以保证进行借款消费，同样，企业的贷款数量受到房产价值约束。

企业家通过理性选择每期消费以最大化终生效用：

$$\max E_0 \sum_{t=0}^{\infty} (\beta^e)^t C^e_t \quad (6-14)$$

其中，β^e 为企业家的贴现因子，满足 $\beta^e < \beta'$；C^e_t 为企业家消费，企业家的生产函数为：

$$Y_t = \exp(u^a_t)(K_{t-1})^\mu (H^e_{t-1})^v (N'_t)^{a(1-M-v)} (N''_t)^{(1-a)(1-\mu-v)} \quad (6-15)$$

其中，a 为耐心家庭份额，K_{t-1}、H^e_{t-1} 分别为用于生产的资本和房产。生产技术对数 u^a_t 服从 AR（1）分布，即 $u^a_t = \rho_a u^a_{t-1} + \varepsilon^a_t$，$\varepsilon^a_t$ 为外生技术冲击，服从正态分布（$\varepsilon^a_t \sim N(0, \sigma^2_a)$）。企业家的资本积累方程如下：

$$K_t = (1-\delta) K_{t-1} + (1 - S(Inv_t / Inv_{t-1})) Inv_t + \Delta_t \quad (6-16)$$

上式中 δ、Inv_t 分别表示资本折旧率和本期新增投资，$S(\cdot)$ 函数表示资本调整成本，满足 $0 < S(\cdot) < 1$，$S(1) = S'(1) = 0$，$S''(1) > 0$，为引入资产价格 Q_t，企业家在市场上购买 Δ_t 数量的资本品，稳态时 $\Delta = 0$。

企业家预算约束和贷款抵押约束分别为：

$$N'_t W'_t + N''_t W''_t + C_t^e + Q_t^h H_t^e + \frac{I_{t-1} b''_{t-1}}{\Pi_t} + Inv_t + Q_t \Delta_t = Y_t / X_t + Q_t^h H_{t-1}^e + b_t^e \quad (6-17)$$

其中，X_t 表示零售商的价格加成（markup）；b_t^e 表示企业家的贷款数量，贷款数量受到房产价值约束：

$$b_t^e \leqslant m_t^e E_t (Q_{t+1}^h H_t^e \Pi_{t+1} / I_t) \quad (6-18)$$

与非耐心家庭一样，在此，将企业家的贷款价值比动态化以考察宏观审慎政策的影响效应。

分别记企业家预算约束、贷款约束、资本积累方程的拉格朗日乘子为 λ_t^e、λ_t^c、λ_t^k，则企业家关于消费需求 C_t^e、劳动需求 N'_t 和 N''_t、房产需求 H_t^e、贷款需求 b_t^e、资本 K_t、投资 Inv_t 的一阶条件为：

$$1/C_t^e = \lambda_t^e \quad (6-19)$$

$$W'_t = a(1-\mu-v)\frac{Y_t}{X_t N'_t} \quad (6-20)$$

$$W''_t = (1-a)(1-\mu-v)\frac{Y_t}{X_t N''_t} \quad (6-21)$$

$$\lambda_t^e Q_t^h = \beta^e E_t \left\{ \lambda_{t+1}^e \left(\frac{vY_{t+1}}{X_{t+1} H_t^e} + Q_{t+1}^h \right) \right\} + \lambda_t^c m_t^e E_t (Q_{t+1}^h \Pi_{t+1} / I_t) \quad (6-22)$$

$$\lambda_t^e = \lambda_t^c + \beta_t^e E_t (\lambda_{t+1}^e I_t / \Pi_{t+1}) \quad (6-23)$$

$$\lambda_t^e Q_t = \beta^e E_t \left\{ \lambda_{t+1}^e \left(\frac{\mu Y_{t+1}}{X_{t+1} K_t} \right) \right\} + \beta^e (1-\delta) E_t (\lambda_{t+1}^e Q_t) \quad (6-24)$$

$$\lambda_t^k = \lambda_t^k Q_t \left\{ 1 - S\left(\frac{Inv_t}{Inv_{t-1}} \right) - S'\left(\frac{Inv_t}{Inv_{t-1}} \right) \frac{Inv_t}{Inv_{t-1}} \right\} + \beta^e E_t \left\{ \lambda_{t+1}^k Q_{t+1} S'\left(\frac{Inv_{t+1}}{Inv_t} \right) \left(\frac{Inv_{t+1}}{Inv_t} \right)^2 \right\} \quad (6-25)$$

相比于非耐心家庭，企业家购置房产的额外效用还来源于房产作为生产投入而新增产品得到的效用。

（四）零售部门与最终产品厂商

零售部门由连续统（0，1）上的垄断竞争厂商构成。零售商以批发价格 P_t^W 向企业家购买中间产品，零售商 i 无成本差异化后以零售价格 P_t^i 出售给最终产品厂商，最终产品厂商以 CES 生产函数生产复合最终产品并出售给家庭：

$$Y_t^f = \left(\int_0^1 (Y_t^i)^{(\varepsilon-1)/\varepsilon} di\right)^{\varepsilon/(\varepsilon-1)} \tag{6-26}$$

其中，Y_t^i 为从零售部门第 i 个零售商购买的中间产品，ε 为中间品之间的替代弹性。那么最终产品的价格为：

$$P_t = \left(\int_0^1 (P_t^i)^{1-\varepsilon} di\right)^{1/(1-\varepsilon)} \tag{6-27}$$

则零售部门的第 i 个厂商面临的需求函数为：

$$Y_t^i = (P_t^i/P_t)^{-\varepsilon} Y_t^f \tag{6-28}$$

零售厂商定价遵循 Calvo 定价机制，即假设零售厂商在每一期重新定价的概率为 $1-\theta$，θ 即为价格黏性指数，θ 越大表明黏性越强。由于零售厂商面临相同的成本和需求曲线，所以在重新定价时选择相同的价格 P_t^*。在 t 期，有 $1-\theta$ 的零售厂商可以重新定价选择最优价格 P_t^*，θ 比例的零售厂商保持上一期价格，因此加总的价格水平为：

$$P_t = (\theta(P_{t-1})^{1-\varepsilon} + (1-\theta)(P_t^*)^{1-\varepsilon})^{1/(1-\varepsilon)} \tag{6-29}$$

零售商通过求解如下问题进行重新定价：

$$\max_{\{P_t^*\}} (\theta)^k E_t\{\Lambda_{t+k}(P_t^* Y_{t+k}^i - P_{t+k}^w Y_{t+k}^i)\} \tag{6-30}$$

$$s.t. \quad Y_{t+k}^i = (P_t^*/P_{t+k})^{-\varepsilon} Y_{t+k}^f \tag{6-31}$$

其中，$\Lambda_{t+k} = \beta^k (C_{t+k}/C_t)^{-1}(P_t/P_{t+k})$ 为名义支付折现因子。将厂商一阶优化条件结合 Calvo 原则在零通胀附近对数线性化后可以得到新凯恩斯菲利普斯曲线。

$$\pi_t = \beta E_t\{\pi_{t+1}\} - \lambda \tilde{x} \tag{6-32}$$

其中，$\lambda =$ （$1-\beta\theta$）（$1-\theta$）$/\theta$，$\tilde{x}$ 为价格加成的对数线性化。

（五）政府部门

政府部门负责货币政策和宏观审慎政策的制定，采用 Taylor（1993）提出的利率规则并根据 Clarida 等（2000）提出的平滑规则描述货币政策规则，结合宏观审慎政策，本文将考虑比较以下几种货币政策与宏观审慎政策的配合协调。

1. 第一种政策体制为常规泰勒规则货币政策（Taylor）。

$$\frac{I_t}{I_{ss}} = \left(\frac{I_{t-1}}{I_{ss}}\right)^{\rho_i} \left[\left(\frac{\pi_t}{\pi_{ss}}\right)^{\phi_\pi} \left(\frac{Y_t}{Y_{ss}}\right)^{\phi_y}\right]^{1-\rho_i} e^{v_{i,t}} \tag{6-33}$$

其中 $v_{i,t}$ 表示货币政策冲击，服从 AR（1）分布，即 $v_{i,t} = \rho_v v_{i,t-1} + \varepsilon_t^v$（$\varepsilon_t^v \sim N(0, \sigma_v^2)$）。

2. 第二种政策体制引入加强型泰勒规则货币政策（Augmented Taylor Rule，ATR），Antipa 等（2010）、Ozkan 和 Unsal（2014）引入加强型的泰勒规则，使短期利率对信贷供给做出反应，他们发现加强型货币政策对平滑信贷周期抑制萧条深度有显著成效。

$$\frac{I_t}{I_{ss}}=\left(\frac{I_{t-1}}{I_{ss}}\right)^{\rho_i}\left[\left(\frac{\pi_t}{\pi_{ss}}\right)^{\phi_\pi}\left(\frac{Y_t}{Y_{ss}}\right)^{\phi_y}\left(\frac{b_t}{b_{ss}}\right)^{\phi_a}\right]^{1-\rho_i}e^{v_{i,t}} \tag{6-34}$$

3. 第三种政策体制为常规泰勒规则货币政策与宏观审慎政策配合，参考 Beau 等（2014）宏观审慎政策制定，即在常规的货币政策基础上加入如下根据宏观经济以及信贷波动的逆风向宏观审慎政策（Macro - prudential Policy，MPD）。

$$\frac{m_t}{m_{ss}}=\left(\frac{b_t}{b_{ss}}\right)^{-\phi_b}\left(\frac{Y_t}{Y_{ss}}\right)^{-\phi_\tau}e^{v_{m,t}} \tag{6-35}$$

其中 $v_{m,t}$ 表示信贷供给冲击，服从 AR（1）分布，即 $v_{m,t}=\rho_m v_{m,t-1}+\varepsilon_t^m$ $[\varepsilon_t^m \sim N(0,\sigma_m^2)]$。

4. 第四种政策体制为加强型泰勒规则与宏观审慎政策，即加强型的货币政策与宏观审慎政策之间相互配合（MPD 和 ATR）。

（六）市场出清

由于不存在房地产生产部门，因此房地产市场是一个存量市场，将房地产存量设为 H，那么商品市场、房地产市场以及债券市场的市场出清为：

$$Y_t=C'_t+C''_t+C_t^e+Inv_t \tag{6-36}$$

$$H=H'_t+H''_t+H_t^e \tag{6-37}$$

$$b'_t=b''_t+b_t^e \tag{6-38}$$

四、参数估计与分析

为使模型能够尽可能刻画当前中国经济运行的实际情况，本书采用校准和贝叶斯估计两种方法结合确定模型参数。对于可以通过经济运行数据直接计算以及已有文献研究中较为明确的参数采用校准方法，并采用贝叶斯方法对缺乏经验研究支持的参数进行估计。

（一）参数校准

关于耐心家庭的折现因子 β'，根据肖争艳和彭博（2011）研究，将其设定为 0.988，根据 Iacoviello（2005）估计，将非耐心家庭和企业的折现因子 β''、β^e 分别设为 0.95、0.976；关于抵押贷款价值稳态比 m，虽然我国银行业金融机构可以结合利率定价自律机制和风险防控、个人信用情况等因素确定具体住房抵押贷款比例，但长期以来，商业银行的首付比一般稳定为 30% 左右，故本章将抵押贷款稳态比设为 0.7。关于资本折旧率，国内外研究的通用做法是将年度折旧率设为 10%，即季

度折旧率 δ 设为 0.025，根据王云清等（2013）的研究，将资本的二阶调整成本系数设为 4.41。根据侯成琪和龚六堂（2014）的研究将表示垄断竞争程度参数 ε 设为 6，即稳态的价格加成比率 x 设定为 1.2，另将价格黏性指数 θ 设定为 0.75，即假定一年调整一次价格。

（二）贝叶斯估计

对于难以直接计算和已有研究进行校准的参数，本章运用中国 2004 年第三季度至 2016 年第二季度中国经济数据采用贝叶斯方法进行估计，其中，利率选取了银行 7 天同业拆借利率，生产总值采用实际 GDP，通货膨胀采用 CPI 环比数据，数据来源于 Wind 数据，所有数据均经过季节调整，并采用 HP 滤波法消除趋势。利用贝叶斯方法进行估计，需要设定参数的先验分布，本章根据模型中参数的具体理论意义结合已有研究设定参数的先验分布。具体参数先验分布设定如表 6－2 所示。

表 6－2　　待估参数的贝叶斯估计

参数	含义	先验分布	先验均值方差	后验均值	90%置信区间
ρ_i	利率平滑系数	Beta	[0.8，0.1]	0.33	[0.2224 0.4380]
ρ_a	生产率冲击的一阶自相关系数	Beta	[0.8，0.1]	0.67	[0.4597 0.8786]
ρ_v	利率冲击的一阶自相关系数	Beta	[0.8，0.1]	0.26	[0.1695 0.3479]
ρ_j	住房需求偏好冲击的一阶自相关系数	Beta	[0.8，0.1]	0.80	[0.6656 0.9636]
ρ_m	非耐心家庭信贷供给冲击的一阶自相关系数	Beta	[0.8，0.1]	0.87	[0.8034 0.9438]
ϕ_a	货币政策对信贷的反应系数	Beta	[0.03，0.01]	0.03	[0.0187 0.0469]
ϕ_π	货币政策对通胀的反应系数	Gamma	[1.5，0.2]	1.23	[1.1268 1.3312]
ϕ_y	货币政策对产出的反应系数	Gamma	[0.3，0.2]	0.29	[0.1811 0.3809]
ϕ_b	宏观审慎政策对信贷的反应系数	Gamma	[0.2，0.1]	0.20	[0.0367 0.3482]
ϕ_τ	宏观审慎政策对产出的反应系数	Gamma	[0.75，0.1]	0.72	[0.5548 0.8660]
σ_a	生产率冲击标准差	Inv－gamma	[0.1，inf]	0.04	[0.0231 0.0490]
σ_v	利率冲击标准差	Inv－gamma	[0.1，inf]	0.48	[0.3773 0.5777]
σ_j	住房偏好冲击标准差	Inv－gamma	[0.1，inf]	0.09	[0.0267 0.1558]
σ_m	非耐心家庭信贷供给冲击标准差	Inv－gamma	[0.1，inf]	1.46	[0.5652 2.3333]

本章引入了生产率、住房需求、利率以及信贷供给冲击，本节将通过数值模拟具体分析不同冲击下，宏观审慎政策与货币政策相互配合的效果。

（三）宏观审慎政策对货币政策目标的影响

从维护货币政策目标来看，在不同的外生冲击下，四种政策体制对维护货币政策目标的效果不尽相同，本书中具体考察了不同冲击下通货膨胀的反应。在生产率冲击下，一个正向的生产率标准差冲击降低了企业生产的边际成本，从而使得通货膨胀下降，四种政策体制的效果差异并不大，但其他三种外生冲击，四种政策体制效果则表现出显著差异。在利率冲击下，传统货币政策对于保持通货膨胀稳定最为有效，传统货币政策和宏观审慎政策配合与之差异不大，考虑了宏观审慎目标的加强型货币政策效果最差；在住房需求冲击和信贷供给冲击下，第一种和第三种政策体制差异不大，第四种货币政策体制效果次之，第二种政策体制效果最差。从总体而言，宏观审慎政策与传统货币政策配合并不会剧烈影响货币政策目标（如图 6－1 所示）。

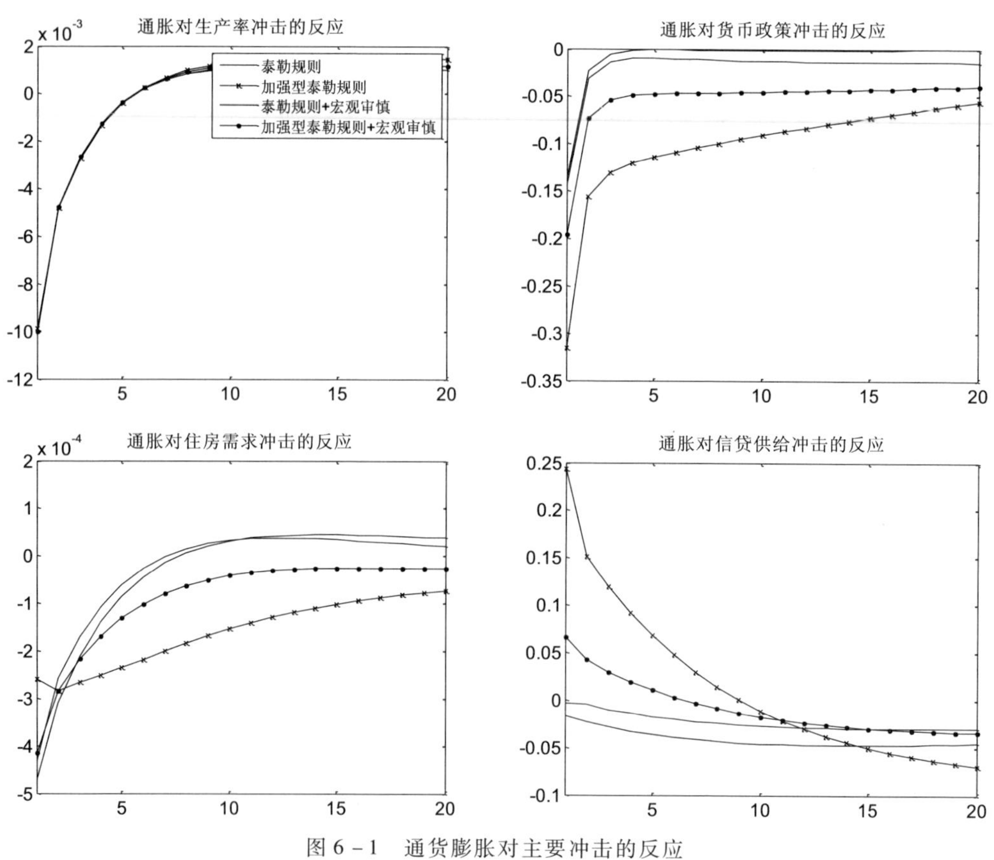

图 6－1　通货膨胀对主要冲击的反应

（四）宏观审慎政策对宏观审慎目标的影响

从维护宏观审慎政策目标来看，包含逆周期的宏观审慎政策的体制（第三种和第四种）可以有效地平抑信贷增长。一个正向的技术冲击提高了产出和住房价格，因此提高了可用于抵押贷款的房产价值，在金融加速器作用机制下贷款数量上升，宏观审慎政策根据产出和信贷增长实行逆周期管理调控，降低企业贷款价值比，从而有力地抑制了信贷增长的顺周期行为；在一个正向的利率冲击下，名义利率上升并降低了通货膨胀，真实利率由此显著上升，导致产出和住房价格下降，此时逆周期的宏观审慎政策提高了贷款价值比，缓解了由金融加速器机制导致的信贷过度紧缩，住房需求冲击与信贷供给冲击的作用机制与此类似，包含宏观审慎的政策机制有利于缓解金融市场的顺周期行为，缓解信贷的过度波动（如图 6－2 所示）。

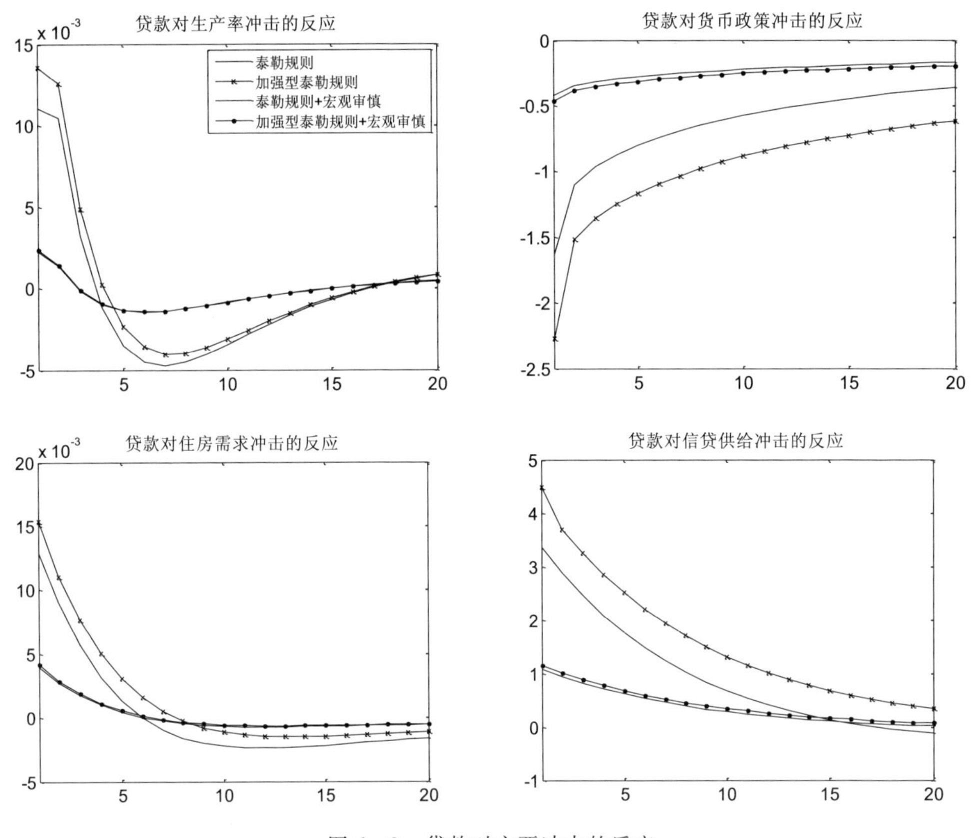

图 6－2　贷款对主要冲击的反应

（五）宏观审慎政策对实体经济的影响

从维护实体经济稳定的目标来看，在生产率冲击和四种政策体制下，产出的运行轨迹基本一致，在住房需求偏好、利率冲击和四种政策体制下的产出并未表现出显著的差异，但此时加强型货币政策下的产出较其他三种政策波动较大；信贷供给冲击下，执行宏观审慎的政策体制通过逆向调节信贷供给，产出波动要低于传统的货币政策；不同冲击下，实施加强型的货币政策相对于其他政策体制均导致了产出更大的波动，表明加强型货币政策不利于实现实体经济的稳定（如图6－3所示）。

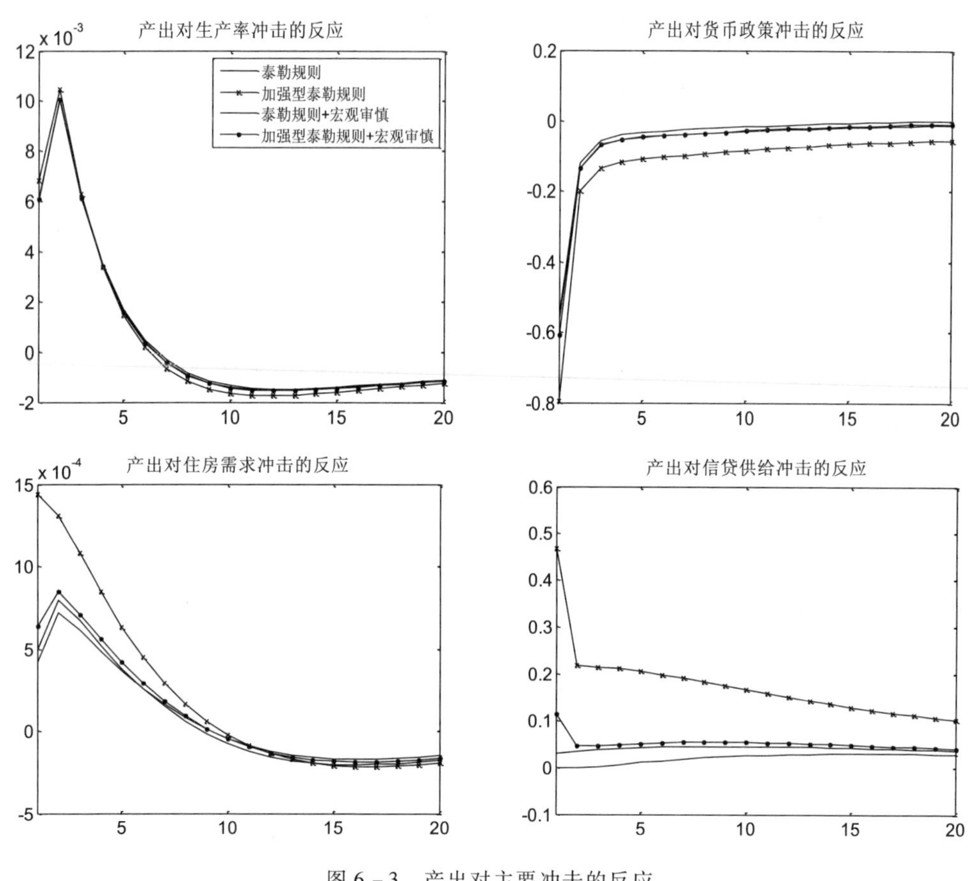

图6－3　产出对主要冲击的反应

五、欧盟、英国、美国宏观审慎政策的实施

（一）欧盟宏观审慎监管：框架与政策

1. 危机前宏观审慎监管政策。根据《欧盟委员会金融服务行动计划》的要求，各个成员国需实行统一的金融监管以提高监管效率，欧洲货币局前主席拉姆法鲁西于2001年提出了一份报告，该报告确立了以实现欧盟层级一体化监管为目标的金融监管体系。根据这份报告，欧盟建立了以其名字命名的拉姆法鲁西框架，在考虑到各国立法原则和技术规则之间存在差异性的基础之上，提出分四个层级进行监管的

体系，使得欧盟监管决策程序明显改善，为欧盟成员国之间的协调监管提供了主要依据。

拉姆法鲁西框架所确定的四层级监管体系具体如下：第一层级为最顶层，是欧盟的立法和决策层级，其成员为欧盟理事会、欧盟议会和欧盟委员会，主要职责是为欧盟各成员国内的金融机构和金融市场制定一般性指令与规则。第二层级是管理委员会，其成员为欧洲银行委员会、欧洲证券委员会、欧洲保险与职业养老金委员会和欧洲金融联合委员会，主要职责是对第一层级所制定的指令与规则进一步细化，确定详细的实施规则和技术规则，为监管的落实提供依据。第三层级是监管委员会，其成员为欧盟银行监管委员会、欧盟证券监管委员会和欧盟保险和职业养老金监管委员会，主要职责是作为欧盟委员会和国家监管机构的沟通中介，用于协调各国监管机构的金融监管和促进信息交流，进而促进监管一体化，且该层级委员会提出的指示不具强制性。第四层级是执行层级，其成员为欧盟成员国国内的金融监管机构，主要职责是根据成员国所处的金融市场环境贯彻和落实欧盟指令、条例，欧盟委员会也负有监督、促进实施的责任。

拉姆法鲁西框架虽然为欧盟各国的金融监管指明方向，并致力于实现欧盟层面的监管要求，但其缺点也是十分明显，尤其是在国际金融危机和欧债危机爆发时，欧盟金融监管体系暴露出严重的缺陷。在危机爆发之前，欧盟金融监管体系侧重于由各成员国自行行使金融监管职能，轻视成员国之间的金融监管合作，重微观轻宏观，重视中央银行的货币政策职能而忽略了央行的金融监管职能。监管体制的缺失和监管真空的广泛性在金融危机和欧债危机中暴露无遗。在危机爆发之后，欧盟各国开始清楚的认识到这种分散监管的弊端，各国不得不做出妥协，对现有的监管格局进行改进，加强金融监管的国际合作，以提升欧盟层面的金融监管效率。

2. 国际金融危机后的宏观审慎政策改革。在金融体系顺周期性的负面效应日益凸显的情况下，宏观审慎监管的重要性也逐渐得到认可，采用宏观审慎监管思维进行金融监管，已成为欧盟各国金融体系改革的主要任务。2009 年国际货币基金组织前总裁德拉鲁西埃提交了一份欧盟金融监管体系报告——《德拉鲁西埃报告》。以该报告的核心思想为基础，2010 年 9 月，欧洲议会通过了新的金融监管法案，成立了欧盟系统性风险委员会（ESRB）和欧洲监管体系分别负责欧盟系统的宏、微观审慎监管。于 2011 年年初，欧洲银行业监管局（EBA）、欧洲证券和市场监管局（ESMA）和欧洲保险和养老金监管局（EIOPA）正式投入运转，与之前成立的欧盟系统性风险委员会，从微观和宏观层面共同强化对金融体系的监管（如图 6－4 所示）。

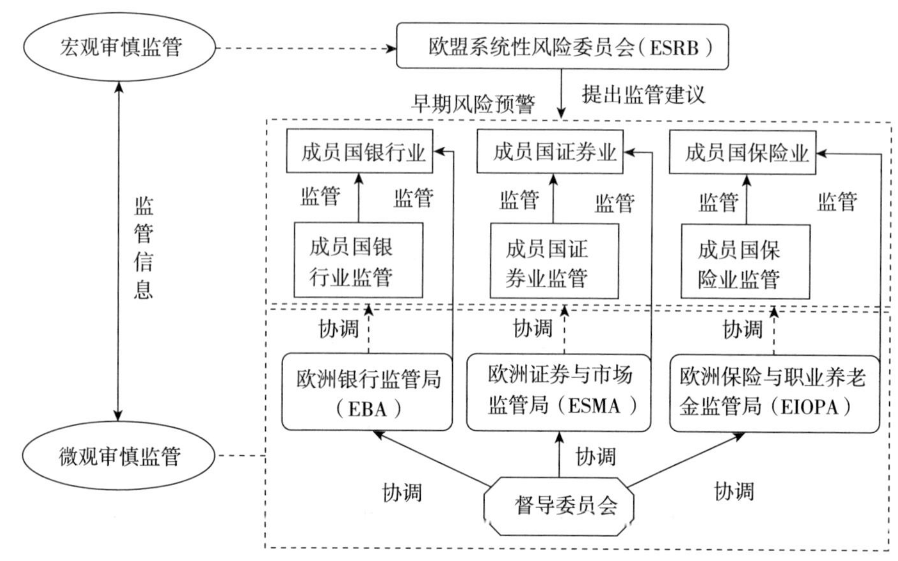

图 6－4　欧盟宏微观审慎监管框架

注：根据欧央行官网相关资料整理。

在宏观审慎监管方面，欧央行主要承担着风险分析和数据提供职能，为监管决策提供数据和分析支撑，并参与金融监管的国际协作；欧盟系统性风险委员会承担着系统性风险监测和宏观审慎监管政策制定的职能，同时还应对宏观审慎工具的应用提出相应的指导意见。同时，依据 2014 年年初生效的《资本要求指令Ⅳ》和资本要求监管条例（CRD Ⅳ/ CRR）规定，欧盟赋予欧央行宏观审慎监管的职能，欧央行可非对称地在欧元区各国银行业（仅限银行业）宏观审慎管理政策的基础上实施更为严格（而不能放松）的政策，并且只能动用 CRD Ⅳ/ CRR 中规定的政策工具。此外，在宏观审慎政策制定过程中，欧盟的财政部门也参与其中，并发挥了一定功效。

在微观审慎监管方面，欧洲银行管理局（EBA）、欧洲证券和市场管理局（ESMA）和欧洲保险和职业年金管理局（EIOPA）分别监管欧盟银行、证券和保险三大金融领域，他们被赋予了独立法人地位和执法权，拥有独立的财政权。三家监管局分别负责制定各自领域内欧盟统一的技术标准，并授权监督各国统一执行欧盟标准，同时，组织定期的信息交流和监管合作。在监管过程中，他们拥有高于成员国监管机构的权力，有权驳回或否决各成员国监管机构的相关决定。

而欧盟系统性风险委员会在欧盟国家的金融监管中扮演着风险问题协调者和政策建议者的角色，由于其非独立法人的特殊性，导致欧盟系统性风险委员会职能的发挥往往受其他相关机构的影响较大，因此在实践中所取得的成效并不理想。但欧盟系统性风险委员定期发布风险报告对金融市场有较好的警示作用，欧盟系统性风险委员风险报告中包含了关联和不平衡问题、宏观经济风险、信贷风险、债券和流动性风险、市场风险、盈利和偿付情况等六个部分。譬如，2016 年第四季度发布的欧盟系统性风险报告，提示了欧盟地区比利时、奥地利、丹麦、卢森堡、芬兰等国家的房地产市场上涨过快、涨幅过大，警示欧洲银行在房地产业务上需要审慎经营。

3. 欧盟宏观审慎监管——目标、工具及监管原理。

（1）宏观审慎监管目标。宏观审慎政策的最终目标是实现金融系统的稳定，提高金融系统的弹性、降低金融系统的脆弱性，以减少系统性风险事件的发生，并确保持续有效地为实体经济提供金融服务。在具体操作过程中，欧央行宏观审慎政策的操作目标主要为：一是防止风险随着时间而过度积累，以减少金融的顺周期效应；二是致力于提高金融系统的弹性，降低风险在系统内的传染效应；三是提倡全系统视角的金融监管，对市场参与者形成正向激励。

（2）宏观审慎监管工具。宏观审慎监管政策的工具箱非常庞大，且不局限于银行业，这反映系统性风险的多面性。银行业的宏观审慎监管工具可分为三类：一是资本工具；二是流动性工具；三是资产工具（见表 6－3）。

表 6－3　　欧盟宏观审慎监管工具

资本工具	
资本留存缓冲（CCoB）	资本留存缓冲的比例为 2.5%，由普通权益资本构成。目的是让银行在金融经济压力下能由这一缓冲吸收损失
逆周期资本缓冲（CCyB）	逆周期资本缓冲可设在风险加权资产的 0—2.5% 水平，当存在可识别潜在风险的话，这个值可以设的更高。此工具的建立是为了实现在信贷过度增长期间增加金融体系弹性及解决顺周期问题的宏观审慎目标，这种缓冲机制仅在信贷过度增长导致系统性风险积累的情况下才产生作用
系统风险缓冲（SRB）	缓冲比例为全部风险加权资产的 1—5%。该工具是为了防止和减轻长期的非周期性系统风险
全球系统重要性机构（G－SII）资本缓冲	强制要求全球系统重要性银行计提 1—3.5% 的附加资本，降低“大而不倒”带来的道德风险
其他系统重要性机构（O－SII）资本缓冲	资本缓冲水平为全部风险加权资产的 0—2%，降低隐性担保带来的道德风险。

续表

资本工具	
杠杆比率	指符合巴塞尔协议Ⅲ要求的合格资本与总风险暴露的比率。从2016年1月1日至2017年1月1日为试用阶段，最低比率为3%。目的是为了限制银行系统杠杆累积
部门资本要求	对既定违约损失严格资本要求，提高房地产的风险权重
流动性工具	
流动性覆盖比率	流动性覆盖率 = 优质流动性资产储备/未来30日的资金净流出量，流动性覆盖率的标准是不低于100%
净稳定资金比率	净稳定资金比率 = 可用的稳定资金/业务所需的稳定资金，净稳定资金比率的标准是大于100%
资产工具	
贷款价值比（LTV）、贷款收入比（LTI）、贷款收入比限制	这些措施可以直接影响信贷流动，通常用于解决一个国家房地产市场的风险。当经济过热时，房地产等抵押品价值上升，应调低贷款价值比，防止信贷规模过快增长；当经济萧条时，调高贷款价值比
暴露值上限	最大的暴露价值大于或等于10%的银行合格资本

资料来源：ECB，Macroprudential Bulletin，European central bank，Issue 1，2016，03.

4. 欧央行宏观审慎监管实践。根据欧盟银行单一监管机制（SSM）的相关决策规定，赋予欧央行广泛的宏观审慎和微观审慎监管权力，担负对银行及信贷机构进行审慎监管的主要职责，2008年爆发的国际金融危机也表明，将宏观审慎监管权与微观审慎监管权结合起来由一个机构行使是必要的。

在实施宏观审慎监管政策时，欧央行必须经历以下四个步骤，才能最终实现宏观审慎工具的落实。第一步是分辨及分析目前存在的主要风险及漏洞，欧央行通过与其他机构协作，分析数据、构建模型等识别目前存在的系统性风险。第二步是选择并标准化宏观审慎监管工具，同时评估这些工具可能带来的影响。欧央行不仅评估风险给整个金融系统（包含银行和保险）带来的潜在影响，而且还评估宏观审慎工具可能带来的影响，而这些工作主要是通过自上而下的压力测试来实现的。第三步是讨论并最终确定使用的宏观审慎工具，欧央行在此过程中主要起到协调该讨论的作用，并在单一监管机制的立场上，为宏观审慎政策提供一个全面视角。第四步是实行该宏观审慎政策并评估其政策的实施效果。政策效果评估的重点在于实施的政策是否达到了预期的目标，是否需要采取进一步的行动和是否产生一些超预期的结果。

从2016年起，欧央行每半年出一次宏观审慎报告，以提高欧元区宏观审慎政策的透明度，同时向公众披露欧央行对宏观审慎政策实施进展情况和政策研究的最新成果。根据《巴塞尔协议Ⅲ》《资本要求指令Ⅳ》和资本要求监管条例（CRD Ⅳ/CRR）的相关规定，欧央行对宏观审慎监管工具的实施制定了详细的阶段性安排，具体如表6－4所示。

近期，欧央行的经济学家采用自上而下的压力测试对宏观审慎工具进行评估。他们提供了一个捕捉宏观审慎工具影响效应的概念框架。研究发现，在资产负债表非静态和信贷总量遵循宏观经济发展所隐含的路径的假设前提下，银行的脆弱性较静态资产负债表情况下有所增加。在面对压力时，一些基础较差的银行为了实现自己的资本目标会不断去杠杆，且这种行为是市场自发性行为。在传染效应、跨部门效应及偿付能力和流动性之间的反馈循环下，进一步加剧了银行体系的脆弱性。因此，引导银行对冲击做出及时调整，不仅能减少对银行自身的危害，同时能减少对经济的危害。从长期来看，宏观审慎的资本缓冲工具，尤其是逆周期资本缓冲是非常有效的工具，对经济的波动起到一定的缓冲作用。

表6－4　欧盟宏观审慎监管工具实施进程

	2015年	2016年	2017年	2018年	2019年
资本留存缓冲（CCoB）		0.625%	1.25%	1.875%	2.5%
逆周期资本缓冲（CCyB）		从2016年起实施，过渡期从2016年1月1日至2018年12月31日			
全球系统重要性金融机构（G－SII）资本缓冲		G－SII占比25%	G－SII占比50%	G－SII占比75%	G－SII占比100%
其他系统重要性机构（O－SII）资本缓冲		从2016年1月开始实施			
杠杆比率		试用阶段，最低3%	最低3%	纳入第一支柱	
流动性覆盖比率	实施最低标准（60%）	逐步增加至100%			100%
净稳定资金比率		或将从2016年开始实施			

资料来源：ECB，Macroprudential Bulletin，European central bank，Issue 1，2016，03.

（二）英国宏观审慎监管

1. 英国宏观审慎监管政策。20世纪90年代后期至全球金融危机爆发前，英国一直采用财政部、英格兰银行及金融服务局（FSA）“三方共治”的监管模式，由三方共同负责金融体系稳定。但在2008年全球金融危机爆发后，英国金融监管体系的脆弱性一览无余，这迫使英国政府重新思考本国的金融监管体系。在意识到对系统或整体风险监管缺失之后，英国政府积极从宏观审慎视角，对现有的金融监管框架大刀阔斧地进行改革，将基于系统整体的宏观审慎监管与传统的基于单个金融机构的微观审慎监管有机结合起来。

2013 年 4 月，英国正式采用了“大一统”的金融监管框架，以英格兰银行为核心，将货币政策制定与执行、微观审慎监管和宏观审慎监管均纳入英格兰银行麾下，在宏观审慎监管方面，英格兰银行负有风险评估、政策制定及具体监管的职责。具体而言，英格兰银行在其董事会下，设立了金融政策委员会（FPC），为宏观审慎监管机构承担着识别及处理系统性风险的职责，向审慎监管局（PRA）和金融行为局（FCA）提供建议和指导；新设立的审慎监管局，作为英格兰银行的附属机构，对各类系统重要性金融机构进行审慎监管；新设立的金融行为监管局对所有金融机构进行行为监管，促进金融市场公平竞争，保护消费者，同时还负有审慎监管其他金融机构的职能。而原金融服务局（FSA）被撤销，其审慎监管职能和行为监管职能分别由新设立的审慎监管局和金融行为局承继。

在此监管模式运行两年后，英国于 2015 年 7 月发布了《英格兰银行议案：技术咨询稿》，对当时的金融监管体系提出进一步的改进方案，为提高中央银行的沟通效率和透明度。一是将审慎监管局（PRA）完全整合至英格兰银行内部，不再以英格兰银行的子机构存在，在英格兰银行内新设审慎监管委员会（PRC），以替代审慎监管局的原董事会（于 2017 年 3 月 1 日式进行替代），审慎监管局的职能保持不变；二是将 FPC 从英格兰银行董事会下设的子委员会升级为英格兰银行的直属委员会，与 MPC 和 PRC 并行（如图 6－5 所示）。

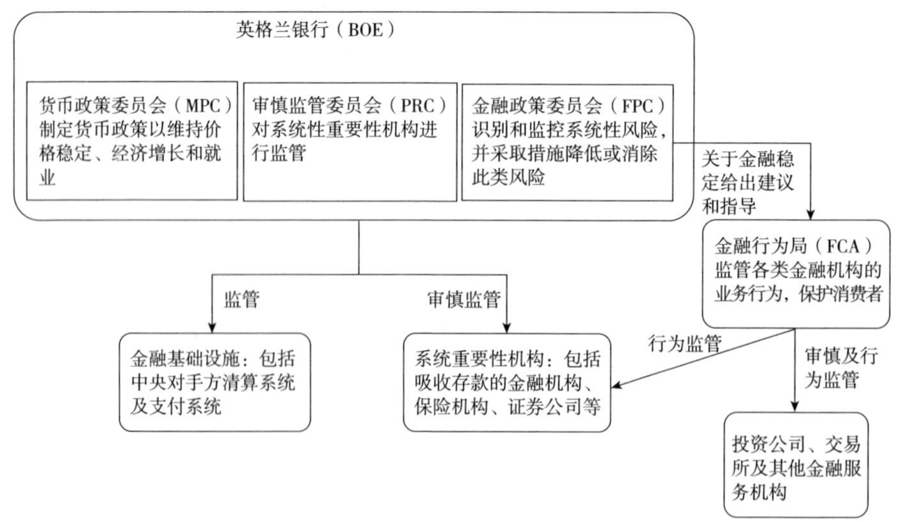

图 6－5　英格兰银行审慎监管框架

资料来源：Annual Report and Accounts 2016－2017，Bank of England.

2. 英国宏观审慎监管工具。系统性风险的来源主要有两方面：一是周期性风险，金融系统的资产负债、资产定价及借贷行为等存在显著的“金融加速器”效应；二是结构性风险，金融机构之间的相关性问题、系统重要性金融机构对金融体系的明显溢出效应、机构和市场的不透明性和复杂性问题等。基于系统性风险维度的不同，FPC 所采用的宏观审慎监管工具可分为三类：一是基于资产负债表的工具，包含最大杠杆率、逆周期资本缓冲等；二是基于金融交易条件的工具，包含限制数量、资本要求或贷款价值比等；三是基于市场结构的工具，包含有中央结算对手的应用、交易场所的设计和使用及披露要求等。第一类和第二类监管工具主要用于解决周期性风险问题，而第三类工具主要用于解决市场结构性、跨部门的风险问题。

3. 英格兰银行宏观审慎监管实践。一是信息共享，事前提示。在新的金融监管体系下，各监管部门间（MPC、FPC、PRA 以及 FCA）建立起透明且高效的沟通交流机制。由于审慎监管委员会、金融政策委员会及金融行为局董事会的成员互相重合，为各机构之间的信息共享及互动交流搭建了一个良好的平台。每个季度，金融政策委员会一方面从英格兰银行的调研报告收集经济学家的最新观点；另一方面从英格兰银行的市场部门和金融机构收集金融市场信息，同时从审慎监管局和金融行为局收集相关监管信息。将收集的信息进行整合后，在每半年一期的《金融稳定报告》中向市场发布委员会认为英国金融系统可能存在的风险以及处置这些风险的预案，对市场参与者做出系统性风险提示；同时，金融政策委员也会向公众公布每个季度的宏观审慎政策会议纪要及政策决议。通过向市场参与者发出预警，以期降低风险行为，进而减少金融系统的风险事件发生。

二是危机处理、监管合作。根据新的金融监管框架规定，英格兰银行实现大一统的金融监管，货币政策、微观审慎监管政策和宏观审慎监管政策紧密结合，在实现价格稳定、经济增长以及充分就业的同时也实现了金融体系的稳定。英格兰银行一方面基于经济周期和金融周期的变化情况，出台相关的货币政策的同时也出台宏观审慎政策，两项政策配合实施；另一方面，以审慎监管局为抓手，了解金融系统的发展现状，实时掌握金融系统可能存在的风险因素，再结合金融形势的变化和宏观审慎监管的需要，通过金融政策委员会向审慎监管局给出指示或建议，对特定机构进行监管，宏观和微观审慎工具相配合，实现维护金融系统稳定的目标。在宏观审慎政策的制定过程中，金融行为局的首席执行官作为金融政策委员会的投票成员之一，共同参与了政策的制定；在危机处理的过程中，英格兰银行或受财政部要求采取特定的工具以维护金融稳定或是向特定机构提供救援。

三是事后处置，分工明确。首先，当金融公司破产或可能破产时，在征集了财政部、英格兰银行、审慎监管局和金融行为局的相关意见后，由审慎监管局或英格兰银行决定该金融公司是否进入处置程序（不同的情形由不同的监管机构决定是否进入处置程序）；其次，在决定进入处置程序后，英格兰银行可根据金融公司的规模及重要性选择救援方案及相应的维稳工具，并加以实施（作为最后救助人，财政部有权决定暂时接管或注资该金融机构，那么就由财政部和英格兰银行一起采取处置措施）。若是大型且复杂的金融公司，那么首选救援方案为“注资”，将债务转化为股权以重组公司资产；若是中型金融公司，那么首选救援方案为“转移”，将公司整体或部门卖给另一家公司，或是短期内将该公司的主要职能转移至英格兰银行控制的临时“桥梁银行”；若是对金融系统稳定威胁较小的金融公司，那么首选方案为“改进的破产程序”，即金融服务补偿计划（FSCS）对其担保范围内的存款人进行赔付或是将账户转移给另一家金融公司。在整个处置的过程中，各个部门分工明确，而英格兰银行的处置职责贯穿了整个过程的始末。在处置过程中，英格兰银行的主导地位，在微观层面上及时发现并化解了单个金融机构的风险问题；在宏观层面上避免了个别风险事件向整个金融体系蔓延，保障了整个金融体系的正常运行，对市场信心起到维稳的功效。

（三）美国宏观审慎监管

1. 美国宏观审慎监管政策。2008 年国际金融危机前，美国的金融监管以功能监管模式为主，在面对危机时，美国功能监管制未能及时发现风险及问题，事后又未能采取有效措施予以应对，暴露出美国监管体制本身存在的严重缺陷。为此，美国政府决定大刀阔斧地对金融监管体制进行改革，在新的监管机制中正式引入宏观审慎框架，并加强了中央银行，即美联储的监管职能。2010 年 7 月，美国颁布了《多德—弗兰克法案》，通过了金融监管体系改革方案，宏观审慎监管政策正式建立，系统性风险防范正式纳入监管范围。

在组织结构上，新设立由财政部牵头、美联储以及主要联邦监管机构参加的金融稳定监督委员会（FSOC），财政部长担任委员会主席，专门承担金融系统风险识别和应对的职能，确定了美联储对系统重要性非银行金融机构的监管权，同时促进信息共享及各成员部门之间的监管协调。为支持金融稳定监督委员会的工作，在财政部下新设了金融研究办公室（OFR）和联邦保险办公室（FIO），OFR 主要职能是对金融市场交易数据进行采集、分析和研究，同时开发风险管理和监测工具，为 FSOC 及其成员机构提供重要的数据支持；FIO 主要负责对美国保险业进行全面的监管，包括识别系统性风险等。美联储内部设立了相对独立的消费者金融保护局（CFPB），将消费者的保护职责统一归集于一家监管机构，加强消费者保护。

在管理职能上，宏观审慎政策框架加强并完善了对整个金融体系的监管。一是强化了美联储对系统重要性金融机构的监管。美联储的监管范围进一步增加，在原有的监管对象银行控股公司上增加了金融领域的其他系统重要性金融机构，并负责为新增的监管对象制定宏观审慎监管标准。二是加强了美联储对金融控股公司的监管。美联储均可直接对金融控股公司及其子公司进行检查，并从中收集该公司及其关联公司的相关资料，且有权要求有从事非金融经营活动的金融控股公司将非金融经营活动剥离至新成立的持股公司。三是建立了有序的金融机构风险处置和清算机制，具体由联邦存款保险公司（FDIC）和美联储等共同负责，重点在于解决金融机构“大而不倒”所引起的道德风险。四是增强了对金融消费者和投资者的保护。国际金融危机中反映出监管当局对金融消费者和投资者保护的不足，危机后美国专门在美联储内部设立消费者金融保护局，主要负责保护金融消费者权益（如图 6－6 所示）。

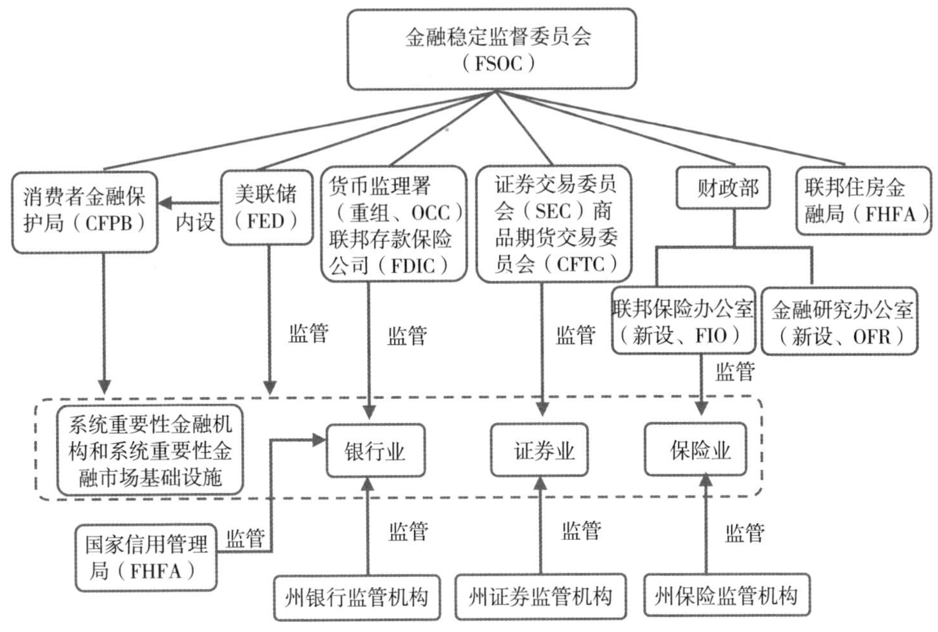

图 6－6　美国宏微观审慎监管框架

注：资料根据美联储官网整理。

2. 美国宏观审慎监管工具。美国货币政策目标主要是价格稳定和充分就业，而宏观审慎政策的目标是维护金融体系的稳定，防范系统性风险。在宏观审慎实施工具上，无论是系统重要性银行或是其他系统重要性金融机构，都将实施更高标准的流动性比率、杠杆率、风险资本要求、保证金要求等资产负债管理工具，以控制信贷风险，提高金融机构的稳健性，同时，要求开展压力测试，信息披露要求等，以降低风险传染的可能性，加强市场约束。这其中也包含提交详细的“生前遗嘱”（当期陷入实质性的财务困境或者经营失败时可以采取的快速处置方案）和信贷风险报告（Bernanke，2011）（如表6－5所示）。

表6－5　　美国宏观审慎政策实施工具

1. 风险测量工具	
银行角度	周期性的风险测量校正
监管者角度	开发系统脆弱性测量工具（如跨国公司间的关联程度），公开系统脆弱性的评估结果和宏观压力测试的结果
2. 财务报告	
会计准则	运用非顺周期的会记准则，动态规则
审慎过滤器	调整会计数据作为审慎工具校准的基础，附加资本要求，动态拨备要求或最高拨备率要求
信息披露	披露各类风险（如信用风险、流动性风险），以及财务报告或信息报告中的风险评估存在的不确定性
3. 资本监管	
支柱1	系统重要性资本附加要求，对特定高风险类型资产提出更高资本要求
支柱2	监管与周期阶段相适应
4. 流动性要求	逆周期资本流动性要求，集中度限制，外汇贷款限制，外汇储备要求，货币错配限制，开放的外汇头寸限额
5. 保证金要求	动态的贷款价值比率（LTV），最高贷款价值比率和保证金评估工具，限制由于资产升值引起的信贷扩张
6. 风险集中度限制	对各类风险敞口的增速限制，对特定的部分贷款要求动态附加利率
7. 赔偿计划	绩效薪酬与事前风险衡量标准相挂钩，确保高管薪酬制度不会导致对风险的过度追求；使用监督审查程序进行执法
8. 利润分配限制	在高收益时期限制股息分配，为低效益时期提供资本缓冲
9. 保险机制	应急资本注入，由保险商对主要银行业金融机构提供资本保险，在发生系统性风险时，为其注入应急资本，这不仅可以达到提高资本充足率的效果，也可以减少银行在资产负债表上无条件预留额外资本的成本，还缓解了银行进行资本监管套利的激励
10. 危机管理及解决	以系统重要性为前提的退出管理机制，在经济繁荣时期设置更为严格的监管干预触发点

资料来源：Galati和Moessner（2013）。

3. 美联储宏观审慎监管实践。美联储除了作为金融稳定监督委员会的成员之外，还对资产超过500亿美元的银行业金融机构，所有金融稳定监督委员会认定的系统重要性非银行业金融机构，以及系统重要性支付、清算、结算活动和市场基础设施负有监管职责。在与其他机构进行磋商后，美联储负责对所有大型银行机构和金融稳定监督委员认定的系统重要性非银行业金融机构制定更为严格的审慎监管标准。这些更为严格的监管标准主要包括更高的资本和流动性要求、解决方案计划（所谓的“生前遗嘱”计划）、由美联储和金融机构进行的定期压力测试、交易对手的信用限额以及更高的风险管理要求。美联储在宏观审慎政策实施过程中采取了以下措施：

第一，为加强对大型金融机构的监督，美联储在内部组织上进行整改。2010年，美联储在内部创建了一个高层次、跨部门的大型金融机构监督协调委员会（LISCC）。LISCC成立的目的是加强对大型金融机构的横向、跨部门分析，并对这些机构进行集中监管，从而形成一体化、连续性的监管手段。该委员会主要监管机构的业务实践、共同投资策略及机构关联性的变化，且通过各种数量型工具对每家大型金融机构的系统性风险贡献度进行评估。同时，美联储内部设立了金融稳定政策与研究办公室，由许多不同专业背景的人员共同构成，对全球的金融风险进行监测和分析，与银行监管委员会合作开发量化的损失模型并设计用于压力测试的各类情景，与FSOC下属的各个工作小组合作，开发并评估宏观审慎监管工具。

第二，美联储启动压力测试计划。2009年初，随着大型金融机构参与抵押贷款市场与资产证券化的日益深入，人们对金融体系的偿付能力高度怀疑，为此美联储第一次创建了监管资本评估计划（SCAP），对19家最大型金融控股公司的资本进行了评估，确保其在应对危机时能够继续运营，以稳定整个金融体系并重振信心。传统资本要求往往存在滞后性，而压力测试计划刚好弥补了这一缺点，通过对经济萧条情景下可能遭受的损失进行前瞻性评估，让金融机构保持较高资本覆盖水平，以便金融控股公司能够承受这种损失并继续运营。随后美联储对SCAP进行改进，形成两类压力测试，综合资本分析评估（CCAR）和《多德—弗兰克法案》压力测试（DFAST）。它们之间的主要差异在于各种方法中资本行为假设的不同，CCAR中每家金融控股公司现有的和计划的资本行为是用于评估这些公司保持资本缓冲的能力，而DFAST中《多德—弗兰克法案》所规定的一系列标准的资本行为假设是为实现该项评估而假设的。就目前而言，压力测试已成为金融体系弹性测量的一个重要手段，美联储要求总资产超过500亿美元以上的银行及金融持股公司每年提交一次基于宏观情景的压力测试。

第三，美联储对系统重要性金融机构提高审慎监管标准。2011 年，美联储提出对未通过中央交易对手清算的场外衍生产品设定保证金要求，要求发行人在资产负债表上留存不低于 5% 的风险资产，以避免银行采取资产证券化的手段将风险进行转移。2013 年 12 月，包括美联储在内的 5 家监管机构公布了“沃尔克规则”最终条款，主要是对银行业从事的高风险自营活动进行了限制，规定银行业机构在对冲基金和私募股权基金上的投资规模必须控制在该机构一级资本的 3% 以内。2015 年 7 月，美联储对美国全球系统重要性银行提出更高的附加资本要求，根据各机构的系统重要性程度执行从 1%—5.5% 的附加资本要求，其最高上限较巴塞尔协议规定的附件资本要求上限高出 3 个百分点。

4. 美国金融监管新趋势。在经历了 2008 年金融危机之后近 10 年的金融严监管，各界对于《多德—弗兰克法案》的质疑也从未停止过，并多次要求修改或废除该法案。2017 年 6 月，美国众议院通过了《为投资者、消费者和企业家创造希望与机会的金融法案》（简称 CHOICE 法案），以弱化监管促增长、增就业。CHOICE 法案对《多德—弗兰克法案》进行了大幅修改。在金融监管的组织结构上，建议对美国消费者金融保护局（CFPB）进行整改，其主要负责人的任命权由总统掌握，预算和监管改动需提交国会批准等；联邦住房金融局（FHFA）的负责人也将由总统任命。在金融监管的实施细则上，建议撤销沃尔克规则、废除“生前遗嘱”计划、提高应急准备金计提等。

但从 2018 年 3 月美国参议院通过的《促进经济增长、放松监管要求、保护消费者权益法案》来看，该法案对《多德—弗兰克法案》的修改明显少于 CHOICE 法案。该法案并未完全否定《多德—弗兰克法案》的内容，主要修改了社区银行及部分中型银行的监管细则，以减少这些银行的监管压力，一是降低了总资产 100 亿美元以下的社区银行的资本充足率要求；二是将系统重要性金融机构（SIFI）的门槛从总资产 500 亿美元提高到 2500 亿美元，总资产低于 2500 亿美元的银行所进行的压力测试将减少；三是小金融控股公司的政策声明也适用于总资产小于 30 亿美元的银行，使其资产负债表更具灵活性；四是将总资产低于 30 亿美元的银行的现场检查周期延长至 18 个月；五是减少总资产低于 50 亿美元的小银行的财务报告要求；六是对总资产低于 100 亿美元的小银行豁免沃尔克规则，同时交易的资产和负债低于总资产 5% 的银行不受沃尔克规则的自营交易约束；七是总资产低于 150 亿美元的联邦储蓄协会无需改变章程也可享有国民银行的同等权利和义务。虽然该法案还未经总统签署，离正式生效实施还有一段距离，但美国放松金融监管的进程难以改变。

六、研究结论与当前“双支柱”调控框架的完善

（一）本部分的研究结论

本部分通过将贷款价值比动态化引入宏观审慎规则，建立了一个包含生产率冲击、利率冲击、住房需求冲击以及信贷供给冲击的新凯恩斯 DSGE 模型，在此基础上，分析不同冲击下，货币政策与宏观审慎政策相互协调配合效果。分析结果表明，宏观审慎政策具有较强的中立性，可以在不损害实体经济的情况下，维护金融稳定化解系统性风险，特别是在信贷供给冲击下，宏观审慎与货币政策的相互配合更有利于实现货币政策目标；同时，逆周期的贷款价值比可以有效地缓解金融加速器机制所引起的信贷波动，实现宏观审慎目标，而纳入宏观审慎目标的货币政策则有可能加剧经济波动。研究的潜在政策含义是：可以通过引入宏观审慎政策解决金融市场失衡问题。与“丁伯根原则”建议一致，政策目标与政策手段数量应当一致，Bernanke（2001）认为货币政策应该区分政策目标性质，集中于实现宏观目标，而利用宏观审慎政策解决金融泡沫，因此，中国可以引入宏观审慎政策维护金融系统稳定，同时需要注意与货币政策的协调搭配，避免造成“政策叠加”和“政策冲突”问题。

（二）健全“双支柱”调控框架：背景与意义

党的十九大报告明确指出，要健全货币政策与宏观审慎政策“双支柱”调控框架。健全“双支柱”框架是人民银行正在重点推进的工作，这也是国际金融危机后我国在金融宏观调控政策框架实践方面所取得的重要经验和成果，是时代所迫、形势所需。

第一，健全“双支柱”框架是贯彻落实十九大精神和要求之举，最终服务于高质量发展的目标。党的十九大报告指出中国特色社会主义进入新时代。当前，我国正处在转变发展方式、转换增长动力、优化经济结构的攻关期，已经由高速增长阶段转向高质量发展阶段。与此相适应，宏观经济政策要继续保持定力，提高对局部性、阶段性经济波动的容忍度，着力构建市场机制有效、微观主体有活力、宏观调控有度的现代化经济体系。央行货币政策执行报告指出，要保持宏观政策的连续性、稳定性，实施好稳健中性的货币政策，健全货币政策和宏观审慎政策“双支柱”调控框架，紧紧围绕服务实体经济、防控金融风险、深化金融改革三项任务，为供给侧结构性改革和高质量发展营造适宜的货币金融环境，并最终服务于高质量发展的目标。

第二，金融的顺周期性凸显，金融风险积聚，亟需宏观审慎政策予以规范监管。

2008年国际金融危机使得各国央行更为关注金融周期变化，央行意识到传统的单一调控框架存在明显的缺陷，仅关注经济周期来实施宏观调控存在着不足，难以有效应对资产泡沫，可能会积聚金融风险，引发系统性金融风险。在近几年中国经济下行的周期中，央行的货币政策偏宽松，增加了信贷供给，稳定了经济增长，但是资产价格出现了较大上涨，债务率尤其是地方政府债务也较快上升，区域性、系统性金融风险累积。2013年金融市场的“钱荒”、2016年热点城市房地产价格过快的上涨就是例证。由此可见，仅借助货币政策工具难以同时调控金融周期和经济周期，央行需要引入宏观审慎政策，弥补原有货币政策存在的不足，化解系统性金融风险。

第三，央行的调控目标更为多维，需要“双支柱”的调控。与发达经济体中央银行不同，我国央行的政策目标较为多元。根据《中国人民银行法》规定，我国货币政策的目标为经济增长、物价稳定、充分就业、国际收支平衡。宏观审慎政策主要聚焦于金融稳定，减少货币政策目标制定时的“掣肘”，“双支柱”调控框架可以缓解央行货币政策目标过多的压力。货币政策主要针对经济周期问题，侧重于物价稳定；宏观审慎政策用于应对“金融周期”，解决金融系统顺周期的问题，聚焦于金融体系本身，有效的维护金融稳定，防范系统性金融风险。货币政策与宏观审慎政策，两者协调配合、相得益彰。

第四，货币政策框架处于转型期，货币政策工具需要与审慎政策工具相互配合。近几年来，人民银行推进货币政策框架转型，通过正回购、逆回购、中期借贷便利（MLF）操作等公开市场操作引导货币市场利率。此外，央行创新多种货币政策工具，保持流动性的稳定，同时增强利率调控和传导能力。央行也尝试通过创新流动性管理工具、超额存款准备金利率等打造利率走廊。在审慎政策工具上，央行不断完善MPA体系。货币政策框架转型和宏观审慎工具完善，两者不是孤立的，是需要协调配合的。例如，在金融体系内的杠杆水平仍然偏高的形势下，央行协同利用“双支柱”调控手段，提高了对经济短期波动的容忍度，在保持货币总体稳定的同时，缓慢抬升公开市场操作利率，并通过收紧宏观审慎调控，达到去杠杆的目的。又如，在房地产市场的调控上，央行利用逆周期政策工具约束，缓解金融加速器机制所引起的信贷波动，通过引导商业银行稳健经营来抑制其过度扩张，在抑制信贷过快增长的同时，也有针对性地抬高了住房抵押按揭贷款利率水平，使得适度从紧的货币政策意图得以更好地贯彻和传导。

（三）完善“双支柱”框架的政策建议

第一，进一步完善宏观审慎政策。不同于货币政策，对于宏观审慎政策的作用机制和有效工具，市场参与者和决策者还缺乏共识。2011年，人民银行开始引入差别准备金动态调整机制，将货币信贷、流动性管理与强化宏观审慎政策结合起来，借此提升金融机构运营的稳健性。2016 年，人民银行又进一步将其升级为金融机构宏观审慎评估体系（MPA），同时也强化了针对外汇流动性和跨境资金流动的宏观审慎管理。随后在 2017 年第一季度，人民银行将表外理财纳入了广义信贷考核指标，2018 年第一季度开始把 5000 亿资产以上的金融机构同业存单纳入同业负债占比指标纳入 MPA 考核，MPA 体系不断完善。下一步，为打好金融风险防范攻坚战，在借鉴前文提及的美国、欧盟、英国各国经验做法的基础上，不断丰富中国特色的宏观审慎政策工具箱。其中，必须把握几个原则：一是中国特色的宏观审慎政策工具创设必须要聚焦并能解决主要金融矛盾，具有有效性；二是中国特色的宏观审慎政策工具创设必须符合中国经济金融发展阶段、发展情况，具有适用性；三是中国特色的宏观审慎政策工具创设必须符合中国的金融监管实情，具有可操作性。

第二，促进“双支柱”调控框架之间的协同效应。协同利用“双支柱”调控手段，避免造成政策叠加和政策冲突等问题。前文 DSGE 模型研究表明，宏观审慎政策具有较强的中立性，可以在不损害实体经济的情况下，维护金融稳定，化解系统性风险，特别是在信贷供给冲击下，宏观审慎与货币政策的相互配合更有利于实现货币政策目标。未来，人民银行需要逐步完善“双支柱”调控框架。一是，完善货币政策框架，深化利率、汇率的市场化改革，发挥市场价格信号在资源配置中的决定性作用；二是，完善宏观审慎政策框架，将宏观审慎政策的覆盖范围扩充到更多金融活动、金融机构、金融基础设施和金融市场领域；完善宏观审慎政策治理架构，推进金融治理能力和治理体系的现代化。

第三，探索“双峰”监管的模式。“双峰”监管的提出最根本的原因在于监管理念的改变。“双峰”监管产生的背景是在金融行业混业经营的趋势下，不同类型机构的差异逐渐缩小，银行业、证券业、保险业之间的业务交叉越来越多，监管有效性大打折扣。“双峰”监管的矛头指向了金融领域的整体风险，而不再仅仅关注金融机构自身。从英国、澳大利亚等国实践来看，“双峰”监管通过审慎监管防范金融体系不发生系统性风险，保持金融市场的稳定，通过行为监管规范金融机构的经营活动。澳大利亚等国受金融危机影响较少，一定程度上获益于“双峰”监管体系。因此，未来应进一步加强国务院金融稳定发展委员会的职能建设，在国务院金融稳定发展委员会的指导协调下，中央银行和金融监管部门各司其职，各尽其能，进一步强化中央银行在宏观审慎监管方面的领导地位和职能建设，进一步明确银保监会、证监会行为监管的职能范围和权责界限。

第四，完善金融信息搜集和统计数据共享平台。全面必要的信息和数据是开展宏观审慎评估和制定宏观审慎政策的基础，本次金融危机的蔓延一定程度上源于政策部门无法掌握全面的数据和信息，导致无法正确把握风险传染过程，错失了干预的最佳时机，宏观审慎部门只有掌握全面、准确的数据信息，才有可能做出有效的判断，起到真正防范系统性风险的作用。当前，要加快建设符合中国国情的金融信息和统计数据共享平台，加快推进金融业综合统计工作，加快建设国家金融基础数据库。

第七章　货币政策协调与优化问题研究

无论从理论还是实践角度看，货币政策并不总是能覆盖经济发展的所有目标，即货币政策效应发挥是存在边界的，需要加强与其他经济政策的协调配合。在我国政策体系中，货币政策与其他政策（如财政政策、产业政策等）虽然在具体功能属性上分工明确界限清晰，但也存在协调配合的需求。本章构建了一个涵盖货币政策、财政政策、宏观审慎政策、结构性货币政策以及产业政策的 DSGE 模型，通过对各宏观及结构性政策产生的脉冲响应图进行分析，可以量化政策产生的经济效应，并从货币政策关注金融稳定与不关注金融稳定两个维度比较社会福利损失的大小，进而甄选出可行的政策搭配空间。

一、引言

2017 年全国第五次金融工作会议提出，今后做好金融工作要把握好几点原则：回归本源、优化结构、强化监管、市场导向。对比前四次全国金融工作会议可以看出，第五次金融工作会议特别强调防范化解金融风险的重要性和紧迫性。毫无疑问，防控金融风险，促进实体经济健康发展，实现金融稳定，是此后 5 年金融工作的重点方向。实体经济的健康发展与金融稳定不能割裂，而是存在有机的联系。实体经济失衡发展、过度金融化必然埋下金融不稳定的“种子”。金融过度“脱实向虚”，必然助长资产价格泡沫。而且实体经济若长期得不到有效“输血”，也会反噬金融的健康。所以未来货币政策要重点关注金融稳定目标，也要寻找更好的服务实体经济之道。

党的十九大报告进一步指出，我国经济已由高速增长阶段转向高质量发展阶段，正处在转变发展方式、优化经济结构、转化增长动力的攻关期。在此背景下，经济系统中的结构性矛盾更容易成为经济发展提质增效的阻碍，因此这就要求在我国经济体制不断变革、经济主要矛盾不断转化时，货币政策目标和理念不断更新。一方面，在我国货币政策实践中，作为总量货币政策的补充，结构性货币政策得以实施，在充分考虑微观经济结构差异后，针对经济系统特定领域及薄弱环节给予金融支持，但值得注意的是，结构性货币政策的实施应以不破坏总量货币政策的基调为前提，与总量货币政策相适应。另一方面，在经济结构性矛盾较为突出的情况下，货币政策的着力点应放在维护货币金融环境的稳定上，而不是加大总量刺激，否则即使能够取得局部成效，也是以固化原有结构性矛盾为代价的。

根据丁伯根法则，货币政策发挥作用其实是存在边界的，货币政策的价格手段和数量手段并不总是能覆盖经济发展的所有目标，货币政策不可避免地会遭遇期限边界和目标边界，因此需要拓展货币政策边界，使得既要实现总量目标又要兼顾结构目标（中国人民银行南昌中心支行课题组，2017）。一方面，是根据经济金融形势调整货币政策自身的目标函数。在不同的历史时期，我国中央银行的目标函数并不是一成不变的，中央银行会根据不同经济金融形势调整货币政策目标的权重，如在金融危机期间，会调高金融稳定和金融机构健康化的权重；在通胀较高时，价格稳定的权重会升高；在经常项目余额占 GDP 比重较大的时候，国际收支目标的权重又会相应提高（周小川，2016）。另一方面，需要加强与其他经济政策的协调配合，如根据财政政策、产业政策与货币政策功能属性不同，探索财税政策、产业政策与货币政策的协调配合。与此同时，需要健全货币政策和宏观审慎政策“双支柱”调控框架。“双支柱”调控框架一方面可以利用货币政策实现宏观、总量目标，如经济增长与物价稳定；另一方面可以利用宏观审慎政策调节微观、结构问题，提升金融服务实体经济的能力，并守住不发生系统性金融风险的底线。

在我国经济由高速增长阶段向高质量发展阶段迈进的过程中，面临的经济金融形势更为复杂，更需要货币政策以及其他主要宏观及结构性政策的有机配合，以培育和维护良好的经济金融环境，为改革与发展创造更多的时间和空间。因此，建立一个涵盖多种政策的理论模型，在此平台上对各类政策的经济效应进行模拟、观察与分析，并对政策进行评价，显得至关重要。

二、文献综述

（一）“双支柱”调控框架

2008 年全球金融危机以后，主要国家中央银行的货币政策引进了一些新的工具和方法，与此同时，G20 和全球金融稳定理事会以及巴塞尔银行监管委员会提出了一项很重要的调控手段——宏观审慎政策框架（周小川，2011）。宏观审慎政策的核心在于，在常规的宏观经济运行过程中，顺周期因素太多，周期波动会被放大，通货膨胀急剧上升、资产价格出现泡沫、影子银行迅猛扩张、金融衍生品风险集聚等，都可能成为顺周期的体现和结果，所以有必要引入逆周期的政策措施。从各国监管实践看，宏观审慎监管政策工具基本可分为三类：一是抑制信贷过度扩张和资产价格泡沫的政策工具；二是降低杠杆和期限错配放大效应的政策工具；三是降低金融体系内在关联性和负外部性的政策工具（钟震，2012）。那么宏观审慎政策是否与货币政策相冲突呢。部分学者认为当货币政策着眼于相机抉择进行总量调节时可能产生顺周期效应，这与宏观审慎原则会有一定冲突（Filardo，2004）。但由于金融周期与宏观经济周期频率不一致，同时货币政策与宏观审慎政策之间在工具使用上是有层次和等级的，只要制度安排合理，两者在应对不同宏观经济情形上具有互补效果（Caruana，2011；张健华和贾彦东，2012）。Funke 和 Paetz（2012）利用 DSGE 模型研究了引入贷款价值比规则的宏观审慎政策与货币政策的效果，发现两者相协调的政策可以提高社会福利，但在储蓄者与借款者之间存在福利的权衡。Suh（2011）建立资本要求比率规则发现，对贷款响应的规则能够有效稳定经济，当冲击源自金融部门时更是如此。鉴于标准的 DSGE 模型无法产生房价与家庭债务的大幅波动，Gelain 等（2013）建立了一个允许部分家庭偏离完全理性预期的非标准 DSGE 模型，研究显示家庭部门遵循简单移动平均预测规则的模型相对其他完全理性预期模型能够显著放大房价和家庭部门债务波动，并且贷款收入比规则能够最有效地降低经济波动，但是对房价涨幅或信贷增速响应的扩展利率规则虽能够稳定一些经济变量，但会显著放大通胀波动。由上述文献发现，宏观审慎政策的引入虽然能够丰富调控政策体系，但也要注意政策组合引起的新变化。

传统的货币政策一般认为物价稳定有助于金融稳定，但在部分国家，物价相对稳定时期不乏资产价格泡沫爆发的案例，说明金融稳定目标需要引起货币政策或其他监管政策的关注（Trichet，2009）。通过将资产价格、杠杆率水平和市场融资溢价等变量直接纳入中央银行的货币政策反应函数，马勇（2013）发现紧盯产出和通货膨胀的规则依然可以成为稳健货币政策的基石，盯住资产价格、融资溢价和银行杠杆率等变量的宏观审慎货币政策并不能提高社会福利。从政策的协调搭配来看，基于宏观审慎的货币政策、信贷政策和金融监管政策通过合理的组合和搭配，不仅能够更好地稳定经济和金融体系，而且可以有效降低单一政策所面临的多目标困境和政策负担（马勇和陈雨露，2013；陈雨露，2013）。

（二）结构性货币政策

货币政策效果的结构性属于货币政策的客观属性，而结构性货币政策属于中央银行主动行为。结构性货币政策的使用主要因其有三大优势：一是充当危机救助；

二是引导信贷流向；三是引入激励相容（钟正生，2015）。许道文（2016）认为国外的结构性货币政策产生的背景主要是金融危机发生后，流动性陷阱导致传统的货币政策失效，以及财政政策难以快速发挥结构调整功能。目前大部分研究主要集中于对国外结构性货币政策实践的分析及经验借鉴。邓雄（2015）比较了英格兰银行融资换贷款计划（FLS）、欧央行定向长期再融资操作（TLTRO）以及美国定期贷款拍卖（TAF）等国际主要央行结构性货币政策的内容与效果，发现融资换贷款计划实施后社会融资成本显著下降，但进入实体经济的资金没有明显增长。定向长期再融资操作的实施效果有待观察，Eichengreen（2014）认为 TLTRO 对信贷刺激非常有限，特别是当企业资产质量较差、抵押品不足时，该政策很难实施到位。同时邓雄（2015）认为定期贷款拍卖降低了金融机构的融资成本，但 Taylor 和 Williams（2009）认为 TAF 对缓解美国信贷市场紧缩没有明显效应。侯加林等（2016）总结了结构性货币政策的国际经验，主要包括欧元区的定向长期再融资操作、英国央行的融资换贷款计划、匈牙利央行促增长融资计划（FGS），并认为我国的结构性货币政策主要包括：信贷支持再贷款、定向再贴现、定向降准、定向的抵押补充贷款（PSL）。刘蔚（2016）则认为在我国公开市场操作中，短期流动性调节工具（SLO）、常备借贷便利（SLF）、中期借贷便利（MLF）也属于结构性货币政策，并比较了国外结构性货币政策［包括美国的定期证券借贷便利（TSLF）、一级交易商信贷便利（PDCF）］与我国结构性货币政策的差别。

关于结构性货币政策的研究还有一条线索即对其传导机制的研究。鲁雪岩和王一捷（2016）认为，结构性货币政策会通过利率渠道、汇率渠道、消费者资产负债渠道、企业资产负债渠道、金融机构资产负债渠道、资产流动性渠道对经济变量产生影响，并认为结构性货币政策不宜长期实施，否则反而容易造成新的扭曲。李亚奇等（2016）通过实证分析认为，我国结构性货币政策对经济发展和结构调整起到了积极作用，是转型期的合理安排，但其在前期效果明显，随着经济增速下滑，信贷资金又更多流入房地产等领域。彭俞超和方意（2016）利用 DSGE 模型分析了结构性货币政策对产业结构升级与经济稳定的影响，认为结构货币政策主要通过定向影响金融机构的运营成本而起到信贷结构调整和产业结构升级的作用，且发现非对称地实施结构性货币政策更能兼顾经济稳定和产业结构升级。胡育蓉和范从来（2017）认为结构性货币可以在应对非对称冲击、降低区域和产业异质性效应、纠正市场失灵等方面作为总量货币政策的有效补充，同时结构性货币政策可以通过导流效应、截流效应、成本效应以及信号效应对实体经济产生影响。刘澜飙等（2017）研究了我国结构性货币政策的信号渠道，发现信号渠道可以显著降低货币市场和债券市场利率，但有效性随利率期限的延长而下降。

（三）财政政策及与货币政策协调

目前，关于财政刺激经济效应方面的研究非常丰富，但经济环境、行为主体决策机制以及分析框架的不同导致现有研究并未得到一致结论。如经典的 IS－LM 模型认为政府支出会导致消费的增加，然而 RBC 模型预测政府支出的增加会导致私人消费的下降。经验分析在不同研究方法下，政府支出冲击的经济效应不完全相同。Ramey 和 Shapiro（1999）认为结构效应对总量效应有重要影响，所以在一个包含两部门的一般均衡模型中分析了政府支出的部门效应，相较单部门模型，两部门模型下总量变量具有更丰富的响应组合，军事开支冲击会导致产出的增加以及耐用品消费的先升后降。Edelberg 等（1999）利用一个简单的新古典增长模型，分析了外生政府购买支出增加的后果，发现就业、产出和非居民投资会增加，而真实工资、居民投资以及消费支出会下降。Burnside 等（2004）首先构建了一个基准模型，发现扭曲税率使得就业增加，并且基准模型下投资大幅上扬，消费出现下降，这些都与基本事实不符；而加入习惯形成与投资调整成本的模型提高了模型数量上的表现，但财政支出仍然会导致消费的下降。Blanchard 和 Perotti（2002）发现正的政府支出冲击能促进产出，而正向税收冲击则对产出有负向效应。但无论是税收增加还是政府支出增加都对私人投资有抑制作用。Galí 等（2007）将拇指法则居民（不借贷或储蓄，消费全部工资）纳入动态一般均衡分析框架，粘性价格的存在使得真实工资可能上升，因为价格加成的下降会抵消劳动的边际产品下降，工资的上升会刺激拇指法则居民消费，即拇指法则消费者能够隔离为财政扩张融资的高税收产生的负向财富效应。Ravn 等（2007）利用 SVAR 的研究认为政府购买会导致产出、私人消费的增加，贸易平衡恶化、真实汇率贬值。Monacelli 和 Perotti（2009）与 Bilbiie（2011）构建了劳动与消费具有互补性、存在价格黏性的不可分偏好模型，认为当一个正向的政府冲击来临时，名义价格黏性使得真实工资上升，劳动供给增加使得劳动需求的增加得到满足，同时由于劳动与消费具有互补性，消费会增加。Bouakez 和 Rebei（2007）利用美国数据发现政府支出冲击发生后私人消费会增加，并构建了一个私人与政府消费具有互补性的 RBC 模型，分析了其中的作用机制。Coenen 等（2013）对欧元区经济复苏计划下的财政政策效果进行了建模，发现私人消费与政府消费之间具有较强互补性，而私人投资与公共投资之间互补性稍弱。

近年来，部分学者研究了财政政策与货币政策的协调配合问题。Leeper（1991）将财政政策、货币政策划分为“主动型”“被动型”调控范式，并分析了四种组合下理性预期均衡的存在性和唯一性及宏观经济变化的结果。在没有显著的违约风险与高通胀的情况下，一个经济体所能维持的政府债务与 GDP 的比值是存在上限的，突破这一上限，财政政策就成为通胀的一个源泉，此时货币政策无力保持通胀低位稳定（Leeper，2013）。货币政策决策往往基于系统的经济分析，而财政政策更多取决于政治考量，所以前者更科学，后者更像炼金术，在正常时期，可以通过对过去行为的外推来获取财政政策预期，所以对货币政策而言这并非是难以克服的。在主动的货币政策与消极的财政政策下，政府消费容易挤出私人消费，因为更高的税收具有很强的负财富效应，而积极的货币政策响应会提高真实利率，但马尔科夫区制转移式的政策规则却能带来正的消费乘子（leeper，2010；Davig 和 Leeper，2011）。弗里德曼认为通货膨胀往往是货币现象，但 Leeper 和 Leith（2016）认为通货膨胀不仅仅是货币现象，而是货币政策与财政政策联合决定，货币政策与财政政策有存在冲突的地方，但也存在合作的空间（Chen 等，2015）。在中国的政策实践方面，贾俊雪和郭庆旺（2010）构建了一个不完全市场竞争条件下的 DSGE 模型，发现市场权力、风险厌恶和公共服务拥挤程度对最优财政政策和货币政策的周期特征具有重要影响。封北麟和孙家希（2016）对中外结构性货币政策进行了比较，认为两者在政策内涵、设立初衷、使用条件、政策目标、操作方式、预期效果方面有着不同的设计安排，并认为单一的结构性货币政策效力十分有限，需要财政政策的积极配合。如财政通过风险补偿机制、奖励机制可以调节商业银行的激励机制。对处于不同生命周期阶段的企业，结构性货币政策与财政政策可以分工协调。财政还可以为抵押品进行担保，扩大结构性货币政策操作过程中需要的合格抵押品范围。财政贴息工具、风险补偿政策可以与结构性货币政策结合推动企业并购重组等。

（四）最优政策选择

尽管在全球金融危机以后，货币政策对目标进行了一定程度的调整和校正，工具箱也更加丰富，但现有关于最优政策评价的研究，大都遵循 Galí（2015）的框架，即从消费者效用函数出发，推导出福利损失的二阶近似表达式，然后通过数值模拟找到最优的政策参数，值得注意的是，最终用来评价政策的福利损失函数与家庭偏好形式、经济隐含的扭曲以及结构参数有关。刘斌（2003）计算与福利损失等价的通胀率变化，比较了我国完全承诺的最优货币政策规则、最优的 Taylor 规则及相机抉择，发现最优的 Taylor 规则能够很好地近似于完全承诺的最优货币政策规则，并且这为我国货币政策决策与操作提供了一个指导方向。张雪兰和徐水安（2008）通过一个简单的前瞻性模型分析结果表明，通胀目标制不一定优于其他规则，我国尚未具备实施通胀目标制的制度条件和经济条件。余建干和吴冲锋（2014）通过构建和估计一个混合新凯恩斯模型，检验了中国最优货币政策类型，发现我国实施的货币政策与最优货币政策不存在显著差异，我国的最优货币政策类型是相机抉择的货币政策。陈师等（2015）通过建立一个引入有管理浮动汇率制的开放经济型 DSGE，使用中国宏观数据进行估计，发现在易变性和福利损失方面，利率规则优于数量规则。杨光等（2017）认为当名义利率触及零利率下限时，传统的泰勒规则已无法有效稳定经济，最优的货币政策规则不仅应盯住产出缺口和通胀缺口，还应对资产价格和信贷给予重点关注并作出适度反应。

三、基准模型

在一个包含金融中介的 DSGE 模型基础上，本部分进一步引入产业异质性。具体而言，为考察物价稳定与金融稳定双目标，模型刻画了房地产部门与其上游产业、下游产业的关联功能，上游产业能为房地产部门提供投入品，而房地产部门又可以带动下游产业增长，通过建立这一包含上、中、下游产业结构的新凯恩斯 DSGE 模型，可为后文探讨结构性改革、各政策协调与优化作准备。

（一）家庭部门

假定货币、土地直接进入家庭部门的效用函数，连续统（0，1）上的代表性家庭部门通过选择消费 C_t、劳动 N_t、真实货币余额 m_t，以及土地 $L_{1,t}$（Liu 等，2013）最大化自身一生的效用 U_t，效用函数 U_t 具体设定为：

$$U_t = \ln(C_t - hC_{t-1}) - \frac{N_t^{1+\eta}}{(1+\eta)} + \frac{m_t^{1-\upsilon}}{1-\upsilon} + J_t \ln L_{1,t} \quad (7-1)$$

其中，h 为消费习惯参数；η 为劳动供给弹性的倒数；υ 为利率货币弹性的一个比例。将土地引入效用函数主要借鉴 Liu 等（2013），J_t 为土地偏好冲击，服从 AR（1）过程，满足 $\ln J_t = (1-\rho_J)\ln J_{ss} + \rho_J \ln J_{t-1} + \varepsilon_t^j$，$\varepsilon_t^j$ 服从均值为零，标准差为 σ_j 的独立同分布。家庭部门的预算约束为：

$$C_t + m_t + \frac{B_t}{R_t} + D_t + Q_{l,t}(L_{l,t} - L_{l,t-1}) = W_t N_t + B_{t-1} + R_{t-1} D_{t-1} + \frac{m_{t-1}}{\pi_t} + \Pi_t - T_t \quad (7-2)$$

上式中 B_t 为家庭购买的国债；D_t 为储蓄；$Q_{l,t}$ 为土地价格；R_t 为实际利率；Π_t 为企业转移的利润；T_t 为税收支出；W_t 为工资总指数，垄断竞争的家庭可为厂商提供同质但可分劳动：

$$N_t = \left(\int_0^1 n_{jt}^{(\eta_w - 1)/\eta_w} dj\right)^{\eta_w/(\eta_w - 1)} \quad (7-3)$$

η_w 为劳动之间的替代弹性，进一步可求出家庭面临的劳动需求曲线：

$$n_{jt} = \left(\frac{W_{jt}}{W_t}\right)^{-\eta_w} N_t \quad (7-4)$$

进一步可得工资总指数为：

$$W_t = \left(\int_0^1 (W_t^j)^{1-\eta_w} dj\right)^{1/(1-\eta_w)} \quad (7-5)$$

假设在 t 期，有 $1-\xi_w$ 比例的家庭能够重新确定最优工资水平 W_t^*，ξ_w 比例的家庭不能重新选择最优工资，但能够进行指数化，则加总的工资水平可表示为：

$$W_t = \left(\xi_w (W_{t-1}\pi_{t-1}/\pi_t)^{1-\eta_w} + (1-\xi_w)(W_t^*)^{1-\eta_w}\right)^{1/(1-\eta_w)} \quad (7-6)$$

联立家庭效用函数，求解最优化的 W_t^* 可得：

$$E_t\left\{\sum_{k=0}^{\infty} (\beta\xi_w)^k l_{j,t+k} U_c X_{t+k} W_t^* + \frac{\eta_w}{\eta_w - 1} U_n\right\} = 0 \quad (7-7)$$

将上式联立总工资水平方程，并对数线性化可得：

$$\hat{w}_t = \frac{1}{1+\beta}\hat{w}_{t-1} + \frac{\beta}{1+\beta}E_t\hat{w}_{t+1} + \frac{1}{1+\beta}\hat{\pi}_{t-1} + \frac{\beta}{1+\beta}E_t\hat{\pi}_{t+1} + \frac{(1-\beta\xi_w)(1-\xi_w)(\sigma\hat{c}_t + \eta\hat{n}_t - \hat{w}_t)}{\xi_w(1+\beta)(1+\eta_w\eta)} \quad (7-8)$$

继续利用拉格朗日方法对其他变量求一阶导数，以实现家庭效用最大化，记拉格朗日乘子为 λ_t，则消费、储蓄、货币余额、土地持有量的一阶优化条件依次为：

$$\lambda_t = E_t[(C_t - hC_{t-1})^{-1} - \beta h(C_{t+1} - hC_t)^{-1}] \quad (7-9)$$

$$1 = E_t[\beta\frac{\lambda_{t+1}}{\lambda_t}R_t] \quad (7-10)$$

$$m_t^{-v} = \lambda_t - \beta E_t\frac{\lambda_{t+1}}{\pi_{t+1}} \quad (7-11)$$

$$J_t/L_{1,t} = \lambda_t Q_{l,t} - \beta E_t \lambda_{t+1} Q_{l,t+1} \quad (7-12)$$

上述（7-9）式反映的是消费的边际效用 λ_t 与消费的反向关系。（7-10）式表示的是利率与边际效用的关系，利率上升，当期消费的影子价格上升，当期消费支出会下降。（7-11）式反映的是家庭部门持有的货币余额与实际利率的反向关系。（7-12）式反映了家庭部门对土地的需求、土地价格以及边际效用之间的动态关系。

（二）生产部门

本部分主要刻画上游产业部门、房地产部门、下游产业部门的企业家的效用函数、预算约束、各部门生产函数以及企业家效用最大化下的选择行为。

1. 上游产业。上游产业由连续统上（0，1）的代表性上游企业家构成，假设只有消费能给上游企业家带来效用，最大化一生的效用为：

$$\max E_0 \sum_{t=0}^{\infty} \beta_u^t \ln(C_{u,t} - \gamma_u C_{u,t-1}) \quad (7-13)$$

β_u、γ_u 分别为上游企业家效用的贴现因子、消费习惯参数，预算约束可表示为：

$$C_{u,t}+B_{u,t-1}=P_{u,t}Y_{u,t}-W_tN_{u,t}-I_{u,t}+\frac{B_{u,t}}{R_t^L} \tag{7-14}$$

$P_{u,t}$为上游企业的产出价格；R_t^L 为贷款利率，上游企业家的生产函数为：

$$Y_{u,t}=A_{u,t}K_{u,t-1}^{\alpha_u}N_{u,t}^{1-\alpha_u} \tag{7-15}$$

α_u 为上游企业的资本份额，其中技术 $A_{u,t}$遵循 AR（1）过程，$\ln A_{u,t}=(1-\rho_{A_u})\ln A_u+\rho_{A_u}\ln A_{u,t-1}+\varepsilon_t^{A_u}$，$\varepsilon_t^{A_u}$ 服从均值为零，标准差为 σ_{A_u}的独立同分布。$K_{u,t-1}$ 为上游企业家最初的资本禀赋，通过每期追加投资进行资本积累，投资向资本转化的过程存在投资调整成本$\frac{\Omega}{2}(\frac{I_{u,t}}{I_{u,t-1}}-1)^2I_{u,t}$，$\Omega$ 为投资调整成本参数。δ_u 为上游企业资本折旧率，上游企业资本积累过程可表示为：

$$K_{u,t}=(1-\delta_u)K_{u,t-1}+[1-\frac{\Omega}{2}(\frac{I_{u,t}}{I_{u,t-1}}-1)^2]I_{u,t} \tag{7-16}$$

上游企业家通过将资本抵押给银行进行融资，$\theta_{u,t}$为抵押比例；$Q_{u,t+1}$为资本的价格；$B_{u,t}$为上游企业融资余额：

$$B_{u,t}\leqslant\theta_{u,t}E_t(Q_{u,t+1}K_{u,t}) \tag{7-17}$$

设上游企业预算约束方程的拉格朗日乘子为 $\lambda_{u,t}^b$；信贷约束方程的拉格朗日乘子为 $\lambda_{u,t}^\theta$；资本积累方程的拉格朗日乘子为 $\lambda_{u,t}^k$。则 $Q_{u,t}=\frac{\lambda_{u,t}^k}{\lambda_{u,t}^b}$为上游企业资本的影子价格。对消费、劳动需求、投资、资本以及贷款求一阶条件使得上游企业效用最大化，可得：

$$\lambda_{u,t}^b=\frac{1}{C_{u,t}-\gamma_uC_{u,t-1}}-E_t\frac{\beta_u\gamma_u}{C_{u,t+1}-\gamma_uC_{u,t}} \tag{7-18}$$

$$W_t=(1-\alpha_u)\frac{P_{u,t}Y_{u,t}}{N_{u,t}} \tag{7-19}$$

$$\begin{aligned}1=&Q_{u,t}[1-\frac{\Omega}{2}(\frac{I_{u,t}}{I_{u,t-1}}-1)^2-\Omega(\frac{I_{u,t}}{I_{u,t-1}}-1)\frac{I_{u,t}}{I_{u,t-1}}]\\&+\beta_u\Omega\frac{\lambda_{u,t+1}^b}{\lambda_{u,t}^b}Q_{u,t+1}(\frac{I_{u,t+1}}{I_{u,t}}-1)(\frac{I_{u,t+1}}{I_{u,t}})^2\end{aligned} \tag{7-20}$$

$$Q_{u,t}=\beta_uE_t\frac{\lambda_{u,t+1}^b}{\lambda_{u,t}^b}[\alpha_u\frac{P_{u,t+1}Y_{u,t+1}}{K_{u,t}}+Q_{u,t+1}(1-\delta)]+\frac{\lambda_{u,t}^\theta}{\lambda_{u,t}^b}\theta_{u,t}E_tQ_{u,t+1} \tag{7-21}$$

$$\frac{1}{R_t^L}=\beta_u\frac{\lambda_{u,t+1}^b}{\lambda_{u,t}^b}+\frac{\lambda_{u,t}^\theta}{\lambda_{u,t}^b} \tag{7-22}$$

（7－18）式反映了上游企业家消费与边际效用 $\lambda_{u,t}^b$ 的反向关系。（7－19）式为劳动需求方程，与传统的劳动需求方程不同之处在于该式包含了上游产出价格 $P_{u,t}$，上游产出价格越高，劳动需求越大。（7－20）式为投资的欧拉方程，左边表示一块钱的投资支出，等式右边表示一块钱的投资支出带来的收益，包括剔除调整成本后的净安装资本的影子价值，以及节省的未来投资调整成本的贴现价值。（7－21）式为资本的欧拉方程，左边为资本的影子价格，右边为资本的边际产品、折旧后的资本的重估价值，以及担保资本的价值。（7－22）式为贷款的欧拉方程，因为均衡的贷款利率高于存款利率，所以要求家庭部门的贴现因子要大于上游企业家的贴现因子（$\beta_u<\beta$），以使得 $\frac{\lambda_{u,t}^\theta}{\lambda_{u,t}^b}>0$，从而（7－17）式构成紧约束。

2. 房地产部门。房地产部门由存在于连续统（0，1）上的代表性房地产商构成，房地产商的行为与上游企业家类似，不同的是房地产部门的生产需要以上游产出作为投入要素。房地产企业家最大化一生效用为：

$$\max\sum_{t=0}^{\infty}\beta_h^t\ln(C_{h,t}-\gamma_h C_{h,t-1}) \tag{7-23}$$

其中，β_h、γ_h 分别为贴现因子与消费习惯参数，房地产企业家的预算约束可表示为：

$$C_{h,t}+Q_{l,t}(L_{2,t}-L_{2,t-1})+B_{h,t-1}+P_{u,t}Y_{u,t}=Q_{h,t}Y_{h,t}+\frac{B_{h,t}}{R_t^L} \tag{7-24}$$

上式中 $L_{2,t}$ 为房地产部门用于生产的土地要素；$Q_{h,t}$ 为房价；$B_{h,t}$ 为房地产企业融资余额。房地产企业家最初拥有 $L_{2,t-1}$ 的土地禀赋，以土地 $L_{2,t}$、上游产出 $Y_{u,t}$ 为生产要素进行生产：

$$Y_{h,t}=L_{2,t-1}^{1-\alpha_h}Y_{u,t}^{\alpha_h} \tag{7-25}$$

上式中 α_h 一方面反映了上游产业所占的要素份额；另一方面反映了与上游产业的关联度，α_h 越大，上游产业与房地产业的关联度越高。房地产企业家以土地作为抵押品从银行获取融资，土地抵押率为 $\theta_{h,t}$，满足以下融资约束：

$$B_{h,t}\leqslant\theta_{h,t}E_t(Q_{l,t+1}L_{2,t}) \tag{7-26}$$

设房地产部门预算约束方程的拉格朗日乘子 $\lambda_{h,t}^b$，信贷约束方程的拉格朗日乘子为 $\lambda_{h,t}^\theta$。房地产部门企业家选择消费、上游产出、贷款以及土地实现效用最大化，一阶最优化条件依次为：

$$\lambda_{h,t}^{b}=\frac{1}{C_{h,t}-\gamma_h C_{h,t-1}}-E_t\frac{\beta_h\gamma_h}{C_{h,t+1}-\gamma_h C_{h,t}} \tag{7-27}$$

$$P_{u,t}Y_{u,t}=Q_{h,t}\alpha_h Y_{h,t} \tag{7-28}$$

$$\frac{1}{R_t^L}=\beta_h E_t\frac{\lambda_{h,t+1}^{b}}{\lambda_{h,t}^{b}}+\frac{\lambda_{h,t}^{\theta}}{\lambda_{h,t}^{b}} \tag{7-29}$$

$$Q_{l,t}=\beta_h\frac{\lambda_{h,t+1}^{b}}{\lambda_{h,t}^{b}}\left[Q_{h,t+1}(1-\alpha_h)\frac{Y_{h,t+1}}{L_{2,t}}+Q_{l,t+1}\right]+\frac{\lambda_{h,t}^{\theta}}{\lambda_{h,t}^{b}}\theta_{h,t}Q_{l,t+1} \tag{7-30}$$

上述（7－27）式为消费的边际效用表达式。（7－28）式反映了房地产部门对上游产出的需求，可以看出，房价越高，房地产产出越大，对上游产出需求越大，在供给不变的情况下，会拉动上游产业的产出价格。（7－29）式反映了贷款利率与消费的影子价格、贷款的影子价格之间的关系。（7－30）式反映出土地的价格等于其创造的边际产品及下一期土地价格现值，以及土地作为担保资产进行融资的价值之和。

3. 下游产业。下游产业也由分布于连续统（0，1）之间的代表性下游企业家构成，代表性企业家最大化一生效用为：

$$\max E_0\sum_{t=0}^{\infty}\beta_d^t\ln(C_{d,t}-\gamma_d C_{d,t-1}) \tag{7-31}$$

β_d、γ_d 为下游企业家的贴现因子与消费习惯参数，下游企业家的预算约束可表示为：

$$C_{d,t}+I_{d,t}+B_{d,t-1}+W_tN_{d,t}+Q_{h,t}(H_t-(1-\delta_h)H_{t-1})=\frac{Y_{d,t}}{X_t}+\frac{B_{d,t}}{R_t^L} \tag{7-32}$$

上式中 X_t 为下游企业家将产品出售给零售商时，零售商的相对价格加成。为反映房地产行业对下游行业的带动作用，将下游企业的生产函数设定为：

$$Y_{d,t}=A_{d,t}(K_{d,t-1}^{\alpha_d}N_{d,t}^{1-\alpha_d})^{1-\chi}H_{t-1}^{\chi} \tag{7-33}$$

不同于上游产业的生产函数，下游企业的生产函数还需将房地产作为投入品，χ 刻画了房地产部门与下游产业的关联度。α_d 为资本密集度。$A_{d,t}$为下游产业的中性技术，服从 AR（1）过程 $\ln A_{d,t}=(1-\rho_{A_d})\ln A_d+\rho_{A_d}\ln A_{d,t-1}+\varepsilon_t^{A_d}$，$\varepsilon_t^{A_d}$ 服从均值为零，标准差为 σ_{A_d}的独立同分布。与上游企业类似，下游企业通过投资进行资本积累，但需要耗费一定投资调整成本，下游企业资本积累方程如下：

$$K_{d,t}=(1-\delta_d)K_{d,t-1}+\left[1-\frac{\Omega}{2}\left(\frac{I_{d,t}}{I_{d,t-1}}-1\right)^2\right]I_{d,t} \tag{7-34}$$

下游企业将资本与房地产作为抵押向银行融资，抵押率为 $\theta_{d,t}$，融资约束为：

$$B_{d,t}\leqslant\theta_{d,t}E_t(Q_{d,t+1}K_{d,t}+Q_{h,t+1}H_t) \tag{7-35}$$

设预算约束方程的拉格朗日乘子为 $\lambda^b_{d,t}$；信贷约束方程的拉格朗日乘子为 $\lambda^\theta_{d,t}$；资本积累方程的拉格朗日乘子为 $\lambda^k_{d,t}$。$Q_{d,t}=\frac{\lambda^k_{d,t}}{\lambda^b_{d,t}}$为下游企业资本的影子价格。下游企业家选择消费、劳动、投资、资本、房地产投入以及信贷，最大化一生效用，最优化的一阶条件为：

$$\lambda^b_{d,t}=\frac{1}{C_{d,t}-\gamma_d C_{d,t-1}}-\frac{\beta_d\gamma_d}{C_{d,t+1}-\gamma_d C_{d,t}} \tag{7-36}$$

$$W_t=(1-\chi)(1-\alpha_d)\frac{Y_{d,t}}{X_t N_{d,t}} \tag{7-37}$$

$$\begin{aligned}1=&Q_{d,t}\left[1-\frac{\Omega}{2}\left(\frac{I_{d,t}}{I_{d,t-1}}-1\right)^2-\Omega\left(\frac{I_{d,t}}{I_{d,t-1}}-1\right)\frac{I_{d,t}}{I_{d,t-1}}\right]\\&+\beta_d\frac{\lambda^b_{d,t+1}}{\lambda^b_{d,t}}Q_{d,t+1}\left(\frac{I_{d,t+1}}{I_{d,t}}-1\right)\left(\frac{I_{d,t+1}}{I_{d,t}}\right)^2\end{aligned} \tag{7-38}$$

$$Q_{d,t}=\beta_d E_t\frac{\lambda^b_{d,t+1}}{\lambda^b_{d,t}}\left[(1-\chi)\alpha_d\frac{Y_{d,t+1}}{X_t K_{d,t}}+Q_{d,t+1}(1-\delta)\right]+\frac{\lambda^\theta_{d,t}}{\lambda^b_{d,t}}\theta_{d,t}E_t Q_{d,t+1} \tag{7-39}$$

$$Q_{h,t}=\beta_d E_t\frac{\lambda^b_{d,t+1}}{\lambda^b_{d,t}}\left(\chi\frac{Y_{d,t+1}}{X_t H_t}+Q_{h,t+1}(1-\delta_h)\right)+\frac{\lambda^\theta_{d,t}}{\lambda^b_{d,t}}\theta_{d,t}E_t Q_{h,t+1} \tag{7-40}$$

$$\frac{1}{R^L_t}=\beta_d E_t\frac{\lambda^b_{d,t+1}}{\lambda^b_{d,t}}+\frac{\lambda^\theta_{d,t}}{\lambda^b_{d,t}} \tag{7-41}$$

上述（7-36）式反映了下游企业家消费的影子价格。（7-37）式为下游企业的劳动需求函数。（7-38）式反映了下游投资的边际成本等于边际收益。（7-39）式反映了资本最优决策下产生的资本的价格。（7-40）式和（7-41）式为下游企业房地产投入或贷款的欧拉方程。

（三）零售商

与 BGG 模型一样，零售商在区间［0，1］分布，它们在竞争的市场上从下游企业批发购买商品 $Y_{d,t}$，无成本的将产品差异化后出售给居民，零售价与批发价之比为 X_t。假定每期只有 $1-\xi_\theta$ 比例的零售商可以调整价格（Calvo，1983），由此可得到标准的新凯恩斯菲利普斯曲线：

$$\hat{\pi}_t=\beta E_t\hat{\pi}_{t+1}-\frac{(1-\xi_\theta)(1-\beta\xi_\theta)}{\xi_\theta}\hat{x}_t \tag{7-42}$$

（四）银行部门

假设存在三类商业银行分别给上游产业、房地产部门及下游产业发放贷款，商业银行之间无业务往来，主要起到给各产业部门提供资金融通的功能[1]。商业银行在存款市场上完全竞争，在贷款市场上垄断竞争。银行面临的贷款需求函数为：$S_t(j)=(\frac{R_t^L(j)}{R_t^L})^{-\varepsilon_s}S_t$，$\varepsilon_s$ 为贷款的替代弹性，$\varepsilon_s>0$，意味着贷款利率越高，贷款需求越小。银行单期利润函数为：

$$\Pi_t^B=R_t^L(j)S_t(j)-[(1-F_{j,t})(R_t+\frac{\tau_t}{(1-\tau_t)}(R_t-R_t^{rr}))+F_{j,t}R_t^{re}]S_t(j)$$
$$-\frac{k_s}{2}(\frac{R_t^L(j)}{R_{t-1}^L(j)}-1)^2S_t(j) \tag{7-43}$$

其中，$R_t^L(j)$ 为贷款利率。中央银行可以通过调节再贷款投向的数量与价格，以及法定存款准备金的比例和价格，实施结构性货币政策[2]。中央银行对商业银行的再贷款构成商业银行的负债，$F_{j,t}$ 为中央银行的再贷款比例，R_t^{re} 为中央银行设定的再贷款利率。商业银行将吸收的家庭存款按法定存款准备金率缴纳存款准备金，τ_t 为法定存款准备金率；R_t^{rr} 为法定存款准备金利率。对（7-43）式求利润最大化可得：

$$R_t^L=\frac{\varepsilon_s}{\varepsilon_s-1}[(1-F_{j,t})(R_t+\frac{\tau_t}{(1-\tau_t)}(R_t-R_t^{rr}))+F_{j,t}R_t^{re}]$$
$$-\frac{k_s}{\varepsilon_s-1}(\frac{R_t^L}{R_{t-1}^L}-1)\frac{R_t^L}{R_{t-1}^L}+\frac{\beta k_s}{\varepsilon_s-1}E_t(\frac{R_{t+1}^L}{R_t^L}-1)\frac{R_{t+1}^L}{R_t^L}\frac{S_{t+1}}{S_t} \tag{7-44}$$

（五）中央银行

根据费雪方程式，实际利率和名义利率有如下关系：$R_t=E_t\frac{R_t^n}{\pi_{t+1}}$。在中国的货币政策实践中，数量型规则使用较为频繁。所以还给出数量型规则，即控制货币供应量，记货币名义增速为 $G_t^m=M_t/M_{t-1}$，则货币供应量规则可描述为：

$$\ln\frac{G_t^m}{G_{ss}}=\rho_{gm}\ln\frac{G_{t-1}}{G_{ss}}+\rho_{gy}\ln\frac{Y_t}{Y_{ss}}+\rho_{g\pi}\ln\frac{\pi_t}{\pi_{ss}}+\rho_{gh}\ln\frac{Q_{h,t}}{Q_{ss}}+\varepsilon_t^m \tag{7-45}$$

上式中 ε_t^m 为冲击项，服从均值为零，标准差为 σ_m 的独立同分布。通过调节货币供应量，影响住户部门的货币需求函数，进而会影响无风险利率。如果 $\rho_{gh}=0$，则意味着数量型规则不对房价响应。$\rho_{gy}<0$，$\rho_{g\pi}<0$，反映数量型规则对经济进行逆周期调节。

---

① 即为了简化金融机构的行为，将商业银行设置为平行结构。

② 此处给出贷款定价的完整方程，但在第四部分模拟时会关闭结构性货币政策。

（六）市场出清条件

除信贷市场、劳动力市场出清外，还包括土地市场、房地产市场、产品市场出清。

$$L_{1,t} + L_{2,t} = \overline{L} \tag{7-46}$$

$$Y_{h,t} = H_t - (1 - \delta_h) H_{t-1} \tag{7-47}$$

$$Y_{d,t} = C_t + C_{u,t} + C_{h,t} + C_{d,t} + I_{u,t} + I_{d,t} + G_t \tag{7-48}$$

（7-46）式反映了家庭土地需求 $L_{1,t}$、房地产部门土地需求 $L_{2,t}$ 与总的土地供给（保持不变）之间的出清关系。（7-47）式反映了房地产部门产出与住户部门持有的房地产存量需求变化之间的关系。（7-48）式反映了下游产业产出（零售的终端需求）与家庭、企业家及政府部门对产品的需求关系。

四、参数校准与基本模型动态

（一）参数校准

对于模型中涉及的参数，本书参考现有文献给出通行的取值。将劳动供给弹性的倒数 η 设为 1。设定不能调整工资的概率 $\xi_w = 0.75$；$\eta_w = 10$，设定 $h = 0.5$，将各类企业家的消费习惯强度也设定为 0.5。资本调整成本 Ω 设为 2.5。$\upsilon = 1$；$\beta = 0.99$，$\beta_u = \beta_h = \beta_d = 0.98$，$\delta = 2.5\%$。借鉴郭长林（2015）将上下游产业资本份额 α_u、α_d 分别校准为 0.79、0.39，将房地产业资本份额 α_h 校准为 0.5。房地产与下游产业关联度 χ 先设定为 0.3。稳态的价格加成率 X_{ss} 设为 1.15（Iacoviello 和 Neri，2010）。参考侯成琪和龚六堂（2014），将抵押率 θ_u、θ_h、θ_d 设定为 0.7，稳态的土地偏好 J 取值为 0.1。

利用 2000 年至 2016 年数据将贷款基准利率、再贷款利率和法定准备金存款利率的平均值分别取为 6.01%、3.68% 和 1.90%[①]，从而模型中对应的季度均衡贷款利率、央行再贷款利率、法定准备金存款利率的均衡值分别为 1.015、1.0092 和 1.00475，法定存款准备金率为 12.72%，可计算出贷款替代弹性为 201.8。再贷款比例、贷款调整成本参数 k_s 参考彭俞超和方意（2016）分别设定为 0.0273、49.3。将 G/Y 用财政支出/GDP 的数据校准为 20%，将政府债务余额占产出的比率校准为 17.8%（张佐敏，2014）。

将土地偏好冲击、技术冲击、所有政策的可持续性参数取值为 0.9，冲击标准差统一取值为 0.01。将财政支出对产出的反应系数设定为 -0.2，税收支出对产出

---

① 数据来自 Wind 数据库。

的反应系数设为 0.1。将货币供给对通胀的反应系数设为 -1.5，对产出的反应设定为 -0.5。将房地产抵押率对房价涨幅的反应系数设定为 -0.5。

（二）模型动态

遵循从简单到复杂的分析思路，在第三部分基准模型的基础上，暂不考虑总量型货币政策对房价的反应、结构性货币政策，以及与宏观审慎政策、产业政策的协调配合问题，分析模型变量能够产生的基本动态。下面给出土地偏好、货币政策以及上下游技术冲击对主要变量的脉冲响应图（如图 7-1 所示）。

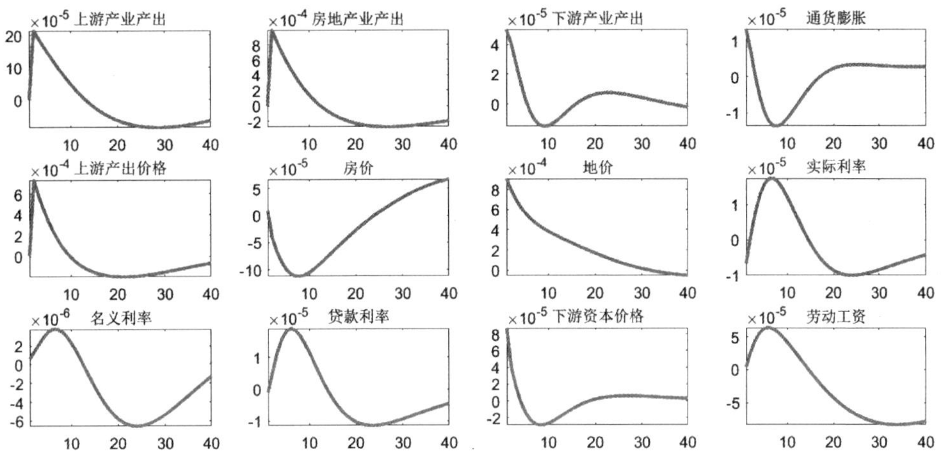

图 7-1　正向土地偏好冲击的宏观经济效应

图 7-1 给出了一个正向的土地偏好冲击的脉冲响应，家庭对土地的偏好增加，根据家庭部门对土地需求的欧拉方程①，土地价格会立即上升②。土地价格的上升，导致房地产用土地作为抵押品的价值更大，引发金融加速器效应，房地产部门产出上升，并对上下游产业产生拉动作用，可以观察到在第 2 季度房地产部门的产出到达峰值，并且这一峰值高于上游产业和下游产业。对上游产业需求增加引致上游产业产品价格上升。在土地偏好冲击下，房地产业相对于下游产业产出增加更多，意

① 土地需求的欧拉方程为：$\frac{1}{1-\beta}(\hat{\lambda}_t+\hat{q}_{l,t}) = \hat{j}_t-\hat{l}_{1,t}+\frac{\beta}{1-\beta}(\hat{\lambda}_{t+1}+\hat{q}_{l,t+1})$，土地价格 $\hat{q}_{l,t}$ 调整相对土地持有 $\hat{l}_{1,t}$ 调整更容易（从系数判断），所以土地偏好上升 $\hat{j}_t$ 会引致土地价格 $\hat{q}_{l,t}$ 上升。同时可以观察到，因为金融加速器的存在，土地价格与家庭部门的土地持有一般是反向的，因为家庭部门与企业部门存在土地竞争，企业部门会挤出或挤入家庭部门的土地需求，同时土地价格与产出、消费是正相关，所以与拉格朗日乘子是反向相关的。即土地价格与拉格朗日乘子、家庭部门土地需求负相关。

② 由（7-29）式和（7-30）式，土地价格一方面取决于房地产供需缺口，也与贷款利率（负相关）、是否抵押等因素有关。

味着下游产业对房地产需求强度低于房地产供给本身，所以房价不升反降。

下游产业投入多种要素进行生产，一方面由于房地产部门的拉动，上下游产业对劳动、资本的需求增加，导致工资、资本价格上涨；另一方面，房价的下降导致要素发生替代，企业家更少使用劳动与资本，劳动工资与资本价格有向下的压力。从图 7－1 可以看出，在前 8 个季度，房价加速下行，但劳动工资在前 6 个季度呈上涨态势，在前 4 个季度下游资本价格与劳动工资合计上涨幅度要大于房价下行幅度，所以根据菲利普斯曲线，通胀在前 4 个季度仍为正，但第 4 个季度后房价下跌幅度更甚，通胀随之下降。可以观察到，下游产业产出与通货膨胀走势基本相同，中央银行根据数量型货币政策规则进行逆周期调节①，一开始收紧银根，名义利率上行，但由于通胀下行幅度更大，所以实际利率仍然在最初的 1 个季度略微下降。后期随着工资与房价力量的此消彼长，通缩与通胀的交替出现，中央银行也相应逆周期调节，名义利率与实际利率随之波动。由于贷款利率是在存款利率的基础上线性定价，本书目前设定银行对不同产业部门的贷款供给为平行结构，所以可以看到贷款利率②与实际利率变化动态基本一致。

图 7－2 显示，当中央银行突然提高货币供给量时，名义利率下降，根据货币需求方程，在通胀反应黏滞的情况下，实际利率下降，消费的影子价格下降，家庭消费随之增加。同时真实货币余额上升，刺激了对土地的需求，导致地价上涨，地价的上涨使得房地产部门的抵押品价值增大，房地产部门可以通过融资扩大生产，但房地产供给过大，对房价产生下拉作用。

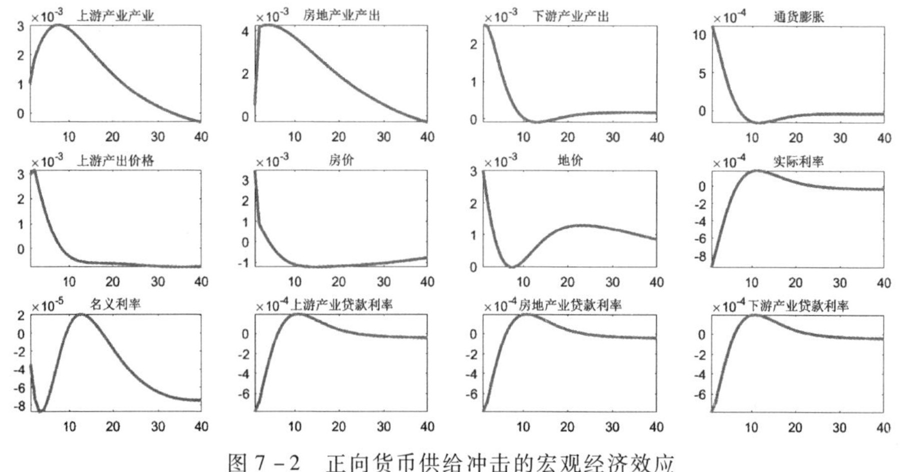

图 7－2　正向货币供给冲击的宏观经济效应

① 上文校准时，对通货膨胀设定了更大权重，中央银行更加关注通胀水平。

② 由于对称，所以上游产业、房地产业以及下游产业的贷款利率相同。

房地产部门扩张拉动了上游产业的产出，上游产业产出价格随之上涨，并拉动了资本与劳动的需求，两者价格上涨，其中资本价格的上涨会引发金融加速器效应。

下游产业投入要素种类更多，要素价格涨跌不一，所以下游产业产出变化更为复杂，房价的下降、工资与资本价格的上涨使得下游产业投入更多的房地产，另外下游产业可以用房地产与资本进行抵押进行融资，两者都会产生金融加速器效应，但方向相反，所以可以看到下游产业产出动态持续性不强，在受到货币供给冲击后第 10 个季度回归稳态。

最初 7 个季度通胀仍然上升，但随着房价下行幅度加大，同时工资与资本价格涨幅放缓，通胀水平穿过横轴进入通缩阶段。各产业贷款利率仍然依存款利率定价，变动趋势与之基本一致。尽管与土地偏好冲击一样，对经济体而言都属于需求冲击，但货币供给冲击能够降低资金的价格，进而使得房价、地价、资本品价格有更大的上升压力[①]。如房价在面临货币供给冲击时会立即上升 0.3%，而在面临土地偏好冲击时一开始房价几乎未发生变化，同样地价在面临货币冲击时瞬时提升 0.3%，而在面临土地偏好冲击时则仅瞬时提升 0.08%。

从图 7 - 3 看，当经济体由于实施结构性改革，导致上游产业面临一个正向技术冲击时，上游产业生产扩张，拉动工资、资本价格上涨[②]，并且因为供给过度增加导致自身价格下降。

通过产业关联，降低了房地产业的边际成本，房地产部门因而会增加供给，而且由于上游产出价格下降的持续性非常强，引发了房地产部门强烈的要素替代效应，所以在最初的几个季度会减少土地的需求，地价随之下降，但随着上游产业供给的减少，上游产出价格回升，房地产部门对土地的需求增加，地价上升。

同时，房地产供给增加导致房价下降，并带动下游产业边际成本下降，下游产业也会因此扩张。下游产业扩张对导致下游产业资本需求增加，因而下游资本价格上升，相对上游资本价格走势，下游资本价格的持续性稍强。观察图 7 - 3 可以发现，下游产业产出扩张并不会向上游产业那样持续较长时间，因为上游产业的扩张拉动了劳动需求，劳动工资增加，上游部门有技术作为对冲，而下游部门没有，所以下游产业在扩张了约 6 个季度后进入收缩阶段，基于与边际成本间的联系，通货膨胀与下游产业产出动态基本一致。在逆周期调节的货币政策规则下，中央银行收

① 可以通过贷款利率决定方程，以及各要素需求的欧拉方程推出，具体参见（7 - 21）式、（7 - 30）式、（7 - 39）式和（7 - 40）式。

② 上游产业资本价格在第一个季度拉升之后迅速回归稳态。排查发现，这是被上游企业家消费的影子价格以及担保借贷的影子价格所左右，上游企业家的这两类影子价格变化模式类似，但方向相反。

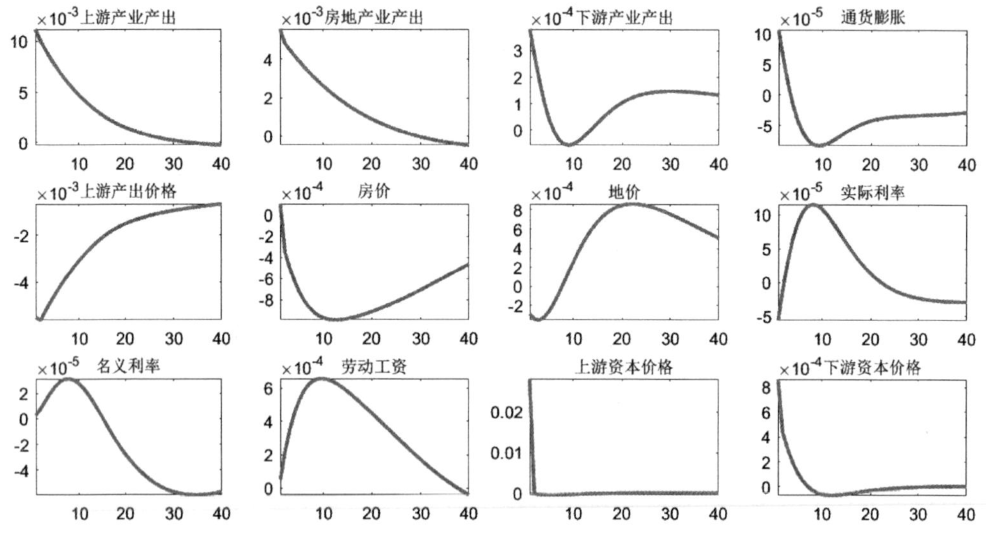

图 7－3 上游产业技术冲击的宏观经济效应

紧银根，名义利率上升，根据费雪方程，实际利率由于通胀最初上升较快仍在前 2 个季度出现下降，但随后会进入上升通道。

从图 7－4 看，由于经济体实施结构性改革，导致下游产业面临一个正向的技术冲击时，下游产业产出增加，在上下游产业关联下，房地产部门产出增加，地价随之抬升，房价在最初几个季度下行后于第 4 个季度反转上涨，前 3 个季度的下跌主要是因为实际利率过快上涨，导致贷款利率上涨，并对资产价格形成下拉作用。

可以看到，通过上下游产业关联，一个供给冲击被转变为一个需求冲击。通过进一步延产业链上游传导，上游产业的需求最终也被拉动，尽管在最初的 8 个季度都下降，这是因为下游产业的扩张拉动了工资上涨，工资的大幅上升最初抑制了上游企业家生产积极性，并减少了对上游资本的需求，导致上游资本价格下降①。

同样房价的最初下降，使得要素投入发生替代，根据菲利普斯曲线，通胀随之下降。中央银行根据数量规则进行逆周期调节，名义利率出现下行，实际利率由于通胀下降幅度更大而在最初的 5 个季度出现上升，但随着通胀下行幅度的收窄，实际利率在第 5 个季度后进入下降通道。

① 快速下跌后回归稳态，理由同上。

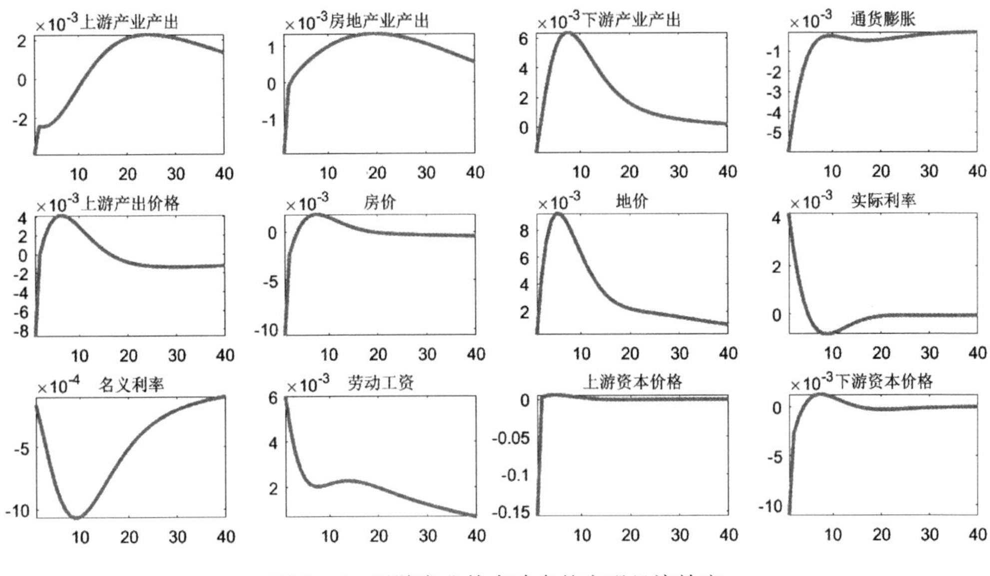

图 7-4 下游产业技术冲击的宏观经济效应

五、不同政策搭配与协调

面对复杂的经济和金融形势，单一的政策往往难以应对，需要多重政策予以协调配合。政策的搭配与协调效果的考察需要从两个维度展开：一是时间维度上的动态效应，即政策实施后，各变量怎样变化，可以通过脉冲响应进行分析。二是主要变量的波动性，即社会福利分析。在基准模型中已考虑货币政策，本部分将分步纳入财政政策、宏观审慎政策、结构性货币政策以及产业政策，最后形成一个包含货币、财政、宏观审慎及产业政策的统一的 DSGE 政策模型。

（一）主要政策搭配的动态经济效应

1. 与财政政策搭配。政府支出 G_t 由税收 T_t 和发行债券 $B_{G,t}$ 进行融资，政府的预算约束为：

$$G_t + B_{G,t-1} = T_t + B_{G,t}/R_t \tag{7-49}$$

财政部门的政策会遵循一定规则，依次为：

$$\hat{g}_t = \varphi_g \hat{g}_{t-1} + \varphi_{gy} \hat{y}_{d,t} + \varepsilon_t^g \tag{7-50}$$

$$\hat{T}_t = \varphi_T \hat{T}_{t-1} + \varphi_{ty} \hat{y}_{d,t} + \varepsilon_t^T \tag{7-51}$$

其中，ε_t^g、ε_t^T 为财政支出规则、税收规则的冲击项。设定 $\varphi_{gy} \leqslant 0$；$\varphi_{ty} \geqslant 0$，反映财政政策可以对经济进行逆周期调节。

从图 7-5 整体来看，当经济面临一个正向财政支出冲击时，不同财政规则下，经济系统中主要变量的反应基本无差异。具体来看，财政支出的增加直接拉动了下游产业产出①，由于财政支出部分依赖债务融资，资金需求的增加会拉高实际利率与贷款利率。实际利率的提高会抑制家庭部门的消费，对总需求形成下拉作用。

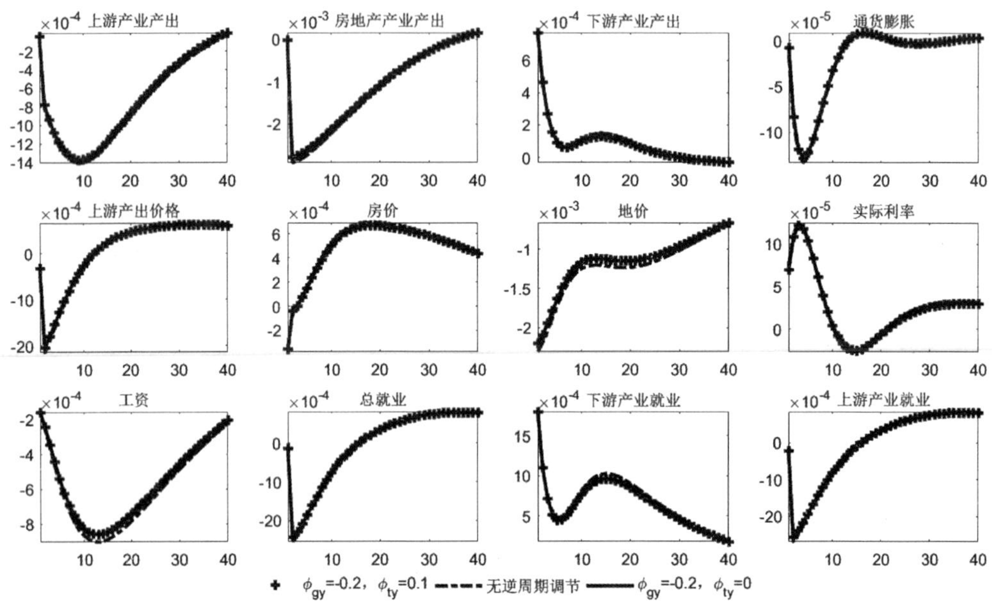

图 7-5　不同财政政策规则下的经济效应

但更为重要的是根据资本价格、房价的决定方程，贷款利率的提高，首先会抑制资本、房地产的需求，导致资本品价格与房价的下降②，但两者后续动态发生分化，因为资本调整成本的存在，资本品价格的下降会持续一段时间，而房价在下游产业的需求拉动下逐步回升。

上游产业资本价格的下降，通过金融加速器效应，使得产出下降，通过产业关联，上游产业会产生两方面影响：一是上游产出的下降直接使得房地产部门的要素投入受限，房地产部门产出下降，这会导致土地需求的下降，地价随之下行，这又进一步引发房地产部门的金融加速器效应，所以可以看到房地产部门在一季度下跌至谷底，这一底部位置（-0.3%）深于上游产业的谷底（-0.15%）。但房地产供给下降也有利于房价筑底回升。二是上游产业产出的下降，压低了劳动需求，劳动工资下降，这会扩大下游部门的就业。

① 本书设定下游产业产出即为最终产出。

② 将（7-41）式代入（7-39）式、（7-40）式，可知贷款利率与资本价格、房价负相关。

此外，下游产业部门的产出变化趋势比较复杂，下游部门既可以通过资本品抵押融资，也可以通过房地产抵押融资，而房价与下游资本品价格走势在相当长的时间内是背离的，所以各自引发的金融加速器效应有抵消作用。

2. 与宏观审慎政策搭配。在包含货币政策与财政政策的基础上①，本部分进一步纳入宏观审慎政策。实践中，实施宏观审慎政策的主要目的是建立逆周期调节机制，以实现金融稳定。为此，本书中将房地产业的融资抵押率设定为：

$$\hat{\theta}_{h,t}=\rho_{\theta_h}\hat{\theta}_{h,t-1}+\rho_{ql}(\hat{q}_{l,t}-\hat{q}_{l,t-1})+\varepsilon_t^{\theta_h} \tag{7-52}$$

上式中，$\hat{q}_{l,t}-\hat{q}_{l,t-1}$为地价涨幅对稳态的偏离，$\rho_{ql}\leqslant 0$。这一宏观审慎规则意味着地价涨幅越高，中央银行制定的抵押率会越低，即同样价值的抵押品能够获得的融资更少。$\varepsilon_t^{\theta_h}$ 为金融冲击，服从均值为零，标准差为 σ_θ 的独立同分布。

图 7－6 反映的是在货币政策、财政政策规则给定的情况下，不同房地产抵押率下（$\theta_h=30\%$，$\theta_h=70\%$，$\theta_h=100\%$）宏观审慎政策的动态效应。一个负向金融冲击来临时，意味着三类房地产抵押率会向下偏离稳态。从整体看，经济系统中变量走势基本相同，在抵押率（$\theta_h=100\%$）完全时，经济系统波动性最大，对经济、金融稳定明显不利；当抵押率较低时（$\theta_h=30\%$），经济波动性明显下降，但也会拉长经济走出萧条的时间。

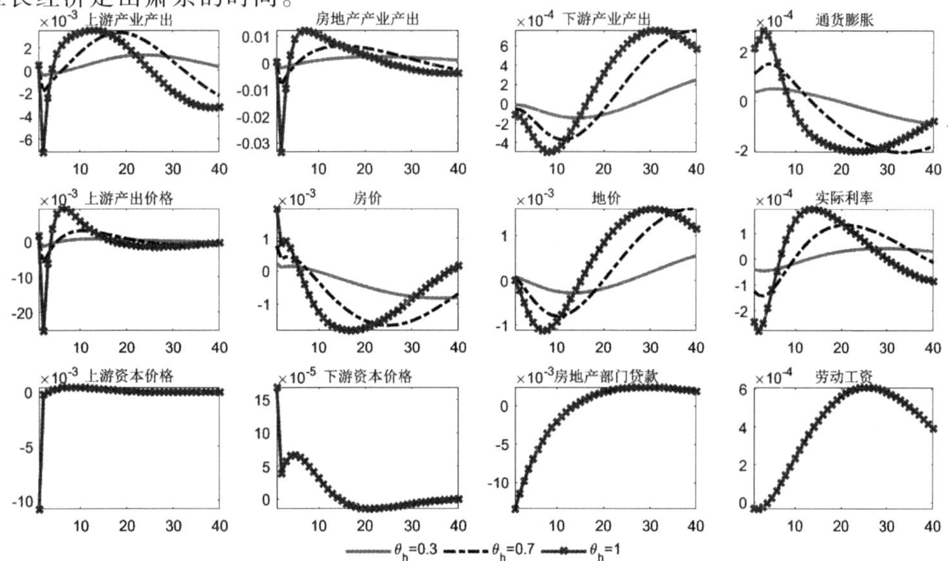

图 7－6　负向金融冲击下宏观审慎政策的搭配

① 建立在 $\varphi_{gy}=-0.2$；$\varphi_{ty}=0.1$ 的财政规则之上，其他组合不影响基本结论。

具体而言，当房地产抵押率面临一个负向金融冲击时，房地产产业面临更大的融资约束，房地产部门贷款立即下降，约在二十季度时回归稳态。房地产供给下降，土地价格随之下降。房地产供给突然减少，在最初的几个季度内拉动房价上升。

通过上下游产业关联，房地产业对上游产业的需求下降，上游产业产出与价格双降，上游产业减少资本需求，资本价格下降。同时，房地产部门带动下游产出的能力也减弱，下游产业产出下降，房价飙升的前几个季度，下游产业开始用劳动与资本替代房地产投入，导致下游资本与劳动价格上涨。可以发现，一方面相较其他冲击，负向金融冲击下各类产业产出呈现更强的“萧条—繁荣”周期[①]，以下游产业为例，最初生产边际成本的上升，会使下游产业开始收缩；另一方面，房价与资本价格的上升，使得担保价值的上升放松了下游产业的信贷约束，当担保价值带来的净收益由负转正时，下游产业开始扩大生产，走出萧条周期。

3. 与结构性货币政策搭配。在第四部分的基准模型中，虽然在介绍理论模型时涉及结构性货币政策，但在分析脉冲响应时关闭了结构性货币政策。结构性货币政策是中央银行的主动行为，是通过调整信贷价格、引导信贷流向等途径对商业银行实施的以调整经济结构为目标的货币政策。本书中金融与实体经济的联系是通过平行的三类银行实现的，三类同质银行分别给上游产业、房地产部门以及下游产业提供融资。当中央银行给不同产业对应的银行提供再贷款、定向降准、调整再贷款利率或准备金利率时，就意味着中央银行实施了结构性货币政策，在基准模型中我们给出了贷款利率的决定方程，但没有给出结构性货币政策如何决定，本书通过外生的一阶自回归的形势给出：

$$\hat{Z}_t = \rho_z \hat{Z}_{t-1} + \varepsilon_t^z \qquad (7-53)$$

上式中 $Z = \{F, \tau, R^{re}, R^{rr}\}$，分别表示中央银行的再贷款、法定存款准备金率、再贷款利率以及法定存款准备金利率，$\hat{Z}_t$ 为对稳态的偏离；ε_t^z 为政策冲击项，均值为零，标准差为 σ_z。

图 7-7 反映了数量型结构性货币政策对不同产业链条上对应的商业银行运用后产生的经济效应。先看上游产业对应的银行，中央银行实施的两类数量型结构性货币政策（提高再贷款比例与降低存款准备金率）产生的脉冲响应基本重合，说明两者产生的经济效应基本一致，为此我们只以其中一种数量型政策进行分析。

---

① 很多 DSGE 模型产生的冲击，一般都是单向的，即外生冲击要么引起萧条，要么引起繁荣。但本书模型部分经济变量能够产生“萧条—繁荣”或“繁荣—萧条”周期，因为含有多重金融加速器，以及产业关联机制。

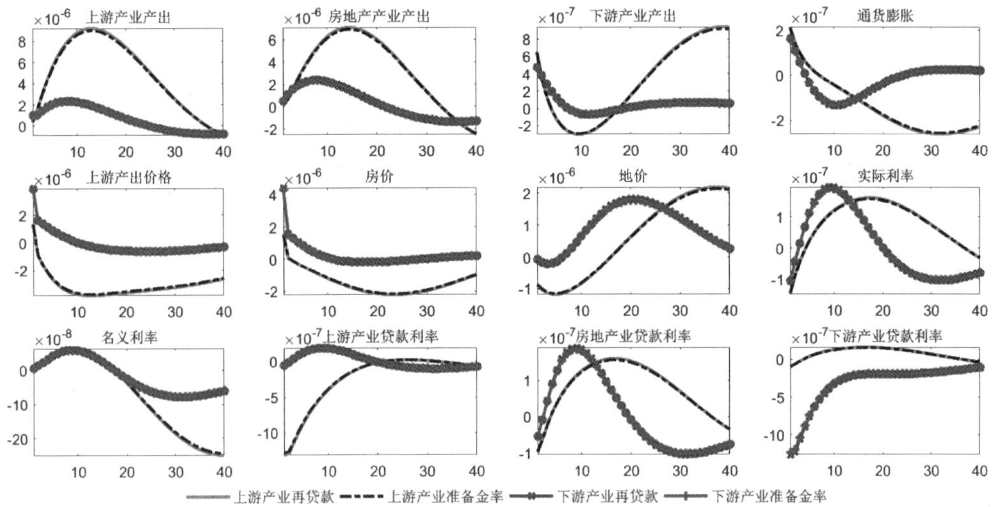

图 7－7　数量型结构性货币政策的经济效应

以再贷款为例，中央银行突然（仅）对上游产业对应的商业银行发放更多低成本贷款，与之前不同的是，上游产业的贷款利率立即下降，导致上游产业融资成本降低，上游产业产出增加，供给过度增加导致上游产出价格下行，作为房地产业的投入要素，这会降低房地产业的边际成本，房地产供给增加，同理房价随之下行。进一步传导至下游产业，引起下游产业边际成本下降，下游产业产出随之增加，通货膨胀随之上升。可以看出，结构性货币政策运用使得对应银行的贷款利率开始与其他银行的利率呈现差异化。

再看下游产业对应的银行，中央银行实施的定向再贷款与存款准备金率政策产生的脉冲响应同样一致，因此本书还是以再贷款为例展开分析。

中央银行突然（仅）对下游产业对应的银行发放更多低成本贷款时①，下游产业贷款利率立即下降，下游产业产出增加，因此需要更多房地产作为投入要素②，拉动房地产业产出，房价也随之上升。而通过产业链向上传导，需求驱动导致房地产的上游产业产出与价格同样上升。房地产业对土地需求也增加，进而引起地价上升。

比较而言，对上游或下游产业实施定向宽松数量型货币政策，上、中（房地产）、下游生产都会扩张，但上游产出价格、地价、房价走势相反，对下游产业实

① 我国国有企业多集中于产业链的上游，现实中国有企业贷款利率往往是较低的，因此中央银行这一操作是可行的。

② 本书未对房地产业区分居民住宅和商用房。此处可理解为需要投入更多商用房。

施结构性货币政策，相当于对整体产业链施加了一个需求冲击，而对上游产业实施，则相当于对中下游产业施加了一个供给冲击。

图7－8反映了价格型结构性货币政策对不同产业链条上对应的商业银行运用后产生的经济效应。由于价格型结构性货币政策在传导机制上与数量型结构性货币政策基本一致，所以不再具体展开分析。但值得注意的是，从坐标的数量级可以判断，价格型结构性货币政策引起的经济波动要高于数量型结构性货币政策，如降低上游产业再贷款利率（100个基点）会引起上游产业产出增加0.2%，但增加上游产业再贷款比例（1%），只能引起上游产业产出增加0.0008%。

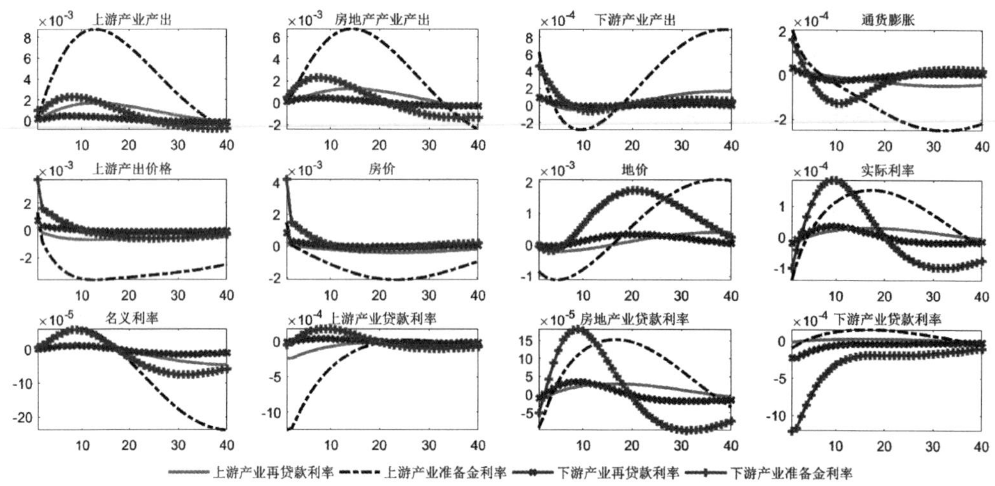

图7－8 价格型结构性货币政策的经济效应

4. 与产业政策搭配。我国的产业政策主要是通过财税政策，针对性地实施以鼓励或抑制相关产业的发展，由于数据可获得性，在我国现有研究中很难将产业政策进行量化，在实证类研究中一般是通过虚拟变量的方式刻画政府对某些产业支持的态度。由于产业政策最终会影响企业家的生产行为，所以本书通过影响企业生产函数的方式对其进行刻画：

$$Y_{u,t} = A_{u,t} K_{u,t-1}^{\alpha_u} N_{u,t}^{1-\alpha_u} K_{g,t-1}^{\alpha_g} \tag{7-54}$$

$$Y_{d,t} = A_{d,t} (K_{d,t-1}^{\alpha_d} N_{d,t}^{1-\alpha_d})^{1-\chi} H_{t-1}^{\chi} K_{g,t-1}^{\alpha_g} \tag{7-55}$$

在上述（7－54）式和（7－55）式中，政府支出形成的公共资本存量 $K_{g,t}$ 可以直接影响特定产业的产出，对上游产业的支持力度越大，意味着政府会增加上游产业公共资本积累方面的支出。

$$K_{g,t} = (1-\delta) K_{g,t-1} + G_t \tag{7-56}$$

上式中 G_t 变化规则如基准模型。当外生冲击引起政府对上游或下游产业的产业投资支出 G_t 变化时，意味着实施了相关产业政策。

图 7－9 反映了不同结构性货币政策规则与上游产业政策的搭配①。整体来看，在上下游存在结构性货币政策规则的情况下，对上游实施积极产业政策对主要变量产生的经济动态基本一致②。当政府为上游产业提供更多公共投资时，上游产业产出增加，供给的增加导致产出价格下降，相当于上游产业遭受了一个正向的供给冲击。同样，由于上下游产业的投入产出关系，导致房地产部门产出增加，房价下跌。房地产部门最初会用上游产出对土地要素进行替代，所以地价经历了一个先下降后上升的过程。

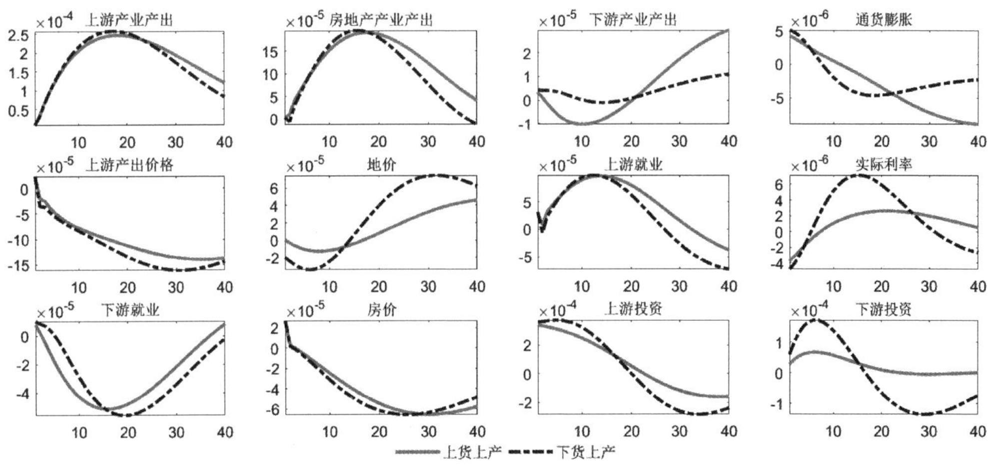

图 7－9　上游产业政策的经济效应

一个值得关注的现象是，对上游实施积极产业政策时，在劳动供给不是十分富有弹性的情况下，上游产业就业会对下游产业就业产生挤出效应。

对下游产业实施积极的产业政策，相当于下游产业经历了一个积极的正向供给冲击，所以图 7－10 中的脉冲响应原理基本与下游技术冲击的一致，对比图 7－10 和图 7－4，最大的差别就是图 7－10 中房地产产业产出经历了约三十个季度的下降过程，但在图 7－4 的下游技术冲击下，房地产产出只经历了短暂的下降过程，这是

① “上货上产”代表上游产业施加结构性货币政策规则，同时上游产业实施产业政策。“上货下产”“下货上产”“下货下产”代表的政策组合可依次类推。

② 因为结构性货币政策不同于总量型财政政策或货币政策，不存在逆周期调节，属于中性政策，所以不会对动态产生大的差异。

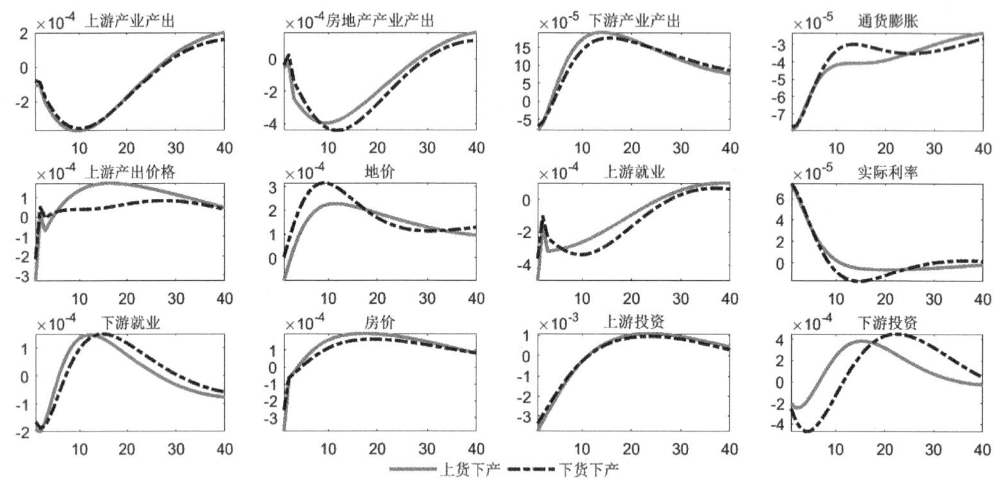

图 7－10　下游产业政策的的经济效应

因为在下游产业政策下，上游产业产出被挤出，并且下行时间较长，而通过产业关联的影响，房地产供给也受拖累。

5. 不同政策组合下的方差分解。上文完成了货币政策与其他主要经济政策协调搭配的模型构建，并分析了主要政策的经济效应。表 7－1 给出了上述不同政策组合下，主要政策冲击的方差分解结果，从而判断各类政策对经济系统中主要变量的影响大小。我们遵循从简单到复杂的思路，并只对影响较大的变量进行分析。

表 7－1　　不同政策组合下的方差分解①（%）

	冲击	Y_u	Y_h	Y_d	pie	P_u	QH	QL	R_L	R
总量货币政策＋财政政策	土地偏好	0.02	0.42	0	0	0.23	0.1	0.22	0.02	0.01
	上游技术	59.75	20.14	0.24	0.13	28.72	10.45	1.22	0.96	0.56
	下游技术	29.08	42.39	91.66	95.01	59.68	60.69	90.94	90.25	91.94
	货币供应	8.45	27.85	7.72	4.74	8.27	23.3	4.72	8.25	7.16
	财政支出	2.7	9.2	0.38	0.12	3.11	5.46	2.9	0.52	0.32

① 此表仅列出对上游产业实施结构性货币政策及对上游实施产业政策的分解结果，财政政策采取逆周期调节机制，宏观审慎政策对地价涨幅逆周期调节。Y_u、Y_h、Y_d、pie、P_u、QH、QL、R_L、R 分别为上游产业产出、房地产产出、下游产业产出、通货膨胀、上游产出价格、房价、地价、贷款利率实际利率。

续表

	冲击	Y_u	Y_h	Y_d	pie	P_u	QH	QL	R_L	R
总量货币+财政+宏观审慎	土地偏好	0.07	0.13	0.03	0.01	0.04	0.04	0.41	0.01	0.01
	上游技术	43.64	27.43	5.62	2.19	28.65	7.74	7.46	2.36	1.5
	下游技术	35.16	37.08	84.38	92.16	48.78	79.27	78.54	88.48	91.12
	抵押率	10.1	23.53	4.19	1.65	13.52	5.86	5.38	2.23	1.46
	货币供应	10.79	11.57	5.04	3.82	8.61	6.85	5.91	6.17	5.42
	财政支出	0.23	0.26	0.74	0.16	0.4	0.24	2.31	0.74	0.49
总量货币+财政+宏观审慎+上游结构货币政策	土地偏好	0.02	0.12	0.02	0.01	0.04	0.03	0.42	0.01	0.01
	上游技术	30.05	18.58	2.5	1.01	15.59	4.04	3.7	0.87	0.67
	下游技术	21.82	22.49	84.57	92.36	36.41	76.02	77.37	67.46	91.18
	抵押率	3.66	22.86	2.46	1	12.45	4.07	3.5	1.23	0.98
	再贷款	0	0	0	0	0	0	0	0	0
	再贷款利率	1.32	0.94	0.17	0.07	0.92	0.3	0.28	0.89	0.05
	存款准备金	0	0	0	0	0	0	0	0	0
	存款准备金利率	35.99	25.62	4.69	1.78	24.97	8.26	7.71	24.25	1.31
	货币供应	6.2	8.85	4.88	3.61	8.62	7.02	4.75	4.7	5.33
	财政支出	0.94	0.55	0.72	0.17	1	0.27	2.25	0.59	0.48
总量货币+财政+宏观审慎+结构货币+产业政策	土地偏好	0.04	0.18	0.03	0.01	0.1	0.03	0.78	0.01	0.01
	上游技术	31.34	15.95	2.88	1.21	15.39	3.44	3.89	0.57	0.42
	下游技术	17.56	32.37	83.95	91.94	37.63	79.01	77.63	67.91	93.04
	抵押率	3.93	20.69	2.85	1.15	12.63	3.58	3.86	0.86	0.69
	再贷款	0	0	0	0	0	0	0	0	0
	再贷款利率	1.47	0.84	0.2	0.08	0.94	0.27	0.32	0.93	0.03
	存款准备金	0	0	0	0	0	0	0	0	0
	存款准备金利率	40.06	22.81	5.55	2.27	25.64	7.31	8.67	25.36	0.84
	货币供应	5.54	7.13	4.53	3.33	7.6	6.34	4.83	4.36	4.98
	产业政策	0.06	0.02	0.01	0	0.06	0.01	0.01	0	0

当总量货币政策与财政政策搭配运用时，上游产业产出、价格受上游技术冲击影响较大，方差分解比重分别占59.8%与28.7%，在各类冲击中居第一位与第二位。其他产出及价格变量，如房地产供给、下游产业产出、地价等受下游技术冲击影响最大。数量型总量货币政策对通胀、房价、贷款利率和实际利率的价格变量影响占比分别达4.7%、23.3%、8.3%和7.2%。

在总量货币政策、财政政策的基础上，进一步引入宏观审慎政策。由于引入对房价涨幅的逆周期调节机制，抵押率冲击对房地产供给的影响占23.5%，尽管仍低于技术冲击，但要高于货币供给冲击。引入抵押率冲击，数量型总量货币政策对经济系统的解释力度略有降低，其中对房价的解释力度由23.3%降至6.9%。

在以上三类政策模型的基础上，进一步纳入结构性货币政策，由于本书中提及三大类产业，为简便起见，此处仅考虑对上游产业实施结构性货币政策的结果。分结构看，数量型工具的影响微乎其微，价格型工具对经济系统的影响要大大高于数量型工具，与上文中数量型与价格型结构性货币政策的脉冲响应图中显示的数量级相吻合。

最后，在以上四类政策模型的基础上，进一步纳入产业政策，为简便起见，此处仅考虑对上游实施产业政策的结果。对上游产业实施产业政策后，方差分解没有明显的边际改变，这是因为产业政策本质上仍然是通过财税手段发挥作用，只不过使用手段的工具、结构与目标有所改变。

比较上述包含五类政策模型的方差分解结果，可以发现数量型总量货币政策对通货膨胀的贡献稳定在3%—5%之间。宏观审慎政策对房地产供给的影响较大，贡献度处于20%—24%之间。上游技术冲击对上游产业产出的影响基本居于首位。下游产业受下游技术冲击影响最大。

（二）对传导机制的进一步分析

1. 货币数量与价格的关系。虽然上文中一直使用的是货币供应量规则，但在本书的模型设定中，它要对整个经济系统起作用，需要通过货币的需求方程影响到实际利率①，而利率规则是对名义利率直接调控，所以可以预期这两种货币政策规则的调控效果应该接近。为此设定利率规则进行对比分析。

$$\ln \frac{R_t^n}{R_{ss}^n} = \rho_r \ln \frac{R_{t-1}^n}{R_{ss}^n} + (1-\rho_r)\left(\rho_\pi \ln \frac{\pi_t}{\pi_{ss}} + \rho_y \ln \frac{Y_t}{Y_{ss}}\right) - \varepsilon_t^R \quad (7-57)$$

上式中，$\rho_r=0.9$；$\rho_\pi=1.5$；$\rho_y=0.5$。冲击项标准差仍为0.01，为便于和正向的货币供给冲击比较，冲击项系数设定为负，即都在宽松货币政策环境下比较。

从图7-11可以看出，数量规则和利率规则对主要变量的影响方向几乎一致，只是幅度上有差别，因为两者本质上都是通过影响实际利率对经济系统产生作用。名义利率下调100个基点，上游产业、房地产和下游产业产出分别会相对稳态提升2%、1%和1.6%；而货币供应量每增加1%，以上三类产业的产出分别提高0.2%、

① 如果不通过利率这条途径，可直接设定货币供给影响信贷规模，再影响企业的生产函数。

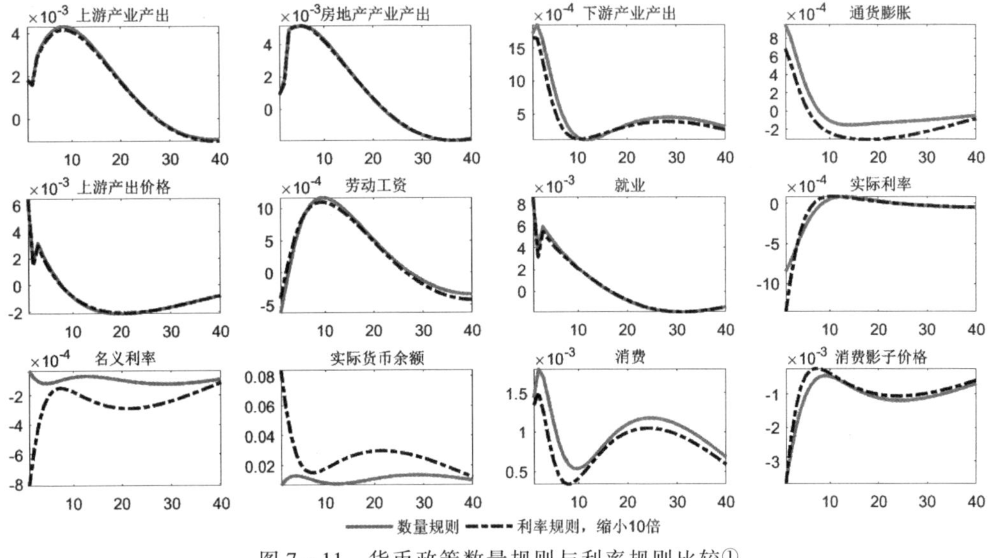

图 7－11　货币政策数量规则与利率规则比较[①]

0.1%和0.17%。根据费雪方程式[②]，进行利率调控时，名义利率的下降会直接引起实际利率的下降，进而通过消费、投资扩张总需求。而根据货币需求方程[③]，由于利率的货币弹性 $\kappa=\frac{\upsilon(1-\beta)}{\beta}$ 较小，所以货币供应量同样幅度的增加，引起的实际利率的变化相对较小，对总需求的影响自然也要小些。同时，结合储蓄的欧拉方程，货币需求方程 $-\upsilon\hat{m}_t=\hat{\lambda}_t+\frac{\beta}{1-\beta}\hat{R}_t^n$ 变为 $-\upsilon\hat{m}_t=\hat{\lambda}_t+\frac{\beta}{1-\beta}(\hat{\lambda}_t-\hat{\lambda}_{t+1}+\hat{\pi}_{t+1})$，即货币供应量的增加，往往会使得消费的影子价格下降，消费随之上升。

在一般的DSGE模型中，利率的作用非常关键，它不仅影响家庭部门的跨期决策，还影响金融中介的定价行为，进而影响企业的生产。虽然本书使用的是货币供应量规则，但如上文所说，在本书的模型设定中，它要对整个经济系统起作用，需要通过货币的需求方程影响到实际与名义利率，所以利率的货币弹性至关重要（见图7－12）。在zhang（2009）的模型中，υ 被设定为3.13，实际上设定的是货币持有行为会给家庭带来负效用（类似劳动），但很多文献也认为货币持有行为应该带

① 从此处开始，无特别说明，分析都是基于包含了财政、宏观审慎规则的模型，同时对上游产业施加了结构性货币政策与产业政策。

② $\hat{R}_t=\hat{R}_t^n-\hat{\pi}_{t+1}$，即实际利率等于名义利率减去通胀。

③ 即 $-\upsilon\hat{m}_t-\hat{\lambda}_t=\frac{\beta}{1-\beta}\hat{R}_t^n$。

来正效用（彭俞超和方意，2016），所以本书对比 $\upsilon=3.13$ 和 $\upsilon=1$（货币持有项变为对数形式，但提供正效用）[①] 给经济系统带来的影响。可以发现，面对一个正向的货币供给冲击，无论货币持有带来正效用还是负效用，对名义利率的影响方向不会发生变化，但 υ 更大时，名义利率下降幅度更大，所以 υ 可以作为利率的货币弹性的指示参数。

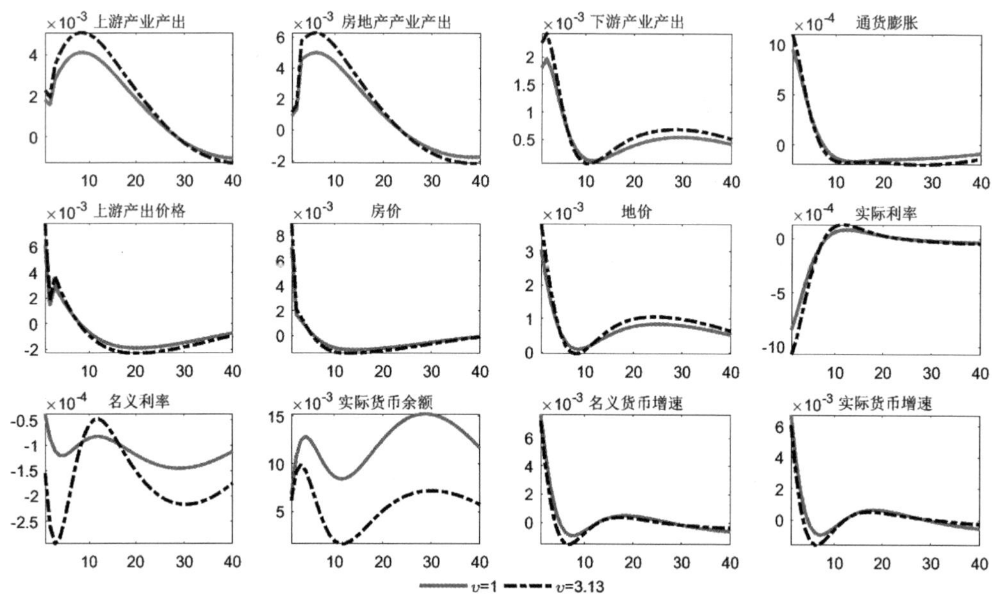

图 7－12　利率的货币弹性比较

2. 金融加速器机制。Kiotaki 和 Moore（1997）构建了基于资产抵押融资的金融加速器模型，后期许多学者将抵押品机制嵌入标准的 RBC 模型，发现抵押品融资对经济波动的放大机制消失了（Kocherlakota, 2000；Cordoba 和 Ripoll, 2004a；Iacoviello, 2005）。

Pintus 和 Wen（2013）认为其中一个很关键的因素是没有额外的储蓄转为可贷资金，从而无法降低实际利率，也就无法进一步持续增加消费与投资需求，产出自然也无法增加。Liu 等（2013）通过对比含融资约束与不含融资约束的模型，发现并非所有冲击都能产生较大的金融加速作用，住房偏好冲击是产生金融加速器的主要驱动力。本书分析的着力点在货币政策，所以接下来重点分析货币政策如何产生金融加速器效应，以及“繁荣—萧条”周期形成的原因。

---

① 本书还对比了 V＝50 的结果，各变量的变化方向仍然相同。

为分析货币政策能否引发金融加速器机制，需要与不含金融加速器的模型进行比较。前文中的（7－17）式、（7－26）式、（7－35）式中的基于抵押品机制的债务融资，内生于抵押品价值，是产生金融加速器的原因，为此需要将上述三个方程外生化，借鉴 Liu 等（2013）的做法，将上游产业、房地产部门、下游产业的债务设定为一阶自回归的形式，从而使得债务不再由经济系统中的变量内生决定，基于此可以建立一套新的模型，货币政策对该系统的脉冲响应见图 7－13。

从图 7－13 看，当一个正向的货币供给冲击来临时，对比不含金融加速器的模型，含有金融加速器模型中的多数经济变量的波动性明显加大。货币政策需要通过影响资金价格进而影响经济系统，但由图 7－13，在最初的 10 个季度内名义利率和实际利率基本一致，但随后传递到生产部门，经过上、中（房地产）、下游产业三重金融加速器的作用，产出、地价、房价以及投资都会产生更大的波动。

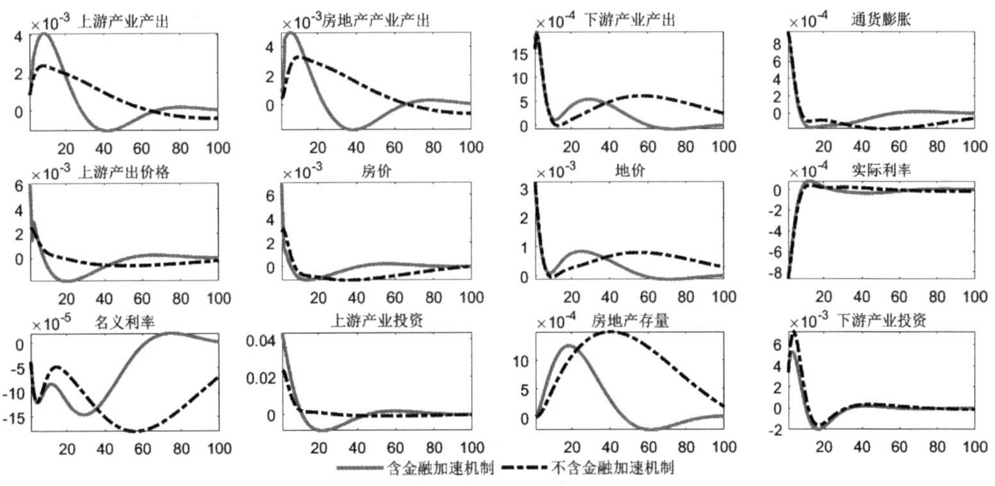

图 7－13 货币政策与金融加速器机制

同时可以发现，抵押品融资机制的存在是经济系统呈现“繁荣—萧条”周期的原因之一，以房地产部门为例，存在金融加速器时，房地产部门由宽松的货币政策开启一个繁荣周期的起点，约在第 10 季度产出达到峰值，随后掉头向下，约在第 20 个季度进入萧条周期，并在第 40 季度达到最低谷，后逐渐远离谷底，于第 60 个季度穿越稳态点，走向复苏。

其中的机制是这样的，宽松的货币政策下无风险（存款）利率下降，使得贷款利率下降，土地价格上升，地价上升放松房地产部门的融资约束，房地产部门扩张，但这种扩张并不是无限制的，边际产出递减以及边际成本的增加，会使产出存在一个峰值，而边际成本以及债务的进一步增加①，会侵蚀企业的财富，减弱企业的需求，导致土地价格的下降，削弱抵押品的价值，这又会引发所谓的“金融减缩器”的作用，但产出并不会因此而一直下行，因为随着产出的下降，边际收益一直是递增的，且边际成本是递减的，所以产出下行也存在一个最低谷，然后在债务的下降及边际收益的进一步递增的推动下，产出一步步向稳态靠近，并最终越过稳态走向复苏。

图7－14给出了三类企业家预算约束②中涉及的主要变量在一个货币供给冲击来临时的脉冲影响，主要考察消费习惯与投资调整成本对“繁荣—萧条”周期的影响。

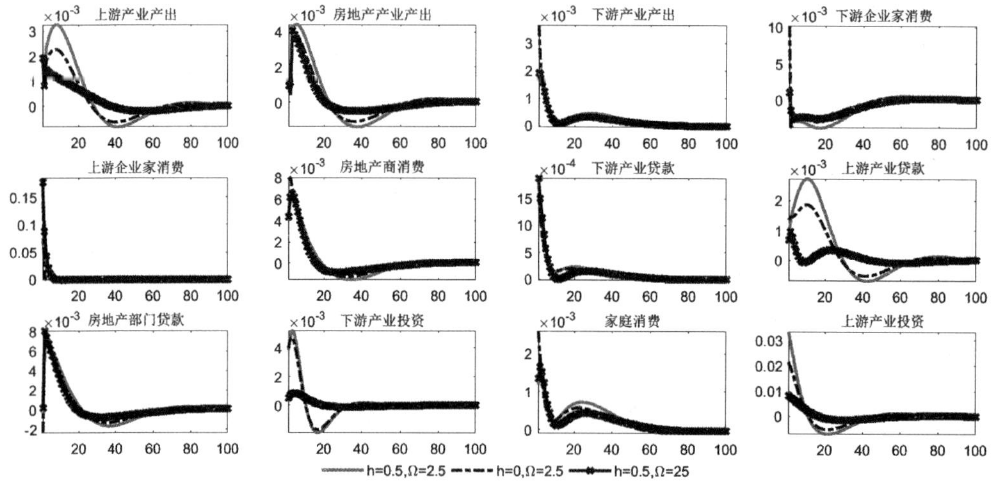

图7－14　消费习惯、投资调整成本与“繁荣—萧条”周期

可以看出，上游产业产出此时表现出明显的“繁荣—萧条”周期特征，并且与上游产业贷款、投资形成明显的协动性。上游产业产出与上游产业贷款变动几乎完全同步，说明了金融加速器对“繁荣—萧条”周期形成的重要性，但在融资约束缓解的前提下，上游企业家主要通过调整消费、投资与雇佣劳动进行生产决策。

可以看出，随着消费习惯由0.5下降至0，上游产业产出波动峰值有所降低，这是因为随着消费习惯的下降，更多的企业家会即时消费，随之储蓄下降，可用于投资的资源减少（图7－14中的上游产业投资对稳态偏离由3%降至2%）。但相对

① 尽管产出对稳态的偏离迈过了峰值，但只要正向偏离稳态，产出仍会随着时间推移而增加。

② 参见模型（7－14）式、（7－24）式及（7－32）式。

调整成本而言，消费习惯的影响要小。由图 7－14 可知，随着投资调整成本参数由 2.5 调至 25，上游产业产出的“繁荣—萧条”周期立即变得不是十分明显，因为投资调整成本的增加，使得企业家将投资分散到多期进行，平滑了投资的波动。

此外，在图 7－14 中，房地产商及下游企业家的行为没有发生太大改变，因为本部分使用的模型对上游产业施加了结构性货币政策规则，所以在实际利率下降时，上游产业贷款利率下降更为明显。如果采用对下游产业施加了结构性货币政策的模型，则下游产业产出会得出类似结论。

在基准模型中，本书设定了黏性工资，并假设工资可以根据通货膨胀指数化。因为工资会影响家庭部门的财富，以及企业的劳动需求决策，为此图 7－15 比较了工资定价对主要变量动态的影响。

从图 7－15 看，随着工资黏性的增加[①]，工资很难调整，会呈现出驼峰型动态。在一个正向的货币供给冲击来临时，工资增加。从劳动工资动态看，基准情形下，工资会呈现出驼峰型动态；工资完全指数化时，工资也呈现驼峰型动态，但持续时间更长，需要更长时间回归稳态；工资完全灵活调整时，工资没有呈现驼峰型。同时还可以看出随着工资黏性的提高，消费、投资、产出的黏性也增加，由于“繁荣—萧条”周期的存在，一分为二地看，在繁荣周期消费、投资、产出呈现出的“驼峰”形状更扁平，需要更长时间回归稳态；在萧条周期消费、投资、产出呈“倒驼峰”形状更扁平，也需要更长时间回归稳态。

3. 上下游产业关联机制。作为经济系统中的基本关系之一，投入产出结构对经济波动有重要影响（鄢莉莉和吴利学，2017），因此，不同的产业关联度会影响政策的后续效果，表现为在不同产业关联度下，不同类型政策冲击的脉冲响应表现不一样。

在基准模型中，提到 α_h 可以反映房地产部门与上游产业的关联度，通过调整该参数可以考察关联度的变动对经济波动的影响。为与之前 $\alpha_h = 0.5$ 的情况对比，图 7－16 给出了上游产业与房地产部门关联度 $\alpha_h = 0.9$ 时积极产业政策的脉冲响应图。

α_h 的上升，意味着房地产与上游产业关联度上升，可以看出整个经济系统将因此受到影响，主要经济变量“繁荣—萧条”周期会有所减弱。在一个正向的货币供应冲击下，由于金融加速器的作用，资本、土地等要素的价格一开始会上升，在更

---

① 工资完全指数化，即 100% 的比例不能重新确定工资，所以具有完全黏性。

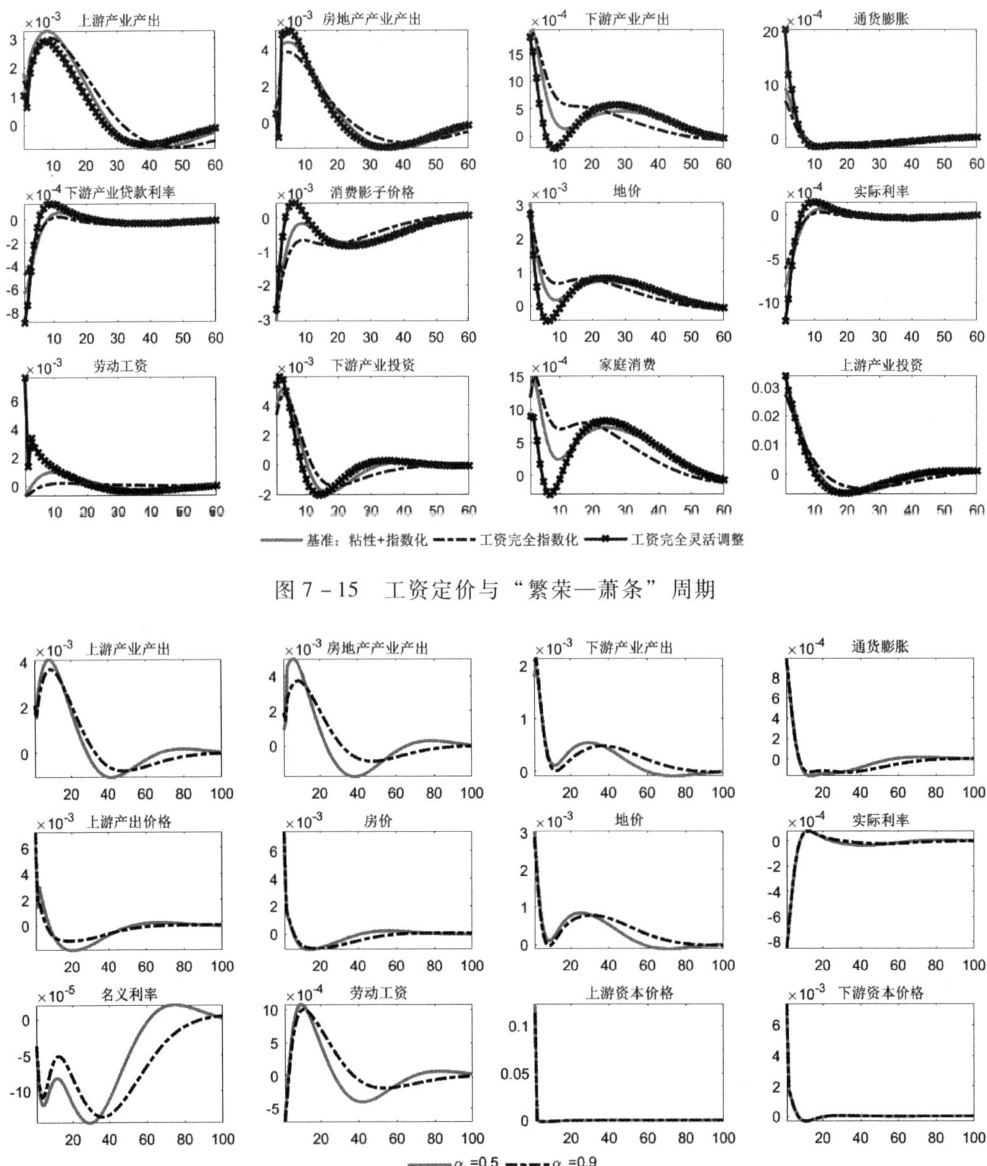

图 7－15　工资定价与“繁荣—萧条”周期

图 7－16　上游产业与房地产部门关联度下的经济效应

强的产业关联度下，对这些要素需求增加更多，相对而言，边际成本上升更快，产出因而随着产业关联度的上升而下降。以房地产部门为例，货币供应量扩张时，由于金融加速器的作用，上游产出价格会立即上升，产业关联度的上升，使得房地产部门的边际成本上升更快，$\alpha_h=0.9$ 时房地产供给上升的峰值为 0.4%，低于 $\alpha_h=0.5$ 时

0.5%的房地产供给峰值。与此同时，由于产业关联度的存在，房地产部门会反作用于上游产业，导致上游产业产出更快见顶。反之，一旦进入萧条周期，上游产业产出也会得益于房地产部门更大的拉动作用，下跌幅度更小。

为与之前$\chi=0.3$的情况对比，图7-17给出了房地产和下游产业关联度$\chi=0.6$时一个正向货币供给冲击的脉冲响应图。同样可以看出，在货币供应量突然增加后，房地产与下游产业关联度的变化对整条产业链的产出都存在较为显著的影响。但变化的逻辑与上游产业房地产部门关联度的变化基本一致，所以不再赘述。

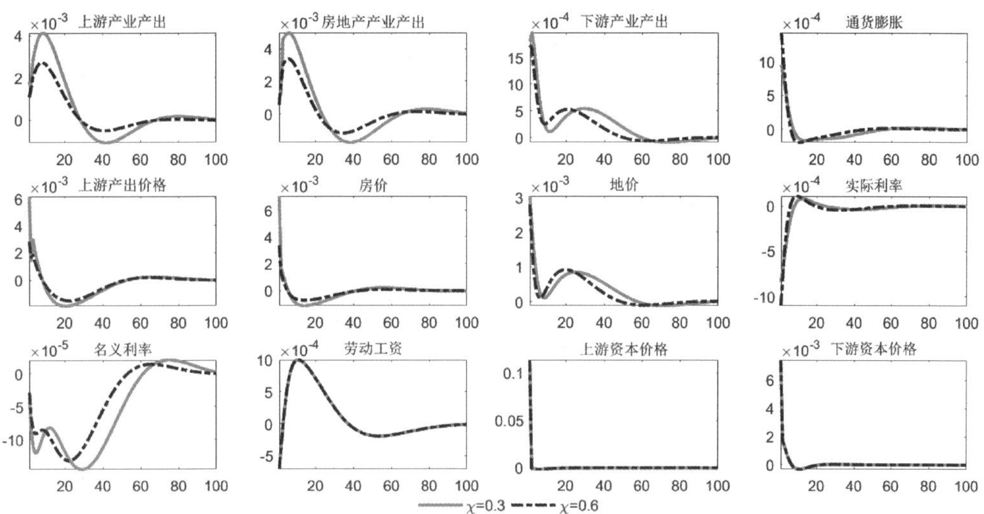

图7-17　房地产和下游产业关联度下的经济效应

（三）社会福利分析

不同政策搭配与协调的效果是建立在比较社会福利大小基础上的。目前主要包括四种方法：一是根据福利损失函数最小化等价于社会福利目标函数最大化，中央银行损失函数的多期表达式与社会福利目标函数一致（wood ford，2010；李天宇等，2016），操作上直接比较$VAR(\hat{\pi}_t)+\Phi_1 VAR(\hat{y}_t)$的大小，即通胀波动与产出波动二阶矩的加权平均和，加权平均和越小，政策效果更优。二是在第一种方法的基础上，将影响金融稳定变量的波动性$VAR(\hat{f}_t)$考虑在内，比较$VAR(\hat{\pi}_t)+\Phi_1 VAR(\hat{y}_t)+\Phi_2 VAR(\hat{f}_t)$的大小（Angelini，2011；卜林等，2016）。三是从消费者效用出发，在t期处进行二阶展开得到社会福利损失函数$W=E_0\sum_{t=0}^{\infty}\beta^t\frac{U_t-U}{U_cC}$，损失函数较小者为较优政策（Galí，2015）。四是直接用消费者效用代表福利水平，比较不同情况下消费者福利大小，$Welfare_t = U_t + Welfare_{t+1}$，$Welfare_t$ 为家庭部门一生效用之和；U_t 为当期效用，若模型为非线性模型，则可直接比较 $Welfare_t$ 的大小，其值越大的政策为最优政策，若模型为对数线性化模型，则可以考察不同政策组合下福利水平对稳态的偏离情况（需确保稳态福利一样才具有可比性）。毫无疑问，福利函数本身的选择对评价政策至关重要，基于代表性代理人的模型可能在评价存在异质性代理人福利时会出现偏差（Clarida，1999），因此需要在分析具体问题时选择或设计相应的福利评价标准。为方便分析，本书主要考虑前两种方法对政策进行评价。

不同的经济形势下，货币政策关注目标不同，为更清晰的厘清货币政策规则的类型，表 7－2 给出了主要的货币政策对应关系表，其中既包含关注产出与通胀的传统型货币政策规则，也包含同时关注金融稳定（如房价、地价）的货币政策规则。

表 7－2　　不同数量型货币政策规则对应关系表①

		滞后项	产出	通胀	上游价格	房价	地价
货币政策规则	1	0.9	－0.5	－1.5			
	2	0.9	－0.5	－1.5	－0.5		
	3	0.9	－0.5	－1.5		－0.5	
	4	0.9	－0.5	－1.5			－0.5
	5	0.9	－0.5	－1.5	－0.5	－0.5	
	6	0.9	－0.5	－1.5	0.5		－0.5
	7	0.9	－0.5	－1.5		－0.5	－0.5
	8	0.9	－0.5	－1.5	－0.5	－0.5	－0.5
		滞后项	产出	通胀	上游价格涨幅	房价涨幅	地价涨幅
	9	0.9	－0.5	－1.5			
	10	0.9	－0.5	－1.5	－0.5		
	11	0.9	－0.5	－1.5		－0.5	
	12	0.9	－0.5	－1.5			－0.5
	13	0.9	－0.5	－1.5	－0.5	－0.5	
	14	0.9	－0.5	－1.5	0.5		－0.5
	15	0.9	－0.5	－1.5		－0.5	－0.5
	16	0.9	－0.5	－1.5	－0.5	－0.5	－0.5

① 更为全面的组合还包括关注：产出增速与各类价格涨幅、产出增速与价格预期涨幅、通胀预期与价格涨幅、通胀预期与价格预期涨幅，同时关注产出增速与通胀预期等。我们未一一列出，因为表 7－2 基本涵盖了实践与文献中涉及的主要组合，同时其他组合得出的福利分析方面的结论不会影响基本结论。

续表

		滞后项	产出	通胀	上游价格	房价	地价
货币政策规则		滞后项	产出	通胀	上游价格预期涨幅	房价预期涨幅	地价预期涨幅
	17	0.9	-0.5	-1.5			
	18	0.9	-0.5	-1.5	-0.5		
	19	0.9	-0.5	-1.5		-0.5	
	20	0.9	-0.5	-1.5			-0.5
	21	0.9	-0.5	-1.5	-0.5	-0.5	
	22	0.9	-0.5	-1.5	0.5		-0.5
	23	0.9	-0.5	-1.5		-0.5	-0.5
	24	0.9	-0.5	-1.5	-0.5	-0.5	-0.5
		滞后项	产出增速	通胀	上游价格	房价	地价
	25	0.9	-0.5	-1.5			
	26	0.9	-0.5	-1.5	-0.5		
	27	0.9	-0.5	-1.5		-0.5	
	28	0.9	-0.5	-1.5			-0.5
	29	0.9	-0.5	-1.5	-0.5	-0.5	
	30	0.9	-0.5	-1.5	0.5		-0.5
	31	0.9	-0.5	-1.5		-0.5	-0.5
	32	0.9	-0.5	-1.5	-0.5	-0.5	-0.5
		滞后项	产出	通胀预期	上游价格	房价	地价
	33	0.9	-0.5	-1.5			
	34	0.9	-0.5	-1.5	-0.5		
	35	0.9	-0.5	-1.5		-0.5	
	36	0.9	-0.5	-1.5			-0.5
	37	0.9	-0.5	-1.5	-0.5	-0.5	
	38	0.9	-0.5	-1.5	0.5		-0.5
	39	0.9	-0.5	-1.5		-0.5	-0.5
	40	0.9	-0.5	-1.5	-0.5	-0.5	-0.5

表7-3列出了40项货币政策规则下主要关注变量的波动情况。具体来看，90%以上的货币政策规则引起的产出波动介于0.0003—0.0004；39项规则引起的通胀波动介于0.0001—0.0002，第25项规则（仅关注产出增速与通胀水平）的通胀波动小于0.0001，接近零；上游价格产出波动范围较大，介于0.0004—0.0012，其

中产出波动水平在 0.0004—0.0005 的规则占比 72.5%；房价波动范围介于 0.0002—0.0009，其中产出波动水平在 0.0002—0.0003 的规则占比 50%；地价波动均值较高，波动范围介于 0.0005—0.0011，产出波动水平在 0.0008—0.0009 的规则占比 40%。主要关注变量波动均值相对集中，说明建立的模型系统具有较高稳健性。将规则 1—8、9—16、17—24、25—32 和 33—40 进行对比可以发现，关注价格水平、当期价格涨幅、预期价格涨幅以及通胀预期的政策规则之间其实变量的波动不会出现太大的变动，一是因为在每个政策规则中赋予价格变量的权重相对较小；二是价格变量自身变动具有连续性，由于是相对稳态的偏离，所以价格涨幅也不会出现太大波动。但关注产出增速的模型中相关变量的波动性会发生较大变化，联系上文中的脉冲响应可知，在本书的设定中，终端需求（下游产业）的边际成本构成较为复杂，所以引起自身波动较大，导致增速也会有较大变化，从而导致相关规则下的变量波动增大。

在金融不稳定可以容忍的情景中，采用 $VAR(\hat{\pi}_t)+\Phi_1 VAR(\hat{y}_t)$ 进行政策评价，此时货币政策也不用关注价格变量，一般文献设定 $0 \leqslant \Phi_1 \leqslant 1$ 时，此时规则 1、9、17、25 和 33 都可能进入政策操作空间。其中，第 25 项规则，通胀波动几乎为零，但产出波动较大，需要提高产出波动容忍度，Φ_1 需要足够小。

在金融不稳定的情景中，采用 $VAR(\hat{\pi}_t)+\Phi_1 VAR(\hat{y}_t)+\Phi_2 VAR(\hat{f}_t)$ 进行评价，以达到"稳物价、保增长、控风险"的目的。以房价为例，当房价出现过快增长或处于较高水平时①，货币政策进一步对其进行关注，比较规则 3、11、19、27 和 35，兼顾产出与通胀波动，规则 3 和 11 都可以成为最优货币政策选择。如果中央银行除关注物价、经济增长外，还关注地价，那么需要比较规则 4、12、20、28 和 36，但此时情况会稍微复杂，因为在关注地价的同时，产出与通胀的波动不会单调变化。比如规则 28 要占优于规则 12 与规则 20，但相对规则 4，规则 28 的地价波动（0.0006）相对较大，尽管通胀波动较小。与规则 36 相比，规则 28 虽然通胀和产出波动要更小，但地价波动相对也较大。所以此时需要知道政府在"稳物价、保增长、控风险"三者间的权重，才能选择出最优政策。

随着引发金融不稳定性的来源增多，货币政策调控的难度会越来越大。比如，当上游价格产出、房价、地价都需要货币政策关注时，比较规则 8、16、24、32 和 40，虽然可以直接排除掉规则 24 和 40，但很难在规则 8 和 16 之间设计出一个绝对好的政策操作空间，因为需要考虑 5 个维度的偏好系数。

---

① 假设政府对上游产出价格、土地价格等波动保持容忍。

表 7－3　　不同数量型货币政策规则①下主要关注变量的波动水平（方差）

政策规则	1	2	3	4	5	6	7	8
产出	0.0004	0.0004	0.0004	0.0003	0.0004	0.0003	0.0003	0.0003
通胀	0.0001	0.0001	0.0001	0.0002	0.0001	0.0002	0.0002	0.0002
上游产出价格	0.0005	0.0005	0.0006	0.0005	0.0005	0.0005	0.0005	0.0004
房价	0.0002	0.0003	0.0002	0.0004	0.0004	0.0004	0.0004	0.0004
地价	0.0009	0.0009	0.001	0.0005	0.0011	0.0006	0.0006	0.0007
政策规则	9	10	11	12	13	14	15	16
产出	0.0004	0.0004	0.0004	0.0004	0.0004	0.0004	0.0004	0.0004
通胀	0.0001	0.0001	0.0001	0.0001	0.0001	0.0001	0.0001	0.0001
上游产出价格	0.0005	0.0005	0.0005	0.0005	0.0005	0.0005	0.0005	0.0005
房价	0.0002	0.0002	0.0002	0.0002	0.0002	0.0002	0.0002	0.0002
地价	0.0009	0.0009	0.0009	0.0008	0.0009	0.0008	0.0008	0.0008
政策规则	17	18	19	20	21	22	23	24
产出	0.0004	0.0004	0.0004	0.0004	0.0004	0.0004	0.0004	0.0004
通胀	0.0001	0.0001	0.0001	0.0001	0.0001	0.0001	0.0001	0.0002
上游产出价格	0.0005	0.0005	0.0005	0.0005	0.0006	0.0006	0.0006	0.0007
房价	0.0002	0.0003	0.0003	0.0002	0.0004	0.0003	0.0004	0.0006
地价	0.0009	0.0008	0.0008	0.0008	0.0007	0.0007	0.0007	0.0007
政策规则	25	26	27	28	29	30	31	32
产出	0.0008	0.0005	0.001	0.0003	0.0006	0.0004	0.0004	0.0004
通胀	0	0.0001	0.0001	0.0001	0.0002	0.0001	0.0001	0.0001
上游产出价格	0.0012	0.0007	0.0017	0.0005	0.0008	0.0004	0.0005	0.0004
房价	0.0005	0.0004	0.0009	0.0003	0.0006	0.0004	0.0003	0.0004
地价	0.0021	0.0016	0.0032	0.0006	0.002	0.0007	0.0007	0.0008
政策规则	33	34	35	36	37	38	39	40
产出	0.0004	0.0004	0.0004	0.0004	0.0004	0.0003	0.0004	0.0004
通胀	0.0001	0.0001	0.0001	0.0002	0.0002	0.0002	0.0002	0.0002
上游产出价格	0.0005	0.0005	0.0005	0.0006	0.0005	0.0005	0.0006	0.0005
房价	0.0003	0.0004	0.0003	0.0006	0.0005	0.0006	0.0006	0.0006
地价	0.0007	0.0009	0.0008	0.0005	0.001	0.0006	0.0006	0.0007

一国对经济金融的调控，离不开各类政策的协调搭配，因为单一的政策容易遭遇政策边界。表 7－4 和表 7－5 分别以货币政策不关注金融稳定与货币政策关注金融稳定为起点，逐步加入财政政策、宏观审慎政策、结构货币政策以及产业政策，

① 对应的政策规则详见表 7－2。

试图分析各类政策的协调搭配下社会福利的变化。

表 7 -4 中我们选择了以上文中的货币政策规则 1 为分析的起点，因为货币政策不关注金融稳定时，规则 1 是最优规则之一，同时也是现有文献普遍运用的一个规则，并用上文中提到的两种社会福利函数对政策展开评价。

表 7 -4　　货币政策不关注金融稳定下的政策配合效果

		政策规则		主要经济变量的波动（方差）				
				产出	通胀	上游价格	房价	地价
货币政策		规则 1（金融稳定情景）		0.0004	0.0001	0.0005	0.0002	0.0009
财政规则		$(\phi_{gy},\ \phi_{ty})$	$(\phi_{gb},\ \phi_{tb})$	产出	通胀	上游价格	房价	地价
	1	(-0.2, 0.1)	(0, 0)	0.0003	0.0001	0.0009	0.0002	0.0021
	2	(0, 0)	(-0.05, 0.03)	0.0004	0.0001	0.0007	0.0002	0.0016
	3	(-0.2, 0.1)	(-0.05, 0.03)	0.0003	0.0001	0.0007	0.0002	0.0016
	4	(-1.0, 0.5)	(-0.05, 0.03)	0.0003	0.0001	0.0008	0.0003	0.002
	5	(-0.2, 0.1)	(-0.25, 0.15)	0.0004	0.0001	0.0007	0.0002	0.0016
	6	(-1.0, 0.5)	(-0.25, 0.15)	0.0003	0.0001	0.0008	0.0002	0.0018
	7	(-1.0, 0.5)	(-0.5, 0.3)	0.0003	0.0001	0.0008	0.0002	0.0018
	8	(-1.0, 0.5)	(-1.0, 0.6)	0.0003	0.0001	0.0008	0.0002	0.0017
宏观审慎规则	1	$\rho_{ql}=0$		0.0004	0.0001	0.0012	0.0012	0.0014
	2	$\rho_{ql}=-0.5$，对地价涨幅反应		0.0004	0.0001	0.0011	0.0011	0.0013
	3	$\rho_{ql}=-1.0$，对地价涨幅反应		0.0003	0.0001	0.0012	0.0011	0.0012
	4	$\rho_{ql}=-2.0$，对地价涨幅反应		0.0003	0.0001	0.0017	0.0010	0.0011
	5	$\rho_{ql}=-3.0$，对地价涨幅反应		0.0003	0.0001	0.0024	0.0011	0.0012
	6	$\rho_{ql}=-0.5$，对房价涨幅反应		0.0004	0.0001	0.0012	0.0012	0.0013
	7	$\rho_{ql}=-1.0$，对房价涨幅反应		0.0004	0.0001	0.0015	0.0012	0.0012
	8	$\rho_{ql}=-2.0$，对房价涨幅反应		0.0003	0.0001	0.0030	0.0012	0.0011
	9	$\rho_{ql}=-3.0$，对房价涨幅反应		0.0003	0.0001	0.0060	0.0013	0.0011

续表

	政策规则	主要经济变量的波动（方差）				
		产出	通胀	上游价格	房价	地价
结构货币政策	对上游产业实施 + 审慎规则 4	0.0003	0.0001	0.0019	0.0009	0.0011
	对下游产业实施 + 审慎规则 4	0.0003	0.0001	0.0012	0.0005	0.0022
	对上游产业实施 + 审慎规则 8	0.0003	0.0001	0.0033	0.0011	0.0011
	对下游产业实施 + 审慎规则 8	0.0003	0.0001	0.0014	0.0005	0.0019
产业政策	上货、上产，审慎规则 8	0.0004	0.0001	0.0034	0.0011	0.0006
	上货、下产，审慎规则 8	0.0003	0.0001	0.0033	0.0011	0.0011
	下货、上产，审慎规则 8	0.0004	0.0001	0.0013	0.0004	0.0009
	下货、下产，审慎规则 8	0.0003	0.0001	0.0014	0.0005	0.0018

首先，看不同的财政政策规则与货币政策搭配，我们引入了八大类财政规则，包括只对产出进行逆周期调节、只对政府债务逆周期调节，以及同时对产出、政府债务进行力度不同的逆周期调节的财政规则。可以看出，如果社会福利只包含通胀与产出水平，即 $VAR(\hat{\pi}_t)+\Phi_1 VAR(\hat{y}_t)$，那么 8 个规则中有 6 个可以作为政策选择；如果进一步考虑金融稳定，即用 $VAR(\hat{\pi}_t)+\Phi_1 VAR(\hat{y}_t)+\Phi_2 VAR(\hat{f}_t)$ 评价政策，比如考虑房价波动，那么除了规则 2、4 和 5，其他几个规则都可以作为可选财政规则。可以看出，财政政策的力度并不是越大越好，也不是越复杂越好，比如即使考虑房价波动，财政规则 8 和财政规则 1 达到的效果是一样的，因为面对复杂的经济系统，政策效果与政策力度之间不是简单的正相关关系。如果进一步将地价波动也纳进政策评价，那么综合考虑通胀、产出、房价、地价波动，财政规则 3 可以使得社会福利损失最小，可以成为最优的财政政策选择。

进一步看，本书中考察了九类宏观审慎政策①。可以看出，如果不考虑金融不稳定带来的福利损失，那么宏观审慎规则 3、4、5、8 和 9 之间是无差异的，宏观审慎政策盯住地价涨幅与房价涨幅都是可以的。如果进一步考虑金融稳定问题，那么宏观审慎规则 4 可以成为最优政策，因为在最小化产出与通胀波动时，地价与房价的波动也能达到最小，说明盯住地价可以更好的控制金融不稳定。

在逐步选择最优政策的思路下，进一步考虑结构货币政策。由表 7 - 4 可知，如果用 $VAR(\hat{\pi}_t)+\Phi_1 VAR(\hat{y}_t)$ 进行政策评价，那么无论对上游产业还是下游产业

① 进一步将财政规则 1 作为给定的政策选择，因为无论是否考虑金融稳定（房价波动），财政规则 1 是最优政策选择之一。

实施结构货币政策都是无差异的。如果用 $VAR(\hat{\pi}_t)+\Phi_1 VAR(\hat{y}_t)+\Phi_2 VAR(\hat{f}_t)$ 进行政策评价，那么对下游产业实施结构性货币政策相对而言可以更好的实现经济稳定与金融稳定。其中对下游产业实施结构性货币政策，同时利用宏观审慎政策盯住房价涨幅的政策组合，房价波动与地价波动都可以得到更好地控制。

因为宏观审慎规则 8 效果相对较好，所以在实施产业政策时，我们选择在这一政策基础上进行。从表 7-4 看，如果只考虑通胀与产出的波动，那么对下游产业实施产业政策是最优选择。但如果考虑房价波动与地价波动，则需要知道在当期经济形势下，是“保增长”重要还是“控风险”重要，如果经济增长平稳，而调控房价更为迫切，那么对下游实施结构性货币政策，同时对上游实施产业政策是更好的选择。

总体而言，如果政策是为了实现经济稳定或物价稳定，那么政策协调搭配的空间更大，可以有很多政策组合选择。如果政策还需兼顾金融稳定，比如稳定房价，那么可以选择财政政策与之搭配，比如在货币政策规则 1 的基础上搭配财政政策规则 1，那么产出和物价的波动分别控制在 0.0003 和 0.0001，并且房价波动被控制在 0.0002。

同时，需要根据金融不稳定的来源，有差别的设置政策调控体系，不然会遭遇“政策冲突”。比如，在调控房价时，政策体系并不是越复杂越好，表 7-4 反映在货币财政政策的基础上进一步引入宏观审慎政策，并不能使得房价波动变得更小，反而由之前的 0.0002 上升至 0.001。但如果是调控地价，那么可以看出政策体系可以设置地复杂一点，比如加入产业政策时，地价波动可以被降至 0.0006，在所有政策组合中最小。

在货币政策关注金融稳定的情况下，本书以对房价反应的扩张的货币政策规则 3 作为分析的起点，并用 $VAR(\hat{\pi}_t)+\Phi_1 VAR(\hat{y}_t)+\Phi_2 VAR(\hat{f}_t)$ 对政策进行评价[①]。考虑表 7-5 中涉及的八类财政规则，规则 2 与规则 5 产生的产出与通胀波动与仅使用货币政策时相同，但房价波动由之前的 0.0002 上升为 0.0003。而其他六类规则下，虽然房价波动有所上升，但产出波动也有所下降，所以如果金融不稳定程度相对较低的情况下，那么可能只运用单一货币政策规则更好，如果政府对金融不稳定的情况相对容忍度较高，那么这六类财政规则仍然可能最终比单一使用货币政策规则 3 要好。

---

① 因为既然货币政策已然关注了金融稳定，说明金融稳定很重要，所以用包含了金融稳定维度的社会福利评价方法。

我们选择财政规则1，进一步考虑九类宏观审慎政策的搭配效果。可以看出，如果仅房价是引发金融不稳定的因素，引入宏观审慎政策社会福利并不会比财政货币政策搭配时表现更好，因为在产出与通胀波动未改善的情况下，房价波动反而进一步上升了。但观察地价波动可以发现，比有财政政策搭配时下降了，如宏观审慎规则4搭配下，地价波动降至0.0011，所以如果社会福利函数进一步考虑地价波动，那么在对产出、通胀、房价、地价波动赋权合理的情况下，仍有进一步引入的必要。

表7-5中进一步考虑结构性货币政策、产业政策搭配的结果显示，不存在绝对占优于简单政策，或简单政策搭配的政策组合。考虑使用宏观审慎规则8，同时对下游实施结构货币政策与产业政策的组合，相对单一使用货币政策规则3，产出的波动虽然下降了，但房价与地价波动都上升了；相对仅有财政规则1与货币政策搭配的组合，在产出与通胀波动相同的情况下，房价波动由0.0003上升至0.0005。所以从降低经济波动的角度看，政策间的搭配并非越复杂越好。

表7-5　　货币政策关注金融稳定（房价）下的政策配合效果

		金融不稳定情景（货币政策规则3）						
		政策规则		主要经济变量的波动（方差）				
				产出	通胀	上游价格	房价	地价
货币政策		规则3（金融不稳定情景）		0.0004	0.0001	0.0006	0.0002	0.001
		$(\phi_{gy},\ \phi_{ty})$	$(\phi_{gb},\ \phi_{tb})$	产出	通胀	上游价格	房价	地价
财政规则	1	(-0.2, 0.1)	(0, 0)	0.0003	0.0001	0.0011	0.0003	0.0029
	2	(0, 0)	(-0.05, 0.03)	0.0004	0.0001	0.0008	0.0003	0.002
	3	(-0.2, 0.1)	(-0.05, 0.03)	0.0003	0.0001	0.001	0.0003	0.0027
	4	(-1.0, 0.5)	(-0.05, 0.03)	0.0003	0.0001	0.0021	0.0006	0.0063
	5	(-0.2, 0.1)	(-0.25, 0.15)	0.0004	0.0001	0.0009	0.0003	0.0023
	6	(-1.0, 0.5)	(-0.25, 0.15)	0.0003	0.0001	0.0015	0.0005	0.0042
	7	(-1.0, 0.5)	(-0.5, 0.3)	0.0003	0.0001	0.0013	0.0004	0.0034
	8	(-1.0, 0.5)	(-1.0, 0.6)	0.0003	0.0001	0.0011	0.0003	0.0029
宏观审慎规则	1	$\rho_{ql}=0$		0.0004	0.0001	0.0011	0.0012	0.0015
	2	$\rho_{ql}=-0.5$，对地价涨幅反应		0.0004	0.0001	0.0011	0.0011	0.0014
	3	$\rho_{ql}=-1.0$，对地价涨幅反应		0.0004	0.0001	0.0012	0.0010	0.0013
	4	$\rho_{ql}=-2.0$，对地价涨幅反应		0.0004	0.0001	0.0016	0.0010	0.0013
	5	$\rho_{ql}=-3.0$，对地价涨幅反应		0.0004	0.0001	0.0023	0.0011	0.0015
	6	$\rho_{ql}=-0.5$，对房价涨幅反应		0.0004	0.0001	0.0011	0.0011	0.0014
	7	$\rho_{ql}=-1.0$，对房价涨幅反应		0.0004	0.0001	0.0014	0.0011	0.0013
	8	$\rho_{ql}=-2.0$，对房价涨幅反应		0.0003	0.0001	0.0028	0.0011	0.0012
	9	$\rho_{ql}=-3.0$，对房价涨幅反应		0.0003	0.0001	0.0054	0.0011	0.0012

续表

	金融不稳定情景（货币政策规则3）					
	政策规则	主要经济变量的波动（方差）				
		产出	通胀	上游价格	房价	地价
结构货币政策	对上游产业实施 + 审慎规则 4	0.0004	0.0001	0.0018	0.0008	0.0013
	对下游产业实施 + 审慎规则 4	0.0003	0.0001	0.0013	0.0005	0.0023
	对上游产业实施 + 审慎规则 8	0.0003	0.0001	0.0029	0.0009	0.0012
	对下游产业实施 + 审慎规则 8	0.0003	0.0001	0.0015	0.0005	0.0018
产业政策	上货、上产，审慎规则 8	0.0004	0.0001	0.0029	0.001	0.0006
	上货、下产，审慎规则 8	0.0003	0.0001	0.0029	0.0009	0.0012
	下货、上产，审慎规则 8	0.0004	0.0001	0.0014	0.0005	0.0009
	下货、下产，审慎规则 8	0.0003	0.0001	0.0015	0.0005	0.0017

表 7－6 对表 7－4 与表 7－5 中的最优组合进行了比较。表 7－6 清晰地显示，当货币政策不关注金融稳定时，组合 1，即财政政策与货币政策搭配运用，可以降低社会福利损失，但随着搭配政策的复杂化，社会福利损失的降低需要在经济与金融稳定之间权衡。当货币政策关注金融稳定时，不存在占优策略，政策搭配也需要在经济与金融稳定之间权衡。

表 7－6　　货币政策搭配最优组合比较

	与单一政策比较	与下一组合比较	最优组合
货币政策不关注金融稳定	权衡经济/金融稳定	产出、通胀、房价波动一致，地价波动小	组合 4
	权衡经济/金融稳定	产出、通胀波动一致，房价波动小	组合 3
	权衡经济/金融稳定	产出、通胀波动一致，房价波动大	组合 2
	占优	产出波动小，通胀与房价波动一致	组合 1
			单一
货币政策关注金融稳定	与单一政策比较	与下一组合比较	
	权衡经济/金融稳定	产出、通胀、房价波动一致，地价波动小	组合 4
	权衡经济/金融稳定	产出、通胀波动一致，房价波动小	组合 3
	权衡经济/金融稳定	产出、通胀波动一致，房价波动大	组合 2
	权衡经济/金融稳定	产出波动小，通胀一致，房价波动大	组合 1
			单一

注：“单一”政策指货币政策规则 1 或 3；组合 1 指“货币规则 1 + 财政规则 1”；组合 2 指“组合 1 + 审慎规则 4”；组合 3 指“组合 2 + 下游结构货币政策”；组合 4 指“组合 3 + 下游产业政策”。

六、结论

本章构建了一个涵盖货币政策、财政政策、宏观审慎政策、结构性货币政策以及产业政策的DSGE模型，在参数校准后，利用脉冲响应分析了主要政策搭配使用的经济效应，并对各大政策协调搭配的福利损失进行了评价。主要结论与启示如下：

（1）数量型货币政策的宽松能够使经济产生顺周期性，通过金融加速器机制可以使得房地产部门及其上下游产业产出增加，但房价在供求关系影响下呈现出先上升后下降再逐步回归稳态的动态过程。

（2）对上下游产业实施结构性改革产生的经济效应并非完全对称，对上游实施结构性改革能够有效拉升上游产业本身、房地产部门及下游产业产出，但对下游实施结构性改革时，一个供给冲击被转化为一个需求冲击，拉动工资上涨，导致上游产出先经历一个下降的过程。

（3）对产出进行不同力度逆周期调节的财政支出政策产生的经济动态基本一致。财政支出的增加，会拉高无风险利率与贷款利率，从而抑制消费、投资，但会经过产业关联作用，最终拉高房价。

（4）在负向金融冲击下，宏观审慎政策能够有效抑制经济波动性，但当抵押率太低时，也会拉长经济走出萧条的时间。

（5）数量型结构性货币政策与价格型结构性货币政策能够有效降低所针对的产业的贷款利率，有利于针对性的提高该产业产出，但通过上下游产业关联，也会使得关联产业的产出增加。总体而言，价格型结构性货币政策的效果更为显著。

（6）对上游实施积极产业政策，一方面会使得自身供给过剩，导致自身价格下降；另一方面也会对下游形成一定的挤出作用，特别是就业。对下游产业实施积极的产业政策，也会对上游就业形成较大挤出，同时也会导致通货膨胀下行。

（7）数量型货币政策规则与价格型货币政策规则本质上都是通过利率对经济系统产生反应，脉冲响应发现，经济变量的反应方向一致。数量型货币政策的效果取决于利率货币弹性的大小。

（8）通过对比分析发现，抵押品机制确实能够使得模型产生金融加速器机制，并且金融加速器机制是产生"繁荣—萧条"周期的重要原因，另外投资调整成本、消费习惯以及工资定价方式也是影响"繁荣—萧条"周期的重要因素。

（9）产业结构的差异也会对经济、金融稳定产生影响。房地产部门与上、下游产业关联度的增强，会减弱"繁荣—萧条"周期，随着产业关联度的增强，房地产产出的波动性会因此相应下降。

(10) 从降低社会福利损失的角度看，当货币政策不关注金融稳定，财政货币政策的搭配可以有效实现物价稳定与金融稳定，但随着政策体系趋于复杂，部分关注变量的经济波动可能反而会增大；当货币政策关注金融稳定时，不存在占优策略。当政策搭配不存在占优策略时，需要在“稳物价、保增长、控风险”之间进行权衡。

(11) 需要充分考虑政策单独使用与搭配使用的效应差异。货币政策与财政政策、宏观审慎政策、结构性货币政策、产业政策都可以独立的用于调节经济，但政策搭配运用时，经济效应可能会发生变化。比如不同的宏观审慎规则下，总量型货币政策的效果会有所不同；对不同的产业分别施加结构性货币政策与产业政策产生的效果也会不同。

(12) 随着引发金融不稳定的来源增多，需要引入其他政策的配合实现多维目标，但政策搭配并非越复杂越好。由于经济系统过于复杂，因此太复杂的政策设计有时反而会加剧政策冲突。

参考文献

[1] Adrian T, Estrella A. Financial intermediaries and monetary economics [R]. Staff Report, Federal Reserve Bank of New York, 2010.

[2] Adrian T, Liang N. Monetary policy, financial conditions, and financial stability [R]. Staff Report, Federal Reserve Bank of New York, 2014.

[3] Adrian T, Shin H. Financial intermediaries and monetary economics [R]. Staff Report, Federal Reserve Bank of New York, 2009.

[4] Agur I, Demertzis M. Excessive bank risk taking and monetary policy [R]. European Central Bank, 2012.

[5] Allen F, Carletti E, Gale D. Interbank market liquidity and central bank intervention [J]. Journal of Monetary Economics, 2009, 56 (5): 639 -652.

[6] Altunbas Y, Gambacorta L, Marqués - Ibáñez D. Does monetary policy affect bank risk - taking? [R]. European Central Bank, 2010.

[7] Andreasen M M, Ferman M, Zabczyk P. The business cycle implications of banks' maturity transformation [J]. Review of Economic Dynamics, 2013, 16 (4): 581 -600.

[8] Angelini P, Neri S, Panetta F. Monetary and macroprudential policies [R]. ECB Working Paper, 2012.

[9] Angeloni I, Faia E, Duca M L. Monetary policy and risk taking [J]. Journal of Economic Dynamics and Control, 2015, 52: 285 -307.

[10] Antipa, P., Mengus, E., Mojon, B. Would Macroprudential Policies Have Prevented the Great Recession? [C]. Banque de France, mimeo, 2010.

[11] Ball L, Mankiw N G. The NAIRU in theory and practice [R]. National Bureau of Economic Research, 2002.

[12] Barro R. J. and Gordon, D B. Rules, discretion and reputation in a model of

monetary policy [J], Journal of Monetary Economics, 1983, 12 (1): 101 - 121.

[13] Barth III M J, Ramey V A. The cost channel of monetary transmission [J]. NBER macroeconomics annual, 2001, 16: 199 - 240.

[14] Bean C R. Asset prices, financial instability, and monetary policy [J]. The American Economic Review, 2004, 94 (2): 14 - 18.

[15] Bean C, Paustian M, Penalver A, Taylor T. Monetary Policy after the Fall [C]. Presented at Annu. Conf. Fed. Reserve Bank Kans, 2010.

[16] Beau, D., Cahn, C., Clerc, L., Mojon, B., 2014. Macro - Prudential Policy and the Conduct of Monetary Policy [J]. Central Banking, Analysis, and Economic Policies Book Series, (19): 273 - 314.

[17] Berkelmans L, Kelly G, Sadeghian D. Chinese monetary policy and the banking system [J]. Journal of Asian Economics, 2016, 46: 38 - 55.

[18] Bernanke B S, Gertler M, Gilchrist S. The financial accelerator in a quantitative business cycle framework [J]. Handbook of macroeconomics, 1999, 1: 1341 - 1393.

[19] Bernanke B S, Gertler M, Watson M. Systematic Monetary Policy and the Effects of Oil Price Shocks [J]. Brookings Papers on Economic Activity, 1997, 28 (1): 91 - 157.

[20] Bernanke B S, Gertler M. Inside the black box: the credit channel of monetary policy transmission [R]. National bureau of economic research, 1995.

[21] Bernanke B S. Opening remarks: monetary policy since the onset of the crisis [C] //Proceedings: Economic Policy Symposium Jackson Hole. 2012: 1 - 22.

[22] Bernanke B, Mishkin F. Central bank behavior and the strategy of monetary policy: observations from six industrialized countries [J]. NBER Macroeconomics Annual, 1992, 7: 183 - 228.

[23] Bernanke B, Reinhart V and Sack, B. Monetary policy alternatives at the zero bound: an empirical assessment [R]. Brookings Papers on Economic Activity, Economic Studies Program, The Brookings Institution, 2004 (2): 1 - 100.

[24] Bernanke, B. S., Gertler, M., 2001. Should Central Bank Respond to Movements in Asset Prices? [J]. American Economic Review, 91 (2): 253 - 257.

[25] Bilbiie F O. Nonseparable preferences, Frisch labor supply, and the consumption multiplier of government spending: One solution to a fiscal policy puzzle [J]. Journal of Money, Credit and Banking, 2011, 43 (1): 221 - 251.

[26] BIS. 2008. Addressing Financial System Procyclicality: A Possible Framework. Note for the FSF Working Group on Market and Institutional Resilience.

[27] Blanchard O, Dell'Ariccia G, Mauro P. Rethinking macroeconomic policy [J]. Journal of Money, Credit and Banking, 2010, 42 (s1): 199 - 215.

[28] Blanchard O, Perotti R. An empirical characterization of the dynamic effects of changes in government spending and taxes on output [J]. the Quarterly Journal of economics, 2002, 117 (4): 1329 - 1368.

[29] Blinder A S, Ehrmann M, Fratzscher M, et al. Central bank communication and monetary policy: A survey of theory and evidence [J]. Journal of Economic Literature, 2008, 46 (4): 910 - 945.

[30] Blinder A, Canetti E R D, Lebow D E, et al. Asking about prices: a new approach to understanding price stickiness [M]. Russell Sage Foundation, 1998.

[31] Bordo M D, Jeanne O. Boom - busts in asset prices, economic instability, and monetary policy [R]. National Bureau of Economic Research, 2002.

[32] Bordo M D, Jeanne O. Monetary policy and asset prices: does 'benign neglect' make sense? [J]. International Finance, 2002, 5 (2): 139 - 164.

[33] Borio C, Zhu H. Capital regulation, risk - taking and monetary policy: a missing link in the transmission mechanism? [J]. Journal of Financial Stability, 2012, 8 (4): 236 - 251.

[34] Borio C. Monetary policy and financial stability: what role in prevention and recovery? [R]. Bank for International Settlements, 2014.

[35] Borio C., 2003. Towards a Macroprudential Framework for Financial Supervision and Regulation? [J]. CESifo Economic Studies, 49 (2): 181 - 215.

[36] Bouakez H, Rebei N. Why does private consumption rise after a government spending shock? [J]. Canadian Journal of Economics/Revue canadienne d'économique, 2007, 40 (3): 954 - 979.

[37] Brunnermeier, M. K., 2009. Deciphering the 2007 - 2008 Liquidity and Credit Crunch [J]. Journal of Economic Perspectives, (1): 77 - 100.

[38] Bruno V, Shin H S. Capital flows and the risk - taking channel of monetary policy [J]. Journal of Monetary Economics, 2015, 71: 119 - 132.

[39] Burnside C, Eichenbaum M, Fisher J D M. Fiscal shocks and their consequences [J]. Journal of Economic theory, 2004, 115 (1): 89 - 117.

[40] Cagan P. Reflections on rational expectations [J]. Journal of Money, Credit and Banking, 1980, 12 (4): 826 - 832.

[41] Calvo G A. Staggered prices in a utility - maximizing framework [J]. Journal of monetary Economics, 1983, 12 (3): 383 - 398.

[42] Calza A, Monacelli T, Stracca L. Housing finance and monetary policy [J]. Journal of the European Economic Association, 2013, 11 (suppl_1): 101 - 122.

[43] Campbell J, Evans C, Fisher, J and Justiniano, A. Macroeconomics effects of Federal Reserve forward guidance [R]. Brookings Papers on Economic Activity, 2012 (1): 1 - 80.

[44] Carney M. Monetary Policy After the Fall, Eric J. Hanson Memorial Lecture, 2013 [C]. Canada, University of Alberta Press, 2013.

[45] Caruana J. Monetary policy in a world with macroprudential policy [C] // speech delivered at the SAARCFINANCE Governors' Symposium. 2011.

[46] Cecchetti S G, Genberg H, Wadhwani S. Asset prices in a flexible inflation targeting framework [R]. National Bureau of Economic Research, 2002.

[47] Cecchetti S G. Wealth and Consumption: Would a Stock Market Drop Really Cause a Recession? [J]. Financial Times. March, 2000, 3.

[48] Chang B Y, Feunou B. Measuring uncertainty in monetary policy using implied volatility and realized volatility [R]. Bank of Canada Working Paper, 2013.

[49] Chehal, P and Trehan B. Talking about tomorrow's monetary policy today [R]. Federal Reserve Bank of San Francisco Economic Letter, 2009.

[50] Chen H, Chow K, Tillmann P. The effectiveness of monetary policy in China: Evidence from a Qual VAR [J]. China Economic Review, 2017, 43: 216 - 231.

[51] Chen X, Leepe E M, Leith C. US Monetary and Fiscal Policies - conflict or co-operation? [R]. Business School - Economics, University of Glasgow, 2015.

[52] Christensen, I., Meh, C., Moran, K. Bank Leverage Regulation and Macroeconomic Dynamics [R]. Bank of Canada Working Paper No. 32, 2011.

[53] Christiano L J, Eichenbaum M, Evans C L. Nominal rigidities and the dynamic effects of a shock to monetary policy [J]. Journal of political Economy, 2005, 113 (1): 1 - 45.

[54] Claessens, S. An Overview of Macroprudential Policy Tools [J]. The Annual Review of Financial Economics, 2015, 7: 397 - 422.

[55] Claessens, S. Capital and Liquidity Requirements: A Review of the Issues and Literature. Yale J. Regul, 2015, 31 (3): 735 -772.

[56] Claessens, S., Ghosh, S. R., Mihet, R. Macro - Prudential Policies to Mitigate Financial System Vulnerabilities [J]. Journal of International Money And Finance, 2013, 39: 153 -185.

[57] Clarida R H. What Has—and Has Not—Been Learned about Monetary Policy in a Low - Inflation Environment? A Review of the 2000s [J]. Journal of Money, Credit and Banking, 2012, 44 (s1): 123 -140.

[58] Clarida R, GaliJ, Gertler M. Monetary policy rules in practice: Some international evidence [J]. european economic review, 1998, 42 (6): 1033 -1067.

[59] Clarida R, Gali J, Gertler M. The science of monetary policy: a new Keynesian perspective [R]. National bureau of economic research, 1999.

[60] Clarida, R., Gertler, M. Monetary Policy Rules and Macroeconomic Stability: Evidence and Some Theory [J]. Quarterly Journal of Economics, 2000, 115 (1): 147 -180.

[61] Coenen G, Straub R, Trabandt M. Gauging the effects of fiscal stimulus packages in the euro area [J]. Journal of Economic Dynamics and Control, 2013, 37 (2): 367 -386.

[62] Cordoba J C, Ripoll M. Collateral constraints in a monetary economy [J]. Journal of the European Economic Association, 2004, 2 (6): 1172 -1205.

[63] Cordoba J C, Ripoll M. Credit cycles redux [J]. International Economic Review, 2004, 45 (4): 1011 -1046.

[64] Cosimano M T F, Fullenkamp C, Chami M R. The stock market channel of monetary policy [M]. International Monetary Fund, 1999.

[65] Crowe, C., Dell'Ariccia, G., Igan, D., Rabanal, P. How to Deal with Real Estate Booms: Lessons from Country Experiences. Journal Of Financial Stability, 2013, 9 (3): 300 -319.

[66] Cuaresma J C, Gnan E. Four monetary policy strategies in comparison: how to deal with financial instability? [J]. Monetary Policy & the Economy, 2008 (3): 65 -102.

[67] Dai, Qiang and Ken Singleton. Specification Analysis of A fine Term Structure Models [J]. Journal of Finance, 2000, 55 (5).

[68] Davig T, Leeper E M. Monetary - fiscal policy interactions and fiscal stimulus

[J]. European Economic Review, 2011, 55 (2): 211-227.

[69] De Walque G, Pierrard O, Rouabah A. Financial (in) stability, supervision and liquidity injections: a dynamic general equilibrium approach [J]. The Economic Journal, 2010, 120 (549): 1234-1261.

[70] Dell'Ariccia G, Marquez R. Interest Rates and the Bank Risk-Taking Channel [J]. Annu. Rev. Financ. Econ, 2013, 5: 123-141.

[71] Dell'Ariccia G, Laeven L, Suarez G A. Bank Leverage and Monetary Policy's Risk-Taking Channel: Evidence from the United States [J]. the Journal of Finance, 2017, 72 (2): 613-654.

[72] Dell'Ariccia M G, Marquez M R, Laeven M L. Monetary policy, leverage, and bank risk-taking [M]. International Monetary Fund, 2010.

[73] Demertzis M, Hoeberichts M. The costs of increasing transparency [J]. Open Economies Review, 2007, 18 (3): 263-280.

[74] Dib A. Banks, credit market frictions, and business cycles [R]. Bank of Canada working paper, 2010.

[75] Diebold F X, Rudebusch G D, Aruoba S B. The macroeconomy and the yield curve: a dynamic latent factor approach [J]. Journal of econometrics, 2006, 131 (1-2): 309-338.

[76] Alford D. The Lamfalussy process and EU bank regulation: Another step on the road to Pan-European regulation [J]. Ann. Rev. Banking & Fin. L., 2006, 25: 389.

[77] ECB, 2016. Macroprudential Bulletin, European central bank, Issue 1, (03).

[78] Edelberg W, Eichenbaum M, Fisher J D M. Understanding the effects of a shock to government purchases [J]. Review of Economic Dynamics, 1999, 2 (1): 166-206.

[79] Eichengreen B. The ECB tries again [J]. Intereconomics, 2014, 49 (4): 239-240.

[80] Eickmeier S, Hofmann B. Monetary policy, housing booms, and financial (im) balances [J]. Macroeconomic dynamics, 2013, 17 (4): 830-860.

[81] Estrella, Arturo and Frederic S. Mishkin. The Predictive Power of the Term Structure of Interest Rates in Europe and the United States: Implications for the European Central Bank [J]. European Economic Review, 1997 (41): 1375-1401.

[82] Fama E F. Term-structure forecasts of interest rates, inflation and real returns

[J]. Journal of Monetary Economics, 1990, 25 (1): 59 - 76.

[83] Fernald J G, Spiegel M M, Swanson E T. Monetary policy effectiveness in China: Evidence from a FAVAR model [J]. Journal of International Money and Finance, 2014, 49: 83 - 103.

[84] Filardo A. Monetary policy and asset price bubbles: calibrating the monetary policy trade - offs [R]. Bank for International Settlements, 2004.

[85] Filardo A, Rungcharoenkitkul P. A quantitative case for leaning against the wind [R]. Bank for International Settlements, 2016.

[86] Filardo A. Should monetary policy respond to asset price bubbles?: some experimental results [R]. Federal Reserve Bank of Kansas City, 2001.

[87] Fischer S. Rules versus discretion in monetary policy [J]. Handbook of monetary economics, 1990, 2: 1155 - 1184.

[88] Friedman B M. Survey evidence on the 'rationality' of interest rate expectations [J]. Journal of Monetary Economics, 1980, 6 (4): 453 - 465.

[89] Friedman M. A Program for Monetary Stability, The Millar Lectures, No. 3 [M]. Fordham university Press, new york, 1960.

[90] Friedman M. A monetary and fiscal framework for economic stability [M] // Essential Readings in Economics. Palgrave, London, 1995: 345 - 365.

[91] Funke M, Paetz M, Pytlarczyk E. Stock market wealth effects in an estimated DSGE model for Hong Kong [J]. Economic Modelling, 2011, 28 (1): 316 - 334.

[92] Funke M, Paetz M. A DSGE - based assessment of nonlinear loan - to - Value policies: Evidence from Hong Kong [R]. Hamburg University, Department of Economics, 2012.

[93] Galati G, Moessner R. Macroprudential policy - a literature review [J]. Journal of Economic Surveys, 2013, 27 (5): 846 - 878.

[94] Galí J, López - Salido J D, Vallés J. Understanding the effects of government spending on consumption [J]. Journal of the European Economic Association, 2007, 5 (1): 227 - 270.

[95] Gali J. Introduction to Monetary Policy, Inflation, and the Business Cycle: An Introduction to the New Keynesian Framework [M]. Princeton University Press, 2008.

[96] Galí J. Monetary policy, inflation, and the business cycle: an introduction to the new Keynesian framework and its applications [M]. Princeton University Press, 2015.

[97] Gambacorta L. Monetary policy and the risk – taking channel [J]. BIS Quarterly Review, 2009, 3: 43 –53.

[98] Gelain P, Lansing K J, Mendicino C. House Prices, Credit Growth, and Excess Volatility: Implications for Monetary and Macroprudential Policy [C]. Federal Reserve Bank of San Francisco, 2013.

[99] Gerali A, Neri S, Sessa L, et al. Credit and Banking in a DSGE Model of the Euro Area [J]. Journal of Money, Credit and Banking, 2010, 42 (s1): 107 –141.

[100] Gertler M, Karadi P. A model of unconventional monetary policy [J]. Journal of monetary Economics, 2011, 58 (1): 17 –34.

[101] Gertler M, Kiyotaki N. Financial intermediation and credit policy in business cycle analysis [J]. Handbook of monetary economics, 2010, 3 (3): 547 –599.

[102] Glenn, D. Rudebusch and Tao Wu. A Macro – Finance Model of the Term Structure, Monetary Policy and the Economy [J]. Economic Journal, Royal Economic Society, 2008, 118 (530): 906 –926.

[103] Gruen D, Plumb M, Stone A. How Should Monetary Policy Respond to Asset – price Bubbles? [R]. Reserve Bank of Australia, 2003.

[104] Guo F, Hu J, Jiang M. Monetary shocks and asymmetric effects in an emerging stock market: The case of China [J]. Economic Modelling, 2013, 32: 532 –538.

[105] Gürkaynak R, Sack B and Swanson, E. Do actions speak louder than words? The response of asset prices to monetary policy actions and statements [J]. International Journal of Central Banking, 2005, 1 (1): 55 –93.

[106] He Q, Leung P H, Chong T T L. Factor – augmented VAR analysis of the monetary policy in China [J]. China Economic Review, 2013, 25: 88 –104.

[107] He Z. Evaluating the effect of the Bank of Canada's conditional commitment policy [R]. Bank of Canada Discussion Paper, 2010.

[108] Heinemann F, Ullrich K. Does it pay to watch central bankers' lips? The information content of ECB wording [J]. Swiss Journal of Economics and Statistics, 2007, 143 (2): 155 –185.

[109] Higgins P C, Zha T. China's Macroeconomic Time Series: Method and Implications [R]. Unpublished Manuscript, Federal Reserve Bank of Atlanta, 2015.

[110] Hilberg B, Hollmayr J. Asset prices, collateral, and unconventional monetary policy in a DSGE model [R]. Discussion Paper, Deutsche Bundesbank, 2013.

[111] Hofmann B, Peersman G. Monetary policy transmission and trade – offs in the United States: Old and new [R] . Bank for International Settlements, 2017.

[112] Hou X, Wang Q. Implications of banking marketization for the lending channel of monetary policy transmission: evidence from China [J] . Journal of Macroeconomics, 2013, 38: 442 – 451.

[113] Iacoviello M, Neri S. Housing market spillovers: evidence from an estimated DSGE model [J] . American Economic Journal: Macroeconomics, 2010, 2 (2): 125 – 164.

[114] Iacoviello M. House prices, borrowing constraints, and monetary policy in the business cycle [J] . The American economic review, 2005, 95 (3): 739 – 764.

[115] IMF, 2013. The Interaction of Monetary and Macroprudential Policies. IMF Working Paper.

[116] IMF. 2011a. Macroprudential Policy: An Organizing Framework. IMF Working Paper.

[117] Issing O. Asset prices and monetary policy [J] . The Cato Journal, 2009, 29 (1): 45 – 52.

[118] Issing O. Inflation targeting: A view from the ECB [J] . Federal Reserve Bank of St. Louis Review, 2004, 86 (4): 169 – 179.

[119] Issing, O. Monetary Stability, Financial Stability and the Business Cycle [R] . Bank for International Settlements, Basel, 2003, 3: 28 – 29.

[120] Jeanneau S. Communication of monetary policy decisions by central banks: what is revealed and why [M] . Bank for International Settlements, 2009.

[121] Jorion, Philippe and Frederic S. Mishkin. A Multi – Country Comparison of Term Structure Forecasts at Long Horizons [J] . Journal of Financial Economics, 1991, 29: 59 – 80.

[122] Kannan P, Rabanal P, Scott A M. Monetary and Macroprudential Policy Rules in a Model with House Price Booms [J] . The BE Journal of Macroeconomics, 2012, 12 (1): 1 – 44.

[123] Karl, Wärneryd. Cheap talk, coordination, and evolutionary stability [J] . Games and Economic Behavior, 1993, 5 (4): 532 – 546.

[124] King, R G. , Plosser C I. Money, deficits, and inflation [C] Carnegie – Rochester Conference Series on Public Policy. North – Holland, 1985, 22: 147 – 195.

[125] Kiyotaki N, Moore J. Credit cycles [J] . Journal of political economy,

1997, 105 (2): 211 -248.

[126] Klingelhöfer J, Sun R. China's regime - switching monetary policy [J]. Economic Modelling, 2018, 68: 32 -40.

[127] Kocherlakota N R. Creating Business Cycles Through Credit Constraints [J]. Federal Reserve Bank of Minneapolis Quarterly Review, 2000, 24 (3): 2 -10.

[128] Kohn D L, Sack B P. Central bank talk: does it matter and why? [M]. Divisions of Research & Statistics and Monetary Affairs, Federal Reserve Board, 2003.

[129] Kuttner K N, Shim I. Can non - interest rate policies stabilize housing markets? Evidence from a panel of 57 economies [J]. Journal of Financial Stability, 2016, 26: 31 -44.

[130] Kydland F E, Prescott E C. Rules rather than discretion: The inconsistency of optimal plans [J]. Journal of political economy, 1977, 85 (3): 473 -491.

[131] Kydland F, Prescott E. Time to Build and Aggregate Fluctuations [J]. Econometrica, 1982, 50 (6): 1345 -1370.

[132] Laeven L, Levine R. Bank governance, regulation and risk taking [J]. Journal of financial economics, 2009, 93 (2): 259 -275.

[133] Leeper E M, Leith C. Understanding Inflation as a Joint Monetary - Fiscal Phenomenon [J]. Handbook of Macroeconomics, 2016, 2: 2305 -2415.

[134] Leeper E M. Equilibria under 'active' and 'passive' monetary and fiscal policies [J]. Journal of monetary Economics, 1991, 27 (1): 129 -147.

[135] Leeper E M. Fiscal limits and monetary policy [R]. National Bureau of Economic Research, 2013.

[136] Leeper E M. Monetary science, fiscal alchemy [R]. National Bureau of Economic Research, 2010.

[137] Lehar, A., 2005. Measuring Systemic Risk: A Risk Management Approach [J]. Journal of Banking and Finance. 29 (10): 2577 -2603.

[138] Levin A, Wieland V, Williams J C. Robustness of simple monetary policy rules under model uncertainty [C] //Monetary Policy Rules. 1999.

[139] Li B, Liu Q. On the choice of monetary policy rules for China: A Bayesian DSGE approach [J]. China Economic Review, 2017, 44: 166 -185.

[140] Lim C H, Columba F, Costa A, et al. Macroprudential Policy: What Instruments and How Are They Used? [R]. IMF Working Paper, 2011.

[141] Liu L, Zhang W. A New Keynesian model for analysing monetary policy in Mainland China [J]. Journal of Asian Economics, 2010, 21 (6): 540 – 551.

[142] Liu Z, Wang P, Zha T. Land – price dynamics and macroeconomic fluctuations [J]. Econometrica, 2013, 81 (3): 1147 – 1184.

[143] Ma Y. Monetary policy based on nonlinear quantity rule: Evidence from China [J]. International Review of Economics & Finance, 2014, 34: 89 – 104.

[144] Ma Y. Nonlinear monetary policy and macroeconomic stabilization in emerging market economies: Evidence from China [J]. Economic Systems, 2016, 40 (3): 461 – 480.

[145] Maddaloni A, Peydró J L. Bank risk – taking, securitization, supervision, and low interest rates: Evidence from the Euro – area and the US lending standards [J]. the review of financial studies, 2011, 24 (6): 2121 – 2165.

[146] Markovic B. Bank capital channels in the monetary transmission mechanism [R]. Bank of England, 2006.

[147] McCallum B T. Alternative monetary policy rules: A comparison with historical settings for the United States, the United Kingdom, and Japan [R]. National Bureau of Economic Research, 2000.

[148] McCallum B T. Issues in the design of monetary policy rules [J]. Handbook of Macroeconomics, 1999, 1: 1483 – 1530.

[149] McCallum B T. Misconceptions Regarding Rules vs. Discretion for Monetary Policy [J]. Cato Journal, 2004, 23 (3): 365 – 372.

[150] McCallum B T. Monetarist Rules in the Light of Recent Experience [J]. The American Economic Review, 1984, 74 (2): 388 – 391.

[151] McCallum B T. Robustness properties of a rule for monetary policy [C] // Carnegie – Rochester conference series on public policy. North – Holland, 1988, 29: 173 – 203.

[152] McCallum B T. Should monetary policy respond strongly to output gaps? [J]. American Economic Review, 2001, 91 (2): 258 – 262.

[153] McCallum B T. Specification and analysis of a monetary policy rule for Japan [R]. National Bureau of Economic Research, 1993.

[154] McCallum B T. The case for rules in the conduct of monetary policy: a concrete example [J]. Review of World Economics, 1987, 123 (3): 415 – 429.

[155] Miao J, Wang P. Bubbles and Credit Constraints [R]. Boston University – Department of Economics, 2011.

[156] Mishkin F S. Monetary policy flexibility, risk management, and financial disruptions [J]. Journal of Asian Economics, 2010, 21 (3): 242 – 246.

[157] Mishkin F S. The transmission mechanism and the role of asset prices in monetary policy [R]. National bureau of economic research, 2001.

[158] Mishkin, F S. What Does the Term Structure Tell Us about Future Inflation? [J]. Journal of Monetary Economics, 1990, 25: 77 – 95.

[159] Mishkin, F S. The Information in the Longer Maturity Term Structure about Future Inflation [J]. Quarterly Journal of Economics, 1990, 55: 815 – 828.

[160] Misina M, Tkacz G. Credit, asset prices, and financial stress in canada [R]. Bank of Canada working paper, 2008.

[161] Monacelli T, Perotti R. Fiscal policy, wealth effects, and markups [R]. National Bureau of Economic Research, 2008.

[162] Morris, S. And H. Shin. Social Value of Public Information [J]. American Economic Review, 2002, 92: 1521 – 1534.

[163] Muth J A. Rational Expectations and the Theory of Price Movements [J]. Econometrica, 1961, 29 (6): 315 – 335.

[164] Nistic`o, S. Stock – Wealth Effects, Noisy Information and Optimal Monetary Policy [R]. mimeo, Luiss University, 2005.

[165] Nuño Barrau G, Thomas C. Bank leverage cycles [R]. Banco de España, 2012.

[166] Okina K, Shiratsuka S. Policy commitment and expectation formation: Japan's experience under zero interest rates [J]. The North American Journal of Economics and Finance, 2004, 15 (1): 75 – 100.

[167] Orphanides A, Porter R D, Reifschneider D, et al. Errors in the Measurement of the Output Gap and the Design of Monetary Policy [J]. Journal of Economics and Business, 2000, 52 (2): 117 – 141.

[168] Orphanides A, Wieland V. Price stability and monetary policy effectiveness when nominal interest rates are bounded at zero [M]. Division of Research & Statistics and Monetary Affairs, Federal Reserve Board, 1998.

[169] Orphanides A, Williams J C. Robust monetary policy rules with unknown nat-

ural rates [J]. Brookings Papers on Economic Activity, 2002, 2002 (2): 63 - 118.

[170] Orphanides A, Williams J C. Robust monetary policy with imperfect knowledge [J]. Journal of Monetary Economics, 2007, 54 (5): 1406 - 1435.

[171] Orphanides A, Williams J. Imperfect knowledge, inflation expectations, and monetary policy [M] //The inflation - targeting debate. University of Chicago Press, 2004: 201 - 246.

[172] Orphanides A. Monetary policy evaluation with noisy information [J]. Journal of monetary economics, 2003, 50 (3): 605 - 631.

[173] Orphanides A. Monetary policy rules based on real - time data [J]. American Economic Review, 2001, 91 (4): 964 - 985.

[174] Ostry J D., Ghosh A R., &Chamon M. Two Targets, two Instruments: Monetary and Exchange Rate Policies in Emerging Market Economies [J]. Journal of International Money and Finance, 2016, 60: 172 - 196.

[175] Ozkan M F G, Unsal D F. On the use of monetary and macroprudential policies for small open economies [M]. International Monetary Fund, 2014.

[176] Pariès M D, Notarpietro A. Monetary policy and housing prices in an estimated DSGE for the US and the euro area [M]. European Central Bank, 2008.

[177] Pintus P A, Wen Y. Leveraged borrowing and boom - bust cycles [J]. Review of Economic Dynamics, 2013, 16 (4): 617 - 633.

[178] Poole W. Optimal choice of monetary policy instruments in a simple stochastic macro model [J]. The Quarterly Journal of Economics, 1970, 84 (2): 197 - 216.

[179] Poole W. The Fed's monetary policy rule [R]. Federal Reserve Bank of St. Louis, 2005.

[180] Ramey V A. Can government purchases stimulate the economy? [J]. Journal of Economic Literature, 2011, 49 (3): 673 - 685.

[181] Raskin M. The effects of the Federal Reserve's date - based forward guidance [R]. Board of Governors of the Federal Reserve System, 2013.

[182] Ravn M O, Schmitt - Grohé S, Uribe M. Explaining the effects of government spending shocks on consumption and the real exchange rate [R]. National Bureau of Economic Research, 2007.

[183] Rotemberg J J, Woodford M. An optimization - based econometric framework for the evaluation of monetary policy [J]. NBER macroeconomics annual, 1997, 12:

297 - 346.

[184] Roubini N. Why central banks should burst bubbles [J] . International Finance, 2006, 9 (1): 87 - 107.

[185] Rudebusch G D. Assessing nominal income rules for monetary policy with model and data uncertainty [J] . The Economic Journal, 2002, 112 (479): 402 - 432.

[186] Rudebusch G, Svensson L E O. Policy rules for inflation targeting [M] // Monetary policy rules. University of Chicago Press, 1999: 203 - 262.

[187] Sargent T J, Wallace N. "Rational" Expectations, the Optimal Monetary Instrument, and the Optimal Money Supply Rule [J] . Journal of political economy, 1975, 83 (2): 241 - 254.

[188] Saurina J. Loan loss provisions in Spain. A working macroprudential tool [J] . Revista de Estabilidad Financiera, 2009, 17: 11 - 26.

[189] Schularick M, Taylor A M. Credit booms gone bust: monetary policy, leverage cycles, and financial crises, 1870 - 2008 [J] . The American Economic Review, 2012, 102 (2): 1029 - 1061.

[190] Schwartz A J. Why financial stability despends on price stability [J] . Economic Affairs, 1995, 15 (4): 21 - 25.

[191] Shen C H, Lin K L, Guo N. Hawk or dove: Switching regression model for the monetary policy reaction function in China [J] . Pacific - Basin Finance Journal, 2016, 36: 94 - 111.

[192] Smets, F. and Wouters, R. An Estimated Dynamic Stochastic General Equilibrium Model of the Euro Area [J] . Journal of the European Economic Association, 2003, 1 (5), 1123 - 1175.

[193] Claessens S, Ghosh S R, Mihet R. Macro - prudential policies to mitigate financial system vulnerabilities [J] . Journal of International Money and Finance, 2013, 39: 153 - 185.

[194] Suh H. Evaluating macroprudential policy with financial friction DSGE model [C] //Prepared For The Jordan River Conference At Indiana University. 2011.

[195] Sun R. Does monetary policy matter in China? A narrative approach [J] . China Economic Review, 2013, 26: 56 - 74.

[196] Sun R. What measures Chinese monetary policy? [J] . Journal of International Money and Finance, 2015, 59: 263 - 286.

[197] Svensson L E O. Inflation forecast targeting: Implementing and monitoring inflation targets [J]. European economic review, 1997, 41 (6): 1111 - 1146.

[198] Svensson L E O. Inflation targeting as a monetary policy rule [J]. Journal of monetary economics, 1999, 43 (3): 607 - 654.

[199] Svensson L E O. Monetary Policy and Real Stabilization [R]. National Bureau of Economic Research, Inc, 2003.

[200] Svensson L E O. Open - economy inflation targeting [J]. Journal of international economics, 2000, 50 (1): 155 - 183.

[201] Svensson L E O. Targeting rules vs. instrument rules for monetary policy: what is wrong with McCallum and Nelson? [R]. National Bureau of Economic Research, 2004.

[202] Svensson L E O. What is wrong with Taylor rules? Using judgment in monetary policy through targeting rules [J]. Journal of Economic Literature, 2003, 41 (2): 426 - 477.

[203] Svensson L. "Flexible Inflation Targeting: Lessons from the Financial Crisis" speech given at the workshop "Towards a new framework for monetary policy? Lessons from the crisis", organized by De Nederlandsche Bank, Amsterdam, September 21, 2009.

[204] Swanson E T, Williams J C. Measuring the effect of the zero lower bound on medium - and longer - term interest rates [J]. American Economic Review, 2014, 104 (10): 3154 - 85.

[205] Taylor J B, Williams J C. A black swan in the money market [J]. American Economic Journal: Macroeconomics, 2009, 1 (1): 58 - 83.

[206] Taylor J B. A historical analysis of monetary policy rules [M] //Monetary policy rules. University of Chicago Press, 1999: 319 - 348.

[207] Taylor J B. The financial crisis and the policy responses: An empirical analysis of what went wrong [R]. National Bureau of Economic Research, 2009.

[208] Taylor, J. B., 1993. Discrtion versus Policy Rules in Practice [C]. Canergie - Rochester Conference Series on Public Policy, (33): 195 - 214.

[209] Trichet J C. Credible alertness revisited [C] //Proceedings - Economic Policy Symposium - Jackson Hole. Federal Reserve Bank of Kansas City, 2009: 437 - 460.

[210] Von Peter G. Asset prices and banking distress: a macroeconomic approach [R]. Basel, Switzerland: Bank for International Settlements, 2004.

[211] Walsh, Carl E. Monetary Theory and Policy [M]. Second edition. Cambridge, MA: MIT Press, 2003.

[212] Westin A M, Chew D Y L, Columba F, et al. Housing Finance and Financial Stability—Back to Basics? [J]. Global Financial Stability Report (GSFR), April, 2011.

[213] White W. Is price stability enough? [R]. Bank for International Settlements, 2006.

[214] Winkelmann L. Quantitative forward guidance and the predictability of monetary policy: A wavelet based jump detection approach [R]. SFB 649 Discussion paper, 2013.

[215] Woodford M. Imperfect common knowledge and the effects of monetary policy [R]. National Bureau of Economic Research, 2002.

[216] Woodford M. Inflation stabilization and welfare [R]. National Bureau of Economic Research, 2001.

[217] Woodford M. Methods of Policy Accommodation at the Interest - Rate Lower Bound [C] //The Changing Policy Landscape: 2012 Jackson Hole Symposium. Federal Reserve Bank of Kansas City, 2012.

[218] Woodford M. Optimal monetary policy inertia [J]. The Manchester School, 1999, 67 (s1): 1 -35.

[219] Woodford M. Optimal monetary stabilization policy [R]. National Bureau of Economic Research, 2010.

[220] Woodford M. The Taylor rule and optimal monetary policy [J]. American Economic Review, 2001, 91 (2): 232 -237.

[221] Woodford, M. Methods of policy accommodation at the interest - rate lower bound, mimeo, Columbia University, 2012.

[222] Woodford, M. Commentary: how should monetary policy be conducted in an era of price stability? In Federal Reserve Bank of Kansas City, Jakson Hole symposium, 1999, 8: 26 -28.

[223] Woodford, M. Optimal monetary policy inertia [R]. NBER Working Paper, 1999, 8: 7261.

[224] Xiong W. Measuring the monetary policy stance of the People's bank of china: An ordered probit analysis [J]. China Economic Review, 2012, 23 (3): 512 -533.

[225] Zhang W. China's monetary policy: Quantity versus price rules [J]. Journal

of Macroeconomics, 2009, 31 (3): 473-484.

[226] 鲍丹丹. 日本量化宽松政策的有效性及对我国的启示 [D]. 东北财经大学, 2016.

[227] 本·伯南克, 钟帅. 危机以来的货币政策 [J]. 金融市场研究, 2013 (1): 56-63.

[228] 卜林, 郝毅, 李政. 财政扩张背景下我国货币政策与宏观审慎政策协同研究 [J]. 南开经济研究, 2016 (5): 55-73.

[229] 卞志村, 胡恒强. 中国货币政策工具的选择: 数量型还是价格型?——基于DSGE模型的分析 [J]. 国际金融研究, 2015 (6): 12-20.

[230] 卞志村, 张义. 央行信息披露、实际干预与通胀预期管理 [J]. 经济研究, 2012 (12): 15-28.

[231] 曹协和, 吴竞择, 戴鸿广, 金为华, 江凯. 日本量化宽松货币政策的实践及其启示 [J]. 海南金融, 2013 (12): 29-32.

[232] 陈利锋. 影子银行、中国经济波动与社会福利 [J]. 国际商务 (对外经济贸易大学学报), 2016 (3): 105-115.

[233] 陈师, 郑欢, 郭丽丽. 中国货币政策规则、最优单一规则与宏观效应 [J]. 统计研究, 2015 (1): 41-51.

[234] 陈彦斌. 中国新凯恩斯菲利普斯曲线研究 [J]. 经济研究, 2008 (12): 50-64.

[235] 陈雨露. 大金融战略的内涵和实践路径 [J]. 中国金融, 2013 (12): 25-28.

[236] 程均丽. 异质预期下的货币政策: 相机还是承诺 [J]. 国际金融研究, 2010 (3): 18-26.

[237] 崔百胜, 丁宇峰. 股价波动、社会福利与货币政策制定——基于中国DSGE模型的模拟分析 [J]. 财经研究, 2016 (1): 93-102.

[238] 邓雄. 结构性货币政策工具的运用: 发达国家的实践及启示 [J]. 南方金融, 2015 (1): 26-34.

[239] 邓雪春. 政策利率预期度量的国际经验借鉴 [J]. 福建金融, 2016 (9): 39-42.

[240] 段小茜. 国内外金融稳定有关问题研究进展与述评 [J]. 财贸经济, 2006 (7): 49-54.

[241] 段军山, 白茜. 资产价格波动与金融稳定研究述评 [J]. 成都理工大学

学报（社会科学版），2011，19（2）：1－6.

［242］范爱军，韩青．菲利普斯曲线与中国通胀动态拟合［J］．金融研究，2009（9）：55－71.

［243］方意，赵胜民，谢晓闻．货币政策的银行风险承担分析——兼论货币政策与宏观审慎政策协调问题［J］．管理世界，2012（11）：9－19.

［244］封北麟，孙家希．结构性货币政策的中外比较研究——兼论结构性货币政策与财政政策协调［J］．财政研究，2016（2）：34－40.

［245］郭涛，宋德勇．中国利率期限结构的货币政策含义［J］．经济研究，2008（3）：39－47.

［246］郭长林．财政政策扩张、纵向产业结构与中国产能利用率［J］．管理世界，2016（10）：13－33.

［247］贺聪．利率市场化与货币政策框架转型［D］．浙江大学，2015.

［248］侯成琪，龚六堂．货币政策应该对住房价格波动作出反应吗——基于两部门动态随机一般均衡模型的分析［J］．金融研究，2014（10）：15－33.

［249］侯加林，罗雪飞，曾宪冬，覃兆勇，张炎涛，高一铭．结构性货币政策国际经验及我国的实践、评估与优化［J］．金融发展评论，2016（4）：24－44.

［250］胡荣尚．我国中央银行沟通对公众预期的影响研究［D］．湖南大学，2015.

［251］胡育蓉，范从来．结构性货币政策的运用机理研究［J］．中国经济问题，2017（5）：25－33.

［252］胡志鹏．中国货币政策的价格型调控条件是否成熟？——基于动态随机一般均衡模型的理论与实证分析［J］．经济研究，2012，47（6）：60－72.

［253］贾俊雪，郭庆旺．市场权力、财政支出结构与最优财政货币政策［J］．经济研究，2010（4）：67－80.

［254］金鹏辉，张翔，高峰．银行过度风险承担及货币政策与逆周期资本调节的配合［J］．经济研究，2014，49（6）：73－85.

［255］孔庆龙，高印朝，樊锐．资产价格波动与银行危机的一般均衡分析模型的改进［J］．上海金融，2008（9）：50－55.

［256］李春琦，翁毅．我国居民通胀预期的测度：基于银行间债券市场数据的方法［J］．财经研究，2012，38（4）：69－79.

［257］李拉亚．理性疏忽、粘性信息和粘性预期理论评介［J］．经济学动态，2011（02）：117－124.

［258］李拉亚．预期管理理论模式述评［J］．经济学动态，2011（7）：113－119.

［259］李天宇，张屹山，张鹤．扩展型货币政策与宏观审慎监管的金融稳定作用分析［J］．经济评论，2016（3）：3－16.

［260］李亚奇，李新鹏，李发毅，邱小宁，刘丹，山成英．结构性货币政策操作逻辑、实践与效果评价［J］．青海金融，2016（2）：4－9.

［261］李云峰．西方中央银行沟通视角下的预期管理研究：渠道、手段及效果［J］．金融教育研究，2011，24（4）：3－10.

［262］李永宁，黄明皓，郭玉清，王晓峰．中央银行预期管理的前提、方法和效果：国际比较和中国实证研究［J］．世界经济研究，2013（10）：14－19.

［263］刘斌．最优货币政策规则的选择及在我国的应用［J］．经济研究，2003（9）：3－13.

［264］刘聪，姚秋．全球量化宽松货币政策及其实施效果［J］．银行家，2013（1）：87－89.

［265］刘东华．通货膨胀目标制“锚住”通胀预期的实证检验及其对我国的政策启示［J］．经济科学，2009（5）：19－32.

［266］刘澜飚，尹海晨，张靖佳．中国结构性货币政策信号渠道的有效性研究［J］．现代财经（天津财经大学学报），2017，37（3）：12－22.

［267］刘瑞．日本走出萧条过程中的货币政策——近年来的零利率政策与数量宽松政策分析［J］．日本学刊，2007（1）：42－54.

［268］刘蔚．基于国际比较的结构性货币政策效果评估及优化路径研究［J］．金融发展研究，2016（9）：37－44.

［269］刘喜和，李良健，高明宽．不确定条件下我国货币政策工具规则稳健性比较研究［J］．国际金融研究，2014（7）：7－17.

［270］鲁雪岩，王一捷．结构性货币政策理论与实践［J］．金融发展评论，2016（1）：142－152.

［271］吕炜，高帅雄，周潮．投资建设性支出还是保障性支出——去杠杆背景下的财政政策实施研究［J］．中国工业经济，2016（8）：5－22.

［272］马亚明，刘翠．房地产价格波动与我国货币政策目标制的选择——基于IS－Philips模型的分析［J］．南开经济研究，2014（6）：138－150.

［273］马勇，陈雨露．宏观审慎政策的协调与搭配：基于中国的模拟分析［J］．金融研究，2013（8）：57－69.

[274] 马勇. 植入金融因素的 DSGE 模型与宏观审慎货币政策规则 [J]. 世界经济, 2013, 36 (7): 68 -92.

[275] 彭俞超, 方意. 结构性货币政策、产业结构升级与经济稳定 [J]. 经济研究, 2016, 51 (7): 29 -42.

[276] 彭芸. 中央银行沟通研究进展述评 [J]. 金融与经济, 2011 (10): 18 -22.

[277] 秦响应, 尹继志, 韩景旺. 通胀预期测度与管理体系的构建 [J]. 宏观经济研究, 2010 (7): 42 -48.

[278] 王君斌, 郭新强, 王宇. 中国货币政策的工具选取、宏观效应与规则设计 [J]. 金融研究, 2013 (8): 1 -15.

[279] 王晓芳, 杨克贵. 股价波动、财富效应与货币政策应对——基于动态随机一般均衡模型的分析 [J]. 中国地质大学学报 (社会科学版), 2014, 14 (2): 90 -102.

[280] 王宇.2017 年: 我们将面临的世界经济 [J]. 金融纵横, 2016 (12): 15 -19.

[281] 王云清, 朱启贵, 谈正达. 中国房地产市场波动研究——基于贝叶斯估计的两部门 DSGE 模型 [J], 金融研究, 2013 (3): 101 -113.

[282] 伍戈, 刘琨. 探寻中国货币政策的规则体系: 多目标与多工具 [J]. 国际金融研究, 2015 (1): 15 -24.

[283] 肖争艳, 彭博. 住房价格与中国货币政策规则 [J], 统计研究, 2011 (11): 40 -49.

[284] 谢杰斌. 中央银行沟通: 理论与实践 [D], 厦门大学, 2009.

[285] 徐明东, 陈学彬. 货币环境、资本充足率与商业银行风险承担 [J]. 金融研究, 2012 (7): 50 -62.

[286] 徐亚平. 公众学习、预期引导与货币政策的有效性 [J]. 金融研究, 2009 (1): 50 -65.

[287] 徐滢. 量化宽松货币政策的理论、实践与效应研究 [D]. 浙江大学, 2011.

[288] 徐小霞. 我国货币政策预期管理体系的构建与完善 [D]. 安徽大学, 2013.

[289] 许道文. 结构性货币政策内涵与传导 [J]. 中国金融, 2016 (20): 53 -55.

[290] 许伟，陈斌开．银行信贷与中国经济波动：1993—2005 [J]．经济学(季刊)，2009，8 (3)：969 -994.

[291] 岳国华．货币政策透明度规则及中国货币政策实践分析 [D]．西南财经大学，2006.

[292] 鄢莉莉，吴利学．投入产出结构、行业异质性与中国经济波动 [J]．世界经济，2017，40 (8)：3 -28.

[293] 鄢莉莉．金融中介效率对货币政策效果的影响——基于动态随机一般均衡模型的研究 [J]．国际金融研究，2012 (6)：4 -11.

[294] 闫先东，高文博．中央银行信息披露与通货膨胀预期管理——我国央行信息披露指数的构建与实证检验 [J]．金融研究，2017 (08)：35 -49.

[295] 闫先东，张鹏辉．货币政策与宏观审慎政策的协调配合 [J]．金融论坛，2017，22 (04)：30 -41.

[296] 闫先东，张炎涛．价格与数量型工具相互支撑的货币政策框架研究 [J]．财贸经济，2016 (10)：59 -71.

[297] 杨秀萍．前瞻性指引的国际实践与启示 [J]．西南金融，2017 (5)：32 -37.

[298] 杨光，李力，郝大鹏．零利率下限、货币政策与金融稳定 [J]．财经研究，2017，1：41 -50.

[299] 姚余栋，李连发，辛晓岱．货币政策规则、资本流动与汇率稳定 [J]．经济研究，2014，49 (1)：127 -139.

[300] 姚余栋，谭海鸣．中国金融市场通胀预期——基于利率期限结构的量度 [J]，金融研究，2011 (6)，61 -70.

[301] 余建干，吴冲锋．中国最优货币政策的选择、比较和影响——基于混合型新凯恩斯模型的实证研究 [J]．财经研究，2014 (10)：4 -17.

[302] 岳超云，牛霖琳．中国货币政策规则的估计与比较 [J]．数量经济技术经济研究，2014，31 (3)：119 -133.

[303] 赵根宏．中国宏观经济预期管理研究 [D]．辽宁大学，2016.

[304] 张健华，贾彦东．宏观审慎政策的理论与实践进展 [J]．金融研究，2012 (1)：20 -35.

[305] 张杰平．欧洲中央银行宏观计量模型 [J]．经济问题探索，2012 (4)：183 -190.

[306] 张晓慧．关于资产价格与货币政策问题的一些思考 [J]．金融研究，

2009（7）：1－6.

［307］张雪兰，何德旭．货币政策立场与银行风险承担——基于中国银行业的实证研究（2000—2010）［J］．经济研究，2012，47（5）：31－44.

［308］张雪兰，徐水安．通货膨胀目标制是现阶段我国的最优货币政策选择吗？——基于损失函数及先决条件的分析［J］．财贸经济，2008（8）：44－49.

［309］张勇．热钱流入、外汇冲销与汇率干预——基于资本管制和央行资产负债表的DSGE分析［J］．经济研究，2015（7）：116－130.

［310］赵婷．论非常规货币政策的推出、传导和退出机制［D］．西北大学，2016.

［311］郑振龙，莫天瑜．政策利率引导市场利率的走势吗——央票发行利率与央票市场利率双向互动关系研究［J］．财贸经济，2011（1）：49－55.

［312］郑忠华，张瑜．房地产市场、银行体系与中国宏观经济波动——基于多部门动态随机一般均衡模型的分析［J］．南方经济，2015（2）：53－69.

［313］钟震．宏观审慎监管相关研究综述［J］．经济理论与经济管理，2012（7）：49－55.

［314］钟正生．结构性货币政策的优势［J］．经济研究参考，2015（12）：19－20.

［315］钟正生．中国货币政策走向何方——基于基础货币供给转换的视角［J］．金融市场研究，2014（10）：4－12.

［316］周小川．把握好多目标货币政策：转型的中国经济的视角［N］．金融时报，2016－06－25（001）.

［317］周小川．金融政策对金融危机的响应——宏观审慎政策框架的形成背景、内在逻辑和主要内容［J］．金融研究，2011（1）：1－14.

［318］周小川．我国货币政策多目标制是符合转轨国情的［N］．金融时报，2009－12－23（1）.

［319］朱世武，陈健恒．交易所国债利率期限结构实证研究［J］，金融研究，2003（10）：63－73.

［320］庄子罐，崔小勇，赵晓军．不确定性、宏观经济波动与中国货币政策规则选择——基于贝叶斯DSGE模型的数量分析［J］．管理世界，2016（11）：20－31.

附　　录

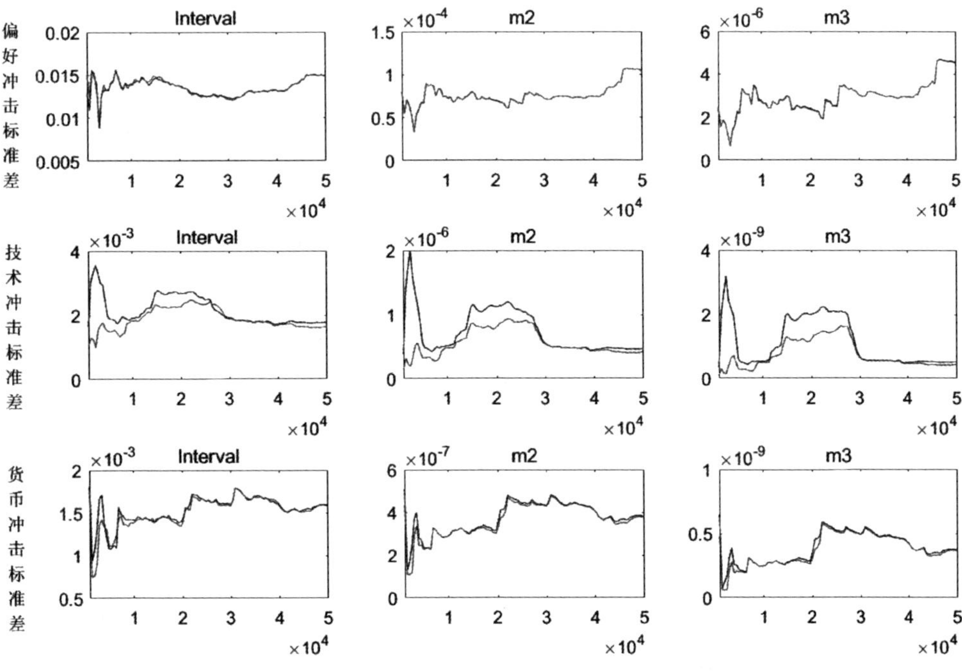

附图 1　单因素诊断结果一

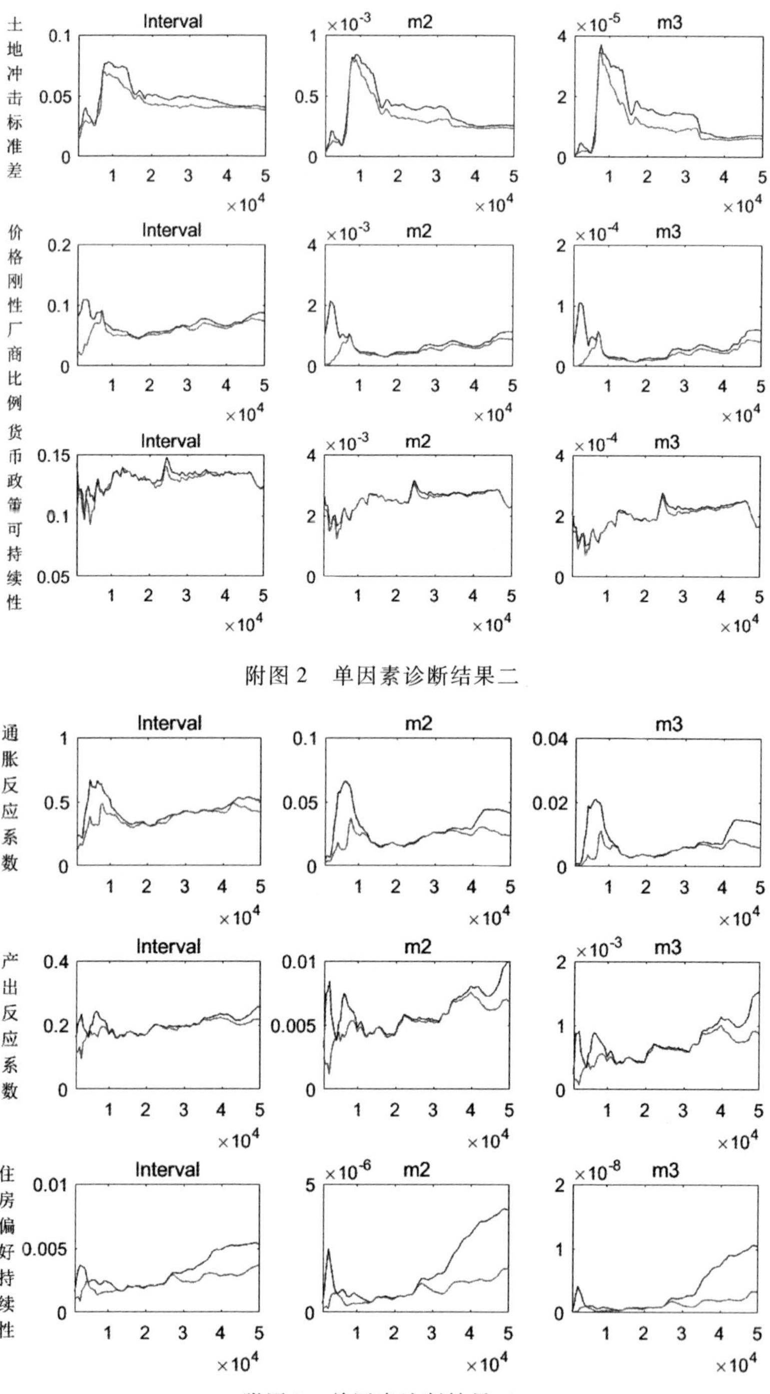

附图 2 单因素诊断结果二

附图 3 单因素诊断结果三

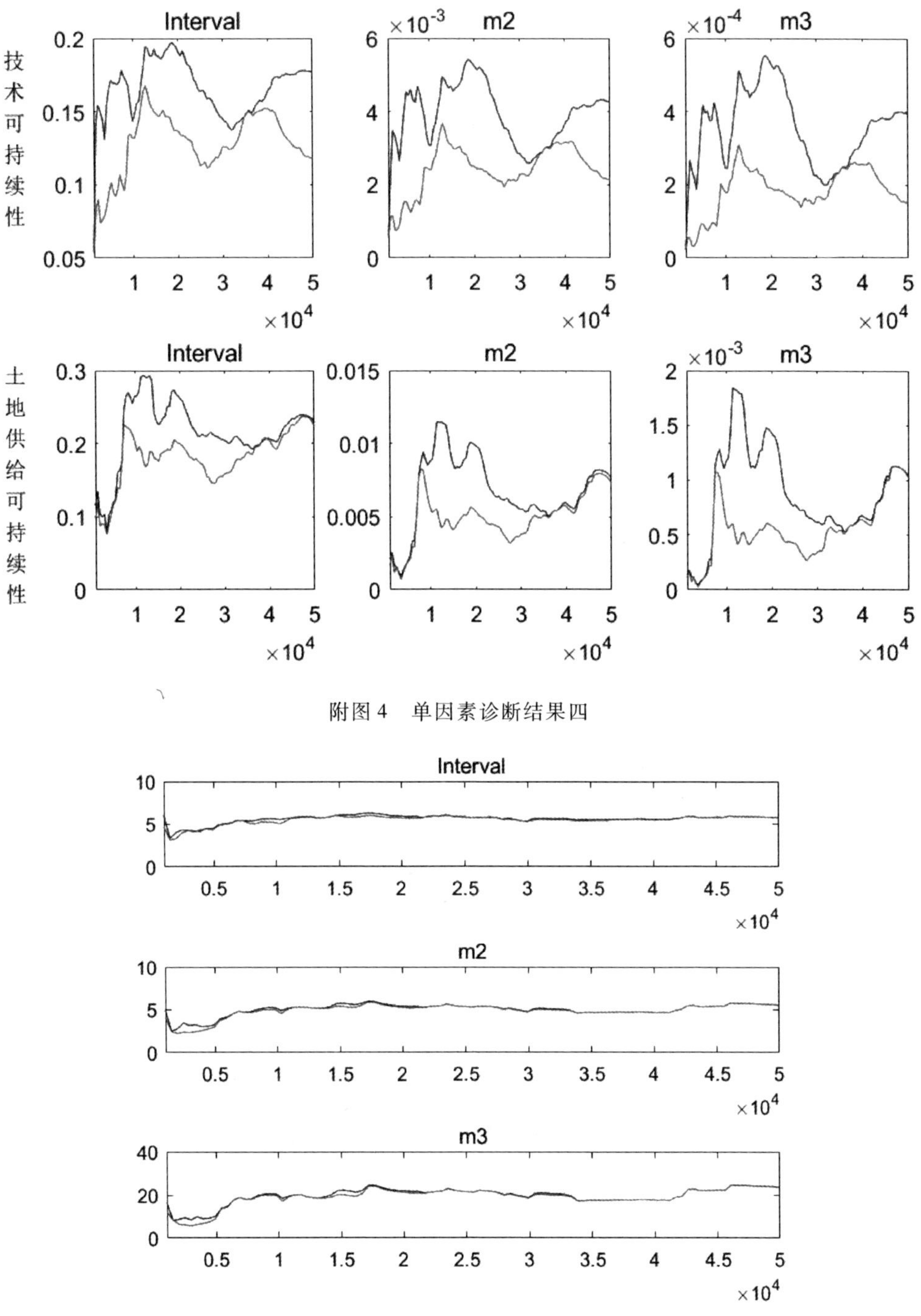

附图 4　单因素诊断结果四

附图 5　多因素诊断结果

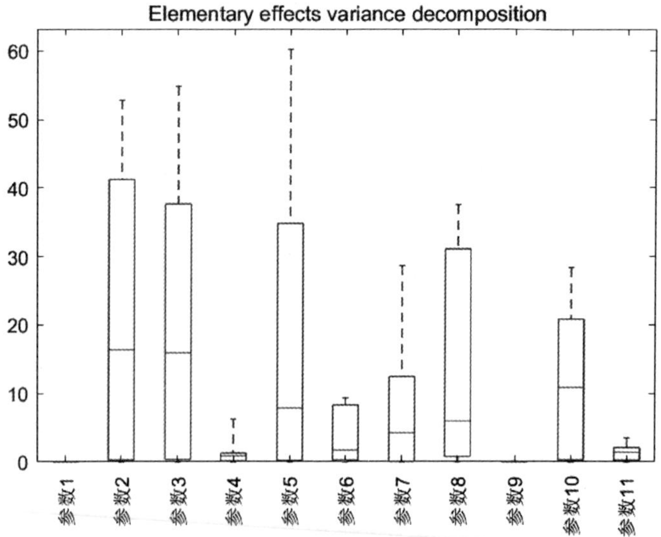

附图 6　敏感性分析（基础效应方差分解）

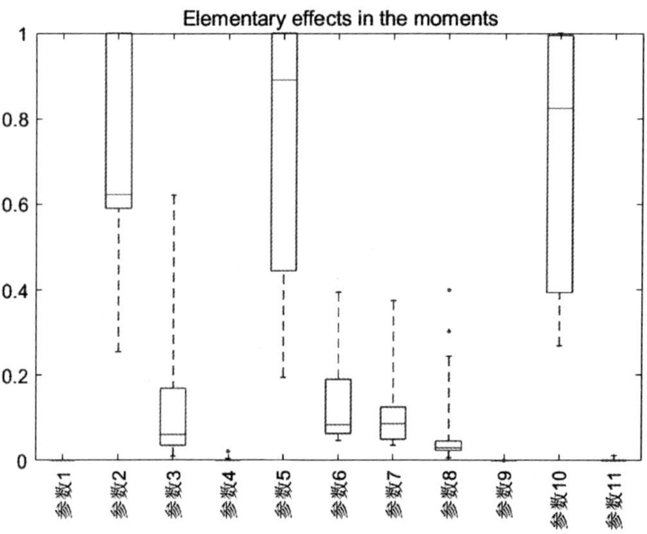

附图 7　敏感性分析（矩条件基础效应）

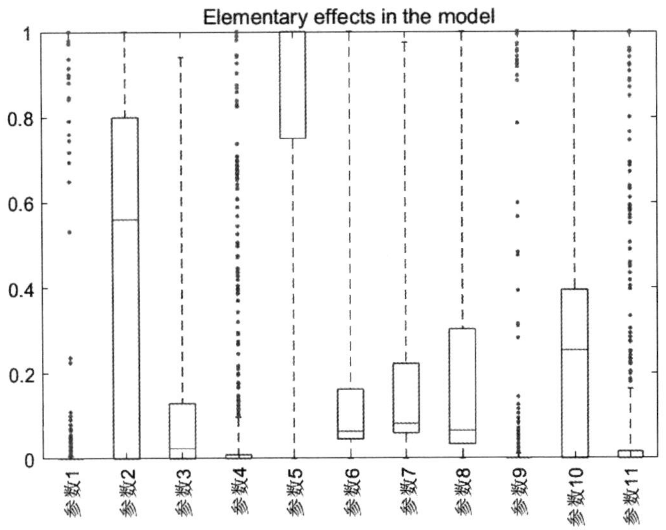

附图 8　敏感性分析（模型基础效应）

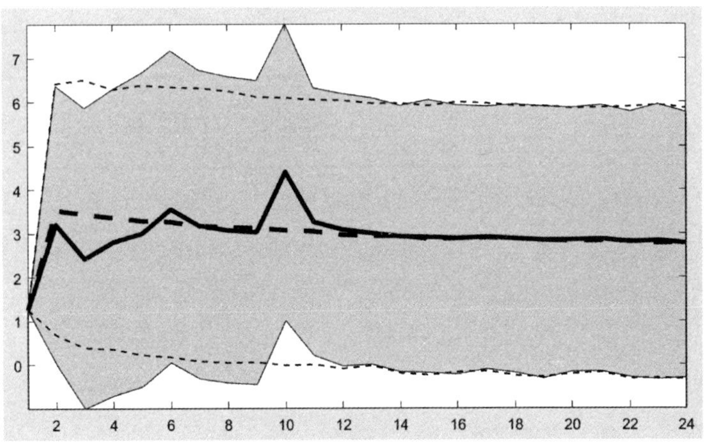

附图 9　GDP 季度环比增速的条件预测（情景 1）

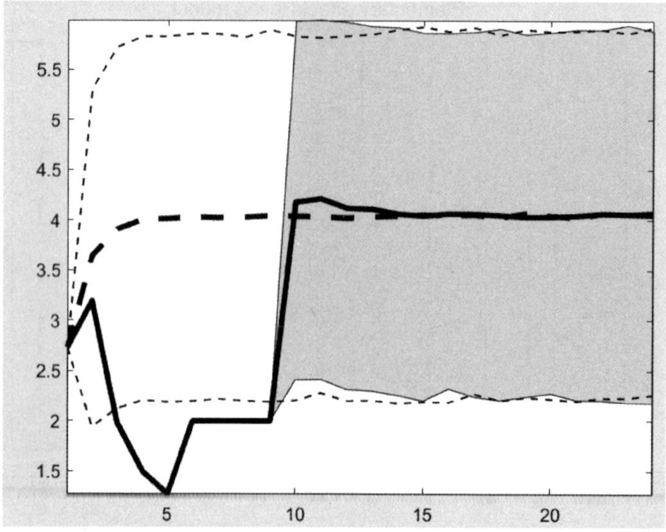

附图 10　M2 环比增速条件预测（情景 1）

后　记

我国已成为世界第二大经济体，中国人民银行的货币政策不仅对国内经济有明显的影响，而且对全球金融市场也有重要的影响，社会各界对中国的货币政策高度关注，学术界也发表了大量文章研究中国的货币政策。

本书在梳理国内外相关文献的基础上，对新的历史时期中国货币政策转型问题进行了研究，涉及货币政策目标、货币政策传导机制、货币政策工具选择、预期管理、货币政策和宏观审慎政策双支柱调控框架以及货币政策、财政政策、宏观审慎政策、结构性货币政策、产业政策的协调和优化等内容。

传统货币政策关注中短期的经济增长、物价稳定，通货膨胀目标制国家中央银行甚至只关注物价稳定，根据未来 2—3 年物价的预期制定当前的货币政策。实际上，中央银行的本质功能是维护金融稳定，平抑金融恐慌、挽救银行业是早期中央银行的重要职能，美联储也是在 1907 年严重的银行危机后应运而生的。2008 年国际金融危机后中央银行的金融稳定职能更加突出。没有金融体系的稳定，也不可能实现经济的平稳发展和物价稳定，因此从中长期的视角看，货币政策也需要关注金融稳定，虽然维护金融稳定也需要监管政策、宏观审慎政策、最后贷款人政策等的协调配合。

货币政策的多目标需要多个工具来实现。2008 年国际金融危机后，西方主要中央银行大量使用量化宽松货币政策，这是在特殊时期数量型和价格型货币政策的协调配合。危机后国际金融机构认为广义信贷/GDP 与趋势的偏离反映金融系统风险的积累，也就是在利率为主的国家找到了一个数量型指标。在我国，一直以数量型货币政策工具为主，由于我国的微观基础（国有企业、国有银行、地方融资平台）不同于西方，利率弹性的提高是一个漫长的过程，健全从政策利率、市场基准利率、中长期利率到实体经济的传导机制也不可能一蹴而就，构建数量型和价格型货币政策工具互相支撑的货币政策框架具有重要的现实意义。

随着我国经济的转型升级、市场化改革的逐步推进，货币政策传导机制、货币政策与宏观审慎政策的协调配合等领域有大量的问题有待研究，本书做了一些探索，也不是结论性的，仍需要我们在借鉴国际理论发展，结合中国实践的基础上不断总结、不断完善。

本书是国家社会科学基金《新常态下的货币政策转型问题研究》（15BJY157）的结题成果，在2015年7月—2018年6月三年的研究中，朱迪星、刘西、钟震、张炎涛、张习宁、高文博、许贤云、叶欢、魏金明、李欣等参与了相关讨论、贡献良多。

在三年的研究中，我们得到了许多师长、同学和朋友的关心和帮助，虽然无法一一列举他们的名字，我们仍然要向所有关心和帮助过我们的师长、同学和朋友表示衷心的感谢。

最后，本书能够正式出版，还要感谢中国财政经济出版社吕小军编辑的辛勤工作，书中图表较多，感谢吕小军编辑辛苦细致的工作。

闫先东　齐结斌　张鹏辉

2019年11月25日